信楽峻麿著作集 1

改訂 浄土教における信の研究

法藏館

序文

私の曽祖父は、真宗学者として教校において真宗学を講じていたが、その学系は、広島に伝統されていた石泉学派の流れを汲んでいた。その同じ流れを継いだ多田蓮識という学者が、私の田舎の寺からひと山越えた隣寺におられた。私は、少年時代に母と兄とに続いて死別したことから、すでに中学生時代から、仏法、真宗に心を傾けて、いろいろと自学自習していた。そして十六歳の時に、得度して真宗の僧侶になった。その研修の講義において、本願寺の学者が、善導の『往生礼讃偈』の「自信教人信」の言葉を引用しながら、それだけではダメで、それに加えて「自行教人行」が大切であるといわれた。私はなるほどそうだ、信心も大切であるが、行為、実践も同時に伴わなければならないと受けとめた。

そこで、それからまもなく、私の寺によく布教にきてもらっていた、その多田蓮識師にそのことを申したところ、それは誤りであると厳しく指摘された。京都の本願寺の宗学は、そういうように信（信心）と行（称名・生活）を分けて語るが、それはまったくのまちがいだ。真宗における信心とはそのまま称名をはなれず、生活に即するものである。これが広島に伝統されてきた、石泉学派の宗学の基本的領解であると教えられた。私はこの時に、はじめて石泉学派の宗学にふれたわけである。私はその後、この多田蓮識師について真宗を学び、いろいろとお育てをいただいたことであるが、師はいつも、京都の宗学は飛行機のようなもので、空を飛ぶばかりで足が大地についていない、機械がこわれたらそのまま墜落する。危ないものだといわれていた。この現実に即していない、本願寺の観念的、二元論的な宗学に対する批判である。その批判は、やがて敗戦によって見事に証明された。また師は、いつも真宗とは念仏成仏の教えである、信心正因というのなら、必ず称名正因といえと、繰りかえして語られていた。そして自らもよく念仏を申されていた。この多田蓮識師は、私にとっては、真宗学についてまことの眼を見開かせ、そしてまたよく導いてくださった、終生にわたる善知識、恩師であった。

ところが、私は敗戦の後、思想的にさまざまに混迷し、煩悶した末に、いままで学んでいた大学をやめて、京都に上ってきた。そして悩んだあげく龍谷大学に入学し、改めて仏法、真宗を学ぶこととした。しかし、ここでは、まったく教団伝統の観念的、二元論的な宗学が講じられていた。そこには広島の石泉教学はまったく存在しなかった。すなわち、信と行、信心と念仏、信心と生活は、まったく二元的に捉えられていた。それは江戸幕府の寺杜奉行が介入して決着をつけたところの、三業惑乱事件を契機として勢力をもった空華学派の宗学であった。私は真宗学を学ぶスタートのところから、このような伝統の学派の対立矛盾を経験したわけである。そこで私は、この両者の対立に迷いながらも、そのことを解決するためには、真宗の開祖親鸞聖人の教法はいかなるものであるのか、その真宗教義の根本原意を、自分自身の眼をもって、徹底して尋ねていくほかはないと思うようになった。以来、私の真宗学の研鑽は、その真宗学の中核をなす信心に焦点をしぼり、真宗における信心とはいったいいかなるものか、その信心とはどうして成立するのか、またその信心とは、私の生活にいかなる意味をもつものか、という問いにもとづいて進められた。幸いにも、真宗学を研鑽することのできる環境にめぐまれて、そういう一貫した研究テーマを追及することができた。その成果が、ここに再刊される『改訂浄土教における信の研究』と『改訂親鸞における信の研究』（上・下）の三冊におよぶ研究論文である。

そこでは、親鸞聖人以前の浄土教理史における信の思想をめぐって、原典である〈無量寿経〉における信の思想から、インド、中国、日本にわたる浄土教における信の思想の展開の跡を検証した。そしてその作業を基盤として、親鸞聖人における信の思想をめぐって、多角的に研尋したところである。ところで、今日における真宗学における信理解の最大の問題は、親鸞聖人没後、本願寺第三代の覚如、その長子存覚、そして第八代の蓮如が捉えた信理解が、親鸞聖人の信理解と大きく齟齬しているにもかかわらず、それらを同一視し、それを重層して解釈しているという点である。そのことは、かつての近世封建体制下における、教団内宗学の方法論にもとづくもので、そこでは親鸞聖人と、覚如、存覚、蓮如は、まったく同じ信心、同じ教義理解といわざるをえなかったわけである。当時、存覚の領解は異なっていると論じたばかりに、西本願寺教団から追放された学者がいたほどである。かくして、今日における空華学派、石泉学派、さらには大谷派の髙倉学派などの教学上の相違は、ひとえにこのような教団内事情に基因するものにほかならない。従って、真宗における信心の本義を明らかにするについては、何よりも先ず、親鸞聖人以前の浄土教理史についての研究と、親鸞聖人それ自身における信の思想についてこそ研鑽すべきであって、親鸞聖人没後の教学解釈は、すべて排除すべきであることは当然である。その点、私は真宗における信の思想をめぐって、覚如、存覚、蓮如における信の理解が、いかに親鸞聖人のそれと背反しているかについても、これをつぶさに検証したところである。

とは申しながらも、いまにして思うことは、これらの研究が、私の学才の乏しさによって充分な成果をあげえず、多くの錯誤を犯しているであろうことを思うて、深く恥じ入るばかりである。希くは今後の心ある若い学徒によって、さらにいっそうの研鑽がすすめられ、まことの親鸞聖人における信の思想の内実が、よりいっそう鮮明に開顕されるよう心より念じるところである。ことにこの三冊にわたる論文を作成するについては、終生お育てをいただいた龍谷大学と、その研究に際してさまざまに協力をたまわったところの、私に縁を結んでくださった多くのゼミの学生の皆さん、そしてまた、それ以外の一般の多くの有縁の仏法者の方々、そしてまた私の家族の大きな加護と支援があったからこそと、いま改めて、それらの学恩を思いおこし、心より感謝するところである。

そしてまた最後になって恐縮ながら、このような著作集を計画、出版してくださった法藏館社長の西村七兵衛氏、そしてその編集全般にわたって高配をたまわった和田真雄氏、そしてまた、この著作集製作事業のすべてを支えてくださった、現代真宗教学研究所の毛利悠氏、大江修氏、福本憲応氏、速水昭隆氏らに、深甚なる謝意を表するところである。

二〇〇七年七月一日

信楽峻麿

改訂　浄土教における信の研究　目次

本論

第一章 『無量寿経』における信の思想

略称表

本書に引用した主なる全集・叢書関係の書名は次の如き略称を用いた。

その他雑誌などの略称は、およそ学界の慣例にしたがった。

大正大蔵経……………………大正
大日本続蔵経…………………続日蔵
国訳一切経……………………国訳
南伝大蔵経……………………南伝
大日本仏教全書………………日仏全
仏教古典叢書…………………古典叢書
真宗聖教全書…………………真聖全
真宗全書………………………真全
真宗叢書………………………真叢

浄土宗全書……………………浄全
続浄土宗全書…………………続浄全
西山全書………………………西全
親鸞聖人全集…………………親鸞全集
恵心僧都全集…………………恵心全集
昭和新修法然上人全集………法然全集
法然上人伝全集………………法然伝全集
隆寛律師全集…………………隆寛全集

改訂　浄土教における信の研究

序論――浄土教理史研究の立場とその方法――

第一章　真宗学の性格

第一節　真宗学の意義

この『浄土教における信の研究』と題する論考は、真宗学の領域に所属する浄土教理史研究の一分野としての研究である。そこで本論を展開する前提として、序説的に、私自身における浄土教理史研究の立場とその方法論について、基本的な見解を開陳しておきたいと思う。なおまた、私自身の浄土教理史研究の立場とその方法論について論述するにあたっては、その真宗学の研究領域における位置づけを明確にするために、先ず最初に、私の理解するところの真宗学の意義とその諸領域について、展望概観することから始めることとする。

真宗学とは真宗を対象とする学問をいう。真宗とは、古くは中国仏教において用いられた語であって、そこでは他教に対して仏教の真実義を顕わすためにそれを真宗と称し、また仏教の中でも、それぞれに分立していった教学の立場から、自らの宗義についてその真実性を主張して真宗と呼んでいた(1)。しかし、今ここでいう真宗とは、それらとは異なって、親鸞の用例に基づくものであり、詳しくは浄土真宗と称せられるものである。ところで親鸞における真宗ないしは浄土真宗という語の用例はかなり多くあって、その意味も多様な内容を含んでいる。いまそれを大略分類すると、およそ次の如き四種の意味に要約することができるようである。

一、『無量寿経』を意味するもの。(2)

二、浄土の教法を意味するもの。(3)

三、阿弥陀仏の本願を意味するもの。(4)

四、七祖あるいは善導および法然によって開説された教法ないしは教派を意味するもの。(5)

親鸞における真宗についての基本的な意味は以上の四種に大別されるが、また伝統的には、親鸞によって開説された教法およびそれに基づく教団を称して、浄土真宗もしくは真宗と呼んでいるわけである。(6)そこで従来この真宗学における真宗の意味に対する理解については、先学の中でも種々に分かれていて一定してはいない。(7)

しかしながら、私はいまこの親鸞における真宗の語の用例が含んでいる多様な意味を鑑み、そしてまた先学の諸説を顧みつつ、真宗ないしは浄土真宗とは、親鸞という人格において体解され、それに基づいて表詮開説されたところの、仏教を意味するものと定義したいと思う。すなわち、仏教とは仏陀釈尊によって創唱された教法であるが、それはまた私達が仏陀に成るための教法でもあった。(8)そしてその仏教は、釈尊の滅後さまざまに分流し展開していったが、インド、中国、日本を通じて伝承されてきた大乗仏教についても、また多様な潮流が見られ、その中のひとつに浄土教がある。その浄土教とは、〈無量寿経〉を基本とする阿弥陀仏経典に基づき、そこに明かされている阿弥陀仏の本願を中核とする教説である。そしてその浄土教の流れは、日本においては、ことに平安中期から鎌倉時代にかけ、空也（九〇三～九七二）、良源（九一二～九八五）、源信（九四二～一〇一七）、永観（一〇三三～一一一一）、珍海（一〇九二～一一五二）、法然（一一三三～一二一二）などの真摯な求道と実践を通して、次第に民衆の仏教として流布定着し、日本仏教の新しい勢力となっていったのである。親鸞はこの法然の浄土教を学び、それを契機として、釈尊の真精神に直参し、成仏道としての仏教の根本義に体達したわけである。その意味において、親鸞が体得した浄土教における信心の境地は、本質的には、かつて釈尊が到達した証悟、涅槃の境地に重なりあうものであって、仏教がめざすところの究竟の世界にほかならなかったともいうべきであろう。かくして、その点からすれば、この親鸞によって体解され開説された浄土真宗とは、歴史的には仏教思想の展開における一分流として成立したものであるが、それはまた内容的、教理的には、仏教のすべてを尽すものであって、仏陀釈尊の教法をここに凝縮統括しているともいいうるものである。すなわち、仏陀釈尊の教説としての仏教が、歴史的社会的な諸情況の中で浄土教として生成し展開してゆき、それがさらには親鸞という人格を通して、体解され、開説されたところの教法を、真宗ないしは浄土真宗と理解するわけである。私はいま真宗学における真宗の意味内容を、このように把捉領解するものである。

そしてかかる意味での真宗を対象とする学問を真宗学という。その真宗学における学問の性格としては、何よりも基本的には、真宗を対象とする近代的な意味での学問として、他の一般的な学問と同様に、真宗をひとつの文化現象として客観的に捉え、それを分析し統合して、体系的に解明するところの科学としての学の意味をもつべきである。そしてここにこそ、今までの前近代的な伝統宗学における理解をはるかに凌ぐほどの、真宗についてのより明確な把捉の道がひらかれてくるであろう。その点、いまに残存する分断的、宗派的、かつ訓詁註釈学的な伝統宗学の方法論は、深く顧みられて、速やかに克服されねばならないと思うことである(9)。しかしながら、真宗とはまた本来的に仏教ないしは仏法として、私自身がそれに導かれつつ自己脱皮し、まことの人間成長を遂げて、自ら仏に成ってゆくべきところの教法であり、要道である。その意味においては、また真宗とはつねに私に対して与えられたものであり、私に向かって到来するものであって、それはひとえに私自身において主体的に領納されるべき性格をもっているものである。したがって、私がその教法を主体的に受持し、私自身がその教法において返照され、それをたよりとして、自己脱皮し、まことの人間成長を遂げてゆくことにおいてこそ、真宗は真宗としての本来の意味を保有することができるのである。それがもしかかる主体的な領解を欠落して、たんに客観的に対象化されて捉えられる時には、それはすでに教法としてのまことの意味を喪失してしまうこととなる。教法とは本来において、客観化、対象化を拒むという性格をもっているものである。その点からすると、真宗を学ぶということは、どこまでも私自身において、主体的、実践的に領納体解してゆくこと、すなわち、それを自らのよるべき人生最勝の道、究竟の価値として選びとり、それを自らのまことの生命として生きてゆくこと、さらにはそれをたよりとして、次第に自ら脱皮し、成長を遂げてゆくということを離れては成り立たないわけである。かくして真宗を学問するということは、究極的には『歎異抄』第十二条に明示する如くに、「本願を信じ念仏をまふさば仏になる、そのほかになにの学問かは往生の要なるべきや」（真聖全二、七八〇頁）ということであって、ここにまさしく真宗を学ぶことの第一義的な意味があるというべきであろう。

かくして真宗を学ぶということには、親鸞によって体得開説された成仏法としての真宗を、客観的、科学的に把捉解明するということと、またそれをひとえに主体的、体験的に領納体解しつつ、自らの生涯をかけてひたすらにその仏道を生きてゆくということとの、二つの意味があるといわねばならないわけである。しかし、いまここで私が真宗学と呼ぶものは、その中でも、ことにその前者に相当する真宗を対象とするところの客観的、科学的な立場を踏まえて成立する知的な営みを指すものである。すなわち、真宗を学ぶについて山に登るに譬えるならば、それに二つの方法があると思われる。先ず山に登るについて、険難な山、はじめて登る山には、その登山道についてよく経験し熟知した先達者に導かれ、それに従って登る方法がある。この場合には、山の地図やその気象情況など、登山に必要な知識はなくてもよい。わが身ひとりの装備を整えて、あとはひたすらに先達者に従うのみである。しかし、いまひとつ自ら独りして登山を志すもの、あるいはまた他の人々を導いて登山しようとする場合には、必ずその山の地図をもたねばならないであろう。その地図をたよりとし、そこに記されている道を明らかに知識し、それをたずねて登るほかはない。いまも真宗を学ぶについて、この登山の方法の如くに、ひとつには先達に導かれて真宗を学び、その目的に至るという方法がある。真宗の信をうるためには、何よりもよき師に値遇するということ、善知識を得るということが必須条件である。言葉にふれるということをふくめて、人格との出合いこそがもっとも大切なことである。真宗という山には、このよき師に遇い、それに導かれてこそよく登りうるものである。そしてそういうよき師に出合うかぎり、真宗という山に登るための地図は不要であり、前もって真宗を客観的に解明し知識する必要はない。ひたすらにその師を慕い、その導きに随順するばかりである。しかしながら、いまひとつ、もしも人々を導いて登山する如くに、人々に向かって真宗を学ぶことの意味を明らかにし、その真宗という山を讃えて人々に伝え、そしてまた自ら率先して人々と共にその真宗という山に登らんと意図するかぎり、それは師に出合うということのほかに、あたかも登山するについて、先ず確かな山の地図を必要とし、その山の全体の情況を充分に認知することが大切であるように、真宗を客観的に把捉して、その全貌を、充分に、的確に、知識することが要求されるであろう。そういう認知としての真宗に対する全体的、客観的な確かな把捉をたよりとしてこそ、はじめて人々に真宗について語り明かし、また人々を導いて、共に真宗の信を求めることができるのである。真宗に対する客観的な認識、的確な把捉なくして、人々に真宗を語り、真宗に導くことの無謀と危険はいうまでもないことであろう。

いまここでいう真宗学とは、そういう山に登るという譬えに即していえば、前もってその山の全貌を全体的、客観的に把捉するという作業に相当するものである。それは真宗という山の全貌について、さまざまな方向から撮影し、その山の情況を調査し、その地図を作成してゆくということであり、またそういう写真や地図に基づいて、自らその山の全体の情況や、その登山道について、充分に知識し理解してゆくことを意味している。すなわち、ここでいう真宗学とは、ただちに師を求めそれに導かれて歩むという立場とは異なって、何よりも真宗を対象的、客観的に捉えて、それを理論的に解明し、認識しようとするものである。ここにいま私のいう真宗学の基本的な性格があるわけである。しかしながら、また注意されるべきことは、このように真宗学が対象としての真宗を客観的に捉えて明らかにする営みであるとしても、真宗を把捉してより明確化しようとするかぎり、それはまたすでに上にも指摘した如く、自らの主体をかけて真宗を体解し、その生涯を貫いてこの仏道を生きつづけてゆくという、不断の営みを欠落しては成り立たないということである。山に対する認識は、その写真や地図などによって客観的に理解するとともに、また自らその登山道を汗して辿り、その山の情況を具体的に経験してこそ、山の全貌はより正確に把捉できるわけであり、また自らその山の地図を作るにしても、山を実地に踏破してこそ、より精密な地図が作成できるようなものである。その意味においては、客観的、科学的な性格をもつところの真宗学においても、より根本的、深層的には、また同時に、つねに主体的、体解的に真宗を求めつづけてゆくという、おのれの人生をかけた不断なる求道の営みが要求されてくるわけでもある。かくして真宗学においては、客観的、科学的な解明をすすめながらも、なお他面においては、主体的、体解的な領解を深めてゆかねばならないこととなるが、その二つの立場は、一見矛盾対立して容易に重なるものとは思われない。しかしながら、すでに上において指摘した如くに、真宗を学ぶということが、本質的には「本願を信じ念仏まうして仏になる」といわれる如くに、学ぶものそれ自身の成仏をめざすものであるというところ、つねにその根本目標を明確に堅持して、見失わないかぎり、真宗学における客観的な立場と主体的な立場とは、決して最後まで矛盾対立するものではなく、両者の間には厳しい緊張関係が続きながらも、しかもまた必ずや、より深い次元においては、その両者には相伴し統合しうる道が啓けてくるのではなかろうか。私はいま自らが求めてそこに立ちつづけている真宗学の営みについて、このように確信していることである。

すなわち、真宗学とは基本的には、客観的、科学的な立場とその方法をもたなければならない。そこにこそ、いままでの伝統宗学の限界を越えて、より明確な真宗に対する理解把捉の道がひらかれてくるわけである。しかしながら、その真宗の教法とは、どこまでも客観化をこばみ、ひとえに主体的に領納されるべきものであるということ、さらにはまた、その真宗を学ぶということが、究極的には学ぶものそれ自身の成仏をめざすものである以上、真宗学とは、つねにかかる客観的、科学的な態度とともに、主体的、体解的な領解の道を求めねばならず、このような主体的な領解を通してこそ、真宗はまたさらにより深層的に、より的確に把捉しえられてくるわけである。そしてそういう真宗学における二面の統合的な営為は、たんに両者の妥協として成立するものではない。それはつねに客観的、科学的に、徹底して真宗を究明してゆくという学的な営みの中で、しかも同時に、自己自身の成仏という、真宗を学ぶということの根本目標に導かれつつ、自ら主体的、求道的な態度を不断に堅持しつづけてゆくということにおいて、次第に成立してゆくものであると思われる。それはいわば、客観的、科学的な学的解明の営為を基盤とし、それを主軸として、その深層において、主体的、求道的な営みが同時に統合されてゆくものであって、それはより具体的にいうならば、真宗学という客観的、理論的な学究の営みをすすめるにあたって、研究者自身が、その学的営みに即して、どれほどに厳しく自己の現実の存在の相を問い、自ら自己脱皮し、まことの人間成長を遂げて生きつつあるか、ということが問われてくるような学び方でもあろう。そして、このように真宗学することにおいて、その学的な営みに即して、自らの上に漸々にまことの自己脱皮、人間成長としての成仏道が成り立ってゆくところにこそ、その対象としての真宗がより的確に把捉解明されることとなり、そしてまたここにこそ、まことの真宗学が成立してくるといいうるわけである。その意味においては、真宗学とは、ひとえに真宗を対象とし、それを客観的に問うてゆくことであるとともに、また同時に、より根本的には、それに即して、その真宗から逆に自己自身の現実の在り方が根源的に問われてくるということでもあって、それは一般の学とは異なって、きわめて厳しくて遙かなる「行道」の学でもあるといわねばならないのである。

従来この真宗学は、また真宗教学とも呼称されてきたが、その教学という語についての明確な概念規定はなされてはいない。しかし、私はいまこの教学という語を、以上見てきたような、真宗学がもっている独自な学的性格を表象するものとして捉え、この真宗学をまた真宗教学とも呼びたいと思う。

第二節　真宗学の領域

第一項　真宗学における二側面

真宗学とは、親鸞によって体解され開顕された成仏道としての真宗の教法を、客観的に解明把捉することを基本的な目標としながらも、ついには自己自身のまことの人間成長、成仏をめざすところの学的な営為であるが、その真宗の教法が、ひとえに私自身のまことの人間成長としての成仏をめざすものであるということ、しかもまたこの私の現実実在とは、つねに他者と共に、他者においてある存在であるかぎり、私の人間成長とは、ただに私一人の成長にとどまらず、私の存在にかかわる他者、ひろくは人間すべて、さらに仏教的にいうならば、一切衆生の成長、成仏にまで及ぶものでなければならないものである。そしてそのすべての成仏においてこそ、まことの私の成仏がはじめて完結するといいうるわけである。その意味からすれば、真宗を学ぶということは、真宗を明らかにして、ついには自己自身が成仏を遂げることをめざすとともに、また同時に、他者のためにそれを開顕し、他者をして同じく成仏を遂げせしめるという営みでもなければならないこととなる。そのことは大乗仏教において、つねに自利に即して利他を語り、親鸞が往相に即して還相を説いたことにおいても明白である。かくして真宗を学ぶということは、その営みを通して自己自身のために真宗を明らかにしてゆくことであるとともに、しかもまた同時に、一切の衆生のために、この真宗を明らかにしてゆくことをめざすものでなければならないわけである。その意味からすると、真宗学の学的営みの領域は、大別すると自己自身にとって真宗を究明してゆくという向内的な側面と、その真宗を他者のために、現代に向かって弁証宣説してゆくという向外的な側面との、二面があると考えられる。

その向内的な側面とは、親鸞において明らかにされた真宗を、親鸞の著作およびその生涯を中心に、当時の歴史的社会的な情況と、親鸞に至る伝統的な思想的背景とを充分に考慮しつつ、それを客観的、科学的に解明してゆき、しかもまた同時に、それを主体的、体解的に追体験してゆくことを通して、その真宗の本質を、より的確に、より徹底して把捉し、かつ領解してゆく営みをいう。そしてそこでは、その客観的な解明の営みにおいて、どれほど真宗の本質を究明し、それを的確に把捉しえているか、そしてまたさらに究極的には、その主体的な領解の営みにおいて、いかにその真宗の本質を自己自身において主体化しえているかが問われるわけであって、それは帰するところ、真宗学するもの自身が、真宗の本質に向かって、向内的により身近く接近し、到達しようとする営みとしての真宗学をいうのである。それに対して向外的な側面とは、その向内的な営みを通して把捉し領解されてゆく真宗の本質を、現代の大衆に向かって広く弁証し宣説する営みをいうわけである。その故に、そこではつねに、どれほど徹底して現代の情況が捉えられ、真宗がどれほど深くそれと切り結んでいるかが問われてくるのである。そしてそのためには、何よりも先ず自己自身において、その真宗の本質を向内的に明確に把捉してゆくということが前提となるが、また同時に、現代という情況についての透徹した認識が要求されてくるわけである。すなわち、そこではこの向内的な営みがどれほど明確に真宗の本質に接近し、それを把捉し領解しえているかが問題であって、もしもそれがたんなる訓詁註釈学的な解釈や、皮相的、観念的な理解にとどまっているかぎり、いかなる向外的な営みも、その成立は期しがたいことであろう。向内的な営みにおいて、真宗の本質が客観的により深く解明されるとともに、主体的にもより徹底して領解されていてこそ、はじめて、現代の情況との対決が成立し、現代への弁証宣説が可能となってくるのである。そしてまたここでは他面、現代という情況がいかなるものであるか、その現代の問題が的確に認識把捉されているか否かが問われてくるのであって、真宗学における向外的な側面の営みとは、またこの現代の情況をどれほど徹底して的確に捉えているかということにかかわるものでもある。かくてこの向外的な側面とは、向内的な営みを通して明らかにされてゆく真宗の本質と、ここで捉えられた現代とが、いかに深く切り結び、真宗がこの現代の情況に対してどう発言してゆくかということを、真宗学するものが、自己自身の主体をかけて、理論的に体系づけ、かつまた具体的に実践してゆく営みをいうのである。

かくして真宗学の領域とは、大別すれば上に見た如くに、自己自身にとって真宗を明らかにしてゆく向内的な側面と、他者のために現代に向かって真宗を宣説してゆくという向外的な側面があると理解されるが、またこの両者は分断されて一方のみで成り立つというものではない。それは互いに相依的な関係をもつものであって、その向内的な側面は、ひとえに向外的な営みに即してこそ徹底してゆくものであり、またその向外的な側面も、向内的な営みを離れては成り立ちえないものである。かくして真宗学とは、この向内的、向外的な二側面の営為の、相依的な徹底深化において成立してゆくものであるといいうるわけである。

第二項　真宗学における四部門

そしてまたこの向内的、向外的な二側面をもった真宗学について、その領域においてさらに具体的に分類するならば、大きくは、歴史部門、解釈部門、組織部門、実践部門の四部門に分けることができるようである。

その歴史部門とは、真宗を主として向内的に、かつ客観的、科学的に、歴史学的立場からその方法論に基づきつつ解明把捉してゆこうとする部門であって、その内容としては、浄土教理史、真宗教学史、真宗教団史などがあげられる。

浄土教理史とは、釈尊の根本仏教より親鸞に至るまでの、インド、中国、日本にわたる、浄土教教理の源流とその展開流伝の過程系譜を解明するものである。そしてそこでは浄土教史上における歴史的な諸現象、ことには主要な浄土教徒の生涯とその著作にあらわれた、浄土教思想ないしは浄土教教理の展開についての研究解明をめざすものであって、それはまた次に見る真宗聖典学とも深くかかわって、その基盤をなすものであり、また真宗教義学の基礎学としても重要な意味をもつものである。

真宗教学史とは、親鸞入寂以来現代に至るまで、真宗がそれぞれの時代の中で、どのように把捉され弁証されてきたかを、歴史的に解明することを目的とするものである。従来の真宗教学史に対する理解には、江戸時代の初期における宗学の勃興を起点として、それ以前を教義とし、それ以後を宗学として区別して、覚如、蓮如などの教学は、そのまま親鸞と同一視し、真宗の教法そのものの中に包含して理解され、真宗教学史とは江戸初期以降に限って捉えているが、(10)このような見解には疑問がある。私はすでに見た如く、真宗とはまさしく親鸞において捉えられるべきであって、親鸞の体験ないしはその思想と、それ以降におけるそれについての解釈とを、混同してはならないと考える。ことに現在の本願寺教団における真宗の理解において、親鸞の教説とそれに対する覚如、蓮如などの解釈の無条件的な混同によって生じているさまざまな教義的な混乱は、きわめて深刻な問題をはらんでいるように思われる。(11)すべからく、親鸞入寂以降はすべて真宗教学史の対象として捉え、そこに真宗についての把捉と弁証の歴史的変遷を見てゆくべきである。そしてこの真宗教学史もまた真宗教義学の考究に対しては、欠くべからざるものであって、それに多くの資料を提供するものである。

真宗教団史とは、宗祖としての親鸞の生涯をはじめとして、それ以降現代にまで歩んできた真宗教団の展開の歴史について分析解明する領域であるが、それはまたそのことを通して、過去の教団の歴史について自己批判しつつ、将来の教団の在り方に対する指針を求めてゆく営みであることも忘れてはならないであろう。

次の解釈部門とは、主として向内的に、かつまたことには主体的に、真宗の聖典を把捉解釈しようとする部門であって、具体的には真宗聖典学がそれである。真宗聖典学とは、真宗を表詮開示している諸聖典、すなわち、浄土三部経および七祖、親鸞撰述の諸聖典を対象として、その言説を解釈しつつ、そこに明かされている聖典の根本意趣を的確に解明してゆくことを目的とするものである。この場合、覚如以降の列祖の撰述は、上の真宗教学史について述べた如き理由によって、聖典として見るべきではないと考える。元来聖典とは、真実自らがこの世俗に向かって自己開示したものとして、真宗における究竟的真理、その体験を言説を通して表現化したものであるが、それはまた本来に不可説なるものであって、聖典とは、その本来不可説なるものを言説化したものにほかならないのである。その意味において、聖典を読むということは、たんにその表現としての言説を表層的に読むことに終っては、決して聖典を読んだということにはならない。それはつねにその言説を読むことを通して、さらにその底にひそむ不可説なる宗教的真理を読みとることでなければならず、そのことが成り立ってこそ、まことに聖典を読んだといいうるわけである。ここに聖典を読むことの至難性がある。その点からして、この聖典学においては、客観的、科学的な立場からの聖典の解読の重要性はもとよりであるが、それとともにさらには必然に、主体的、体験的な領解の態度が強く要求されてくるわけである。

次の組織部門とは、真宗学における向外的な側面として、真宗と現代との対決、切り結びを成り立たしめるものであって、真宗が現代という歴史的、社会的な情況の中で、自らの真実性を主張し、それを弁明するための論証、そしてまたさらには、個々の人格における真宗と現実の世俗との対決としての、真宗的な生き方についての解明をめざす部門である。その内容については種々なものが考えられるが、基本的には真宗教義学と真宗倫理学を思う。

真宗教義学とは、親鸞によって体験され開説された真宗の本質を、現代の大衆にとって、それが普遍妥当なる真理であり、万人にとって究竟なる帰依処であるということを、論理的、体系的に弁証宣説することを目的とするものである。ことにこの真宗教義学が真宗の真実性を現代の中で弁証すること、すなわち、現代のただ中において親鸞を明らかにすることをめざすものである以上、そこでは先ず、真宗の教法としての親鸞の信体験とその思想を、教理史的、聖典解釈学的に、徹底して明確に把捉することとともに、また同時に、現代の情況をより的確に捉えて、それについての深い分析と洞察をもつことが要求されるのであって、真宗教義学とは、この真宗の本質に対する明確な領解と、現代についての明晰な把捉との二つが重ねられることにおいて、しかもまたその両者が厳しく切り結びあうことにおいて成立するものである。それはすなわち、現代の歴史的、社会的な情況のもっとも深いところから、人間共通の根源的な問いを発して、それに親鸞をして答えしめることでもあって、それはまた、私自身において現代と親鸞、さらには世俗と永遠との、対話を成り立たしめることでもあるといいうるであろう。そしてまた、そのことはさらにいうならば、真宗に対する向内的、求心的な学的な営みの中からの、現代に対する向外的、遠心的な信心の学的告白でもあるわけである。その点、この真宗教義学は、真宗学の諸分野の中ではことに重要な意味をもっているものである。

真宗倫理学とは、人間の在り方を真宗の本質との関係において捉え、真宗者の在るべき当為的行為を究めようとめざすものである。もとより真宗とは、基本的にはこの世俗的な在り方を全的に否定し出世を志向しつづけるものであって、それは決して道徳、倫理の次元にとどまるものではない。しかしながら、人間が人間として生きるかぎり、その行為には必然に人間としての当為的な命題が成立する。しかもまた、仏教徒として、ことに真宗者として、この世俗を否定しつつ、出世を志向し成仏を願求して生きるものには、信そのものの内容として、必然に「世をいとふしるし」(『末燈鈔』真聖全二、六八三頁、六八八頁、六九一頁)とか「往生ねかふしるし」(『末燈鈔』真聖全二、六八八頁)ともいわれる、真宗者としての当為的な行為が選びとられてくるべきであろう。そのような真宗者としての当為的な在り方とは何か。それを現代の中で究明してゆくものがこの真宗倫理学である。

次の実践部門とは、上に見た諸部門がいずれも主として理論的な立場を中心とするに対し、真宗を明らかにする営みについての具体的、実践的立場を中心とするものであって、そこではまたその向内的な側面については、ことに真宗を主体的、体験的に領解することをめざすところの真宗求道学が、またその向外的な側面においては、真宗を現代に対して弁証し、宣説してゆくことをめざすところの真宗伝道学が考えられる。

真宗求道学とは、真宗の信体験を獲得し、そしてまた、それをより深化してゆくための方法としての理論を究明し、かつそのことを自ら実践してゆく営みをいうものである。従来においては、真宗の信心がいかにして成就しえられるかという点について、客観的、理論的にはほとんど解明されることがなかった。しかし、真宗における信心の道とは、また念仏の道として、ひたすらに称名し、聞名して生きることにきわまるものであると明かされるところ、信心をうるためには、そのような称名、聞名の道が、いかにして私の現実生活の上に成り立ってゆくかということが問題となってくる。そのような真宗における行道について、現代の諸科学の成果をも援用しつつ、その理論を明らかにし、またそれを具体的に実践してゆくことをめざすところ、ここに真宗求道学の立場がある。その点、この真宗求道学とは、また上に見た真宗倫理学とも深くかかわってくるものであろう。そしてまた、すでに上に見た如く、真宗学においては、真宗についての客観的な解明とともに、その主体的な領解をもつことが重要であるが、その意味からすると、この真宗求道学とは、直接にその主体的な領解をめざすものであって、真宗学の諸領域の中でも、ことに主要な地位を占めるものであるといわねばならないわけである。

真宗伝道学とは、真宗を現代に向かって宣説することをめざすものであって、真宗教義学において究められ、弁証されるところの真宗を、真宗求道学における理論と実践を踏まえつつ、現代の大衆に伝達し、そこに新しい真宗者を誕生せしめるための、方法技術についての理論を明らかにし、またそれを具体的に実践してゆく営みをいうものである。この伝道学もまた、上の求道学と同様に、心理学、教育学、社会学などの現代の諸科学を援用することが必要となるが、それはまた何よりも、自己の主体をかけた行動の学にほかならぬことをも銘記すべきであろう。

註

（1）例えば法蔵の『般若波羅蜜多心経略疏』に「般若は深邃にして劫を累るとも逢うこと難し、分に随って釈を讃じ冀わくば真宗に会わん」（大正三三、五五五頁ａ）といい、宗蜜の『仏説盂蘭盆経疏』巻上に「まことに真宗いまだ至らざるによって周孔を且らく心に繫けしむ」（大正三九、五〇五頁c）と明かし、また元照の『盂蘭盆経疏新記』巻上に「真宗は即ち仏教なり」（続日蔵一の三五の二〜一〇六）と註すものは前者をあらわし、善導が「散善義」に「竊におもんみれば真宗遇い叵く浄土の要逢い難し」（真聖全一、五五九頁）といい、法照が『浄土五会念仏略法事儀讃』に「念仏成仏は是れ真宗なり（中略）念仏三昧は是れ真宗なり」（大正四七、四七九頁c）と明かすものは後者に相当するものである。

（2）「大無量寿経真実之教浄土真宗」（「教文類」真聖全二、一頁）。

（3）「真宗の教行証を敬信し」（「総序」真聖全二、一頁）、「謹んで浄土真宗を按ずるに二種の廻向有り」（「教文類」真聖全二、二頁）、「真実信心をうれば実報土にむまるとをしへたまへるを浄土真宗とすとしるべし」（『唯信鈔文意』真聖全二、六二八頁）。

（4）「選択本願は浄土真宗なり」（『末燈鈔』真聖全二、六五八頁）。

（5）「是を以て四依弘経の大士、三朝浄土の宗師、真宗念仏を開いて濁世邪偽を導く」（「化身土文類」真聖全二、一七五頁）、「善導独り仏の正意を明らかにして深く本願に藉りて真宗を興じたもう」（『浄土文類聚鈔』真聖全二、四四九頁）、「真宗興隆の大祖源空法師」（「化身土文類」真聖全二、二〇一頁）、「智慧光のちからより、本師源空あらはれて、浄土真宗をひらきつつ、選択本願のべたまふ」（『高僧和讃』真聖全二、五一三頁）。

（6）真宗は蓮如の『御文章』一の一五（真聖全三、四二二頁）にもある如く、古くより浄土真宗と名のったが、一般的には一向宗、門徒宗などと呼ばれてきた。よって安永三年（一七七四）に東西本願寺、専修寺らが合議して、浄土真宗と公称すべく幕府に願い出たが、浄土宗側の反対があって長く結論を見ず、ようやく明治五年（一八七二）に至って政府より真宗の公称が許された。なお現在の本願寺派宗制（昭和二十二年四月）においては浄土真宗と称している。

（7）金子大榮「真宗の学問の対象は大聖の真言である。（中略）具体的に言へば真実の教大無量寿経である」（『真宗学序説』二〇〜二一頁）。大原性実「真宗学の対象は真宗である。その真宗は単なる宗派としての真宗ではなく大経に説かれた本願名号を本質とするものである」（『真宗学概論』二五頁）。普賢大円「真宗学の対象は何であろうか。それは浄土真宗と名づけられる宗教なる事は勿論である。然らば浄土真宗とは何であろうか。（中略）結局浄土真宗とは末燈鈔に言うが如く選択本願これなりと言うことになるのである」（『真宗教学の諸問題』三頁）。石田充之「真宗学は親鸞に創る真宗的諸現象を広く客観的に解明する学問である」（「真宗学研究の私見」『仏教学研究法』二四一頁)。土井忠雄「真宗学の対象は大経であるか本典であるか将又弥陀の本願であるかということは賢明なる近代の学徒によって研究せられた課題であるが、自分は自分一流の言い方を以て真宗学の対象も従ってその方法も親鸞聖人であり本典であると考えている」(『宗祖考』『宗学院論輯』第三六輯)。その他、山本正文「組織真宗学の領域とその問題」(『宗学研究』第一九号)、禿諦住「真宗学の学問的性格」(『宗学研究』第一九号)参照。

(8) 宇井伯寿「仏教は字義通り仏陀の教であるが、同時に又仏陀に成る教である」(『仏教思想研究』三四一頁)。

(9) 拙稿「真宗学研究序説―その性格と方法論について―」(『龍谷大学論集』第三八八号)参照。

(10) 西谷順誓『真宗の教義及宗学の大系』一六九～一七〇頁、普賢大円『真宗思想史』一一三頁。

(11) 例えば現在の本願寺派教団において正統信心の基本的綱格を示すものとする安心論題三五題の内容について検すると、それぞれの論題の根拠となっている基本の要文の内訳は、『大経』の文(六文)、七祖の文(七文)、親鸞の文(六文)、覚如の文(一文)、蓮如の文(五文)であって(西本願寺勧学寮編、昭和四十年四月発行『安心論題摘要』による)、覚如、蓮如のものと親鸞のものとが同数であるが、ここには明らかに両者の無条件的な混同が見られる。

第二章　浄土教理史の意義

第一節　浄土教理の定義

真宗学のもつ性格とその諸領域については、およそ上に見た如くであるが、その中でいま本論考の課題として取り上げる浄土教理史とは、釈尊における根本仏教から、インド、中国、日本にわたる、浄土教思想の生成とその展開流伝の過程系譜を解明することをめざすものである。教法が流伝するということは、たんにその教法としての言説章句が伝承されてきたということではない。それはつねにそれぞれの時代と地域において、具体的な宗教的主体において、その教法が明確に選びとられてきたということ、すなわち、そういう教法に対する自己をかけた選択領解の相続においてこそ、はじめて教法はここに伝統継承されてきたものである。その意味においては、浄土教理史研究とは、まさしくそのようなそれぞれの時代と地域の浄土教徒における、教法に対するおのれをかけた主体的な選びとりの系譜を明らかにすることでもあるわけである。そしてこの個々の浄土教徒において成立していった教法の選択領解に基づく浄土教思想とは、つねにその人格を取り巻く、当時のさまざまな歴史的、社会的な諸条件に制約されつつ成立したものであることはもとよりであるが、また他面、それは過去から伝統した思想との深い関連において成立していったことも当然のことである。

家永三郎氏の論考「思想史学の立場」（『史学雑誌』第五八編第五号）によれば、その思想史学の立場を明かすについて、唯物史観の立場からの命題は、人間の精神的生活は、ひとえに社会の経済的構造、すなわち、物質的生産関係を基礎構造として、その上部に成立するものであるとするが、基本的にはその主張を承認しなければならないとしても、しかしまた、

基礎と上部構造との関係はどこまでも基礎と上部構造との関係にとどまるのであって、下部にあるものが常に上部を全面的に決定するわけではない。

といっている。そしてその上部構造の中でも、とくに最上部に位する思想の如きものは、その基礎構造からの制約のほかに、他の多くの条件の影響を受けるものであって、

私の考えでは、上部構造は上部構造としてその層の内部における連続的発展があるのであって、常に基礎構造からの規定力によってのみ動かされているわけではないと思う。思想から思想への継受や変化のみが思想史を形成するのでないことは勿論としても、思想から思想への継受や変化の存在をも否定するのは、事実を正視しない考えであると信ずる。

と明かす如く、その上部構造は、基礎構造から歴史的、社会的な制約をうけつつも、また同時に、その上部構造それ自身の層の内部においても、連続的な継受発展があるとするのである。このような見解はまた大塚久雄氏の「思想史的方法論」においても見られるものである。(1) そしてまた家永氏はさらに、

思想史学の認識目標は、上部構造が基礎構造のハルトマンのいわゆる「強さ」によって制約せられる側面に向けられるとともに、より一層大なる関心をもって、上部構造の基礎構造に対してもつ「自由」の領域に向けられる、といいうる。思想史学の分担する主要な任務は前者よりもむしろ後者に存するのであって、そこに思想史学が基礎構造を対象とする社会経済史学の従属者たるにとどまらぬ、独立の地位と独自の存立理由とがある

ということができるであろう。

と述べて、その上部構造の基礎構造に対する自由な領域に関心を向けるところに、思想史学の立場があるといっている。そしてまた、その上部構造の内部においては、外国および過去の思想などの、思想から思想への継承による影響ないしは制約とともに、また主体としての人間は、そういう他律をこえた自由をもっていて、その既成や伝統の思想に対しては、それを批判し、選択することを通して、さらに新しい思想を形成してゆくものであると明かして、次の如くいっている。

例えば親鸞が悪人正因説を創唱した事実は、もとよりかかる思想が生まれうるだけの、思想界内部と親鸞の個人的及び社会的生活との内外両面にわたる十分の歴史的条件が具わっていたからであって、そういう歴史的条件がなければありえなかったという制約はあったにしても、その条件にかかわらず、彼が依然として善正悪傍の悪人成仏説にとどまることもまた可能であったのであって、彼がことさらに悪正善傍へのコペルニクス的転換を選びとったのは、彼の高度の自覚から発する人間的現実の周到なる省察と既成浄土教思想の徹底的批判とから来た選択の結果というべく、他律的、必然的に悪人正因説が定立されたのでは決してないといわねばならぬ。つまり歴史的条件にさらに親鸞の決断という新要素が加わってはじめて悪人正因説が成立したといってよかろう。

このような家永氏の見解は、それが思想史一般について論じたものであるのに対して、ここでは明確な宗教的体験に基づく宗教思想について考察するものであるところに、両者間の相違を見なければならないとしても、基本的にはこの浄土教理史の理解においても共通して考えられるべき点であって、その個々の人格における浄土教思想の成立については、同様な構造を想定することができるのである。すなわち、その浄土教理史上における個々の宗教的主体における浄土教思想については、それは基本的には、下部構造としての歴史的、社会的な諸条件を基礎として、それと関連し、それに制約された上部構造として成立したものであるといわねばならないが、しかし、そのことはたんにその浄土教思想が社会の下部構造の投影として、それに全面的に影響されて成立したということではない。その上部構造は、つねにその時代における下部構造と深く関係しつつも、しかもまた、上部構造それ自身の独自な立場をもっているのであって、そこには過去からの伝統的な仏教思想ないしは浄土教思想の継承と、その伝統の思想に対する自己自身の主体的な選択体解という契機が介在しているわけである。すなわち、この上部構造としての浄土教思想とは、他面、遠くは根本仏教に淵源し、かつまた幾多の先達における真摯な求道とその体験を通して、形成され伝統されてきた浄土教思想に出合い、それを継承するということと、その伝統的な思想に対する主体的な取り組みによって、それから厳しく返照され、かつまたおのれをかけてそれを選択するという営みを通して、そこに新たなる自己脱皮、まことの人間成長としての信体験を形成してゆくということの、いうなれば伝統と己証の二重の契機によって成立するものであるといいうるのである。(2) それは例えば、親鸞において新たに主唱された唯以信心の思想は、もとよりその下部構造としての当時の歴史的な情況が、かかる思想を成立せしめるための条件を用意していたことに基づくものでもあるが、それはまた、ひとえに法然の浄土教思想を学び、その専修念仏の思想を伝統継承しつつ、しかもなお、親鸞自身がさらにその教法に導かれて厳しい自己省察を重ねることにより、そしてまたその自己省察に基づいて、より徹底してその教法を体解することによって、すなわち、伝統の浄土教思想に対するに、より透徹した主体的な己証体解の中から生まれたものであって、ここに法然の専修念仏の思想を超えて、さらに新たに、唯以信心の思想が創唱されるに至った理由があるわけであろう。

かくして、個々の人格における浄土教思想の成立構造については、つねにその主体が存在する歴史的、社会的な情況としての下部構造と関連し、その制約をうけつつも、またその精神的、思想的な上部構造自身の内部においても、過去からの伝統的な浄土教思想との出合いと、その思想の影響、そしてまたそれに対するところの主体的な選びとりと、それに基づいて生まれるところの新たなる信体験という、いわゆる伝統と己証の契機を見ることができるのであって、ここに一人の人格における浄土教思想形成の基本的な構造があるのである。

上に見た如く、個人における思想とは、歴史的、社会的な下部構造からの制約をうけつつも、また同時にその上部構造自身の中で、思想から思想への継承による影響と、それに対して批判し選択するところの主体の決断を契機として形成されるということ、浄土教理史的にいいかえるならば、その上部構造の中で、過去の浄土教思想の伝統継承と、それに対する主体的な己証体解に基づいて成立するということであるが、その上部構造の層の中で過去から伝統継承されてきた思想、ないしはその伝統に対する己証体解において新たに形成されていった思想を、浄土教理史の立場からは、普通には教理、または教義と呼んでいるのである。いまここでいう浄土教理史における浄土教理とは、このような浄土教の思想、ないしは浄土の教理、教義を指しているわけである。

第二節　浄土教理史の意義

もともと宗教的真理、その宗教的体験とは、超歴史的なものとして客観化、言語化を拒むものであるが、それが思想として、また教理として、概念化され、言説化されるについては、不可説なるものの表現として、そこには必然にその歴史と社会の制約をうけざるをえない。その意味においては、この教理とは、仏教における教がつねに「宗教」として、すなわち、「宗と教」「宗の教」として捉えられてきたものの教に相当するわけである。すなわち、ここでいう宗（siddhānta）とは、究竟的に成就されたものの意であって、究極にして最高なる真理、第一義諦のことで、それはあらゆる分別、思惟、言説を超えたものであって、ひとえに宗教的体験、無分別の智慧によってこそ冷暖自知されるべきものである。それに対して教（deśanā）とは、かかる宗に対する教として、宗としての第一義諦、真理を体得したものが、他の人々をしてこの宗、真理にまで到達せしめるために、それを人々に向かって客観的、概念的に開顕詮示したところの言説章句をいうのである。したがって教とは、あらゆる分別思惟を超えた心行処滅なる究竟の真理が、世俗に向かって分別すべからずして分別化され、表現すべからずして表現化されたものであるといいうるのである。その意味においては、教理とは、『大智度論』巻第九に、四依を釈すについて、

> 人指を以って月を指し以て惑者に示すが如し。惑者は指を視て月を視ず、人之を語りて言わん。我れ指を以って月を指し汝をして之を知らしむ。汝何ぞ指を看て月を視ざるやと、此れまた是の如し。語は義の指と為す。語は義に非ざるなり。是れを以っての故に語に依るべからず。（大正二五、一二五頁b）(3)

と明かす如くに、それはどこまでも「指月の指」として、究竟的な真理としての宗を指示するものであって、それは決して真理それ自身ではありえない。その宗と教との間には深い関連を認めながらも、また同時にその両者の間には明確な距離のあることを思うべきである。かくして教理とは、つねに宗教的真理を志向しつつ、それに対して、我々を導き育てるための指南として、またプロセスとしての意味を担いつづけるものにほかならないのである。したがってまたその教理とは、それが本来において宗教的真理としての宗に基づいて成立し、またそれがつねに宗を指示しつづけているというところでは、教理とはまた究竟なる真理に重なるものであって、それとは別のものではない。その意味からすれば、教理とは本質的には究竟して不変なるものであるといわなければならないであろう。しかしまた教理とは、宗教的体験において捉えられた究竟なる真理としての宗が、その個々の人格主体において、

またそれを取り巻く歴史的、社会的情況の中で、それらの影響をうけつつ、分別化され、言語化されたものにほかならないものである。その意味からすれば、この教理とは、形態的には相対的なものであって、可変なるものであるといいうるであろう。かくて教理については、本質的な面と形態的な面が考えられるべきであって、その本質的な面については、つねに宗としての宗教的真理に基づくものであり、またつねにその真理を指示しつづけるものとして、絶対的にして不変なものというべきであり、またその形態的な面からいえば、その真理の世俗に対する分別化、言説化として、相対的にして可変のものであるといいうるのである。

かくて個々の人格において体解形成されていった浄土教理とは、その主体としての人格に基づき、そしてまたその主体のおかれた歴史的、社会的な情況に制約されつつ成立したものであって、それと出合い、それに学び、それを継承するについては、新たなる主体において、それを「指月の指」として、それに導かれ、またそれを批判しつつ、その表層を突き破って、その教理の本質に肉迫し、ついにはそれが指示しているところの究竟なる真理としての、宗そのものにまで到達しなければならないわけである。そしてその究竟なる宗に体達した新たなる主体は、またさらにおのれの人格に基づいて、おのれを取り巻く歴史的、社会的な条件の中で、その情況に制約されつつも、主体をかけてその真理を分別化し、言説化してゆくこととなり、ここに教理はさらに新たなる主体を媒介として再構成され、それぞれの時代と地域の中で蘇ってゆくのである。すなわち、浄土教理とは、その本質的な不変の面についていえば、つねに一貫して真理としての宗に基づき、その宗を指示しつづけるものであるが、その形態的な可変の面についていえば、つねに歴史の中で新しい主体としての宗教的人格に出合うことにより、それによって選びとられ、さらにはまた新たに蘇り再構成されつつ、かぎりなく展開してゆくこととなるのである。

かくしていまここでいう浄土教理史とは、ことにそういう教理における可変の面の歴史的な展開についていうものであって、浄土教理史研究とは、そのような浄土教理の宗教的主体を媒介とする選択と再構成、その展開の歴史についての跡づけを目標とするものである。

註

（1）大塚久雄「思想史的方法論―社会科学的方法―」『大塚久雄著作集』第九巻、五〇九～五一〇頁。

思想は一定の社会的事情のうちに育まれ構想され、そして、それをいわば基盤として歴史的な形成物にまで展開され成長するのではあるが、しかし、そのすべてを基盤である社会的事情のうちに還元しつくすことはできない。言いかえるならば、思想のいわば上半身は、基盤である社会的事情から相対的に自立しつつ展開されるのである。（中略）思想史の研究にあたっては、またその叙述を読むばあいにも、われわれは、思想が一定の社会的基盤によって支えられ育まれながら、しかもそれから相対的に自立した展開のあとを示すものだという事実を、はっきりと念頭においている必要があるだろうと思う。

（2）その点、浄土教理史の立場からすれば、家永氏が上部構造の内部に関して、外国および過去の思想に対するに、主体の側の批判選択としての「決断」という契機を挙げる点については、すでに石田慶和「思想史学に於ける教理史研究の意義について」（『史窓』第一六号）によっても指摘されている如くに、より根源的な主体的把握なる「信体験」として理解されるべきであろう。

（3）この『大智度論』巻第九の文を、親鸞は「化身土文類」（真聖全二、一六六頁）に引用している。ただしその引用文には原文（『大正大蔵経』）に比して若干の出没がある。

第三章　浄土教理史研究の方法

第一節　個々の浄土教理の解明把捉

浄土教理史の研究にあたって、先ず要求される第一の作業は、その個々の教理についての文献資料に関する考証とその内容に対する的確な把捉である。教理とは、上に見た如くに、それぞれの主体において成立した宗教的体験、ないしはそこで捉えられた宗教的真理、すなわち教に対する宗（siddhānta）が、それぞれの歴史的、社会的な情況の中で、分別的に、客観化され、概念化されたものをいうが、その意味においては、この教理とは、その宗教的真理が世俗に向かって等流し、具体的には時間化し、言説化したということである。そして、それが時間化したということにおいては、それを把捉するについては、先ず歴史的にそれを歴史の流れの中に還元しつつ、その下部構造としての時代的、社会的な諸条件とのかかわりにおいて見られるべきである。またそれが言説化したということにおいて、それを理解するについては、先ず文献学的にそれを厳密に解読するということが要求されてくるであろう。そして先ず、このような客観的、科学的な歴史学的、文献学的な考察に基づいて、その教理のもっている内容が、より精密に分析、解明されることが重要である。その意味においては、この浄土教理史の研究にあたっては、基本的にはこのような歴史学的研究法と文献学的研究法が前提となってくる。なおまたそのほかに、その教理をより徹底して深く理解するためには、さらに哲学、宗教学、宗教哲学、心理学、社会学などの諸科学の援用、その分野からのアプローチも要請されてくることとなるであろう。

しかしながら、またそれについて注意されるべきことは、すでに上においてもふれた如く、教理とは本来的には客観化、概念化をこばむものをなお客観化し、概念化したものである以上、そのような客観的、科学的な研究方法による教理の把捉には限界があるということである(1)。すなわち、その歴史学的研究法についていえば、教理とは、時間を超え歴史を超えたものが、表現すべからずして時間の中に表現されたものであって、それはつねに歴史の中に成立しつつも、しかもまた同時にそこには超歴史的なもの、永遠なものを含んでいるわけである。その点、ことに時間上に現われた歴史的現象を対象として、その事実を実証的に解明しようとする歴史学的研究法をもってしては、その教説がもっている歴史的な面については明らかにされるとしても、なおそれが含んでいる超歴史的な永遠の面については及びえないことであって、そこには依然として未解明の問題が残ってくるのである。浄土教理史研究における歴史学的研究法について留意すべき問題点である。そしてまたそのことは文献学的研究法についてもいいうることであって、教理とは、また本来に分別思惟を超えたものを概念化し、言説表現を絶したものを言説化したものであるということにおいて、そこには矛盾を宿しているわけである。したがって、その言説章句を客観的に捉えてそれを解読したとしても、その矛盾を宿さない部分については、それなりに理解されるとしても、その不可説の言説という如き矛盾を含んだ面については、根本的には把捉することが不可能である。この点についても、また浄土教理史研究における文献学的研究法に関して注意されるべき点であろう。

とすれば、それらの限界を克服するための方法としてはいかなる道を求めるべきか。歴史学的研究法のもつ限界としての超歴史性、永遠性の把捉の方法については、それがすでに歴史を超えたものである以上、たんなる客観的、科学的な思惟や、観念的、概念的な解釈をもって捉えられるものでないことは勿論である。それはただ自己自身が主体的に、歴史の中にありながらしかもその歴史の表層を突き破って、今ここにあらゆる時間を超えて立つ、したがってまた過去、現在、未来の一切の時間を包みこんだ、絶対現在、永遠の今の一点に立つということにおいてのみ、はじめて確かに把捉しうるものであろう。ここでいう絶対現在の一点に立つとは、自己の現実存在のありのままの相を、その根底にまで究めてゆくことによって顕わとなってくるところの、無限の過去から無限の未来にかけて、あらゆる時を貫いてある自己自身の本来的な存在の真相を、即今当処において、まさしく自覚することにほかならない。教法における超歴史性、永遠性とは、かかる私自身の存在の真相を洞察し、それを自覚することに即する絶対現在、永遠の今においてのみ、はじめてそれに触れ、それを領解することが可能となってくるのである。かくして、浄土教理史を研究するということは、また他面、このようなまったく主体的な方向において、自己自身の存在の実相について深く問いつづけ、それを徹底し、深化してゆくということが要請されてくるわけである。

また文献学的研究のもっている限界としての、不可説の言説、超表現の表現という矛盾の面については、ことに浄土教においては、象徴の言説と矛盾の論理という独特な表現手段をもって詮示されていることを思うべきである。ここでいう象徴の言説とは、自らが体験した不可説なる第一義諦、宗教的真理としての宗を、いまだそれを体験していないもののために、すでにもっているところの一般的な認識や経験からえた概念に基づいて、それを類比的に表詮することをいう。(2)そのことはことに浄土の諸聖典において多様に用いられるところであって、それは普通には名詞や形容詞について、一方では現実肯定的に表現しながら、同時にまた他方では、それを否定ないしは超越するという如き表現を示して、肯定と否定、または肯定と超越の矛盾する二重構造をもって明かされているものである。例えば、阿弥陀仏が光明無量、寿命無量と明かされ、またその浄土についても、経典はその荘厳功徳について此岸的に縷々詳説しつつ、なお「若し広く説かば百千万劫にも窮尽すること能わず」(『無量寿経』大正一二、二七四頁

b）と明かし、また「三界の道に勝過せり、究竟して虚空の如し、広大にして辺際無し」（『浄土論』大正二六、二三〇頁c）と説いている如くである。そこでは阿弥陀仏とは、光明とか寿命として、現実的、此岸的に明かされながらも、しかもその無限性としての無量光明、無量寿命と説かれ、またその浄土についても、現実的、此岸的に最上級の荘厳功徳相として語られながら、しかも同時に、そういう現実的なものをはるかに超越した世界として説かれているわけである。またいま一つの表現手段としての矛盾の論理とは、その無分別、不可説なるものを表現するために用いられたところの、形式論理の法則を越えて、矛盾対立する二つの概念が同時に相即するという論理を指すものであって、それは鈴木大拙博士によって「即非の論理」と呼ばれているものである(3)。そのことは大乗仏教における究極の理想としての菩提、涅槃が、ひとえに煩悩、生死を離れることでありながら、しかもまた同時に、煩悩即菩提、生死即涅槃として、自己に否定的に対立する煩悩、生死を自己自身としていると説かれることなどに明瞭なところである。そのことは浄土の経典においても、阿弥陀仏の存在する場所を指して「此を去ること十万億刹なり」（『無量寿経』大正一二、二七〇頁a）と明かしながら、また同時に「此を去ること遠からず」（『観無量寿経』大正一二、三四一頁c）と説くこと、あるいはまた親鸞がおのれの信体験を明かすについて「地獄は一定」（『歎異抄』真聖全二、七七四頁）と語りつつ、また同時に「往生は一定」（『歎異抄』真聖全二、七七七頁）とも説くことなどに見られるものであって、そこには、いずれも矛盾対立するものが、しかも同時に相即しているという、独特な論理をもって表詮されているのである。かくの如く浄土教においては、その不可説の言説、超表現の表現については、ことに象徴の言説と矛盾の論理によって表詮されているわけであるが、そのような表現を正しく理解するためには、かかる言説表現を媒介としながらも、しかもまた、自らその言説や表現を超え、観念的な思惟や分別を脱して、その言説が指示しているところの、もっとも根源的なものにまで達するような道に向かって進まねばならないのである。従来の伝統的な宗学において、かかる象徴の言説や矛盾の論理のもつ意味が考慮されることもなく、「会通」と称して、それをたんに分別的、形式論理的に解釈してきたことは、深く反省されねばならないことである。かくして、このような超表現の表現を理解するためには、何よりも自己自身が、かかる対象的、分別的な思惟を離れて無分別となってゆくほかはない。我々はいつも自己中心的に、分別的、対象的にものを捉えており、自分自身についてさえもなお対象的に見ているのである。しかし、そういう外に向かう対象的な見方とは逆に、内に向かって、自己自身の存在の実相を徹底的に問うてゆくという営みを通して、ついには自己自身を対象的ではなくて、それ自身としてあるがままに見ること、すなわち、見ている自己がそのまま見られているという如き見方、見る自己と見られている自己が一つであるような、まったく主体的、根源的な自覚が成り立つならば、我々はまた他のもののすべてを対象化、分別化しないで、そのものをそれ自身として、ありのままに見ることができるのであって、ここに分別を超えた無分別の世界が展けてくることとなる。そしてまたこのようなまことの知見の開覚によってこそ、不可説の言説、超表現の表現としての、象徴の言説、矛盾の論理の真意も、正しく領解することが可能となってくるであろう。

かくしてこの浄土教理史研究における、客観的な歴史学的研究の場における超歴史性、永遠性の把捉、文献学的研究の場における不可説の言説、超表現の表現の領解のためには、ひとえにその研究者自身の主体性の参与によらねばならないのであって、それは自らが主体的に歴史の表層を突き破って、まさしく今ここに、あらゆる時間を貫いてある自己の存在の実相を徹見し自覚すること、そしてまた、日常的な自己の現実相である自己中心的な在り方から脱出して、一切をあるがままに見るという無分別なる知見を開覚すること、そのことをひたすらに志求して生きつづけることを意味しているわけである。我々はこのような主体的、根源的な自覚をめざし、無分別なる知見の開覚を求めてゆくところに、次第にそのことの成立と一つとなって、その根底にある超歴史性、永遠性に触れ、不可説の言説、超表現の表現の真意を、まことに解読把捉することができるのである。しかもかかる根源的な自覚、無分別なる知見とは、もはや観念的な意識の内部のことではなくて、ただちに自己自身の存在にかかわる問題であり、それは親鸞に即していうならば、念仏を申して信体験をえてゆくということにほかならないわけである。したがって、ここで浄土教理史研究において、その文献資料を考証し解読するについて、その超歴史性、永遠性を把捉し、その不可説の言説、超表現の表現をまさしく領解するためには、ひとえに主体性の参与によるほかはないということは、すなわち、研究者自身が自ら仏道を選びとって、ひたすらにそれを実践奉行することであり、それはより明確には、日々念仏を申しつつ生き、そこに信体験をひらいてゆくということを意味しているわけである。

その点、波多野精一氏が、その『宗教哲学序論』において、

体験と切離され従って外面より考察される時は宗教の客観的表現は、表象教説制度動作等として、内容においても構造においても単なる文化的産物に過ぎぬ。体験の光に照されぬならば、かかる表現の内面的宗教的意味は全く捉へ難いであろう。(中略)表現はその自ら本来具へて居る意味内容を一旦「無」の淵に沈め、いはば甦って更に宗教的体験の新しき光に照されつつ新しき意味を反映し新しき生命を獲得するに至らねばならぬ。これが宗教の客観的表現を研究材料とする際に遭遇する最大の難関である。(中略)この難局に際し救助に来るは研究者自身の体験である。(中略)宗教の客観的表現は現代をも含めたる意味において与へられる。それ故宗教の歴史的研究所謂宗教史は宗教哲学にとっても極めて重要なる、研究者自身の体験を除いては唯一の、材料供給者である。然しながら実証主義的傾向を有する学者たちの如く、若しここに立止るならば到底盲人の垣根覗きを免れぬであろう。体験へ、しかしてそれの本質へ、——これが研究者の進むべき唯一筋の道である。

（『波多野精一全集』第三巻、三三一～三三三頁）

と語るのは、まさしくこのことを意味するものであろう。

真宗学とは、真宗学するもの自己自身が、ひとえに仏道を志求し、自ら信体験をひらき、それをより深化してゆくという不断の営為においてこそ、まことの真宗学として成立してゆくものであって、この浄土教理史研究においても、客観的、科学的な分析と解明に基づきながらも、またついには、このような主体性の参与による信体験によってこそ、それについてのまことの把捉が成り立ってゆくことを思うべきである。

第二節　歴史的脈絡における再構成

かくして浄土教理史研究の作業として、先ずなされるべきこととしては、上に見た如くに、浄土教徒の個々の人格における体験に基づいて形成表現されていったそれぞれの浄土教思想、教理を、それに関する文献資料によって、客観的かつ主体的に解明把捉することであるが、それに次いでなされるべき第二の作業とは、その文献資料に基づいて明らかにされた個々の浄土教理を、浄土教全体の流れ、歴史的な脈絡の中に、再構成してゆくということである。ただし、その歴史的な流れの中における再構成ということは、たんに事実史としてその資料素材を時代的に配置し、羅列すればよいということではない。その個々の浄土教理が、それ以前の教理ないしは思想といかなる関係にあって、その先行する教理、思想をどのように継承し、かつはそれらを批判し、選択し、超克して、さらに新しく展開していったのかということ、そしてまた、その個々の浄土教理が、それ以後の教理、思想に対し、いかなる位置をもつものであるかを明らかにしてゆき、もってその浄土教全体の流れの中に一貫しているところの、浄土教の本質というものを明確に浮上せしめ、それを把捉してゆくということである。しかしながら、それについてはすでに上における個々の浄土教理の理解把捉についても見た如くに、その浄土教理の全体的な流れ、歴史的な脈絡の中での再構成においても、たんにそれを客観的に解釈し、再構成してゆくということは不可能なことであって、そこでもまた必然に研究者自身の主体が深くかかわらざるをえず、それは研究者自身の主体性の参与に基づく理解と、それによる追創造によるほかはないわけである。すなわち、この浄土教理の全体的な展開の跡づけ、歴史的な脈絡の中での再構成については、もとより客観的、科学的な理解把捉の立場を明確に堅持しながらも、しかもまた同時に、研究者自身の主体性の参与とその責任による解釈と創造によってなされるべきであって、それはいわば客観的な理解と主体的な創造との両者の立場の緊張関係において、しかもまたそれはすでに上にも指摘した如くに、より深層的な次元における統合として成り立たしめられてゆくべきものであると考えられる。それについては、丸山真男氏が「思想史の考え方について」の中で、思想史の性格に関してきわめて適切に論じているものが参考になるであろう。以下いささか長くなるがその論文を借引することとする。すなわち、

私は思想史の研究者乃至思想史家の仕事というものを、この思想論乃至歴史的思想を素材として自分の哲学を展開することと、一般的歴史叙述とのちょうど中間に位するものと考えます。その意味で思想史家の仕事は音楽における演奏家の仕事と似ているのではないでしょうか。音楽は通常再現芸術であります。その点で美術や文学と非常に異なった特色がある。つまり絵なら作品というものにわれわれが直接当面することができます。ところが音楽となりますと、われわれがただ楽譜というものに直面してみても、そこから感興を得られるようなものではない。少なくも普通はそうではない。演奏を通じてでなければ作品はその芸術的な意味というものをわれわれに開陳してはくれません。ですから演奏家、いわば再現芸術家としての演奏家というものは、作曲

者乃至は画家、文学者と違って全く自由に創造するということはできない。気まま勝手にファンタジーを飛翔させることはできません。彼らは彼らの演奏しようとする楽譜に基本的に制約されます。つまり楽譜の解釈を通じてその作曲者の魂を再現しなければいけない。そうして解釈をするにはその作品の形式的な構造とかそれに先行する形式あるいはそれが受け継いだ形式、その中に盛られているイデーあるいはその作品の時代的背景といったものを無視することはできません。その意味で対象的に拘束されておりますけれども、逆に演奏家にとっては、少なくとも芸術家としての演奏家にとっては、決して単に楽譜を機械的に反映すること、楽譜を機械的に再現することが問題ではない。そういう意味における楽譜の「客観的」解釈というようなものは事実上ありえません。演奏が芸術的であるためには必然に自分の責任による創造という契機を含みます。しかしそれは単に自分で勝手に創造するのではない。これはいわば追創造であります。あとから創造するナッハシェップフェン（nachschöpfen）なのであります。これと同じように思想史の仕事というのは思想の単なるクリエーションではありません。いわば二重創造であります。

思想史家の思想というものはどこまでも過去の思想の再創造の所産であります。言いかえるならば思想史家の抱負なり野心というものは歴史のなかに埋没するにはあまりに高慢であり、歴史離れをするにはあまりに謙虚なものであります。ですから一方歴史による被拘束性とともに、他方、歴史に対して自分が働きかける――歴史に対してというのは現代に対してということではなくて、歴史的対象に対して自分が働きかけるということですが――、この歴史によって自分が拘束されることと、歴史的対象に自分が働きかけることのいわば弁証法的な緊張を通じて過去の思想を再現する。このことが思想史の本来の課題であり、またおもしろさの源泉であるというふうに私は理解しております。（『思想史の方法と対象』武田清子編、一二三～一二五頁）

と明かす如くである。かくて思想史の方法とは上引の論考に見られるように、それはあたかも演奏家が楽譜を演奏するについて、その楽譜に基づきそれに制約されながら、しかもまた、自己の責任においてその楽譜を主体的に解釈して、そこに作曲者の魂を再現し、追創造してゆくが如くに、つねにそれぞれの思想としての素材を尊重しそれに拘束されながら、しかもまた同時に、研究者自身が主体的にその素材に働きかけて、その責任において歴史の脈絡の中で再構成し、追創造してゆくことであるというのである。

いまの浄土教理史研究の場合においても、それが思想史研究と教理史研究の基本的な立場の相違はあるとしても、その方法論においては上引の論考に共通し、それに学ぶべき点があると考えられる。すなわち、この浄土教理史研究においても、すでに上にも指摘した如くに、客観的、科学的な理解把捉の営みとともに、研究者自身における主体をかけた全体的な再構成、追創造の作業が重要となってくるのであって、つねに研究者自身の主体性の参与が強く要求されてくるわけである。その点、主体性の参与とは、この浄土教理史研究における必然でもあるが、ここでいう主体とは、表面的には研究者自身の浄土教理に対する基本的な解釈の姿勢態度を意味するとしても、それはより根源的には、その浄土教理が宿しているところの本質について、どれほど接近し、それを自己自身のものとしているかということであって、それはより明確にいうならば、すでに上においても見た如くに、研究者自身における信体験の有無とその深浅を指すものにほかならないのである。すなわち、この浄土教理史研究における再構成、追創造ということは、ひとえに研究者自身の主体的な領解、信体験が求められてくるのであって、ここでもまた浄土教理史研究においては、最終的には研究者自身における信の立場からの視点が要請されることとなるわけである。

しかもまたこの浄土教理史研究においては、その全体的、歴史的な脈絡の中での再構成において、ことにその素材としての個々の浄土教思想ないしはその教理の把握については、その文献資料の不足およびその資料についての分析解明の不充分さによって、素材そのものに対する理解把捉が欠けることが多いが、そのような場合には、与えられた素材に基づきつつも、他面研究者自身による主体的な解釈を試みることによって、その全体を展望し推測的に理解するほかはない。例えば、ある未見の山を捉えてその全貌を理解するについて、その山に関するさまざまな写真があり、その実地についての測量資料があり、またその登山記録があったとしても、なおそれらがすべて断片的、部分的であって全体を尽していない時には、それら入手しえた素材を駆使して、その山の全貌を大胆に推測し、模索するほかはないであろう。いまの浄土教理史研究においても、その全体的な再構成について多分にその文献資料の不足や、それについての解明の不充分さによる限界性を思わざるをえない。その意味において、この浄土教理史研究にあっては、その文献素材としての個々の宗教的主体を中心とする浄土教理の解明に力を尽してゆかねばならないことは勿論であるが、また同時にこの浄土教理史研究においては、ことに研究者自身の主体性の参与によって、その限界性を克服してゆくところの、全体を見通す主体をかけた解釈が強く要求されてくるのである。その意味においては、浄土教理史とは研究者一人一人によって主体をかけてこそ書かれるべきであり、その故に、それはまたさらに、かぎりなく書き改められてゆくべきものでもあろう。

以上、浄土教理史研究の方法に関して、個々の宗教的主体における浄土教理についての理解把捉と、それらを素材とするところの浄土教理の展開についての全体的な流れ、歴史的脈絡の中での再構成について論じたが、その両者は決して分断されて成り立つものではなく、それらの考察は相互に深く交錯してすすめられるべきであろう。いずれにしてもこの浄土教理史研究においては、その個々の宗教的人格における浄土教思想、その教理についての理解把捉から、その歴史の流れの中での全体的な再構成、追創造についての作業に至るまで、研究者自身の主体性の参与が重要な役割を果たすものであるが、その点、この浄土教理史研究においては、その客観的、科学的な分析解明はいよいよ徹底して深めてゆかねばならないとしても、他面には、研究者自身の主体をかけた解釈が求められることとなり、ひたすらな仏道への志求による信体験からの視点が強く要請されてくることを銘記すべきである。その意味においては、この浄土教理史研究の方法論とは、究極的にいうならば、それがめざしているところのまことの人間成長、成仏という究竟の目的が、そのまま、またその方法論の根底を支えるものでもあるといわねばならないようである。

以上、浄土教理史研究をすすめるにあたって、その立場と方法論についていささかの私見の開陳を試みたが、以下に論究する私の浄土教理史研究の業績は、ここに論述した方法論には相違して甚だ未熟なものであり、その個々の浄土教理に対する分析把捉も才乏しくてまことに不充分であり、かつまたその歴史的脈絡における全体的な再構成についても、信浅き徒としてきわめて杜撰なものでしかない。顧みて自己の非力をひとしお恥じ入るところである。

註

(1) 上田義文「仏教学の方法論についての覚え書」(『仏教セミナー』第五号)参照。ここでは仏教の研究方法としては歴史的方法も文献学的方法も限界があることを指摘されている。
(2) 佐藤賢順『宗教の論理と表現』二二三頁。
(3) 鈴木大拙「金剛経の禅」(『鈴木大拙全集』第五巻、三六三頁)参照。なおそこではまたそれを「般若の論理」とも「霊性の論理」とも呼ばれている。

本論

第一章　『無量寿経』における信の思想

第一節　『無量寿経』の基本的立場

第一項　『無量寿経』の諸異本

仏教教理の展開史上において、阿弥陀仏思想の占める地位はきわめて重要であるが、この思想は大乗仏教生成の初頭に位して新しく萌芽したものである。それは現代に至る研究成果に基づくと、およそ紀元一世紀の頃に、西北インドの地域において成立したものであろうと考えられている。(1) そしてこの阿弥陀仏思想に言及する経論は数多いが、それについて、もっとも鮮明にかつ組織的に開説して、それらの経論を代表するものは〈無量寿経〉である（ここでいう「無量寿経」とは漢訳五本中の「無量寿経」をさすものではなく、漢訳本およびサンスクリット本、チベット訳本を含めた広義の「無量寿経」を意味している、以下〈　〉を附した場合は、いずれも同様である）。阿弥陀仏思想、すなわち浄土教思想は、この〈無量寿経〉において開花し、またこの〈無量寿経〉を基調として、後世さらに深化し展開していったといいうるわけである。

その〈無量寿経〉については、現代、サンスクリット本、チベット訳本および漢訳本が存在し、そのサンスクリット本とは、ネパールに伝承された後世の写本であるが、Sukhāvatīvyūhaという経題が附せられている。またチベット訳本は、八、九世紀の頃に翻訳されたもので、内容的にはサンスクリット本にほぼ一致している。そしてまた漢訳本については次の五種類がある。(2)

(1)『阿弥陀三耶三仏薩楼仏檀過度人道経』(『大阿弥陀経』)二巻、呉、支謙訳
(2)『無量清浄平等覚経』四巻、魏、帛延訳
(3)『無量寿経』二巻、東晋、仏陀跋陀羅・宝雲共訳
(4)『無量寿如来会』(『大宝積経』第一七・一八会)二巻、唐、菩提流支訳
(5)『大乗無量寿荘厳経』三巻、宋、法賢訳

かくしてこの〈無量寿経〉については、現在七種類の異本が存在するわけであるが、その内容もチベット訳本がサンスクリット本と重なる以外は、かなりの出没異同が見られるのである。例えば、そこに説かれる阿弥陀仏の本願の数についても、『大阿弥陀経』と『平等覚経』はともに二十四願、『荘厳経』は三十六願、『無量寿経』と『如来会』はともに四十八願、サンスクリット本(足利本)は四十七願(ただし荻原本は四十九願)、チベット訳本は四十九願となっていて、(3)同じく〈無量寿経〉といっても、それら諸異本の内容はかなり相違しており、その理解については、この諸異本の成立年代およびその成立にかかわる思想背景まで考慮せざるをえないようである。

よって、いまは先学の研究に基づいて、(4)それらを二十四願経(『大阿弥陀経』『平等覚経』)、三十六願経(『荘厳経』)、四十八願経(『無量寿経』『如来会』「サンスクリット本」「チベット訳本」)の三系統に分類し、その二十四願経は、もっとも早い時期に成立したと考えられるところからして〈初期無量寿経〉と呼び、四十八願経はそれら

の発展、増広として成立したものと理解されるところから〈後期無量寿経〉と呼ぶこととする。そして三十六願経の『荘厳経』については、研究者の間でも見解の分かれるところであるが[5]、内容的には異系統に属して、その成立年代についても、もっとも後代に位置するものであろうと推定されるところから、いまは異系統として別出することとする。なおその〈初期無量寿経〉および〈後期無量寿経〉における、それぞれの経典の先後関係については、異なった見解もあって簡単には決定しがたいが、いまはいちおう池本重臣氏の所説にしたがって、前者においては『大阿弥陀経』『平等覚経』、後者においては『無量寿経』『如来会』「サンスクリット本」（「チベット訳本」）の順において理解することとする[6]。

ところで、以下この〈無量寿経〉において明かされる、浄土往生の業因としての行道思想と、それに関わる信の思想について考察を試みようとするものであるが、資料としての経文の読解にはきわめて難渋な点が多く、かつそれら諸異本の間においても、思想的にかなりの相違間隔があるために、それらを明確に検討し論定把捉することは、はなはだ困難であって、従来の論考においても、なお種々の問題が残されているという情況である。そこでいまは非力ながらも、先学の研究に導かれつつ、いささかの論究を試み、もって若干の私見を提示してみたいと思うわけである。

第二項　『無量寿経』の基本的立場

一、在家道としての阿弥陀仏思想

この〈無量寿経〉がもっているところの特色ある性格としては、さまざまなものが挙げられうるであろうが、その中でもことに注目すべき点は、それがひとえに在家者としての、一般の庶民のための仏道を開説した教法であるということであって、ここにこの〈無量寿経〉のもつ基本的な立場があると考えられることである。

すなわち、釈尊入滅の後、仏弟子たちは遺された教法を伝持するために、その教説の整理編集を行なったが、さらに後には経、律、論の三蔵が集成されてゆくこととなり、仏弟子たちはそれらの教法に基づき、亡き釈尊を尊仰し、その教法を受持し修学して、自ら仏道の実践に励んだのである。しかしながら、この教説を伝持してきた仏弟子の集団では、やがてその戒律や経典の解釈をめぐって対立が生まれ、ついにはさまざまに分裂してゆくこととなった。いわゆる部派仏教の時代がはじまったわけである。しかしまた他方、釈尊の在世時代に、釈尊にしたがってその教説を聞法し、その教団を経済的に支えていた在家信者たちは、釈尊の入滅後、その舎利を分配奉持して仏塔を建立し、そこに在りし日の釈尊を思慕することとなった。そしてこの仏塔はその後各地に建立されて、在家信者たちの仏塔崇拝は次第に弘まっていった。かくして釈尊滅後の仏教教団には、出家者仏弟子たちによる教法の伝持、経典奉持の流れと、在家信者たちによる舎利の伝持、仏塔崇拝の流れが生まれてきたわけであるが、前者が教法中心の仏教理解であるのに対して、後者は人格中心の仏教把捉であったともいいうるであろう。そして後に、部派仏教を批判しつつ生まれてきた新しい仏教運動としての大乗仏教は、この在家信者を中心とする仏塔崇拝の集団を基盤として萌芽し、成立していったともいわれているが(7)、今日における研究によると、阿弥陀仏思想もまた、この仏塔信仰の思潮の中から生成発達したものであろうと考えられている(8)。それはもと在家信者たちが釈尊の舎利を奉安した仏塔に対して帰依を捧げ、そしてまたそれを通して釈尊への思慕を深めてゆくところ、次第に釈尊の理想化、超人化が進められ、ことには新しく発生してきた菩薩思想を媒介とすることにより、釈尊観の展開として、阿弥陀仏思想が萌芽し発展していったものであろうというのである。そのことは、この阿弥陀仏思想の本生話である法蔵菩薩説話においても明らかに証されるところである。すなわち、それによると法蔵菩薩以前の過去仏の系譜を明かす中、師仏ないしは源初仏として燃灯仏（錠光仏 Dīpaṃkara）が説かれているが、それは本来は仏伝の授記思想に見られるものであることや、諸異本によって差異はあるとしても、その法蔵菩薩の前身を国王と記述することなどは、その法蔵説話が釈尊伝に基づいていることをよく物語るものであろう。(9) そしてまた、〈初期無量寿経〉に属する『大阿弥陀経』の願文は、その浄土往生の行道について、第五願には作悪者の道を、第六願には一般の在家者の道を、第七願には出家作善者の道を明かしているが、その第六願の在家者の行道には、

某作仏せん時、八方上下の無央数の仏国の諸天人民、若しくは善男子善女人、我が国に来生せんと欲して、我を用うるが故に、益々善を作し、若しは分檀布施し、塔を遶り、香を焼き、花を散じ、灯を燃じ、雑繒綵を懸け、沙門に飯食せしめ、塔を起て、寺を作り、愛欲を断じ、斎戒清浄にして、一心に我を念じて昼夜一日断絶せずば、皆我が国に来生して菩薩と作らしめん。是の願を得ば乃ち作仏し、是の願を得ざれば終に作仏せず。（大正一二、三〇一頁b）(10)

と説き、またその成就文としての意味をもつ、中輩の文にも、その願文に応じて、

常に仏の経語の深きを信受し、当に至誠中信を作して、諸の沙門に飯食せしめ、仏寺を作り、塔を起て、華を散らし、香を焼き、灯を燃じ、雑繒綵を懸くべし。（大正一二、三一〇頁a）

などと明かして、分檀布施をはじめとして、塔を起て寺を作り、塔を遶って焼香し、散華し、燃灯し、雑繒綵を懸け、また沙門に供養するなどの行為が、すべて浄土往生のための善根功徳となることを説いているのである。この作寺起塔などを往生の行業善根として誓った願文は、他の異本には見られないが、その中輩の文については、『平等覚経』および『無量寿経』にも同様な思想を見ることができるのであって、(11) このことからすると、阿弥陀仏思想

が仏塔崇拝と深い関連があったことは充分にうかがわれるのである。そしてまたこの阿弥陀仏の原語としてのAmitābhaとAmitāyusなる呼称が、本来的には原始仏教から部派仏教、ことには大衆部系統の釈尊観の展開の上に成熟してきたものであるといわれる点も注目されるところである。(12) かくしてこの阿弥陀仏思想とは、すでに多くの研究者によって種々に指摘されている如くに、仏教内部の、そしてまた仏教圏外の諸思想の影響を受容しているとしても、基本的には、まさしくかかる在家信者を中心とする仏塔崇拝にかかわり、釈尊観の深化発展において、萌芽し生成してきたものであるといいうるようである。

二、不善作悪者のための仏道

このように阿弥陀仏思想が、もっぱら仏塔崇拝を中核とする在家信者集団を基盤として生成発展したものであるとすれば、その在家信者集団とは、具体的にはいかなる階層の人々であったのだろうか。それについては阿弥陀仏思想の成立をめぐる歴史的社会的情況が、充分に考慮され解明されねばならないが、いまはそれを〈無量寿経〉に開説された行道思想に限って考察してみることとする。すでに指摘した如く、〈初期無量寿経〉に属する『大阿弥陀経』には、浄土往生の行道について、出家者の道と一般の在家者の道、それに在家者にしてことに不善作悪なる者の道の、三種の行道が明かされているのである。その一般の在家者の道については、上に見た如くに、分檀布施、遶塔焼香、散華燃灯、懸雑繒綵、飯食沙門、起塔作寺などの善根功徳の修習を語っているが、またいまひとつの在家者の道としての作悪者の行道については、その願文によると、

某作仏せん時、八方上下の諸の無央数の天人民及び蜎飛蠕動の類、若し前世に悪を作すに、我が名字を聞きて我が国に来生せんと欲わん者は、すなわち正に返りて自ら過を悔い、道の為めに善を作し、すなわち経戒を持

して、願いて我が国に生まれんと欲いて断絶せずば、寿終りて皆泥犁、禽獣、薜茘に復らざらしめ、即ち、我が国に生まれて心の所願に在らざらしめん。是の願を得ば乃ち作仏し、是の願を得ざれば終に作仏せず。(大正一二、三〇一頁b)[13]

と説いている。それは在家者の中、ことには「前世に悪を作す」もののために誓われた願文であるが、それがとくにこの現実の人生において善根を修めえず、かえって悪業を犯すことの多いものの、往生の行道を開示したものであることは明瞭である。しかもまたその成就文と見られる下輩の文によると、詳しくは後に至って改めてふれることとするが、その不善作悪者について、さらに具体的には、

其の人願じて阿弥陀仏国に往生せんと欲すれども、若しは分檀布施を用いる所無く、また香を焼き、華を散らし、灯を燃じ、雑繒綵を懸け、仏寺を作り、塔を起て、諸の沙門に飯食せしむること能わざる者。大いに精進し禅定して経戒を持つこと能わざる者。世間の人以って賢明に慕い及ばんと欲すれども、家に居て善を修し道を為さんには、妻子と共に居し、恩好愛欲の中に在りて憂念し、多くの家事忽務に苦しみて、大斎一心清浄なるに暇あらず、家を去て欲を棄て得ることと能わざる。(大正一二、三一〇頁c〜三一一頁b)

などと説いている。『平等覚経』にもそれとほとんど同趣の文を見ることができる。それによると、その行道の対象者としての不善作悪者について、分檀布施、散華燃灯、起塔作寺、飯食沙門などの善根功徳を修めえないもの、また精進し禅定して持戒することのできないもの、そしてまた妻子と共に生活して恩好愛欲に憂念し、世俗の衆務に埋没して、十日十夜の端正作善の実践も不可能なもの、と明かしているのである。すなわち、この不善作悪というこことの具体的な内容としては、この下輩の文によると、一つには悪を犯すことの多くして、大いに精進し禅定し

持戒することなどの不可能なる、迷い深く障り重き、自己自身における煩悩的な存在としての仏道に対する限界についていう面と、いま一つには、たとえ仏道を願求するとも、自己の現実の生活情況の中では、とうてい分檀布施し、作寺起塔し、飯食沙門するなどの余裕をもちえない、また世俗の衆務に暇なくして、空閑の時を求めて十日十夜も専精に仏道を行じることが不可能なる、自己がおかれている社会的経済的な生活情況における仏道に対する限界についていう面の、両面があることが知られるのである。かくして、この阿弥陀仏思想成立の基盤をなしたといわれる在家信者の人々とは、分檀布施、散華燃灯、起塔作寺、飯食沙門などの善根功徳の修習の可能な、経済的にも恵まれた階層の人々のほかに、さらには経済的にも窮乏して財施的な善根の修習が不可能であり、また精神的にも貧苦にして、仏道の実践に精進することの困難であるような人々を含んでいることが明らかである。しかもこの『大阿弥陀経』においては、三種の行道の中でも、ことに出家者の道については、平生における臥止夢中の見仏、臨終における来迎、そしてまた浄土往生における不退の菩薩位への証入など、他の行道に比べてより高次な得益を明かすこと、あるいはまた三輩の文において、この行道を「最上の第一輩」(大正一二、三〇九頁c)と呼ぶことなどからすると、出家者の行道をもっとも高く評価していたことがうかがわれるのであるが、その意味においては、在家者の行道は価値が劣り、ことにその中でも不善作悪者の行道はもっとも低く見られていたことが知られるのである。しかしながら、すでに上に見た如くに、この阿弥陀仏思想がひとえに在家信者層を基盤として萌芽生成してきたものであるとするならば、たとえ出家者の行道が高く評価されているとしても、その原意趣においては、つねに在家者の行道こそがその中核をなすものであったろうことが思われる。そのことについて、同じく〈初期無量寿経〉に属する『平等覚経』においては、その願文では、第十八願の出家者の道と第十九願の不善作悪者の道の二種の行道しか明かされず、そこでは一般の在家者の分檀布施、起塔作寺などの善根修習を中心とする行道は消滅しているのである。このことはいったい何を意味するものであろうか。それについては阿弥陀仏信仰が、その成立基盤であった仏塔崇拝から次第に離反し、それから独立していったことを物語るものであるという見解もあるが、[14]そのことはまた、この〈無量寿経〉に示される行道が、基本的には在家者の道を明かすことを本意とするという立場からすれば、その在家者の行道とは、ことにはこの不善作悪者の道の開説をめざすものであったことを意味するものではなかろうか。この問題について、〈後期無量寿経〉では、その願文に明かされている行道としては、『無量寿経』と『如来会』には第十八願、第十九願、第二十願の三種の道、サンスクリット本には第十八願、第十九願の二種の道が示されているが、それらのいずれについても、それがいかなる人々を対象としているかについては明瞭ではない。しかしながら、その中でも『無量寿経』の第十八願文、『如来会』の第十八願文、およびサンスクリット本の第十九願文においては、それぞれに、

唯五逆と正法を誹謗するは除く。（『無量寿経』第十八願文、大正一二、二六八頁a）

唯無間の悪業を造り正法及び諸の聖人を誹謗するは除く。（『如来会』第十八願文、大正一一、九三頁c）

無間（罪）を犯した者たちと正法を誹謗するという障礙に覆われた生ける者たちとを除いて、（「サンスクリット本」第十九願文、足利本『大無量寿経梵本』一四頁、『梵文無量寿経試訳』四七頁）[15]

と明かす如く、いずれも同じように、五逆と謗法の罪を犯すものは除く、という文が附せられた行道が示されていることは注意されるべきである。ここでいう謗法とは、法とは大乗の教法のことであって、それを非仏説として誹謗することを謗法といい、その教法を奉持する仏弟子たちを誹謗することを謗聖と明かすと考えられるが、このように大乗の教説を否定する人々を排除しようとすることは、大乗経典の立場としては当然のことであろう。また五逆とは殺父、殺母などの五種の重罪のことであって、ここにそれが説かれているについては、〈初期無量寿経〉の

みにあって〈後期無量寿経〉では消滅しているところの、阿闍世王太子成仏授記の説話に関係があるという指摘もあるが[16]、ここで五逆と謗法を犯すものは除くということは、直接的にはかかる二種の極悪業を犯すものを除外するということであって、そのことはまた逆説的には、五逆と謗法の重罪を犯すもの以外は、たとえいかなる悪業を犯すものであっても、すべてその行道の対象となりうるということを意味するものであろう。その点からすると、この『無量寿経』および『如来会』の第十八願文、サンスクリット本の第十九願文に明かされた行道とは、五逆と謗法の罪以外のいかなる作悪者をも含むすべての人々を対象とするものであって、それはすなわち、上に見たところの〈初期無量寿経〉における不善作悪者の行道を明かしたところの、『大阿弥陀経』の第五願および『平等覚経』の第十九願の行道思想に深く関連するものであることがうかがわれるのである。しかもそれらの行道が、後に至って、改めて考察する如く、いずれも同じように聞名に基づく行道として示されているところ、その点からしても、この行道における共通性が明らかに見られるわけである。かくして『無量寿経』および『如来会』の第十八願、サンスクリット本の第十九願に明かされる行道とは、基本的には、〈初期無量寿経〉としての『大阿弥陀経』の第五願、『平等覚経』の第十九願に示された不善作悪者の行道思想を継承したものであって、それはすなわち、在家者にして、しかも世俗に深く沈んで精神的にも経済的にも、善根功徳を修習することの不可能なもののために、ことに開説された仏道であったことが知られるのである。そしてまた、後に至ってふれる如く、〈後期無量寿経〉においては、聞名思想がきわめて濃厚に強調されて、その行道思想においてはことに聞名の思想が重視されているのであるが、その点からすると、ともに聞名に基づく行道として明かされる、この〈初期無量寿経〉における不善作悪者の道と、〈後期無量寿経〉における五逆と謗法を除くという道は、他の行道に比して、〈無量寿経〉の根本意趣に基づいて開説されたところの中心的な行道であるともいいうるわけであろう。

かくして、阿弥陀仏思想を生成せしめていった基盤としての在家信者とは、それを行道思想について考察するかぎり、具体的には不善作悪者なる人々として、経済的にも恵まれない、そしてまた精神的にも貧しい、社会的には多分に底辺に属するところの、庶民を意味するものであったとうかがわれるのであって、阿弥陀仏思想、すなわち〈無量寿経〉とは、基本的にはそういう不善作悪者なる人々のための仏道、いわゆる悪人正因なる仏道を、設定し開説するところに、その原意趣があったことがうかがい知られるのである。

第二節　『無量寿経』における行道思想

第一項　〈初期無量寿経〉における行道思想

一、『大阿弥陀経』における行道

次にこの〈無量寿経〉の行道思想について考察する場合、その〈初期無量寿経〉と〈後期無量寿経〉および『荘厳経』との間には、かなりの思想的な相違距離が見られるところからして、いまは先ずそれらを区別して検討をすすめ、それぞれにおける行道思想を明確化し、もってそれらの諸異本に共通する本質的な思想を模索することにより、〈無量寿経〉を一貫する基本的な浄土往生の行道の構造を把捉したいと考える。

そこで先ず〈初期無量寿経〉の行道について見るに、『大阿弥陀経』によると、その願文においては、第五、第六、第七の三願にそれが説示されている。すなわち第五願には、すでに上にも引いたところであるが、

某作仏せん時、八方上下の諸の無央数の天人民及び蜎飛蠕動の類、若し前世に悪を作すに、我が名字を聞きて

我が国に来生せんと欲わん者は、すなわち正に返りて自ら過を悔い、道の為めに善を作し、すなわち経戒を持して、願いて我が国に生まれんと欲いて断絶せずば、寿終りて皆泥犁、禽獣、薜茘に復らざらしめ、即ち、我が国に生まれて心の所願に在らざらしめん。是の願を得ば乃ち作仏し、是の願を得ざれば終に作仏せず。（大正一二、三〇一頁b）

と説く如く、在家者ことに不善作悪者の行道が明かされており、その内容は文にしたがって捉えるならば、聞名に基づく行道として、おのれの犯した悪について返正悔過し、作善し、経戒を保持し、不断に願生するならば、寿終の後に必ず阿弥陀仏の浄土に往生することができるというのである。次の第六願には、

某作仏せん時、八方上下の無央数の仏国の諸天人民、若しくは善男子善女人、我が国に来生せんと欲して、我を用うるが故に、益々善を作し、若しは分檀布施し、塔を遶り、香を焼き、花を散じ、灯を燃じ、雑繒綵を懸け、沙門に飯食せしめ、塔を起て、寺を作り、愛欲を断じ、斎戒清浄にして一心に我を念じて昼夜一日断絶せずば、皆我が国に来生して菩薩と作らしめん。是の願を得ば乃ち作仏し、是の願を得ざれば終に作仏せず。（大正一二、三〇一頁b）

と説く如く、一般在家者の行道が明かされて、その内容は文によれば、分檀布施、遶塔焼香、散華燃灯、懸雑繒綵、飯食沙門、起塔作寺などのさまざまな善根を修習し、さらにまた斎戒を保持して、念仏すること昼夜一日断絶しなかったならば、やがて浄土に往生をえて菩薩となることができるというのである。そしてその次の第七願には、

某作仏せん時、八方上下の無央数の仏国の諸天人民、若しくは善男子善女人、菩薩道を作すことありて、六波羅蜜経を奉行し、若しくは沙門となりて、経戒を毀らず、愛欲を断じ、斎戒清浄にして一心に念じ、我が国に生まれんと欲して昼夜に断絶せずば、若し其の人の寿終らんと欲する時、我即ち諸の菩薩、阿羅漢と共に飛行

して之を迎え、即ち我が国に来生し、則ち阿惟越致の菩薩となりて、智慧勇猛ならしめん。是の願を得ば乃ち作仏し、是の願を得ざれば終に作仏せず。（大正一二、三〇一頁b〜c）

と説く如く、出家者の行道が明かされており、その内容は文によれば、出家して六波羅蜜を行じ、さらにまた斎戒を受持して、一心に念じ願生して断絶しなかったならば、臨終に来迎をえて往生し、不退の菩薩になることができるというのである。

かくして、ここでは不善作悪者の道、一般在家者の道、出家者の道と三種の行道が、それぞれの内容とその利益得果を区別して説かれているが、このように行道において衆生の機を三種に類別することは、『修行道地経』（大正一五、二二四頁）、『三品弟子経』（大正一七、七〇〇頁）などにも見られて、古くから行なわれていたようである。(17)

そしてこの三種の願文の成就文に相当すると考えられる三輩の文においては、その行道を第一輩、第二輩、第三輩と三種に分けて説示しているが、それは上の三願に明かされた行道にそのまま対応するものであって、第一輩とは第七願の出家者の行道を、第二輩とは第六願の一般在家者の行道を、第三輩とは第五願の不善作悪者の行道を承けて語ったものであることが明らかである。すなわち、その第一輩とは、

最上の第一輩とは、当に家を去て妻子を捨てて愛欲を断ち、行じて沙門となり、無為の道に就いて当に菩薩道をなすべし。六波羅蜜経を奉行するものは、沙門となりて経戒を虧かず、慈心精進して当に瞋怒せず、当に女人と交通せず、斎戒清浄にして心に貪慕するところ無く、至誠に願じて阿弥陀仏国に往生せんと欲し、常に念じて至心に断絶せざれば、その人は便ち今世において道を求むる時、即ち自然にその臥止夢中において、阿弥陀仏及び諸の菩薩阿羅漢を見たてまつり、その人の寿命の終らんと欲する時、阿弥陀仏即ち自ら諸の菩薩阿羅漢と共に翻飛行して之を迎う。則ち阿弥陀仏国に往生し、便ち七宝水池の蓮華の中に化生し、即ち自然に身を

受けること長大にして、則ち阿惟越致の菩薩となる。（大正一二、三〇九頁c〜三一〇頁a）

などと明かすものがそれである。ここに示される行道とは、基本的には、六波羅蜜を行じ、斎戒清浄にして、至誠に願生し、常念して断えないならば、平常には夢中に見仏し、臨終には来迎をえて往生し、不退の菩薩となるのであって、それはまさしく上に見た第七願の出家者の行道に相応するものである。また第二輩とは、

その中輩とは、その人願じて阿弥陀仏国に往生せんと欲して、家を去て妻子を捨て愛欲を断ち行じて沙門となること能わずといえども、当に経戒を持ちて虧失を得ること無く、益々分檀布施をなし、常に仏の経語の深きを信受し、当に至誠中信を作して、諸の沙門に飯食せしめ、仏寺を作り、塔を起て、華を散らし、香を焼き、灯を燃じ、雑繒綵を懸くべし。是の如きの法は適莫する所無く、当に瞋怒せず、斎戒清浄に慈心精進にして愛欲の念を断じて、阿弥陀仏国に往生せんと欲して、一日一夜断絶せざれば、その人すなわち今世において亦復臥止夢中に阿弥陀仏を見たてまつり、その人の寿命の終らんと欲する時、阿弥陀仏即ち化して、その人をして目に自ら阿弥陀仏及びその国土を見せしむ。阿弥陀仏国に往至する者は智慧勇猛なることを得べし。（大正一二、三一〇頁a）

などと示すものである。そこでは基本的には、在家者にして分檀布施、飯食沙門、作寺起塔などの善根を修習し、斎戒清浄にして、慈心精進し、願生すること一日一夜絶えないならば、平常においては夢中に見仏し、また命終の時には来迎をえて往生をうるというのであるが、それはまた上に見た第六願の一般在家者の行道に対応するものであることが明瞭であろう。ただし、そこではかかる行道を実践しながら、なおその意志専一ならず、退転して狐疑不信なる者も、その願心を続けるによって往生をうると明かし、それは浄土の辺地七宝城中に生じて、五百歳の間は見仏することができないと説いているが、その点は注意されるべきであろう。そしてまたその第三輩とは、

その三輩とは、その人願じて阿弥陀仏国に往生せんと欲すれども、若しは分檀布施を用いる所無く、また香を焼き、華を散じ、灯を燃じ、雑繒綵を懸け、仏寺を作り、塔を起て、諸の沙門に飯食せしめること能わざる者は、当に愛欲を断じて貪慕する所無く、経を得て疾く慈心精進にして当に瞋怒せず、斎戒清浄なれ、是の如き法の者、当に一心に念じて阿弥陀仏国に往生せんと欲し、昼夜十日断絶せざれば、寿命終りて即ち阿弥陀仏国に往生して尊敬智慧勇猛を得べし。(18)（中略）諸の阿弥陀仏国に往生せんと欲する者は、大いに精進し禅定して経戒を持つこと能わざる者と雖も、大いに要ず当に善を作すべし。一に殺生するを得ざれ、二には盗竊するを得ざれ、三には婬泆にして他人の婦女を姦愛するを得ざれ、四には調欺するを得ざれ、五には飲酒するを得ざれ、六には両舌するを得ざれ、七には悪口するを得ざれ、八には妄言するを得ざれ、九には嫉妬するを得ざれ、十には貪餮するを得ざれ、心中に慳惜する所あるを得ざれ、瞋怒するを得ざれ、愚痴なるを得ざれ、心の嗜欲に随うを得ざれ、心中に悔するを得ざれ、狐疑するを得ざれ、当に孝順を作すべし、当に至誠忠信を作すべし、当に仏経の語の深きを信受すべし、当に善を作せば後世に其の福を得るを信ずべし。是の如き其の法を奉持して虧失せざれば、心の所願に在りて阿弥陀仏国に往生するを得べし。かならず当に斎戒し、一心清浄にして昼夜に常に念じ、阿弥陀仏国に往生せんと欲して十日十夜断絶せざるべし、我皆之を慈哀して悉く阿弥陀仏国に生ぜしめん。仏言わく、世間の人以って賢明に慕い及ばんと欲すれども、家に居て善を修し道を為さんには、妻子と共に居し、恩好愛欲の中に在りて憂念し、多くの家事忽務に苦しみて、大斎一心清浄なるに暇あらず、家を去て欲を棄て得ること能わずと雖も、空閑の時に有りて自ら心に意念を端しくし、身に善を作し、専精に道を行ずること、十日十夜するもの、殊に爾する能わずして、自ら思惟し熟校計して身を度脱せんと欲する者は、下当に念を絶ち憂を去るべし、家事を念ずること勿れ、婦人と同床すること莫れ、自ら身心を端正にして愛欲を断じ、一心に斎戒清浄にして、意を至して、阿弥陀仏国に生ぜんと念じて一日一夜断絶せざれば、寿終りて皆その国に往生し、七宝の浴池の蓮華の中に化生して智慧勇猛となることを得べし。(大正一二、三一〇頁c〜三一一頁b)

と明かすものである。そこでは分檀布施、作寺起塔などの不可能な者については、斎戒清浄にして、一心に念じて願生すること、十日十夜絶えないならば往生を得るという行道、および精進して禅定持戒することの不可能な者については、不殺生などの十善道[19]などを修めるという行道、さらにはまた、上の十日十夜の行道を修習することの不可能なものについては、愛欲を断じ、斎戒清浄にして、一心に願生すること、わずか一日一夜でも絶えないならば、それだけでも往生をうるという行道が示されている。これもまた若干の相違はあるとしても、基本的には、上に見た第五願の不善作悪者の行道に対応するものと理解されるのである。ただし、ここでは第五願文との対配において、聞名の思想が見られないことは注意されるべき点である。そしてここでもまた中輩の文と同じく、その行道においてなお狐疑不信の者は、浄土の辺地に往生して五百歳の間、見仏することができないと明かしている。

かくして、この『大阿弥陀経』に明かされる浄土往生の行道とは、その願文と三輩文とを対配して考察すると、そこには若干の出没相違が見られるとしても、基本的には出家者の行道、一般在家者の行道、不善作悪者の行道の三種の行道があり、そのおのおのの行道の構造についての綱格を示すならば、第七願の出家者の道において「一心に念じ」と示し、第三輩の不善作悪者の道において「一心に念じ」「常に念じ」などと明かされるものは、第六願の一般在家者の行道において「一心に我を念じ」と説く如くに、それは本来は仏を念ずること、すなわち、念仏を意味するものであろうと理解されるところからすれば、基本的には、その出家者の行道とは、六波羅蜜の奉行を中心とする持戒、念仏、願生の道であり、一般在家者の行道とは、分檀布施、遶塔焼香、散華燃灯、飯食沙門、作寺起塔などの諸善根の修習を中心とする持戒、念仏、願生一日一夜の道であり、またその不善作悪者の行道とは、聞名に基づく返正悔過、持戒、念仏、願生の道であって、そのことを十日十夜、もしくは一日一夜相続する道、あるいはまた十善を奉行する道ということができるのである。

二、『平等覚経』における行道

次に同じ〈初期無量寿経〉に属する『平等覚経』の行道については、その願文においては、第十八願、第十九願の二願にしか見ることができないのである。すなわち、その第十八願には、

我作仏せん時、諸の仏国の人民菩薩道をなすものあり、常に我を念じて心を浄潔にせん、寿の終る時、我不可計の比丘衆と飛行して之を迎え、共に前に在りて立ち、即ち還りて我が国に生じ阿惟越致とならん。しからずば我作仏せず。（大正一二、二八一頁c）

と説いているが、その内容は文にしたがって捉えるならば、菩薩道を行じ、常に念仏して心を浄潔にならしめるならば、寿終の時に仏の来迎をうけて浄土に往生をえ、不退に至ることをうるというのであって、それは明らかに『大阿弥陀経』の第七願に重なるところの、出家者の行道を示したものである。また次の第十九願には、

我作仏せん時、他方仏国の人民前世に悪を為すもの、我が名字を聞き、正に反りて道を為し、我が国に来生せんと欲はん、寿終えて皆また三悪道に更らざらしめ、則ち我が国に生ぜんこと心の所願に在らん。しからずば我作仏せず。(20)（大正一二、二八一頁c）

と明かしているが、その内容は文によれば、たとえ造悪のものであろうとも、聞名し、反正して、仏道を行じて願生するならば、寿終の後に必ず往生をうるというのであって、それはまさしく『大阿弥陀経』の第五願に重なると

ころの、不善作悪者の行道を明かしたものである。

この『平等覚経』においては、往生の行道を明かす願文はこの二願しかない。その点、『大阿弥陀経』のそれに比較すると、出家者の行道と不善作悪者の行道のみがあって、一般在家者の行道が欠落しているわけである。そのことは後に至ってふれる如く、〈後期無量寿経〉においても同様に見られる傾向であるが、このことはすでに上においても指摘した如く、元来この一般在家者の行道としての作寺起塔などの行業は、仏塔崇拝思想にかかわるものであって、いまそれが欠落し、さらにまた〈後期無量寿経〉の願文における行道からも消滅しているということは、この阿弥陀仏思想が、その成立母体であったはずの仏塔崇拝の思想から、次第に脱皮し独立していったことを意味するものであろうか。そしてまた、その出家者の行道についても、『大阿弥陀経』のそれに比較すると、『六波羅蜜経』を奉行するということが消滅して、たんに菩薩道を行ずるとのみ明かされ、そのことはまた〈後期無量寿経〉にも継承されて、ただに発菩提心に基づく功徳善根の修習として語られてくることも注意される点であるが、この『六波羅蜜経』とは、『般若経』成立以前に存在したと考えられる般若系の初期大乗経典であって、それが行道の内容から消滅してゆくということは、阿弥陀仏思想がかかる『般若経』系の影響からも、次第に独立していったことを示すものであろうとも指摘されている。(21) しかもまた、そのいずれの行道においても、『大阿弥陀経』のそれに比較すると、持戒の実践が見られないことも注意されるべき点である。そのことは〈後期無量寿経〉においても同様であって、そこではもはや持戒の思想は見られず、ただに善根を修める、ないしは善根を廻向するとのみ明かされているだけである。本来仏教教団においては、原始仏教から部派仏教に至るまで、在家信者は五戒および八斎戒を受け、出家者としての比丘比丘尼は具足戒を受けることが通規であった。しかし、そのことは大乗仏教においてはそのまま踏襲されたとはいいえず、ことに初期大乗仏教における『般若経』系経典では、菩薩の実践法としては五戒および八斎戒のほかに十善道が強調されているのであって、初期の大乗戒の主流はこの十善道にあったといわれている。[22]『大阿弥陀経』における出家者の行道、一般在家者の行道、不善作悪者の行道の、それぞれにおいて説かれる持戒の内容が、具体的にはいかなる戒を意味するかは不明であるが、すでに上に見た如く、その第三輩の文には十善戒についても明かすところであって、これらの戒はかかる『般若経』系に見られる初期大乗戒の思想を継承するものではなかったであろうか。とすれば、その行道思想において、『平等覚経』の行道、および〈後期無量寿経〉の行道から、持戒の思想が消滅していったということは、ここでもまた阿弥陀仏思想における行道思想が、『般若経』系の影響から離脱して、新しく独立していったことを物語るものではないかとも考えられるわけである。

しかしながら、他面この『平等覚経』にもまた三輩の文は依然として見られるのであって、その内容については、上に見た『大阿弥陀経』のそれとほとんど同様である。したがってここでは、願文における行道は、出家者の行道と不善作悪者の行道の二種であるのに、その成就文の意味をもつ三輩の文では、依然として出家者、一般在家者、不善作悪者の三種を説いているわけであって、そこには大きなズレが生じているといわざるをえないのである。しかもまた、この三輩の文は〈後期無量寿経〉にも継承されるものであって、そこには若干の出没異同があるとしても、基本的には大体同じ内容を保っているのである。元来この三輩の文は、『大阿弥陀経』における行道の願としての、第五願、第六願、第七願の三種の願の成就文の性格をもって説示されたものであると考えられるが、それ以後、行道について明かした願文には、諸異本の間に著しい変化発展が見られるのに対して、この三輩の文はその願文の展開には対応することなく、初期後期とも、ほぼ一貫した形が保持継承されてきたのはいかなる理由によるものであろうか、はなはだ理解に苦しむところである。そしてまたこの〈初期無量寿経〉の行道において注意されるべき点は、『大阿弥陀経』では第七願の出家者の道、『平等覚経』では第十八願の出家者の道において、それぞれに臨終来迎を明かし、またその三輩の文においては、ともに上輩者の道（出家者の道）と中輩者の道（在家者の道）の文に、臥止夢中の見仏を明かし、臨終の来迎を語っており、ひとり不善作悪者の道（下輩者の道）については、それが語られていないということである。

三、〈初期無量寿経〉の行道思想

この〈無量寿経〉における阿弥陀仏思想の中心はその願文にある以上、行道思想についても、先ず願文に基づいて把捉されるべきであると考えられる。とするならば、〈初期無量寿経〉における行道とは、『大阿弥陀経』においては、出家者の行道、一般在家者の行道、不善作悪者の行道という三種の行道が、また『平等覚経』においては、出家者の行道、不善作悪者の行道という二種の行道が明かされているが、すでに上に見たそれらの行道の内容をさらに整理して捉えるならば、そこには基本的なパターンとしては、

善根——念仏・願生——（臨終来迎）——→往生

という、共通の構造が見られるのである。ただし、その不善作悪者の行道には臨終来迎が語られていないことは注意されるべきところである。なおまた、それらの行道においては、その善根修習の前提として、『大阿弥陀経』の第五願の不善作悪者の行道においては「聞名欲生」が、第六願の在家者の行道においては「欲生」が、また第七願の出家者の行道においては「作菩薩道」ないしは「作沙門」が語られ、『平等覚経』における第十八願の出家者の行道においては「作菩薩道」が、第十九願の不善作悪者の行道においては「聞名」が明かされているのであって、その行道はさらに詳しくは、

聞名および欲生または作菩薩道——善根——念仏・願生——（臨終来迎）——→往生

といわれるべきものである。そしてその善根の内容については、出家者の場合には、菩薩道としての六波羅蜜の奉行、一般在家者の場合には、分檀布施、作寺起塔などの諸善根の修習、また不善作悪者の場合には、返正悔過または反正為道、ないしは十善道実践という相違が見られ、ただ『大阿弥陀経』においては、そのいずれにもさらに持戒の実践が加わり、『平等覚経』においては、それがまったく欠けている点が注意されるが、それについてはすでに上に見た如くである。

四、〈初期無量寿経〉における聞名と見仏の思想

なおまた、この〈初期無量寿経〉において、明確に行道として示されたものではないが、やがて〈後期無量寿経〉における行道として展開していった、思想的源流と思われるものについても注意する必要があろう。すなわち、『大阿弥陀経』の第四願、第二十四願の願文がそれである。その第四願とは、

某作仏せん時、我が名字をして皆八方上下の無央数の仏国に聞えしめ、皆諸仏をして各比丘僧の大坐の中において、我が功徳国土の善を説かしめん。諸天人民蜎飛蠕動の類、我が名字を聞きて、慈心歓喜踊躍せざる者なし、皆我が国に来生せしめん。是の願を得ば乃ち作仏し、是の願を得ざれば終に作仏せず。（大正一二、三〇一頁b）

を説くものであるが、それは仏の名号を十方に響流せしめ、諸天人民の類にして、その仏名を聞いて慈心歓喜踊躍する者は、ことごとく浄土に往生させようという誓願である。この願はまた『平等覚経』の第十七願に連なるものであって、そこでは、

我作仏せん時、我が名をして八方上下無数の仏国に聞かしめ、諸仏は各弟子衆の中において、我が功徳国土の

善を歎ぜん。諸天人民蠕動の類我が名字を聞きて踊躍せんもの我が国に来生せん。しからずば我作仏せず。（大正一二、二八一頁b〜c）

と明かしている。これらの文は一見聞名往生の道として行道を誓ったものとも思われるが、すでに先学によって指摘されている如く、[23]それはただちに行道を明かした願と見るべきではなく、むしろ名号の十方響流を誓った願と理解すべきであろう。しかしながら、この願がやがて〈後期無量寿経〉の行道思想として、『無量寿経』の第十七願および第十八願、『如来会』の第十七願および第十八願に展開していったと考えられることは注意すべき点である。[24]そしていま一つの『大阿弥陀経』の第二十四願とは、

某作仏せん時、我が頂中の光明絶好にして、日月の明に勝ること百千億万倍、絶えて諸仏の光明に勝れしめ、諸の無央数の天下幽冥の処を焔照して皆当に大いに明らかなるべし。諸天人民蜎飛蠕動の類、我が光明を見て慈心に作善せざる者なし、皆我が国に来生せしめん。是の願を得ば乃ち作仏し、是の願を得ざれば終に作仏せず。（大正一二、三〇二頁b）

と明かされるものであるが、それは仏の光明を無央数の世界に輝かしめ、諸天人民の類にしてその光明を見て慈心に作善する者は、ことごとく浄土に往生させようという誓願である。この願はまた同様に『平等覚経』の第十三願にも相当するものであって、そこでは、

我作仏せん時、我が光明をして日月諸仏の明に勝ること百億万倍ならしめ、無数の天下の窈冥の処を炤らして皆常に大いに明らかならん。諸天人民蠕動の類、我が光明を見て慈心にして作善し、我が国に来生せざるはなけん。しからずば我作仏せず。（大正一二、二八一頁b）

と示されている。この文もまた見仏往生の道として行道を誓ったものとも見られるものである。しかしながら、こ

の願もまた仏身の光明無量を誓った願として、上に見た名号の十方響流を誓った願と対応し、ともに仏身荘厳の願に属する願文と理解すべきであろう。そしてまた、その他注意されることは、『大阿弥陀経』の願前の文（他訳では「嘆仏偈」に相当するもの）において、法蔵菩薩が世自在王仏に対し、自らの誓願を表白するについて、

我仏を求めんと欲して菩薩の道を為さん、我をして後に仏とならしめん時、八方上下諸の無央数の仏の中において、最尊にして智慧勇猛に、頭中の光明の如く焔照する所極まり無し、所居の国土自然に七宝極めて自ら軟好ならん。我をして後に仏とならしめん時、名字を教授して皆八方上下の無央数の仏国に聞えて、我が名字を聞知せざるものなけん。（大正一二、三〇〇頁c）

と明かして、成仏したあかつきには、光明のよく遍照すること、名号のよく遍聞することを願じていること、およびその阿弥陀仏の果徳を示す文においても、

諸有の人民蜎飛蠕動の類、阿弥陀仏の光明を見ざることなきなり、見るもの慈心歓喜せざるものなけん。世間諸有の婬泆瞋怒愚痴のもの、阿弥陀仏の光明を見たてまつりて善を作さざるはなきなり、諸の泥犁、禽獣、薜荔、拷掠、勤苦の処に在りて、阿弥陀仏の光明を見るに至れば、皆休止して復治せざれども、死して後憂苦を解脱することをえざるものなきなり。阿弥陀仏の光明と名とは、八方上下無窮無極無央数の諸仏の国に聞え、諸天人民の聞知せざることなし、聞知するもの度脱せざるはなきなり。（大正一二、三〇三頁a）

と説いて、ここでもまた阿弥陀仏の光明と名号とが十方の世界に遍至すると語り、そしてその光明を見、名号を聞く者は、等しく憂苦を離れて解脱をうると明かしていることである。この文は上に見た第四願、第二十四願に対応するもので、その成就文とも見ることができるのではなかろうか。(25) この果徳の文は、また『平等覚経』においても、ほとんど同意の文が説かれているところである。(26) これらの文はたとえ仏身荘厳に属する願文であり、その仏身の果

徳について明かした文であるとしても、同時に、聞名、見仏の益について示しているところから、そこには必然に、浄土往生の行道が予想されてくるのであって、上に指摘した如く、やがてそれが〈後期無量寿経〉における行道思想として展開していったであろうことは、充分に注意されるべきことである。

第二項　〈後期無量寿経〉における行道思想

一、第十八願に示される行道

次に〈後期無量寿経〉の行道について見るに、その願文では、『無量寿経』においては、第十八願、第十九願、第二十願の三願に、また『如来会』においても、第十八願、第十九願、第二十願の三願に明かされて、両者はきわめて共通するところが多いが、それに対してサンスクリット本（チベット訳本）においては、それは第十八願、第十九願の二願に集約して明かされている。すなわち、その『無量寿経』の第十八願とは、

設い我仏を得んに、十方の衆生、至心に信楽して我が国に生まれんと欲いて、乃至十念せん。若し生まれずば正覚を取らず。唯五逆と正法を誹謗するは除く。（大正一二、二六八頁a）

と説かれるところであって、それは『如来会』の第十八願においては、

若し我無上覚を証得せん時、余の仏刹の中の諸の有情の類、我が名を聞き、已に所有の善根を心心に廻向して我が国に生まれんと願じ、乃至十念せん。若し生まれずば菩提を取らず。唯無間の悪業を造り、正法及び諸の聖人を誹謗せんをば除く。（大正一一、九三頁c）

と明かされるものである。そしてまたこの願文については、ただちに成就文とはいいえない点があるとしても、そ

れに相当する文が見られるのであって、[27]『無量寿経』のそれは、

諸有衆生、その名号を聞きて信心歓喜し、乃至一念せん。至心に廻向して彼の国に生まれんと願ずれば、即ち往生を得て不退転に住せん。唯五逆と正法を誹謗するは除く。（大正一二、二七二頁b）

と明かされ、『如来会』においては、

他方仏国の所有衆生、無量寿如来の名号を聞きて、乃至能く一念の浄信を発して歓喜愛楽し、所有の善根を廻向して無量寿国に生まれんと願ずれば、願に随いて皆生まれて不退転乃至無上正等菩提を得ん。五無間、誹毀正法及び謗聖者を除く。（大正一一、九七頁c）

と示されるものがある。

この第十八願の行道がいかなる者を対象とするものであるかについては、明瞭には規定されていない。しかしながら、この願文にかぎって、いずれも一様にその行道の対象について五逆と謗法および謗聖の造罪者を除くという文が付せられているが、このことはすでに上にも指摘した如く、本質的には〈初期無量寿経〉における不善作悪者の行道を明かしたところの『大阿弥陀経』の第五願および『平等覚経』の第十九願の思想に関連するものであることがうかがわれるのである。しかもまたその道がいずれも聞名に基づく行道として示されるところ、ここにもまたその共通性が見られるわけであって、この第十八願の行道とは、まさしく『大阿弥陀経』の第五願および『平等覚経』の第十九願の思想を継承するところの不善作悪者の行道にほかならないことが知られるのである。なおまたこの第十八願の行道が、『大阿弥陀経』の第四願および『平等覚経』の第十七願の思想的展開をも含んで成立したものであろうことは、すでに上に指摘した如くである。そしてまた、このような五逆と謗法罪を犯す者を除くという行道は、サンスクリット本の第十九願文にも見られるものであって、それはすなわち、

もしも、世尊よ、わたくしが覚りを得たときに、無量・無数の仏国土における生ける者たちが、わたくしの名を聞いて、かしこの仏国土に対して心をかけ、（そこに）生まれるためにもろもろの善根をさし向けるとして、かれらが、――無間（罪）を犯した者たちと正法を誹謗するという障礙に覆われた生ける者たちとを除いて――たとえ十たび心を起こすことだけによっても、かしこの仏国土に生まれないようであるならば、その間は、わたくしは無上なる正等覚をさとりません。（梵本一四頁、和訳四七頁）

と説かれる如くである。この願文に明かされる行道の内容については改めて後に至って検討するであろうが、その行道において五逆と謗法を犯す者は除くと明かす点からすると、この第十九願文もまた基本的には、『無量寿経』および『如来会』の第十八願文に重なるものであって、同じく不善作悪者の行道について誓ったものであろうことが知られるのである。(28)

そしてまた第十八願の行道の内容については、その文にしたがって捉えるならば、『無量寿経』および『如来会』の願文によると、上に引く如く、『無量寿経』の願文では、至心に信楽し、欲生して、十念する道と明かされ、『如来会』の願文では、聞名によって善根廻向し、願生して、十念する道と示され、またその成就文相当の文によると、『無量寿経』の場合には、聞名によって、信心一念し、至心廻向し、願生する道と語られ、『如来会』については、聞名して、一念浄信を発し、善根廻向し、願生する道と明かされているが、それらを整理要約すると、『無量寿経』については、願文の場合には明確ではないが、その成就文相当の文によると、それが聞名に基づく道であり、かつまたそこには「至心廻向」とあって、それが善根廻向の意味をもっていることがうかがわれ、そのことは『如来会』の願文およびその成就文相当の文によると一層明瞭になるから、(29)この第十八願の行道とは、基本的には、

聞名――善根――願生――→往生

という構造をもっているといいうるようである。ただし、なお詳しくは、願文の場合には、その願生（欲生）の後に十念の語が附され、成就文相当の文の場合には、その聞名に次いで信心一念（一念浄信）の語が挿入されている点は注意されるべきことである。そしてまたサンスクリット本の第十九願文に明かされている行道については、聞名して、善根を修め、十度も発心するという構造をもち、また『無量寿経』および『如来会』の第十八願成就文相当の文に重なるサンスクリット本の文にも、

それはなぜであるか。およそいかなる生ける者たちであっても、かの世尊アミターバ如来の名を聞き、聞きおわって、たとえ一たび心を起こすだけでも、深い志向によって、浄信にともなわれた心を起こすならば、かれらすべては、無上なる正等覚より退転しない状態に安住するからである。（梵本四二頁、和訳九三頁）

と語って、聞名して、一度の発心をおこすと明かされているのであるが、それらの点からすると、この行道の基本的構造も、また同様に一度ないしは十度の発心を含むところの、聞名――善根――願生――→往生の道といいうるであろう。ここで一念および十念、一度ないしは十度の発心の語が附せられる意味については、後に至って改めて考察することとするが、ともあれ、この『無量寿経』および『如来会』の第十八願文の行道とサンスクリット本の第十九願文の行道とは、ともに不善作悪者を対象とする道であるというのみならず、その行道の内容においても共通して、

聞名――善根――願生――→往生

という構造をもっているということができるのである。

二、第十九願に示される行道

次に第十九願については、『無量寿経』のそれは、

設い我仏を得んに、十方の衆生、菩提心を発して諸の功徳を修し、至心に発願して我が国に生まれんと欲わん。寿終の時に臨んで、仮令大衆と囲繞して其の人の前に現ぜずば正覚を取らず。（大正一二、二六八頁a〜b）

と明かし、また『如来会』の第十九願文には、

若し我成仏せんに、他の刹土において諸の衆生有りて、菩提心を発し、及び我が所において清浄の念を起し、また善根廻向するを以って、極楽に生まれんと願ずれば、彼の人命終の時に臨んで、我れ諸の比丘衆と其の人の前に現ぜん。若し爾らずば正覚を取らず。（大正一一、九三頁c）

と説かれている。(30)

この第十九願の行道が誰を対象とするものであるかについては、ただ「十方衆生」「諸衆生」とのみ説いて具体的には明確でないが、その全体の思想内容を比較検討する時、それはすでに指摘されている如くに、(31)出家者の行道について誓ったところの『大阿弥陀経』の第七願および『平等覚経』の第十八願を継承したものであることが知られるのである。ことにそこで「発菩提心」と説かれるのは、まさしくそのことを物語るものとうかがわれる。ところで、サンスクリット本におけるいま一つの行道を誓った願である第十八願文にも、この発菩提心が明かされている。すなわち、

もしも、世尊よ、わたくしが覚りを得たときに、もろもろの他の世界における生ける者たちが、無上なる正等覚に対して心を起こし、わたくしの名を聞いて、澄浄な心をもってわたくしを随念するとして、もしかれらの臨終の時が到来したときに、（かれらの）心が散乱しないために、わたくしが比丘僧団によってとりまかれ恭

敬されて、（かれらの）前に立たないようであるならば、その間は、わたくしは無上なる正等覚をさとりません。（梵本一三〜一四頁、和訳四七頁）

と説かれるものである。かくして、その点、ともに「発菩提心」「無上なる正等覚に対して心を起こし」と語るところからすると、このサンスクリット本の第十八願文は、また『無量寿経』および『如来会』の第十九願文に重なるものであろうことがうかがわれるのである。(32) そしてまたそのことは、〈初期無量寿経〉において出家者の行道を誓った『大阿弥陀経』の第七願と『平等覚経』の第十八願に、また〈後期無量寿経〉の『無量寿経』の第十九願と『如来会』の第十九願、そしてこのサンスクリット本の第十八願の行道のみにかぎって、共通して臨終時における来迎現前の益が明かされている点からしても明らかに証されるところであろう。

そしてその行道の内容については、その願文に即して捉えるならば、『無量寿経』によれば、菩提心を発し、善根功徳を修め、願生する道であり、また『如来会』によれば、菩提心を発し、清浄の念を起し、善根を修習し、願生する道と示されている。そしてまたサンスクリット本の第十八願文によれば、菩提心を発し、聞名し、澄浄の心をもって念仏する道と明かされているのである。そこでこれらを要約すると、この道とは基本的には、

発菩提心——善根——願生——臨終来迎—→往生

という構造をもっているといいうるであろう。ただし『如来会』においてその発菩提心に次いで清浄念が語られ、またサンスクリット本においては上に引いた如く、発菩提心に次いで聞名と念仏が明かされていることは充分に注意されるべきことであるが、その点については後に至ってふれることとする。

三、第二十願に示される行道

次に第二十願については、『無量寿経』のそれは、

設い我仏を得んに、十方の衆生、我が名号を聞き、念を我が国に係けて諸の徳本を植え、至心に廻向して、我が国に生まれんと欲はんに、果遂せずば正覚を取らず。（大正一二、二六八頁b）

と説き、また『如来会』の第二十願には、

若し我成仏せんに、無量の国中の所有衆生、我が名を説くを聞き、以って己れの善根とし極楽に廻向せん。若し生まれずば菩提を取らず。（大正一一、九四頁a）

と明かしている。

この第二十願の行道が誰を対象とする道であるかは、たんに「十方衆生」「所有衆生」とのみあって不明瞭であるが、前の第十八願が不善作悪者の行道を明かし、第十九願が〈初期無量寿経〉における出家者の行道を継承したものであるとするならば、それは必然に一般在家者の行道について誓ったものであるといいうるようであるが、そのように断定しうる根拠は何も見出すことはできない。

またその行道の内容については、その文によれば『無量寿経』のそれは、聞名し、係念し、善根を修習し、願生する道であり、『如来会』によれば、聞名し、以って己れの善根として廻向する道であるが、それを要約すれば、

聞名――善根――願生→往生

という構造をもっているといいうるようであるが、ここでもまた『無量寿経』の願文において、聞名に次いで係念の語が附せられていることに注意されるが、その点については後に至って考察することとする。なおこの行道は、構造的には上に見た第十八願の行道が、基本的には聞名――善根――願生→往生の道であることと、きわめて相

似しているといわねばならないようであり、ことに『如来会』の第二十願文の内容は、その第十八願文のそれとほとんど同じ意趣をもっているように読まれて、ことさらにそれを別出した意図が理解しがたいほどである。それについて、サンスクリット本の願文における行道を顧みるとき、そこには第十八願と第十九願の二種類の道しかなく、その第十八願文がすでに上に指摘した如く発菩提心にもとづく行道として、〈初期無量寿経〉における出家者の行道を継承し、『無量寿経』および『如来会』の第十九願文に重なるものと見られるところからすると、いま一つの第十九願文に明かされる、聞名し、善根を修習し、念仏願生する不善作悪者の行道とは、上に見た『無量寿経』および『如来会』における第十八願と第二十願の近似した二種の行道の内容を包含しているともいいうるようである。そのことは、この論考のはじめにあたって設定した如く、〈後期無量寿経〉の三本の先後関係が、『無量寿経』『如来会』「サンスクリット本」の順序であるという推定に立つならば、『無量寿経』における第十八願文と第二十願文が接近するという方向において、『如来会』の第十八願文、ことにその第二十願文が明かされ、さらにまたそれらの合糅において、サンスクリット本の第十九願文が成立したと考えられないであろうか。そしてまたそのことについては、〈初期無量寿経〉の『大阿弥陀経』における三種の行道が、『平等覚経』の願文における行道では、すでに上に見た如く、仏塔崇拝の思想を背景にもつ一般在家者の道が消滅することにおいて、出家者の道と不善作悪者の道の二種の行道が明かされていることとの思想的関連性も思われることである。

ところで、この〈後期無量寿経〉の行道において注意されるべき点は、その行道において修習されるべき善根の内容について〈初期無量寿経〉の行道、ことに『大阿弥陀経』の行道においては、上に見た如く、きわめて詳細かつ明瞭に説示されていたのに比較して、ここではただに善根とのみ明かして内容的にははなはだ曖昧となり、具体的にはいかなる善根を修習すべきか不明瞭であるということである。このことはいかなる理由によるものであろうか。それはすでに指摘した如く、本来この〈無量寿経〉がひとえに社会の底辺に生きて、経済的にも精神的にも貧困であった人々のための行道、すなわち不善作悪者の仏道を建立することをめざして開説された経典であり、そういう原意趣がことに〈後期無量寿経〉の行道においてはより明瞭になっているということ、そしてまたそれ故に、すでに〈初期無量寿経〉に見られる仏の名号およびその光明の功徳が一層強調されて、ことに〈後期無量寿経〉に至っては、後にもふれる如き、聞名利益の思想が濃厚になっていることに、深く関連するように思われてくるのである。ともあれ、このように修習すべき善根の内容が曖昧であることは、具体的な行道実践の場合においては当然に問題となるところであって、その善根の規定については、やがて後世の浄土教が担うべき重要な課題でもあったわけであろう。後に龍樹浄土教において、その行道を信方便易行と明かして、礼拝、称名、憶念の三業の奉行を創唱し、また世親浄土教において、新しく礼拝、讃嘆、作願、観察、廻向の五念門行が開説されたことは後章において見る如くである。

四、〈後期無量寿経〉における三輩の問題

次にこの〈後期無量寿経〉における行道思想について注意すべきことは、その三本いずれについても三輩の文が説かれているということである。いまは煩をおそれて文の引用をひかえるが、その内容を要約すると、『無量寿経』においては、それを上輩、中輩、下輩とに分け、上輩の行道とは出家者の道であって、その内容は、菩提心を発し、一向に念仏し、諸の功徳を修習し、願生することと規定し、また中輩の行道とは、在家者の道であって、そこでは、菩提心を発し(33)、一向に念仏し、斎戒を持し、起立塔像、飯食沙門、懸繒燃灯、散華焼香して、願生することを明かし、そしてまた下輩の行道とは、善根功徳を修めえない者の道であって、それは先ず菩提心を発し、聞法し、歓喜

信楽し、一向に念仏し、願生することであると説いているのである。[34] かくして、それは上に見た『大阿弥陀経』および『平等覚経』に説かれる三輩の文を継承していることが明瞭である。そしてまた、『如来会』のそれは、大体において『無量寿経』に相似しているが、そこではいずれも対象を規定する語はなく、たんに衆生とのみ明かして、その第一輩とは、菩提心を発し、専ら念仏し、多くの善根を修習し、願生する道であり、第二輩とは、菩提心を発し、善根を修め、願生する道であり、また第三輩とは、聞法し、信解を生じ、念仏し、願生する道と説かれている。[35] それに対して、サンスクリット本においては、かなりの相違変化が見られるのであって、第一輩については、多念仏、多善根を修めて願生する道、第二輩については、少念仏、少善根を修めて願生する道、第三輩については、ただ十度の発心ないしは一度の発心による念仏と願生の道と明かしているのである。[36] そしてまたこの〈後期無量寿経〉における三輩の文においては、上輩、中輩、下輩のいずれの道においても、臨終来迎または夢中見仏が明かされていることも注意されるべきである。ともあれ、この三輩の文は、すでに見た如く、元来は『大阿弥陀経』において行道を誓った、第五願、第六願、第七願の三願の成就文の性格をもつものであるが、その後、願文における行道思想は次第に発展変化を遂げていったのに対して、この三輩の文はその願文とは離反したままに、継承展開しているようであって、そこに大きな隔絶が生じていることはすでに指摘した如くである。

かくして〈後期無量寿経〉の行道とは、願文を中心としていうならば、『無量寿経』および『如来会』においては三種の道を、またサンスクリット本では二種の道を明かしているのであるが、これら三種ないし二種の行道の内容については、基本的には、

善根――願生――（臨終来迎）――→往生

という共通するパターンを見ることができるのである。ただし、そこではすでに指摘した如く、いずれの場合にも、

その善根の修習の前提として、聞名または発菩提心が語られているのであって、それは詳しくは、

聞名または発菩提心――善根――願生――（臨終来迎）→往生

という行道になるわけである。その意味においては、この〈後期無量寿経〉の行道は、基本的には〈初期無量寿経〉の行道の構造が、聞名および欲生または作菩提道――善根――念仏・願生――（臨終来迎）→往生であるものと共通するともいいうるようである。ただここで注意される点は、〈初期無量寿経〉の行道においては、「念仏・願生」であるのに対して、〈後期無量寿経〉のそれが、善根――願生→往生として、念仏が見られないことである。その点については、上の叙述において考察を保留していた如く、〈後期無量寿経〉の行道においては、『無量寿経』および『如来会』の第十八願の行道の基本構造は、聞名――善根――願生であるが、詳しくは、願文の場合には、その願生の後に十念の語が、また成就文相当の文の場合には、その聞名の後に一念の語が付せられているのであって、その行道は詳しくは、聞名（一念）――善根――願生（十念）という構造をもつものであり、またそのことはサンスクリット本の第十九願の行道においても同様であって、それは一度の発心ないしは十度の発心を含むところの、聞名――善根――願生の道といいうるということ。あるいはまた『無量寿経』および『如来会』の第十九願の行道、そしてサンスクリット本の第十八願の行道は、基本的には、発菩提心――善根――願生といいうるが、それはさらに詳しくは、『如来会』においては発菩提心に次いで清浄念が明かされ、サンスクリット本においてもまた、発菩提心の後に聞名念仏が語られているということ。さらにはまた『無量寿経』の第十九願文には念仏の語が見られないが、それはすでに先学が指摘した如く、多分に脱落したものであろうと考えられること。[37] そしてまた『無量寿経』および『如来会』の第二十願の行道も、基本的には第十八願のそれと同じく聞名――善根――願生であるが、詳しくは、『無量寿経』においては聞名に次いで係念が明かされていることに注目すべきであろう。

五、『無量寿経』における念仏の意味

ここでいう一念、十念あるいはまた念仏、係念とはいかなる意味をもつものであろうか。その思想的源流についてもさまざまな理解があるが[38]、またその一念および十念の意味についても、先学の研究によると種々の見解が示されて一定しない。いまその主なるものを挙げる。

池本重臣は、

一念とは信の最初を示しているのであり、十念とは信の相続を示している。（『大無量寿経の教理史的研究』三二二頁）

と明かして、それは信心ないしはその相続を意味するとする[39]。

荻原雲来は、

前掲三本（梵、寿会、寿経）の願文及び三輩章総説の部の念は願生なり。（「十念の研究」『荻原雲来文集』二八〇頁）

大経の願文に十念とあるは願生心を十返発すことなり。（「十念の起原」『荻原雲来文集』二六九頁）

といって、阿弥陀仏の浄土に対する願生の心を十度おこすことであるという。

藤原凌雪は、

仏の名号を聞いて発起する信心歓喜であり願生心であった。（『念仏思想の研究』五六頁）

といって、それが信心と願生心の意味を含むとする[40]。

望月信亨は、

十念とは十心を発起するの意味で、そは梵文無量寿経の願文に十念の念を、心又は想念の義なる質多 citta の

語にてあらはすことに依りて知られる。
下輩の十念念無量寿仏の文に准ずれば、阿弥陀仏を十度念想するの意とすべきである。(『浄土教の起原及発達』八〇八頁)

といって、それは阿弥陀仏を想念することであると解している。

鈴木宗忠は、

一念といい、十念といって、数字を用うるところから考え(中略)それは阿弥陀仏を観念することではなくて、その名号を称することであるとしなければならぬ。(『基本大乗浄土仏教』一五七頁)

といって、それは明らかに称名を意味すると断じている。この理解は善導以来の浄土教伝統の解釈であることは衆知の如くである。

森二郎は、

寿経の乃至十念は「少なくとも十善を発起」するの意であるから、第十八願は至心に信楽して欲生し少なくとも十善を発起するのである。(『無量寿経の原典研究』四三頁)

といって、十念とは十善のことであると解しているのである。

かくの如く、この一念および十念の意味については、「信心」「願生心」「信心および願生心」「憶念」「称名」「十善」など、さまざまな解釈がなされているが、そのまさしき意味はいかに理解すべきであろうか。

その本文を検するに、一念の語が見える第十八願成就文に相当するサンスクリット本の文を見ると、たとえ一たび、心を起こすだけでも、深い志向によって、浄信にともなわれた心を起こすならば、(cāntaśa eka-cittotpādam apy adhyāśayena prasādasahagatam utpādayanti)(梵本四二頁、和訳九三頁)

とあり、またその十念の語が見える第十八願文に相当するサンスクリット本の第十九願文には、

かしこの仏国土に対して心をかけ、（そこに）生まれるためにもろもろの善根をさし向けるとして、かれらが、たとえ十たび心を起こすことだけによっても、かしこの仏国土に生まれないようであるならば、（tatra buddhakṣetre cittaṁ preṣayeyur, upapattaye kuśalamūlāni ca pariṇāmayeyus, te ca tatra buddhakṣetre nopapadyeran, antaśo daśabhiś cittotpādaparivartaiḥ）（梵本一四頁、和訳四七頁）

と明かされている。そのほかこの一念および十念の語は、下輩の文と付属の文にも見られるのであって、その下輩の文については、『無量寿経』には、

仏阿難に語りたまわく、その下輩とは、十方世界の諸天人民、それ至心に彼の国に生まれんと欲することあらば、たとえ諸の功徳を作すこと能わずとも、まさに無上菩提の心を発し、一向に意を専らにし、乃至十念して、無量寿仏を念じてその国に生まれんと願ずべし。若し深法を聞きて歓喜信楽して疑惑を生ぜず、乃至一念して彼の仏を念じ、至誠心を以ってその国に生まれんと願ずれば、此の人臨終に夢のごとく彼の仏を見たてまつり、また往生を得て功徳智慧次いで中輩の者の如くならん。（大正一二、二七二頁c）

と説き、また『如来会』には、

阿難よ、若し衆生ありて大乗に住する者は、清浄心を以って無量寿如来に向いて乃至十念し、無量寿仏を念じてその国に生まれんと願ずべし。甚深の法を聞きて、即ち信解を生じて心に疑惑無く、乃至一念浄心を獲得し、一念の心を発して無量寿仏を念ずれば、此の人命終の時に臨み、夢中に在るが如く、無量寿仏を見たてまつりて、定んで彼の国に生まれて無上菩提を退転せざるを得ん。（大正一一、九八頁a）

と明かしている。そしてこの文に相当するサンスクリット本を見ると、

また、アーナンダよ、およそ生ける者たちであって、かの如来に対して十たび心を起こすことによって随念し（taṁ tathāgataṁ daśacittotpādāṁ samanusmariṣyanti）かの仏国土に対して願望を起こし（spṛhāṁś ca tasmin buddhakṣetre utpādayiṣyanti）また深遠な教えが説かれるときに、満足を得て、ひるむことなく、絶望におちいらず、落胆におちいることなく、たとえ一たび心を起こすだけでも、かの如来を思念し（antaśa ekacittotpādenāpi taṁ thatāgataṁ manasikariṣyanti）かの仏国土に対して願望を起こすであろうならば（spṛhāṁ cotpādayiṣyanti tasmin buddhakṣetre）、かれらもまた、夢の中にあってかのアミターバ如来を見て、極楽世界に生まれ、無上なる正等覚より退転しない者となるであろう。（梵文四三頁、和訳九五頁）

と示している。そしてまたその付属の文については、『無量寿経』には、

それ彼の仏の名号を聞くことを得るありて、歓喜踊躍して乃至一念せんものは、（大正一二、二七九頁a）

と説き、『如来会』には、

若し彼の仏の名を聞くことありて、能く一念喜愛の心を生ぜば、（大正一一、一〇〇頁c）

と明かしているが、その文に相当するサンスクリット本の文には、

かの如来に対し、またこの法門に対して、たとえ一たびでも心の澄浄を（antaśa ekacittaprasādam api）得るであろう生ける者たちは、（梵本六二頁、和訳一三二頁）

と語っているのである。以上の用例によると、一念、十念の原語は、いずれの場合においても、一度ないしは十度の発心として心念（citta）の意であることが明らかである。しかもまたその心念の意味内容については、上に見たサンスクリット本の第十八願成就文相当の文および第十九願文では、なお不明瞭であるが、その下輩の文における十念および一念の説明によると、サンスクリット本によると、上引の如く、それは明らかに「かの如来に対して

随念し、かの仏国土に対して願望を起こす」「かの如来を思念し、かの仏国土に対して願望を起こす」ということ、漢訳の『無量寿経』についていうならば、上引の如く「無量寿仏を念じてその国に生まれんと願ず」「彼の仏を念じ至誠心を以ってその国に生まれんと願ず」ということ、『如来会』についていうならば、「無量寿仏を念じてその国に生まれんと願ず」「無量寿仏を念ず」という意味をもっていることが知られるのである。そしてここで「随念」と訳される原語 anusmṛti とは、追憶、回想、思想、意向などを意味し、漢訳では、念、心念、正念、憶念、随念などと訳されており[41]、それは第十八願文の、

わたくしの名を聞いて、澄浄な心をもってわたくしを随念するとして、(mama nāmadheyaṁ śrutvā, prasannacittā māṁ anusmareyus)（梵本一三頁、和訳四七頁）

という文にも用いられているものである。またその「思念」と訳される原語の manasikāra とは、留意を意味し、漢訳では、思、思惟、思量、作意、意念、正念、憶念、正念思惟などと訳されており[42]、その用例は、その下輩の文のほかに、上輩の文には、

かの如来の形相をいくたびも思念し（taṁ thatāgataṁ punaḥ punar ākārato manasikariṣyanti）（梵本四二頁、和訳九三頁）

と明かし、また中輩の文にも、

かの如来を多くは思念せず（taṁ thatāgataṁ na bhūyo manasikariṣyanti）（梵本四二頁、和訳九四頁）

などと見られるところである。元来この「随念（anusmṛti）」と、「思念（manasikāra）」とは、『阿毘達磨倶舎論』巻第四（大正二九、一九頁a）ないし『瑜伽師地論』巻第三（大正三〇、二九一頁b～c）などでは、異なった心所として理解され、両者は区別されているが、その心所についての伝統的な解釈においては、ことに重大な相違

は見られていないということ、[43] あるいはまた、近くは『阿弥陀経』によると、その依報段の、

その土の衆生は是の音を聞きおわって皆悉く念仏し、念法し、念僧す（中略）是の音を聞く者は皆自然に念仏、念法、念僧の心を生ず、舎利弗よ、その仏の国土には是の如きの功徳荘厳を成就せり。（大正一二、三四七頁a）

と明かす文について、そのサンスクリット本によると、はじめの念仏、念法、念僧は、「buddhamanasikāra」「dharmamanasikāra」「saṁghamanasikāra」と表わし、のちの念仏、念法、念僧については、「buddhānusmṛti」「dharmānusmṛti」「saṁghānusmṛti」と明かしているが、[44] ここでも両者の間には何ら本質的な相違は認められないことからすると、[45] この〈無量寿経〉においても、心念（発心）の内容を表わす「随念（anusmṛti）」と「思念（manasikāra）」とは、ほぼ共通した意味をもつ語として、それはともに仏を心に思念し思惟することであると理解してよいのではなかろうか。そしてまた、すでに上に見た如く、下輩の文における一念および十念については、「かの如来に対して十たび心を起こすことによって随念し、かの仏国土に対して願望を起こす」といい、「たとえ一たび心を起こすだけでも、かの如来を思念し、かの仏国土に対して願望を起こす」と明かす如く、それは仏に対する思念の意味のほかに、「仏国土に対する願望」の意味を含むものでもあったが、阿弥陀仏とその浄土が本質においては不二の関係である以上、阿弥陀仏に対する思念、思惟は、またその必然として、阿弥陀仏の浄土に対する思念、渇望となりうるわけであって、その心念とは、またつねに浄土願生の心を含んでいることが理解されるのである。しかもまた、念の意味をそのように理解するとすれば、この一念、十念と語られ、一度、十度の発心と明かされるのは、ともに上の如き意味をもった阿弥陀仏およびその浄土に対する思念について、一度の思念ないしはそれの十度の反復というほどのことであろうか。かくしてそれがたんに時間的相続の概念の上で語られた心念としての一念、

十念、ないしは一度、十度の発心であるとするならば、そこで語られる一と十との間には何ら本質的な区別があるわけではなく、(46) ただ十念、十度の発心という場合には、その心念の十度の反復、さらにはまた数々の相続を意味するものであって、ともに阿弥陀仏に対する同趣の思念、思惟、およびその浄土に対する願生の心の数々の反復相続を意味するものであろうと理解されるのである。

六、〈後期無量寿経〉の行道思想

かくして、この『無量寿経』および『如来会』の第十八願の行道の基本構造が、聞名——善根——願生—→往生であり、それはさらに詳しくは、聞名（一念）——善根——願生（十念）—→往生ということであって、サンスクリット本における第十九願の行道もまた、一度ないし十度の発心を含むところの聞名——善根——願生—→往生という構造をもっているということは、この行道の内容とは、聞名を契機として阿弥陀仏を思念（念仏）し、その浄土を願望（願生）して、しかもまたそういう念仏と願生の思念が、日々の善根の修習を通して、次第に量的にも一層反復相続され、したがってまた質的にもより深化されてゆくということをめざし、そこに浄土往生の得益を語っているのではなかろうか。そしてまた上に見た如く『無量寿経』『如来会』の第十九願の行道、およびサンスクリット本の第十八願の行道が、基本的には発菩提心——善根——願生——臨終来迎—→往生という構造をもちながら、詳しくは、念仏をふくんで、発菩提心（念仏）——善根——願生——臨終来迎—→往生と明かされ、あるいはまた『無量寿経』および『如来会』の第二十願の行道も、第十八願のそれと同様に、聞名——善根——願生—→往生の道として明かされながら、また聞名（係念）——善根——願生—→往生とも語られるのであるが、これらの行道における念仏や係念もまた、上に見た如き第十八願の心念と同じ性格をもつものであって、それは阿弥陀仏に対する思念、さらにはその浄土に対する願生の心のことであり、それが善根の修習を通して、次第に相続深化されてゆくということを意味するものであろうと理解されるのである。したがってまた、その行道において願生と語られるものも、詳しくはかかる阿弥陀仏への思念と浄土への願生の心の深化徹底としての意味をもった、念仏・願生のことであろうとうかがわれるのである。

かくして、その点〈後期無量寿経〉における行道の基本的なパターンは、また、

聞名または発菩提心——善根——念仏・願生——（臨終来迎）—→往生

という構造としても捉えることができるのであって、その意味においては思想的展開の跡は認められるとしても、その基本的構造としては、〈初期無量寿経〉における行道と重なるものであるといいうるようである。

七、〈後期無量寿経〉における聞名思想の展開

そしてまたこのような〈後期無量寿経〉の行道においては、上にもふれた如く、聞名思想が〈初期無量寿経〉に比較して一層濃厚になっていることは見逃しえない特色である。すなわち、『無量寿経』および『如来会』においては、第十八願と第二十願の行道に、ともに先ず聞名が明かされ、ことにサンスクリット本の行道においては、第十八願、第十九願の二種の行道いずれについても、聞名が語られているわけである。そしてまた〈後期無量寿経〉の願文においては、聞名の利益を誓った願がきわめて多く、『無量寿経』『如来会』およびサンスクリット本（足利本）では、十二種ないし十三種の願文にそれが見られるほどであるが、このような聞名思想、ことに行道中における聞名の意味については、基本的にはすでに上に見た如く〈初期無量寿経〉に見られる思想でもあり、それは大乗経典に至ってことに主張された思想であって[47]、ことに〈後期無量寿経〉においては、聞名不退、聞名往生の思想が

ことに濃厚であるが、いまはそれの顕著な展開として捉えることができるのである。何故にこの聞名思想が、かくまでも強調されるに至ったのであろうか。それは般若思想の影響に基づくという指摘もあるが[48]、ともあれ、それは阿弥陀仏思想の展開、ことにすでに上において見たところの〈初期無量寿経〉における名号摂化および聞名得益の思想の展開に深くかかわるものとして、改めて考察されるべき重要な問題であろう。そしてまたこの〈後期無量寿経〉の行道の特色として、いま一つ注意すべきことは、その三種ないしは二種の行道において、その機類がもっとも明瞭に示されているのは『無量寿経』および『如来会』における第十八願文、サンスクリット本における第十九願文に示される不善作悪者の行道であるという点であって、そのことはすでに指摘した如く、この〈無量寿経〉開説の本意が、ひとえに在家者にして、社会の底辺に生き、しかもその故にこそ、経済的にも精神的にも貧苦である人々の仏道を建立せんとするものであったことを、よく物語るものであろう。しかもまた、この不善作悪者の行道とは、ひとえに聞名にもとづく道として明かされているが、その点〈後期無量寿経〉における著しい聞名思想の展開とあわせ考慮する時、この不善作悪者の行道とは、まさしく〈無量寿経〉の中心的な思想に根拠しているといいうるわけであるが、その点からすれば、この聞名にもとづく不善作悪者の行道とは、〈初期無量寿経〉〈後期無量寿経〉を通じて、浄土往生の行道の中でも、もっとも重要な意味をもち、ここにこそ阿弥陀仏思想における行道の核心があったことがうかがわれるのである。

第三項　『荘厳経』における行道思想

一、願文に示される行道

次いで『荘厳経』における行道思想を瞥見するに、それは願文では第十三願と第十四願の二願に明かされている。その第十三願とは、

世尊よ、我菩提を得て正覚を成じ已らんに、所有の衆生、我が刹に生ぜんことを求めて、吾が名号を念じ、志を発し、心を誠にして、堅固不退ならんに、彼の命終の時、我無数の苾芻をして前に現じ囲繞し来迎せしめん。彼の人須臾の間を経て我が刹に生まることを得て、悉く皆阿耨多羅三藐三菩提を得しめん。（大正一二、三一九頁c）

と明かすものである。この行道の内容は、文にしたがって見るならば、浄土を願生して、仏名を念じ、菩提心を発し、心を至誠ならしめて、堅固不退ならば、臨終に来迎をえて往生をうるというものである。この願文は『平等覚経』の第十八願文を継承したものであるという所説もあるが[49]、思想的傾向としては、上に見たサンスクリット本の第十八願文に明かされるところの発菩提心に基づく、聞名し、念仏して、臨終に来迎をうるという行道により近いように思われる。そしてまた、いま一つの行道について明かす第十四願とは、

世尊よ、我菩提を得て正覚を成じ已らんに、所有の十方無量無辺無数の世界の一切の衆生、吾が名号を聞きて、菩提心を発し、諸の善根を種えて、意に随って諸の仏刹土に生ぜんことを求めんに、生を得ざるということ無く、悉く皆阿耨多羅三藐三菩提を得しめん。（大正一二、三一九頁c）

と説かれるものである。その内容は、文によれば、聞名して、菩提心を発し、善根を修習するならば、意に随って

諸仏の国土に得生することができるというのである。これもまた『平等覚経』の第十九願文を継承したものであるとする所説があるが、[50]そのように断定するについてはなお問題は残るようである。しいていうならば、これもまたサンスクリット本の第十九願文に示されるところの、聞名に基づき、願生し、善根修習して、十念する行道に近いように思うことである。[51]ともあれ、この『荘厳経』の二種の願文に示される行道には、ともに聞名（念名）が明かされている点は注目されるべきことであり、またその第十四願文には、意に随って諸仏の国土に得生しうると明かしている点も、他の諸異本に示される行道の構造と相違しているところである。なおまた、この『荘厳経』における行道思想について第十二願の、

世尊よ、我菩提を得て正覚を成じ已らんに、所有の衆生をして、我が刹に生ぜしめ、不善の名無く、無量無数の諸仏刹土の、無名、無号、無相、無形、無所なるを聞きて、称讃し、疑謗すること無く、身心不動にして、悉く皆阿耨多羅三藐三菩提を得しめん。（大正一二、三一九頁c）

と明かされる文もまた、行道について示したものであって、それは『無量寿経』に即していえば、離譏嫌名の願、諸仏称揚の願、至心信楽の願の三願の合糅の意味をもつものであるという見解も出されているが、[52]それはいささか附会のきらいがあるようにも思われる。[53]しかしながら、〈後期無量寿経〉における第十八願成就文相当の文に相応するものとして、

阿難よ、意に於いて云何が衆生をして、彼の仏名を聞き、清浄心を発し、憶念し、受持し、帰依し、供養して、彼の土に生ぜんことを求めしめんと欲せん、是の人命終せば、皆極楽世界に往生することを得て阿耨多羅三藐三菩提を退転せず。（大正一二、三二三頁b）

と明かして、聞名、清浄心、念仏、願生による浄土往生の道を説いていることは注意されるところである。これは

上に引いた第十二願文に関わるものであるとも推定されているが、(54) それはまた『無量寿経』および『如来会』における第十八願文とその成就文相当の文、ことにはサンスクリット本における第十八願成就文相当の文に、相似している点は興味あるところである。

二、『荘厳経』における三輩の問題

そしてまたこの『荘厳経』においても三輩の文が説かれているが、もとより願文との関係も明確でなく、それは他の諸異本のそれとはかなりの変容相違がうかがわれ、ことに『大阿弥陀経』の原形に比較すると、その思想内容に多分の展開間隔があって、それはこの『荘厳経』における三輩思想の特色をなしているようである。

かくして、この『荘厳経』における行道については、かなり複雑であって、それはあえていうならば、サンスクリット本における第十八願および第十九願の行道に近いようにも思えるが、そこからただちに共通するパターンを導きだすことは困難であり、したがってまた、それを上に見た〈初期無量寿経〉および〈後期無量寿経〉における行道思想と対比し、それらとの関連を求めて理解することはできがたいように思われる。しかしながら、その願文に見られるところの二種の行道においては、ともに聞名（念名）が語られていること、そしてまたそのことは他の願文にも共通するところであるが、その行道がただに浄土往生のみを目標とするものではなくて、「得阿耨多羅三藐三菩提」として、成仏そのものをめざしていることは、またその特色として充分に注目されるべき点であろう。

第四項　『無量寿経』における行道の基本構造

以上〈無量寿経〉における行道思想について、〈初期無量寿経〉の行道と〈後期無量寿経〉の行道、および『荘厳経』における行道をめぐって、概括的な検討考察をすすめてきたが、それによって導きだされてくるところの浄土往生の行道の構造としては、ことに〈初期無量寿経〉および〈後期無量寿経〉によれば、基本的には、

善根――念仏・願生――(臨終来迎)――→往生

というパターンをもっているといいうるようである。ただし、すでに上にも見た如く、その行道においては善根修習の前提として、〈初期無量寿経〉においては「聞名および欲生または作菩薩道」が語られ、〈後期無量寿経〉においても同様に「聞名または発菩提心」が明かされているのであるが、そのことは要するに、まさしくその教法を聞法信認して、専一に仏道に帰依し趣入することを意味するものであって、それは帰するところ、仏道実践の必須条件としての能入位の信の意味を担うものであろうとうかがわれ、それらは広義には「帰命」という語をもって総括することができるように思われる。かくして、その意味においては、この行道の基本的構造とは、さらにいうならば、

帰命――善根――念仏・願生――(臨終来迎)――→往生

ということになるわけであって、それはすなわち、より詳細には、聞名および発菩提心に基づいて仏道に帰依し、阿弥陀仏を思念（念仏）し、その浄土を願望（願生）する心を発し、それぞれの行道にしたがった善根を修習精進することを通して、その念仏・願生の心を不断に反復相続し、かつより深化徹底せしめてゆくことをめざすものであって、そこに浄土往生の得果を語る行道であったといいうるのである。

かくして、ここに見られる〈無量寿経〉における行道とは、ひとえに念仏・願生に基づき、その念仏・願生の不断相続、徹底深化をめざす行道であって、それはまさしく、ひたすらなる「念仏の道」であったといいうるようである。そのことは、この〈無量寿経〉と関連して同じく阿弥陀仏について説く、『般舟三昧経』巻上において、

当に何等の法を持して阿弥陀仏の国に生ずべきやと、爾の時に阿弥陀仏、是の菩薩に語って言わく、我が国に来生せんと欲せば、常に我を念ずること数数にして、常に当に念を守って休息有ることなかるべし。是の如くせば、我が国に来生することを得んと。仏の言わく、是の菩薩是の念仏を用いるが故に、当に阿弥陀仏の国に生ずることを得べし。（大正一三、九〇五頁b）

と明かして、念仏の行道を説いていることが注意されるのであって、浄土教における基本的な行道とは、まさしくこの「念仏の道」であったとうかがわれるのである。

しかしながら、この「念仏の道」について注意されるべきことは、それが善根の修習に基づく念仏・願生の心の相続徹底をめざすものであるといいながらも、他面には、善根積習の功徳による善趣への転生をめざすという、インド伝統の生天福楽思想の介在がうかがわれるのであって、その点からすれば、この行道とは、種々の善根を修習し、仏を憶念するということによって、おのれの身に附与されるところの超自然的な功用功徳に基づいて、来世他界なる浄土への往生の得果を語るものでもあったことが考えられるのである。そのことについては、すでに上にも見た如く、〈初期無量寿経〉においては、『大阿弥陀経』の第四願に、

某作仏せん時、我が名字をして皆八方上下の無央数の仏国に聞えしめ、皆諸仏をして各比丘僧の大坐の中において、我が功徳国土の善を説かしめん。諸天人民蜎飛蠕動の類、我が名字を聞きて、慈心歓喜踊躍せざる者なし、皆我が国に来生せしめん。是の願を得ば乃ち作仏し、是の願を得ざれば終に作仏せず。（大正一二、三〇一

頁b）

と明かして、聞名の得益を語り、またその第二十四願には、

某作仏せん時、我が頂中に光明絶好にして、日月の明に勝ること百千億万倍、絶えて諸仏の光明に勝れしめ、諸の無央数の天下幽冥の処を焔照して皆当に大いに明らかなるべし。諸天人民蜎飛蠕動の類、我が光明を見て慈心に作善せざる者なし、皆我が国に来生せしめん。是の願を得ば乃ち作仏し、是の願を得ざれば終に作仏せず。（大正一二、三〇二頁b）

と説いて、見仏の得益を明かし、それと同意趣の思想は『平等覚経』の第十七願（大正一二、二八一頁b～c）と第十三願（大正一二、二八一頁b）にも見られるところである。そしてさらにはまた、その阿弥陀仏の果徳を示す文においても、『大阿弥陀経』に、

諸有の人民蜎飛蠕動の類、阿弥陀仏の光明を見ざることなきなり、見るもの慈心歓喜せざるものなけん。世間諸有の婬泆瞋怒愚痴のもの、阿弥陀仏の光明を見たてまつりて善を作さざるはなきなり。諸の泥犁、禽獣、薜荔、拷掠、勤苦の処に在りて、阿弥陀仏の光明を見るに至れば、皆休止して復治せざれども、死して後憂苦を解脱することをえざるものなきなり。阿弥陀仏の光明と名とは、八方上下無窮無極無央数の諸仏の国に聞え、諸天人民の聞知せざることなし、聞知するもの度脱せざるはなきなり。（大正一二、三〇三頁a）

と説いて、いかなる悪趣、勤苦の処にあっても、この阿弥陀仏の光明を見、その名号を聞くことをうれば、その功徳、神力によって、ことごとく憂苦を離脱しうると明かしていることによってもうかがわれるところであろう。またそれと同意の文は『平等覚経』にも見られるところである。(55) そしてかかる思想的傾向は、また『大阿弥陀経』に、

仏言わく、若、起ちて更に袈裟を被って西に向いて拝し、日の所没の処に当りて阿弥陀仏の為めに礼を作し、

頭脳を以って地に著けて南無阿弥陀三耶三仏檀と言えと。阿難言さく、諾。教えを受けて即ち起ち、更に袈裟を被って西に向いて拝し、日の所没の処に当りて弥陀仏の為めに礼を作し、頭脳を以って地に著けて南無阿弥陀三耶三仏檀と言う。阿難いまだ起たざるに、阿弥陀仏便ち大いに光明を放ちて威神則ち八方上下の諸の無央数の仏国に遍し、諸の無央数の諸天地即ち為めに大いに震動し、諸の無央数の天地須弥山羅宝、摩訶須弥大山羅宝、諸の天地大界小界、其の諸の大泥犁小泥犁、諸の山林渓谷幽冥の処、即ち皆大いに明らかにして悉く大いに開闢す。即ち時に阿難諸の菩薩阿羅漢等諸天帝王人民、悉く阿弥陀仏及び諸の菩薩阿羅漢国土の七宝を見おわり、心大いに歓喜し踊躍して、悉く起ちて阿弥陀仏の為めに礼を作し、頭脳を以って地に著けて皆南無阿弥陀三耶三仏檀と言う。阿弥陀仏の国より放てる光明威神、諸の無央数の天人民及び蜎飛蠕動の類皆悉く阿弥陀仏の光明を見るを以って、慈心歓喜せざる者はなし。諸有の泥犁、禽獣、薜茘、諸有の拷治、勤苦の処、即ち皆休止して復治せず。憂苦を解脱せざる者なし。諸有の盲者は即ち皆視ることをえ、諸有の聾者は即ち皆聴くことをえ、諸有の喑者は即ち皆能く語り、諸有の僂者は即ち申ぶることをえ、諸の跛癖蹇なる者は即ち皆走り行き、諸有の病者は即ち皆癒えて起ち、諸の尫者は即ち強健に、諸の愚痴なる者は即ち更に黠慧に、諸有の婬者は皆是れ梵行し、諸の瞋怒の者は悉く皆慈心にして善を作し、諸有の毒を被る者は毒皆行らず、鐘磬、琴瑟、箜篌の楽器諸伎は鼓せざるに皆自ら五の音声を作し、婦女の珠環は皆自ら声を作し、百鳥畜狩は皆自ら悲鳴す。是の時に当りて歓喜善楽して過度を得ざる者なし。(大正一二、三一六頁b〜c)

と説く文にも顕著にうかがわれるところである。すなわち、阿弥陀仏の名号を称し、その光明を見るものは、三悪道を離れて憂苦を解脱し、盲者は視力を回復し、聾者は聴くことをえ、唖者は能く語るようになり、僂者は背をのばし、跛蹇者は走行することができ、病者はすべて快癒し、尫者は強健となり、痴者は智慧をひらき、婬者は浄行し、瞋怒者は慈心に作善するようになり、身に毒を受けるもめぐることなく、さらにまた鐘磬、琴瑟、箜篌などの楽器は自然に鳴り、婦女の珠環も自ら音を出し、あらゆる鳥獣も鳴声をあげるというわけである。このことはまた『平等覚経』にもほとんど同意の文が見られるところである。(56) このような思想は〈後期無量寿経〉においては消滅しているとしても、これらの文によれば、阿弥陀仏思想において開説された行道が、仏教以前ともいうべき素朴な原始的信仰、呪術的信仰を多分に包含していることが明らかである。その点からすれば、上に見たところの〈無量寿経〉における浄土往生の行道もまた、一面においてはかかる呪術的な性格を含んでいたことを認めなければならないようである。

しかしながら、なおこの〈無量寿経〉が開説しているところの行道とは、すでに上において考察した如く、願文に明らかであって、その基本的な性格としては、「念仏の道」として、阿弥陀仏を思念（念仏）し、その浄土を願望（願生）する心を発して、ひたすらに善根を修習し、それを精進することによって、その念仏、願生の心を数々相続し、かつまたそれを深化徹底してゆくことをめざすものであって、それは決してたんなる呪術的な功用利益を期待するものではなかった。そのことについてはさらに後に至って詳細に考察するが、いま剋して結論的にいうならば、この〈無量寿経〉が明かすところの「念仏の道」とは、まさしくは根本仏教において開説された行道が、ひとえに知見の開覚をめざす道であったことに重なり、そしてまたかかる行道の思想的展開の線上に説示されたものとして、この道もまたひとえに、まことの知見の開覚を目標とするところの、人間自らの自己脱皮、まことの人間成長をめざす道であったといいうるようである。

第三節　『無量寿経』における信の思想

第一項　仏教における信の基本的性格

一、原語的側面からの理解

そこで次いで〈無量寿経〉における信の性格について考察し、それが上に見た如き「念仏の道」としての行道においで、いかなる地位を占めるものであるかをたずねることとする。〈無量寿経〉における信の思想を考察するについて、それに先だって仏教における信の基本的な性格を概観する必要を思う。仏教における信の性格については、すでに多くの先学によるすぐれた研究があるが[57]、いまはそれらに導かれながら、その概要を展望することとする。

仏教における信を表象する術語は多様であって、その性格についてもさまざまな内容を含んでいる。そこで先ずそれを原語の面から考察すると、漢訳仏典において信および信をあらわす語として訳出された原語には、基本的には、śraddhā (saddhā), prasāda (pasāda), adhimukti (adhimutti), abhisaṃpratyaya などがある。これらの中、もっとも一般に用いられたものは śraddhā で、それはインドでは『リグ・ヴェーダ』以来、信を意味する語として広く使用され、原始経典にも多く見られるものである。この śraddhā とは、語源的には「信を置く」ことを意味し、漢訳では普通に信と訳され、また信心、浄信、敬信などとも訳されている。元来信とは個人における主体的な心的経験に属するものであるが、この śraddhā が心的経験としていかなる性格内容をもっているかについては、原始仏教においてはいまだ充分に明確化されておらず、それは後の部派仏教以降における解釈をまたねばならなかった。しかしながら、この語は、『経集』によると、仏道における数多くの実践徳目が散説される中にしばしば見ることができるのであって、そこでは精進、念、苦行、慚、戒、慧などの徳目と一連に語られているのである。そしてこれらの実践徳目は、やがて原始仏教の発展過程において、出家者および在家者の行道として整理され体系化されていったが、そこで明かされた五根（信、精進、念、定、慧）、五力（信、精進、念、定、慧）、五学力（信、慚、愧、精進、慧）、五精勤支（有信、少病、不諂不誑、発勤精進、有慧）、五財（信、戒、聞、捨施、慧）、七力（信、精進、慚、愧、念、定、慧）、七正法（有信、有慚、有愧、多聞、発勤精進、持念、有慧）、七財（信、戒、慚、愧、聞、捨施、慧）などのいずれの行道においても、信はつねにその最初に位置していることは注意される点である。このことは信とは本来的に仏道における初門の意味をもつものであり、それは仏道趣入の基本的要件として、仏道に対する、さらにいえば三宝に対する、帰依の心情に基づいて生まれるところの、確固たる信念を意味し、仏道とはこのような信念を基点として成り立ってゆくことをあらわすものであろう。そのことは信根を説明するについて、『相応部』では四預流支において見られると明かし(58)、あるいはまた『雑阿含経』においては四不壊浄とも示して(59)、それが仏法僧の三宝に対する不壊の信念を確立し、また聖戒を成就してゆくことであると説くことによっても明らかである(60)。そしてまた、これらの行道の構成において、さらに注目されるべきことは、それがつねに信に始まるとともに、すべて慧に終っているということである。すなわち、これらの行道の基本構造は、ひとしくその中間にさまざまな行業の実践をはさみながらも、つねに信から慧への方向をとり、それは略示すれば、信──行──慧という構造をもっているのである。このことは仏道とは、慧、すなわち、如実知見において究竟するものであるが、それはひとえに行業の修習実践に基づいて成就するものであり、しかもまたその行業の実践は、つねにこの三宝および戒に対する不壊の信念に支持されてこそ、はじめて成り立ってゆくことを示すものである。その意味からすればこの śraddhā とは、仏道の初門であるといっても、そのことはひとたび仏道に趣入しおわれば、もはや無用になるということではなく、それはつねに仏道の全体をその根底から担いつづけるものであって、やがては慧に向かって昇華し究竟してゆくものでもあったのである。かくして「信は道元功徳の母」（『大方広仏華厳経』巻第六、大正九、四三三頁a）とは、原始仏教以来の信の基本的な性格であったといいうるようである。

次の prasāda とは、語源的には「鎮める、浄化する、喜悦する」ことを意味し、それが citta-prasāda あるいはまた prasanna-citta と合成されると、心が穏やかに澄んで清浄となり深く喜びの感じられるような心の状態をあらわすこととなる。かくしてこの prasāda は漢訳では、清浄、澄浄、浄心、心清浄などと訳されているのである。しかしながら、この語はまた他面では、信、信心、浄信、実信、敬信、信楽などとも訳されているわけであるが（『梵和大辞典』九、八七八頁）、この語が直接には信の意味をもたないにもかかわらず、このように信ないしは信をあらわす語として訳出されたのは理由がある。それは原始経典においては、この prasāda（pasāda）の語は、多く śraddhā（saddhā）と同義語に使用されているからである。先学の研究によると、両者の間には厳密な区別はなく、それはほとんどシノニムと見て差支えないといわれている[61]。かくして漢訳仏典においては、この prasāda を信ないしは信をあらわす語として訳出しているわけであるが、そのことはまた仏教における信の基本的性格が、澄浄にして安穏な心の状態を意味するものであったことを物語るものである。そしてまたこのような prasāda として あらわされる心の澄浄としての信の境地は、その語義の如く、原始経典にあっては禅定に共通し、それと重なるものであったという指摘は注意されるべきことである[62]。

次の adhimukti とは、南方上座部における信の定義として明かされるものであって、それは語源的には「その上に心を傾ける」ことであり、対象に向かってそれを明確に捉えて決定する心的態度を意味し、漢訳では、信、解、信解、信受、明信、信心、深信、勝解などと訳されているものである（『梵和大辞典』一、三五頁）。

またabhisaṁpratyayaとは、有部および唯識系において信を定義する語であって、語源的には「同意する、認許する」ことで、そのものに対して同意し確認する心的態度を意味し、漢訳では、信解、深信解、忍可、現前忍許、正信順、極正符順などと訳されているものである（『梵和大辞典』一、一一二頁）。このadhimukti（勝解）とabhisaṁpratyaya（忍可）とは、それぞれ異なった思想背景に基づいて信の性格を明かしたものであるが、その両者の間にはさしたる距離はなく、内容的にはほとんど同義であるといわれている。(63)したがってこのadhimuktiおよびabhisaṁpratyayaの原語からすると、仏教における信とは、また三宝などに対し、それを明確に捉えて決定し（勝解）、それを確認する（忍可）ところの知解的な心的態度であるともいうことができるようである。なおそのほかに、bhaktiなる語が見られるが、これはヒンドゥー教などの、明確なる人格神に対する主観的、情緒的な熱烈なる信愛を意味して、漢訳では信、信心、深信、尊敬、恭敬などと訳されているが（『梵和大辞典』九四一頁）、これは仏教が説くところの信とは、いささか性質を異にするものである。

かくして仏教における信の基本的性格について、それを原語の面から見る時には、それは三宝への帰依に基づく確固たる信念として、仏道の初門の意味をもち、しかもまたさらには、その仏道の全体を支えつづけるものであるが、それはより明瞭には、prasādaとして示されるところの、澄浄安穏な心の状態としての心の澄浄性と、adhimuktiないしはabhisaṁpratyayaによって定義されるところの、三宝などに対して明確に信認し決定する心的態度としての対象への知解性、という意味内容をもったものとして捉えることができるのである。

二、教学的解釈からの把捉

しかもこのような信の性格についての理解は、基本的には後世の仏教教理の展開の流れの中にも継承されているのであって、有部教学においても、有部六足論の最初に位するといわれる『阿毘達磨集異門足論』巻第一三には、信を解釈するについて、

浄信とは云何、答う若し出離遠離が所生の善法に依る諸信の信の性は、随順性、印可性、已愛楽、当愛楽、現愛楽性、心清浄性の故に浄信と名づく。（大正二六、四二二頁c）

と示している。ここでは信の性格を基本的には随順性、印可性、愛楽性、心清浄性と説いているが、その印可性と心清浄性とが、上に見たところの対象への知解性と心の澄浄性に相当することは明瞭である。そしてまたそのことは、世親の『倶舎論』（Abhidharmakośa）にも見られるものであって、そこでは、

信とは心の浄らかさである。他の人々は（言う）（四つの）真理と、（三つの）宝（仏陀とその教法とその僧団）と、行為と（その）果報（との間の因果関係）と、に対する確信である、と。(64)

と説いて、信の第一義的な性格を心の澄浄のことであると明かし、第二義的な解釈として三宝四諦などの対象への確信、現前忍許のことであると示しているのである。これもまた信における心の澄浄性と対象への知解性を意味するものである。そしてまたこのような信についての理解は、さらには唯識教学においても伝統されてくるのであって、安慧の『唯識三十頌釈』には、

信とは業と果と諦と宝とに対する信認と心の澄浄と願楽とである。信は三種として起るからである。（即ち）有徳或いは無徳の実事に対しては信認の行相があり、有徳の実事に対しては澄浄の行相があり、（滅諦を）証得しうべき、或いは（道諦を）生ぜしめうる、能力ある有徳の実事に対しては願楽の行相がある（信が起るか

らである)。(山口益、野沢静証訳『世親唯識の原典解明』二六四頁)

と明かして、信の性格について、信認と心の澄浄と願楽の三種を挙げているが、これは上に見た『阿毘達磨集異門足論』の思想に連なるものであろう。そしてまた護法の『成唯識論』巻第六によると、

云何なるを信と為すや、実と徳と能とにおいて、深く忍じ楽欲して心を浄ならしむるをもって性と為し、不善を対治し善を楽うをもって業と為す(中略)忍とは謂わく勝解なり、此れ即ち信の因なり。楽欲は謂わく欲なり、即ち是れ信の果なり。確かに此の信の自相を陳れば是れ何ぞや、豈に適に言わずや、心を浄ならしむるをもって性と為す。(大正三一、二九頁b〜c)

と示しているが、ここでもまた信の性格を説明するについて、同様に信認と楽欲と心澄浄の三種を挙げているのである。

かくしてこの有部および唯識教学においても、信の性格は心の澄浄性と信認性として理解され、さらにはまたそれに願楽性を加えて語られているのであるが、このような信における澄浄性と信認性と願楽性の中、上に見た世親の『倶舎論』によれば、信のまさしき性格とは心の澄浄なることであって、その信認性は第二義的な意味として明かしているのである。そのことはまた『成唯識論』においても明瞭にうかがわれるところであって、そこでは信の自相とは心の澄浄性であり、その信認性はそれに対しては因拠の意味をもつものであると語っているのである。そしてまたここではその願楽性とは信の自相としての心の澄浄の果相であると明かしているが、このことは信には知解的な性格とともに、他面においては情意的な性格もあって、解脱涅槃に対する積極的な能動性をもっていることを意味するものであり、信に対するこのような理解は充分に注意されるべきことであろう。かくして仏教における信の性格とは、その教学的な解釈からすると、信認性あるいはさらに願楽性をともないながらも、まさしくは澄浄

安穏なる心の状態を意味するものであるといいうるのである。そしてまたその心の澄浄とは、安慧の『唯識三十頌釈』によれば、

心の澄浄とは信は心の昏濁と相違するものである。これに由って（信が）それ（心）と相応するときには煩悩と随煩悩という垢の昏濁と離れる。依って心が信に合えば澄浄となる故に（信は）心の澄浄と称せられる。（山口益、野沢静証訳『世親唯識の原典解明』二六五頁）

と明かし、また『成唯識論』巻第六には、

此れは性澄浄にして能く心等をして浄ならしむるに、心は勝れたるをもっての故に心浄という名を立てたり。水清珠の能く濁水を清むるが如し。（大正三一、二九頁c）

と説く如くに、それはすなわち煩悩雑染の昏濁を離れる清浄な心の境地を意味するものであろう。しかもここで心が煩悩雑染の昏濁を離れるということは、心の澄浄としての信とは、またすでに慧の領域に属していることを物語るものであって、その点、上に指摘した如くに、prasāda とは本来には禅定に通じるものであったということが想起されてくるのである。かくして『大智度論』巻第九に、

是の如く衆生の心清浄なれば則ち仏を見る。若し心不浄なれば則ち仏を見ず（中略）一心に念仏して信浄にして疑わずば必ず見仏を得て終に虚しからざるなり。（大正二五、一二六頁b～一二七頁a）

と説き、また『十住毘婆沙論』巻第五「易行品」に、

信心清浄なれば華開けて則ち仏を見る。（大正二六、四三頁b）

などと明かすのは、このような心の澄浄としての信について明かすものであって、その信が成立してゆくところ、次第に煩悩雑染を離れて如実なる知見がひらかれてゆくことを意味するのではなかろうか。その点からすれば、信

とは仏道の初門としての意味をもつものでありながらも、また他面には、その究竟としての解脱涅槃を志向することにおいて、すでにその慧、すなわち、如実知見に即する意味をもつものでもあったといいうるのである。龍樹が『宝行王正論』（Ratnāvalī）において、

信仰という道によって法を享受し、知慧という道によって法を真実に理解する。この両者のうち、知慧が主要であり、信仰はそれに先行する。(65)

と明かして、信（śraddhā）から慧（prajñā）への道を説くこと。あるいはまた『大智度論』巻第一において、

仏法の大海には信をもって能入と為し、智をもって能度と為す。（大正二五、六三頁a）

と示し、同じく巻第五七には、

初めて三宝を信ずる故にこれを無疑となす。智慧は究竟する故にこれを決了となす。譬えば水を渡るに初めて入る、これを無疑となし、彼岸に出づる、これを決了とす。（大正二五、四六六頁a）

と示すものは、まさしくこのことを意味するものであろう。すなわち、仏道の構造においては、原始仏教以来一貫して信は初門であり、智はその究竟であると理解されてきたが、それはあたかも川を渡るについて、初めて水に入るということは、彼岸に向かう道程においては先行的な初門であり、第一歩に過ぎないけれども、しかもまたそのことは、やがて彼岸に到達することとの全体を担っているのであって、彼岸に至るということは、ひとえに初めに水に入るということの、漸々の進展徹底によって究竟されたものにほかならないと同様に、仏教における信とは、仏道趣入の初門でありつつも、しかも同時に、つねにそれ自らの上に仏道究竟の智慧を担っているものであって、その意味においては、信はすでに智慧に直接し、それに即する面をもっているともいいうるのである。そのことは、あたかも仏教における基本的行道として明かされる八正道における正見が、その行道の初門を意味しながら、しか

もまたその行道を尽して成立するところの究竟の意味をもっていて、八正道とはひとえに正見に出発しつつ、しかもまた、この正見の成就をめざす行道でもあることと共通する構造であろう。(66)

三、仏教における信の基本的性格

かくして仏教における信の性格とは、その原語的な側面からすれば、心の澄浄性と対象への知解性とを意味するものであり、その教学的な解釈の立場からすれば、知解的な信認性と情意的な願楽性を伴いながらも、その信認性とは第二義的ないしは因拠的な意味であり、願楽性とはその果相としての意味をもつものであって、まさしき信の性格とは、ひとえに澄浄安穏なる心の状態を意味するものであるといいうるものである。したがってまたその故に、この信とは仏道の初門の意味をもちながらも、また同時にその究竟としての智慧に即するものでもあったといいうるわけである。その点、仏教における信とは、きわめて静寂的、知性的な性格が濃厚であって、多くの宗教に見られるような情熱的な信仰でもなく、またそれは「不合理なるが故にわれ信ず」といわれる如き、知性と矛盾対立するような信仰とは、まったく異質なものであることが知られるのであって、(67)ことにオルポートが心理学的な立場から信仰を規定するについて、それは知識と幻想の両極端の中間にあって、多くの信念と同じようにある確率の上に成り立つものであり、そのかぎり、いかなる信仰においてもそこには懐疑がふくまれているという如き信とは、明確に区別されるべきものであろう。(68)

その意味において、仏教における信とは、基本的にはまだ見ぬものへの意識上の確率や蓋然性にかかわる姿勢の問題ではなく、ひとえに私自身において、おのれがそうなるか、ならないかの、まったく主体的な「存在」の問題に属するものであって、さらにいうならば、それは旧き自己に死して新しき自己に誕生するともいうべき、新たなる主体の確立として、人間それ自身の自己脱皮、まことなる人間成長ということを意味するものであったのである。

第二項　『無量寿経』における信の性格

一、漢訳本における信の用語例

用語	大阿弥陀経	平等覚経	無量寿経	如来会	荘厳経
信	43	43	18	4	0
信心	0	0	1	1	1
一念信心	0	0	0	0	1
信用	1	1	1	0	0
信受	4	2	1	0	1
信向	2	2	0	0	0
信知	1	1	0	0	0
信慧	0	1	1	1	0
信明	0	1	1	0	0
信愛	0	2	0	0	0
信順	0	0	1	0	0
信楽	0	0	2	0	0
信聞	0	0	0	1	1
信行	0	0	0	0	0
信重	0	0	0	0	0
信解	0	0	0	1	1
心意浄潔	1	0	0	0	0

用語	大阿弥陀経	平等覚経	無量寿経	如来会	荘厳経
身心浄潔	1	2	0	0	0
浄心	0	0	0	1	1
一念浄心	0	0	0	1	1
清浄心	0	0	0	3	3
浄信心	0	0	0	0	0
浄潔心	0	1	0	0	0
極浄心	0	0	0	1	1
淳浄心	0	0	0	1	1
喜愛心	0	0	0	1	1
清浄念	0	0	0	1	1
心清浄	0	1	0	0	0
一心清浄	2	2	0	0	0
心意清浄	0	1	0	0	0
身心清浄	0	0	0	0	0
内心清浄	0	0	0	0	0
正信	0	0	0	0	0
誠信	1	0	0	1	1

深信	0	0	0	1	1
忠（中）信	1	1	1	0	0
至誠忠(中)信	3	3	0	0	0
清浄信	0	0	0	1	1
一念浄信	0	0	0	1	1
勝解	0	0	0	1	1
心浄潔	2	1	0	0	0
慈心	6	6	1	0	0
慈心歓喜	5	5	0	0	0
慈心精進	5	5	0	0	0
慈心専一	1	1	0	0	0
慈心開解	1	0	0	0	0
信心歓喜	0	0	1	0	0
歓喜信楽	0	0	4	0	0
歓喜踊躍	0	0	1	0	

次いで〈無量寿経〉における信について検索すると、その漢訳本についていえば、信の語および信を表象すると推定される用語はきわめて多様に見られるのである。いま試みに信を表象すると考えられる用語とその使用頻度数を表記すると前頁の別表の如くである。

〈無量寿経〉の漢訳五本における信の語の用例について考察すると、そこには〈初期無量寿経〉の『大阿弥陀経』および『平等覚経』と、〈後期無量寿経〉の『無量寿経』および『如来会』との間には、若干ながらもその用例についての傾向が指摘できるようでもあるが、もとよりそれによって信の性格内容、およびその信の思想の展開情況を捉えることは困難である。そこでいまはそのサンスクリット本を中心として、漢訳五本を参照しつつ、〈無量寿経〉全般における信の意味の考察をすすめてゆくこととする。

二、サンスクリット本における信の用語例

サンスクリット本によると、信を意味する語としては、śraddhā, adhimukti, prasāda の三種を見ることができる。その śraddhā の用例については左の如くである。

(1)勝者のことばを信じ（śraddhate）、智慧ある者たち、かれらの福徳は、それよりも多いであろう。（梵本四一頁、和訳九二頁）

(2)信（śraddhā）は、実に、（極楽）世界に達するための根本である。それゆえに、実に、聞きおわって疑念を除くべきである。（梵本四一頁、和訳九三頁）

(3)仏・世尊たちのとらわれない智を信頼し、信じ（abhiśraddadhāti）、信解する（adhimucyante）ならば、かしこに化生して、蓮華の中に結跏趺坐して現われる。（梵本五八頁、和訳一二五頁）

(4)とらわれのない仏の智を疑わず、また自分の（植えた）善根を信ずる（abhiśraddadhāti）ならば、かれらは化生して、結跏趺坐して蓮華の中に現われ、（梵本五八頁、和訳一二五頁）

(5)わたくしの言葉を信じ（abhiśraddadhā）、賢明にして、分別ある人は、勝者の智の積み重ねの全体を眼のあたりにして、「仏は知りたもう」という声を発するであろう。（梵本六五頁、和訳一三七頁）

(6)信（śraddhā）および智慧も、非常に長い時間を経て得られる。その目的を得るために（そなたたちは）精進をおこすがよい。（梵本六五頁、和訳一三七頁）

以上の如き用例が見られるようであるが、その(1)および(2)の文は、ともに浄土を讃嘆して信心を勧めるところの「聞信偈」の一節であって、前者は仏陀の教法教説に対する信の意味を示し、そのような信と慧のある人々に多くの福徳があることを明かすものであるが、ここで信が智慧（prajñā）と並列して語られる点は注目すべきであろう。後者については、信が浄土に往生するための根本であるというのであって、それは信が仏道成立のための基盤となることを明かしたものである。そしてまたそこでは信が疑と対置して説かれている点は注意されることである。これらの文は、漢訳本においてはいずれも相当する部分を欠いている。

次の(3)および(4)の文は、いわゆる胎化段の一節であって、いずれも化生するものについて明かす文であり、(3)はことに菩提を求める修行者が浄土を願生するについて語ったものであって、如来の智慧に対する信を意味している。ただし、ここではそれが信解（adhimukti）と一連にして語られている点は注意すべきであろう。また(4)も同じく菩提を求める修行者について明かすもので、ここでは自己の所修の善根に対する信をあらわしている。漢訳本におけるこれら(3)および(4)に相当する文は、〈初期無量寿経〉には見られないが、〈後期無量寿経〉の『無量寿経』および『如来会』のいずれにも存し、また『荘厳経』にもそれに相当する文が指摘できるのである。すなわち、『無量寿経』によると、

若し衆生有りて明らかに仏智乃至勝智を信じ、諸の功徳を作し信心廻向すれば、此の諸の衆生、七宝華の中に自然に化生し、跏趺して坐し、須臾の頃に身相光明智慧功徳、諸の菩薩の如く具足し成就せん。（大正一二、二七八頁a〜b）

といい、また『如来会』では、

若し衆生有りて疑悔を断除し、善根を積集し、仏智乃至広大智を希求して己が善根を信ず。此の人は蓮華の内に於て結跏趺坐して忽然として化生す。（大正一一、一〇〇頁a）

と説き、また『荘厳経』では、

若し衆生有りて無相の智慧を以て衆の徳本を植え、身心清浄にして分別を遠離し、浄刹に生ぜんことを求めて仏菩提に趣かば、是の人命終刹那の間に、仏の浄土に於て宝蓮花に坐し身相具足せん。（大正一二、三二五頁b）

と明かす如くである。すなわち、ここでは śraddhā に直接かかわる文としては、『無量寿経』においては「明らか

に仏智乃至勝智を信じ、諸の功徳を作し信心廻向す」と示し、『如来会』では「仏智乃至広大智を希求して己が善根を信ず」と明かし、また『荘厳経』では「無相の智慧を以て衆の徳本を植え、身心清浄にして分別を遠離し、浄刹に生ぜんことを求む」と説かれているわけである。ここで『荘厳経』においては、それがことに「身心清浄」と明かされている点は興味あるところであろう。

次に(5)および(6)の文は、この教説を終るに当って聞法の徳を讃える偈頌であって、「聞徳偈」とも名づけられるべき偈文の一節であるが、前者は仏陀の教法に対する偈をあらわし、また後者については、信をうるためには、長時の精進が必要であることを明かしたものであるが、ことにこの後者の文では、上に見た(1)の文と同じく、仏道の究竟の意味をもつ智慧と一連に明かされている点は注意すべきことであろう。この「聞徳偈」は漢訳本では『平等覚経』『無量寿経』『如来会』『荘厳経』に、それぞれ相当する文を見ることができるのである。ただし『平等覚経』および『無量寿経』においては、それが別出されることなく「往覲偈」の後に附せられているのに対して、その他ではサンスクリット本と同様に経末に別出しておかれているのである。そこでこの語について漢訳本を検すると、『如来会』では、(5)の文については、

まさに我が教え如実の言を信ずべし。（大正一二、一〇一頁b）

というものがそれに相当し、(6)の文については、

信慧多き時方に乃し獲ん、是の故に修せん者はまさに精進すべし。（大正一二、一〇一頁b）

と明かすものがそれに相当するとうかがわれる。『平等覚経』においては、(5)の文は、

我が教を奉じて乃し是を信ずること、唯此の人のみ能く解了す。（大正一二、二八八頁c）

と説くもの、(6)の文は、

信慧有りて致すべからず、若し聞見せば精進して求めよ。（大正一二、二八八頁c）

に相当すると考えられる。また『無量寿経』については、(5)の文はただちには相当文が指摘できないが、(6)の文は、

人信慧有ること難し、若し聞かば精進して求めよ。（大正一二、二七三頁b）

と明かすものがそれに該当すると思われる。なお『荘厳経』については、その偈頌は巻末に存在するが、これらの文に相当するものは見当らない。

かくしてこれらの用例からすると、〈無量寿経〉における śraddhā とは、仏陀の教説およびその智慧、さらにはまた自己所修の善根に対する対象的な信を意味し、その性格としては、(2)の文に見られる如く、それが疑の反対概念として語られており、また(3)の文においては、上にも掲げた如く、それは信解（adhimukti）と一連に用いられて、「それを信じ、それを信解するならば」と明かされること、そしてまた(1)および(6)の文においては、上にも指摘した如く、それは智慧に関連して明かされ、「勝者の言葉を信じ、智慧ある者たち」「信心も智慧も、非常に長い時間を経て得られる」などと説かれて、ことにその後者の文は『如来会』『平等覚経』および『無量寿経』においては、いずれも「信慧」と訳されていることなどは注意されるところである。このことは、すでに上において考察した仏教における信の基本的性格において、この śraddhā が信認決定として、対象に対する知解性の意味をもっていることを受けるものであって、〈無量寿経〉における śraddhā にも、また信認決定としての知解的な性格があることが知られるのである。そしてまたこの śraddhā については、すでに上にも指摘した如く、『荘厳経』が(3)(4)の相当文について「身心清浄」と明かしている点については、その原語の問題は残るとしても、上に見たところの仏教における信の基本的性格が、信認決定としての知解性のほかに、いまひとつ心の澄浄性の意味をもっていることが思いあわせられて興味をひくところである。そしてまたこの śraddhā とは(2)の文に見られる如く、往生ない

しは出離をうるための根本であって、それは仏道における初門としての能入の意味を担うものであるが、また上に見た如く(1)および(6)の文においては、その信は仏道の究竟としての智慧と一連のものとして捉えられ、漢訳ではそれが「信慧」と明かされている点からすれば、それはたんに仏道の能入初門というのみならず、またそれは能度としての究竟の意味を含んでいるともうかがわれるのであって、そのことは〈無量寿経〉における信の性格において、ことに見逃しえない点であろう。

次にadhimuktiについては左の如き用例が見られる。

(1)きわめて憶念があり、理解があり、智慧があり、きわめて精進し、広大な信解をもつ（udārādhimuktika）、ダルマーカラ（法蔵）という名の比丘がいた。（梵本六頁、和訳三五〜三六頁）

(2)貪欲、憎悪、迷いを離れ、清浄であり、清浄な信解をもち（śuddhādhimukta）（梵本五四頁、和訳一一二頁）

(3)仏・世尊たちのとらわれのない智を信頼し、信じ、信解する（adhimucyante）ならば、かしこに化生して、蓮華の中に結跏趺坐して現われる。（梵本五八頁、和訳一二五頁）

(4)かの如来に対し、またこの法門に対して、たとえ一たびでも心の澄浄を得るであろう生ける者たちは、劣った信解をもつ者（hīnādhimuktika）とはならないであろう。（梵本六二頁、和訳一三二頁）

以上の如き用例があるが、その(1)は法蔵菩薩の発心について明かす一節であって、漢訳の相当文では、ひとり『荘厳経』においてのみ「信解第一」（大正一二、三一八頁c）と明かされるもので、その他については見当らないようである。また(2)の文は阿弥陀仏の浄土に往生する者の果徳について述べた一段であって、漢訳では『無量寿経』『如来会』および『荘厳経』にはその相当箇所はあるが、この文に直接該当する文章はいずれにおいても見当らない。(3)の文は胎化段の一節であって、浄土を願生する行道として如来の智慧に対して専念信解することを明かしたものであって、これはすでに上に見たśraddhāの用例における(3)の文においても指摘した如く、śraddhāと一連に用いられている点は注意されるところである。そしてその漢訳については、そのśraddhāの語の意味をも重ねて理解しているようで、『無量寿経』においては、

明らかに仏智乃至勝智を信じ、諸の功徳を作し信心廻向す。（大正一二、二七八頁a）

と訳し、『如来会』では、

仏智乃至広大智を希求して己が善根を信ず。（大正一一、一〇〇頁a）

と明かしている。また(4)の文は経末の流通分の一節であって、阿弥陀仏およびその教説に対して、たとえ一たびでも心の澄浄を得た者は、劣った信解の者とはならないと説くものであって、漢訳では、『如来会』においては「心不劣」（大正一一、一〇〇頁c）と訳し、『荘厳経』では「小乗」（大正一二、三二六頁a）の語を当てている。

かくして〈無量寿経〉におけるadhimuktiとは、上の仏教における信の基本的性格の考察において見たと同様に、対象を明確に捉えて決定することであって、それは「信解」とも訳されているように、信の知解的性格を意味するものであるといいうるようである。しかしながら、またその用例においては、(1)の文は法蔵菩薩の徳について明かし、(2)の文は浄土往生者の果徳について説くものであって、それがことに菩薩の徳を語るについて用いられている点は注目すべきことであろう。

次にprasādaの用例については左の如きものが見られるようである。

(1)もしも、世尊よ、わたくしが覚りを得たときに、もろもろの他の世界における生ける者たちが、無上なる正等覚に対して心を起こし、わたくしの名を聞いて、澄浄な心（prasannacitta）をもってわたくしを随念するとして（梵本一三頁、和訳四七頁）

(2)もしも、世尊よ、わたくしが覚りを得たときに、あまねく無量、無数、不可思議、無比、無限量の諸仏国土における女たちが、わたくしの名を聞いて、浄信（prasāda）を生じ、また覚りに向う心（菩提心）を起こし（梵本一八頁、和訳五三頁）

(3)かの世尊アミターバ如来の名を聞き、聞きおわって、たとえ一たび心を起こすことだけでも、深い志向によって、浄信（prasāda）にともなわれた心を起すならば、かれらすべては、無上なる正等覚より退転しない状態に安住するからである。（梵本四二頁、和訳九三頁）

(4)かれらはかの世尊を見て、澄浄な心（prasannacittāḥ）になり、かしこの極楽世界に生まれるであろう。（梵本四二頁、和訳九四頁）

(5)かれらはそのときに、如来を見て心が澄浄（prasāda）になることにもとづく三昧によって、散乱しない憶念によって、死没してかしこの仏国土に生まれるであろう。（梵本四三頁、和訳九四頁）

(6)かれらは、平等の心、福利の心、慈しみの心、柔軟な心、情愛の心、勤勉な心、澄浄な心（prasannacittāḥ）、堅固な心、離障の心、不動の心、不乱の心、智慧波羅蜜の行を実践する心をもっている。（梵本五一頁、和訳一〇八〜一〇九頁）

(7)王が恩恵（prasāda）（の許し）を示さない間は、（かれは）そこから釈放されない。（梵本五九頁、和訳一二七頁）

(8)かれらは、たとえ仏の名を聞くことより、また心の澄浄（cittaprasāda）だけにより、この極楽世界に生まれるにしても（梵本五九頁、和訳一二八頁）

(9)かの如来に対し、またこの法門に対して、たとえ一たびでも心の澄浄（cittaprasāda）を得るであろう生ける

者たちは、劣った信解をもつ者とはならないであろう。（梵本六二頁、和訳一三二頁）

⑽下劣で、怠惰で、（邪）見をもつ者たちは、仏たちの諸法に対して浄信（prasāda）を得ることができない。

（梵本六四頁、和訳一三五頁）

以上の用例の中、⑴は第十八願文の一節であって、そこではこの信が如来の名号を聞くということと、一連に明かされている点については充分に注意されるべきである。この文の漢訳については明確には対応する文を見出しえないが、すでに上においてもふれた如く、この第十八願文において発菩提心を明かし、また臨終来迎を語る点からすると、それは『無量寿経』および『如来会』の第十九願文に相当し、しかもまたその〈初期無量寿経〉に遡って見るならば、それはともに出家者の行道を誓ったところの『大阿弥陀経』の第七願文と『平等覚経』の第十八願文が想定され、さらにはまた『荘厳経』については第十三願文に配当しうるとも推察されるのである。もしそうだとすれば、その相当文としては、『無量寿経』においては、

至心に発願して我が国に生まれんと欲う。（大正一二、二六八頁b）

と示し、『如来会』では、

我において起すところの清浄の念（大正一一、九三頁c）

と明かし、また『大阿弥陀経』では、

一心に念じて我が国に生まれんと欲し（大正一二、三〇一頁c）

と説き、『平等覚経』では、

常に我を念じて心を浄潔にせん。（大正一二、二八一頁c）

と示し、『荘厳経』では、

我が名号を念じて志を発し心を誠にして堅固不退ならん。（大正一二、三一九頁c）

と語るものに当ると考えられる。その点からすると、それが「至心に発願し」「一心に念じ」と明かされるとともに、またそれが「清浄の念」「心を浄潔にし」「心を誠にし」と説かれている点は注意されるところである。しかしながら、またここでこの信が「聞名」と一連に明かされるという点に注目するならば、すでに上の論考において指摘した如く、やがて〈後期無量寿経〉の行道思想として展開していったと考えられる『大阿弥陀経』における第四願文、『平等覚経』における第十七願文も顧みられてくるのであって、『大阿弥陀経』のそれには、

我が名字を聞いて慈心歓喜し踊躍せざる者なけん。（大正一二、三〇一頁b）

と明かし、『平等覚経』では、

我が名字を聞きて皆悉く踊躍せんもの（大正一二、二八一頁c）

と語っているが、その点からすれば、このprasannacittaにかかわるものとしては、「慈心歓喜」ないしは「踊躍」の語が注意されてくるわけである。そしてまたかかる観点からすれば、『無量寿経』における第十八願文に、

至心に信楽して我が国に生まれんと欲う。（大正一二、二六八頁a）

と明かす文もまた、その成就文相当の文からすれば、同じく聞名にもとづく心念を意味するところ、この「至心信楽」の語もまたそれにかかわるものかとも推察されてくるのである。(69)

また(2)の文は、第三十五願文の一節で、ここでもまたその信は、(1)と同じように聞名と一連に語られているのである。この文の漢訳については、『無量寿経』および『如来会』の第三十五願文と『荘厳経』の第二十七願文がそれに相当し、またその思想的原形としては、『大阿弥陀経』の第二願文が指摘できるようである。その『無量寿経』によると、

我が名字を聞きて歓喜信楽し（大正一二、二六八頁c）

と説き、『如来会』では、

我が名を聞きおわりて清浄の信を得（大正一一、九四頁c）

と明かし、また『荘厳経』においては、

我が名号を聞きて清浄心を発し（大正一二、三二〇頁b）

と説いており、ここでもまた同様に、prasāda に相当する訳語としては、「清浄の信」「清浄心」ないしは「歓喜信楽」の語が見られるわけである。

次の(3)の文は、一般には第十八願成就文と呼ばれている文の一節であって、ここでもそれが聞名と一連に明かされていること、しかもまたこの prasāda がそのままですでに不退転の地位に住するという意味をもって示されていることは、注目すべき点であろう。この文の漢訳については〈初期無量寿経〉には見られないが、『無量寿経』においては、

その名号を聞きて信心歓喜し乃至一念せん。（大正一二、二七二頁b）

と明かし、『如来会』では、

無量寿如来の名号を聞き、乃至能く一念の浄信を発して歓喜愛楽し（大正一一、九七頁c）

と説き、『荘厳経』では、

彼の仏の名を聞き、清浄心を発して憶念受持し（大正一二、三二三頁b）

と明かされており、その相当する語としては、「信心歓喜」「浄信を発して歓喜愛楽し」「清浄心」が見られるのである。

次の(4)の文は、三輩文の中の上輩者について明かす文の一節で、臨終来迎をえて浄土に生ずることを説いたものであるが、ここではそれが「かの世尊を見て澄浄な心になり」といって、来迎見仏に重ねて語られている点は、ことに注意されるところである。その漢訳については、この三輩文は漢訳五本のすべてに存在するが、この語に相当するものはいずれについても見当らない。次の(5)の文もまた同じく三輩の文の一節で、中輩者について明かすものである。ここではそれが三昧（samādhi）と重ねて説かれているが、この点もまた注目すべきところである。漢訳本についてはいずれにおいても、この語に相当するものは見当らない。そしてまたこの(4)および(5)の文における prasāda は、ともに臨終来迎について明かす文の中に見られるものであって、それは浄土に往生する因として語られていることも留意されるべきであろう。次の(6)の文は、浄土の聖聚の果徳について明かす文の一節であって、浄土に往生したものはこの澄浄な心をうるというのである。ここではそれが浄土の聖聚がうるところの徳相の一つであると示している点も興味をひくところである。その漢訳については、『無量寿経』『如来会』および『荘厳経』にそれぞれの相当箇所が見られるが、この語に配当しえられるものは直接には指摘することができない。しかしながら、なおあえてその相当語を憶測するならば、『無量寿経』では、

清浄にして厭怠の心なし。（大正一二、二七三頁c）

と説き、『如来会』においては、

澄浄にして散乱の心なし。（大正一一、九八頁c）

と明かすものが見当るようである。

次の(7)の文は、胎化段の一節で、仏智を疑惑して信知しないものが、浄土に胎生するについて、牢獄繋縛の譬喩をもって明かすものであるが、ここではそれが「恩恵」「恩寵」という意味に用いられていることは注意されるべ

きことである。このようにprasādaが「恩恵」「恩寵」の意味をあらわすのは、またインド一般の用法でもあったようである。[70]なおこの文の漢訳は『無量寿経』『如来会』および『荘厳経』に見られ、その相当語としては、『無量寿経』では、

自ら免出することを欲す。[71]（大正一二、二七八頁b）

と説き、『如来会』では、

刹帝利王心に歓喜を生じて方に解脱を得ん。（大正一一、一〇〇頁b）

と明かし、また『荘厳経』では、

若し潅頂王その過を捨るさずば、彼の諸の大臣長者居士等、太子をして禁獄を免れしむべけんや。（大正一二、三二五頁c）

と語るものを指摘することができるようである。

次の(8)の文も、また同じく胎化段の一節であって、たとえ仏智を疑惑するものでも、仏名を聞いて澄浄なる心をもてば浄土に往生をしうると明かすものであって、ここでもまた聞名と一連に語られているわけである。その漢訳における相当文は、『如来会』のみに見られて、そこでは、

仏の名を聞くに由って信心を起すが故に彼の国に生ず。（大正一一、一〇〇頁b）

と明かして、それは「信心」と訳出されているのである。次の(9)の文は、経末の流通分の一節であって、如来とその教法に対する信を明かすものであるが、漢訳では五本ともすべてにその相当語を見ることができるのである。すなわち、『大阿弥陀経』においては、

阿弥陀仏の声を聞きて、慈心歓喜し、一時踊躍し、心意浄潔にして（大正一二、三一七頁b）

と語り、『平等覚経』では、

無量清浄仏の声を聞きて、慈心歓喜し、一時踊躍し、心意清浄にして（大正一二、二九九頁b）

と明かし、『無量寿経』では、

彼の仏の名号を聞くことをえて、歓喜踊躍乃至一念せんことあらん。（大正一二、二七九頁a）

と説き、『如来会』では、

若し彼の仏の名を聞くことありて、能く一念喜愛の心を生ぜば（大正一一、一〇〇頁c）

と示し、また『荘厳経』では、

無量寿仏の名号を聞くことをえて、一念の信心を発して（大正一二、三二六頁a）

と明かされているのである。この『大阿弥陀経』および『平等覚経』においては、「慈心歓喜」「踊躍」ないしは「心意浄潔」「心意清浄」という語が見られるが、それについては、すでに上に見た⑴の文において、『大阿弥陀経』および『平等覚経』における相当語としては、「心浄潔」ないしは「慈心歓喜」「踊躍」の語が注意されてくるということが思いあわされるのである。その点また『無量寿経』における「歓喜踊躍」、『如来会』における「喜愛心」という表現も注意されてくることである。

次の⑽の文は、経末におかれている「聞徳偈」の一節であって、⑼の文と同じく如来の教法に対する信を明かすものであり、それは漢訳本では『平等覚経』『無量寿経』および『如来会』に、その相当語を見ることができるのである。すなわち、『平等覚経』ではその「往観偈」の後半において、

悪と驕慢と弊と懈怠のものは、以て此の法を信ずること難し。（大正一二、二八八頁c）

と明かし、『無量寿経』でもその「往観偈」に、

憍慢と弊と懈怠とは以って此の法を信ずること難し。（大正一二、二七三頁b）

と説き、『如来会』ではその経末の偈において、

懈怠と邪見と下劣の人は、如来の斯の正法を信ぜず。（大正一一、一〇一頁b）

と示すものがそれである。

かくして〈無量寿経〉における prasāda とは、「信」ないし「浄信」などと訳される語でありながらも、内容的にはきわめて多含である。すなわち、それは(9)および(10)の文が示す如くに、如来および如来の教法に対するものとして明かされているが、その意味内容としては、漢訳本によれば、「浄信」「清浄信」「清浄心」「心浄潔」「心意浄潔」「心意清浄」などと明かして、心の清浄性を示す場合と、「喜愛心」「信心歓喜」「歓喜信楽」「慈心歓喜」「歓喜踊躍」などと訳して、心の歓喜性をあらわす場合とを見ることができるが、このことはすでに上に見た如く、この prasāda が語源的には、「浄化する」ということと「喜悦する」という意味をもっていることからすれば、それは充分にうなずかれることであろう。そしてまたこの語は、(1)(2)(3)および(8)の文において見られる如く、多く「聞名」にかかわって明かされている点は注意されるべきである。またこの語が(4)および(5)の文では臨終来迎における見仏と重なり、ことに(5)の文では、それが三昧と一連に明かされる点は重要であって、そのことはすでに上に見た如く、この prasāda としての心の澄浄とは、煩悩雑染の昏濁を離れた清浄な心の境地を意味するものであり、原始経典においては、この語は禅定に共通するものであったということに連なるものであろうと考えられる。その点、この語が(3)の文においては、ただちに仏道における不退転の地位にあることを指し示していると理解されるのは、注目されるべきことであろう。また(4)(5)(8)のそれぞれの文においては、それが浄土往生の因として明かされていることも注意されるのである。そして(6)の文ではそれが浄土の聖聚の果徳として語られていることも留意される点で

ある。なおまた(7)の文に見られる如くに、この語は信の意味とはまったく異なって、「恩恵」「恩寵」の意味に用いられて、漢訳では「免出」「捨《ゆ》るす」などと訳出されていることは上に見た如くである。

三、『無量寿経』における信の性格

以上の考察によって〈無量寿経〉における信とは、その原語としては śraddhā, adhimukti, prasāda の三種が見られ、漢訳本では信および信を表象すると推定される用語は多様であって、その内容の把捉理解ははなはだ困難であるが、不充分なままにもこれらを検討して、きわめて概括的試論的にいいうることは、〈無量寿経〉における信とは、ことにその śraddhā および adhimukti の考察において見られる如く、信とは仏陀の教説、仏陀の智慧、さらにはまた自己所修の善根などに対する、対象的な無疑なる信認決定の心的態度を意味するものであって、それは仏道の初門として仏法への帰依能入の意味をもち、また浄土往生の根本をなすものであるが、さらにまた、それは知解的な性格をもっていて、より本質的には究竟としての智慧の意味を含むものでもあった。そしてまたことにその prasāda の語に基づくと、信とはたんに対象的な心的態度というよりも、心の清浄性と歓喜性を意味するものであり、そしてまたさらには智慧の獲得として三昧見仏の境地を意味し、それはより徹底していうならば、おのれの「存在」の問題として、新たなる主体の確立を意味するものであって、仏道における究竟の意味をもっているともいいうるものであった。かくして〈無量寿経〉における信とは、基本的には仏教における信の思想を継承するものであって、それはすなわち、『大智度論』巻第一に、

仏法の大海には信をもって能入と為し、智をもって能度と為す。（大正二五、六三頁ａ）

と明かす文に即していえば、それは仏陀および仏陀の教説などに対する確固たる無疑信認としての、仏道への能入

初門の意味をもつものであるとともに、しかもまたその信とは究極的には、心の澄浄としての三昧見仏につらなるものであって、それはまさしく智慧の開覚、新たなる主体の確立としての、まことの自己実現、人間成長をあらわすものとして、仏道における能度究竟の意味をもつものであったと理解されるのである。

第三項 『無量寿経』における信の地位

一、能入位としての信

〈無量寿経〉における信の意味が、以上の如きものと推論されるとするならば、そのような信は〈無量寿経〉における浄土往生の行道の構造の中で、いかなる地位を占めるものであろうか。

〈無量寿経〉における行道とは、すでに上において考察した如く、〈初期無量寿経〉および〈後期無量寿経〉を通じて、基本的には、

帰命――善根――念仏・願生――（臨終来迎）――→往生

という構造をもっており、それは聞名および発菩提心に基づく仏道への帰依趣入としての、阿弥陀仏を思念（念仏）し、その浄土を願望（願生）する心を発して、それぞれ根機に相応する行道にしたがった善根を修習精進することに基づいて、その念仏と願生の心を数々相続し、かつより徹底深化してゆくことをめざすもので、そこに浄土往生の得果を語るものであると理解されるのである。その意味においては〈無量寿経〉の行道とは、ひとえに念仏に始まり、その念仏をひたすら相続徹底してゆく念仏の行道であったともいいうるであろう。

ここでいうはじめの帰命としての聞名および発菩提心に基づく念仏・願生とは、その念仏とはすでに見た如く、

anusmṛti（随念）ないしmanasikāra（思念）を原語とするものであるが、この念仏とは原始経典においては、基本的には六随念の中の仏随念（念仏）として説かれていて、その内容は、四不壊浄の中の仏不壊浄、あるいは五根、五力の中の信根、信力とまったく共通するもので、それはたんなる信憑や帰依というにとどまらず、仏陀に対する確固たる信認を意味するものであったといわれている[72]。そのことからすると、ここでいう念仏もまた、如来およびその教法に対する堅固なる無疑信認を意味するものというべく、それは聞名ないしは発菩提心にともなって、ひとえに如来とその教法に帰依し、それを信認決定してゆくということをあらわすもので、それはすなわち、仏道への能入位の信の意味をもつものであったと理解されるのである。その点、この念仏が聞名に基づくと明かされるについては、また信においても共通するものであって、それは上に見たprasāda の用例において多く指摘できるところである。かくしてこの念仏・願生とは、聞名ないしは発菩提心に基づく如来とその教法に対する明確な無疑信認を意味し、かつまたそのような信認に基づいて必然的に生まれてくるところの、阿弥陀仏の浄土に対する願生の心を意味するものであると理解されるのである。そしてこのように、信認決定としての信の意味をもつ念仏に、願生が附随して明かされるについては、すでに上において見た如く、有部教学以来の信の解釈において、信の性格としての信認性と澄浄性のほかに願楽性が説かれていることが想起されてくるのである。

二、究竟位としての信

そしてこの念仏の行道では、かかる仏道趣入としての念仏・願生に基づきつつ、諸種の善根を修習精進することを通して、またその相続徹底としての念仏・願生が明かされるのであるが、その場合の念仏とは、基本的には上に見た如く、如来およびその教法に対する堅固なる信認を意味するものであるとしても、それはさらには、サンスク

リット本の第十八願文において、

澄浄なる心をもってわたくしを随念するとして（prasannacittā mām anusmareyus）（梵本一三頁、和訳四七頁）

と明かしてその念仏（anusmṛti）の内容が、信心すなわち、澄浄な心（prasannacitta）として明かされて、念仏と澄浄な心が同一視されていることが注意されてくるのである。なおこのように念仏の内容をことに澄浄な心として明かすことは、漢訳本においても見られるところであって、『平等覚経』の第十八願文には、

常に我を念じて浄潔にせん。（大正一二、二八一頁c）

と明かし、『無量寿経』の第十八願文には、

至心に信楽して我が国に生まれんと欲いて乃至十念せん。（大正一二、二六八頁a）

と説き、その成就文相当の文には、

その名号を聞きて信心歓喜し、乃至一念せん。（大正一二、二七二頁b）

と示し、また『如来会』の第十九願文には、

菩提心を発し、及び我が所において清浄の念を起し（大正一一、九三頁c）

と明かし、第十八願成就文相当の文では、

能く一念の浄信を発して歓喜愛楽し（大正一一、九七頁c）

と説いており、さらにはまたこの成就文相当の文については、『荘厳経』によると、

清浄心を発して憶念受持し（大正一二、三二三頁b）

と明かされているのである。以上、いずれも念仏の内容が信心、澄浄なる心であることを示すものである。このよ

うに念仏の内容が澄浄なる心であるとすれば、その念仏――澄浄なる心とは、すでに上においてもふれた如く、煩悩雑染の昏濁を離れた清浄な心の境地を意味するものであって、それはまたさらには三昧ないしは見仏の意味をもつものであったと考えられるのである。その点、サンスクリット本の中輩の文によると、

かれらはそのときに、如来を見て心が澄浄になることにもとづく三昧によって（thatāgatadarśanaprasādālambanena samādhinā）散乱しない憶念によって（apramuṣitayā smṛtyā）、死没してかしこの仏国土に生まれるであろう。（梵本四三頁、和訳九四頁）

と明かして、念仏（smṛti）が澄浄心に基づく三昧と重ねて説かれているのは、まさしくそのことを意味するものとうかがわれるのである。そしてまたその点にかかわって、〈無量寿経〉においては念仏に関連して、しばしば見仏が語られているのである。すなわち、サンスクリット本の第十八願文によると、

わたくしの名を聞いて、澄浄な心をもってわたくしを随念するとして（prasannacittā mām anusmareyus）、もしかれらの臨終の時が到来したときに、（かれらの）心が散乱しないために、わたくしが比丘僧団によってとりまかれ恭敬されて、（かれらの）前に立たないようであるならば、その間は、わたくしは無上なる正等覚をさとりません。（梵本一三～一四頁、和訳四七頁）

と明かして念仏に基づく臨終来迎を語り、またその三輩の文についても、上輩者については、

また、アーナンダよ、およそいかなる生ける者たちであっても、かの如来の形相をいくたびも思念し（manasikariṣyanti）、多くの無量の善根を植え、覚りに心をさし向け、かしこの世界に生まれたいと願うであろうならば、かのアミターバ如来・応供・正等覚者は、かれらの臨終の時が到来したときに、多くの比丘の集団にとりまかれ、恭敬されて、（かれらの前に）立つであろう。それより、かれらはかの世尊を見て、澄浄な心（prasannacitta）になり、かしこの極楽世界に生まれるであろう。（梵本四二頁、和訳九三〜九四頁）

と説き、中輩者については、すでに上にも引いた如く、

また、かの如来を多くは思念せず（na bhūyo manasikariṣyanti）、また多く無量の善根を常に植えることもしないけれども、かしこの仏国土に心をかける者たちは、色、姿、周囲の点でも、比丘僧団にとりまかれている点でも、かのアミターバ如来・応供・正等覚者と全く同じ化仏が、かれらの臨終に、（かれらの）前に立つであろう。かれらはそのときに、如来を見て心が澄浄になることにもとづく三昧によって（thatāgatadarśana-prasādālambanena samādhinā）、散乱しない憶念によって（apramuṣṭayā smṛtyā）、死没してかしこの国土に生まれるであろう。（梵本四二〜四三頁、和訳九四頁）

と示して、ともにこの念仏（anusmṛti, manasikāra）によって臨終に来迎見仏をうることを明かし、さらにはまた、その下輩者については、

また、アーナンダよ、およそ生ける者たちであって、かの如来に対して十たび心を起すことによって随念し（daśacittotpādāṃ samanusmariṣyanti）、かの仏国土に対して願望を起こし、また深遠な教えが説かれるときに、満足を得て、ひるむことなく、絶望におちいらず、落胆におちいることなく、たとえ一たび心を起こすだけでも、かの如来を思念し（manasikariṣyanti）、かの仏国土に対して願望を起こすであろうならば、かれらもまた夢の中にあってかのアミターバ如来を見て、極楽世界に生まれ、無上なる正等覚より退転しない者となろう。（梵本四三頁、和訳九五頁）

と説いて、この念仏（anusmṛti, manasikāra）によって、夢中に見仏することができるとも明かしているのである。

そのことはまた漢訳本についても見られるところであって、『大阿弥陀経』の出家者の行道について誓った第七願文には、

一心に念じて我が国に生まれんと欲し、昼夜に断絶せざらんに、若し其の人の寿終らんと欲する時、我即ち諸の菩薩、阿羅漢と共に飛行して之を迎え、我が国に来生し、則ち阿惟越致の菩薩となりて智慧勇猛ならしめん。（大正一二、三〇一頁c）

と説き、またその三輩の文においては、その上輩者について、

心に貪慕する所無く至誠に願じて阿弥陀仏国に往生せんと欲し、常に念じて至心に断絶せざれば、その人便ち今世において道を求むる時、即ち自然に其の臥止夢中において阿弥陀仏及び諸の菩薩、阿羅漢を見たてまつり、其の人の寿命終らんと欲する時、阿弥陀仏即ち自ら諸の菩薩、阿羅漢と共に翻飛行して之を迎う。（大正一二、三一〇頁a）

と明かし、またその中輩者については、

慈心精進にして愛欲の念を断じて阿弥陀仏国に往生せんと欲して、一日一夜断絶せざれば、其の人便ち今世において亦復臥止夢中に阿弥陀仏を見たてまつり、其の人の寿命終らんと欲する時、阿弥陀仏即ち化して其の人をして目に自ら阿弥陀仏及び其の国土を見せしむ。（大正一二、三一〇頁a）

と説いて、念仏によって臥止夢中において見仏し、また臨終に来迎をうることを明かしているのである。そのことはまた他の漢訳本においてもほぼ共通するところであって、『平等覚経』においては、出家者の行道を誓ったと理解される第十八願文において、念仏による臨終来迎を語り[73]、その三輩文においても、同じく上輩者と中輩者について念仏による夢中見仏と臨終来迎を明かし[74]、『無量寿経』においては、上に見た『大阿弥陀経』の第七願文および

『平等覚経』の第十八願文を継承したものであると理解される第十九願文において臨終来迎を説き[75]、またその三輩文においても、上輩者、中輩者ともに念仏による臨終来迎を明かし[76]、その下輩者についてもまた臨終に至って「夢に彼の仏を見る」（大正一二、二七二頁c）と語っているのである。また『如来会』においても、同様にその第十九願文に念仏による臨終来迎を明かし[77]、三輩文においても、上輩者、中輩者については念仏に基づく臨終来迎を語り[78]、下輩者についても臨終において「夢の中に在るが如くに無量寿仏を見る」（大正一一、九八頁a）と説き、『荘厳経』では、第十三願文において臨終来迎を[79]、三輩文においては他の諸本とはいささかの相違があるとしても、ここにも臨終来迎の思想を見ることができるのである[80]。

三、念仏の道と信心の道

以上の考察を通して〈無量寿経〉における念仏とは、また基本的には見仏と共通する意味を含んでいることが知られるのであるが、その点についてはすでに詳細な研究が発表されているところである[81]。かくしてこのように念仏とは、一面においては三昧と重なるものであり、さらにはまたそれは見仏と共通するものであると理解されるところからすれば、この念仏とは、他面すでに仏道における究竟の意味をもっているともいいうるわけであって、その点、この念仏とは、また智慧の開覚、三昧見仏の意味をもっている心澄浄としての信心（prasannacitta）に即するものであるということができるであろう。かくして〈無量寿経〉における行道が、帰命――善根――念仏・願生――（臨終来迎）――→往生と示される場合の念仏・願生とは、まさしくこのような念仏を意味するものであって、それはひとえに帰命として総括されるところの、聞名ないしは発菩提心に基づく、如来とその教法などに対する無疑信認としての念仏・願生の心が、それぞれの善根の修習精進を通して、次第に徹底されてゆくことにより、その相続深化として成立するものであると理解されるのである。その意味からすれば、〈無量寿経〉の行道とは、帰命の念仏にはじまり、その念仏を次第に相続徹底してゆくことによって成立する、智慧の開覚、見仏としての念仏にきわまる道であったのである。しかしながら、またその念仏が、すでに上に見た如くに、本質的には信の意味をもっていて、仏道趣入における帰命としての念仏とは、信根や信力と共通して、如来ないしはその教法などに対する確固たる無疑信認をあらわすものであり、またその相続徹底としての究竟の意味をもつ念仏とは、三昧ないしは見仏に重なるものとして、本来においては、澄浄なる心としてのまさしき信心を意味するということからすれば、この〈無量寿経〉の行道とは、また仏道における能入初門の意味をもった無疑信認にはじまり、善根の修習に基づく、その信の相続徹底としての心澄浄なる信心を成就してゆく道でもあるということができるのである。上において考察したところの〈無量寿経〉における信が、基本的には、仏陀および仏陀の教説などに対する、確固たる無疑信認としての仏道への初門の意味をもつとともに、しかもまたそれは、究極的には心の澄浄としての三昧見仏、さらには智慧を意味するものであったということは、まさしくこのことを明かしていると理解されるのである。

かくしてこの〈無量寿経〉の行道を、このように念仏の相続徹底、さらにはまた信心成就の道として捉えうるとすれば、それはすでに上に見た如く、原始仏教における仏道が、信―行―慧という体系をもち、また大乗仏教においても、『大智度論』巻第一において、仏道を信を能入とし智を能度とする構造として捉えるものに、基本的には重なり、ないしはその展開として見ることができるのであって、それはさらに、本論の主題としての信に即していうならば、あたかも八正道の行道が、正見にはじまり正見にきわまるところの正見の成就の道であった如くに、〈無量寿経〉の行道とは、まさしく能入初門位の信に出発し、能度究竟位の信を成就してゆくところの「信心の道」であったといいうるのである。以上、きわめて概括的ながら、〈無量寿経〉における信の基本的な意義について、このように把捉理解するものである。

註

(1) 阿弥陀仏思想の成立については、その年代は、松本文三郎『極楽浄土論』では紀元前三世紀末より前二世紀中頃、望月信亨『浄土教の起原及発達』では紀元前一世紀、赤松智善『仏教経典史論』では紀元前一世紀末より紀元一世紀中頃、矢吹慶輝『阿弥陀仏の研究』では紀元前、平川彰『初期大乗仏教の成立』では紀元一世紀末以前、中村元『浄土三部経』(岩波文庫)では紀元一四〇年頃、藤田宏達『原始浄土思想の研究』では紀元一〇〇年頃とする。またその成立地域については、松本文三郎『極楽浄土論』では西北インド、矢吹慶輝『阿弥陀仏の研究』では中インドを含む西北インド、望月信亨『仏教経典成立史論』では西北インド、春日井真也「原始無量寿経思想形態推定への課題」(『仏教文化研究』二)ではガンダーラ地方、中村元『浄土三部経』(岩波文庫)では西域および北インド、藤田宏達『原始浄土思想の研究』では西北インドとする。

(2) 漢訳五本の中『大阿弥陀経』『平等覚経』『無量寿経』の訳者については従来疑義がもたれ、諸種の見解が分かれて一定しないが、いまは藤田宏達『原始浄土思想の研究』二三頁以下の所説にしたがうこととする。

(3) この願文の比較対照については、南条文雄『支那五訳対照梵本和訳仏説無量寿経』九七頁以下の「因願出没対照表」以来諸研究者によって試みられてきたが、最近では藤田宏達『原始浄土思想の研究』三八二頁以下に「本願比較対照表」がある。

(4) 池本重臣「無量寿経諸本の成立過程」(『龍谷大学論集』第三六七号)、『大無量寿経の教理史的研究』二三二頁参照。

(5) 『荘厳経』については、それを四十八願経より先行して成立したとする説と後に遅れて成立したと見る説に分かれ、前者には望月信亨『仏教経典成立史論』(二一八頁、二一九頁)、木村泰賢『大乗仏教思想論』(四四〇頁)、薗田香勲『無量寿経諸異本の研究』(三七頁)、小沢勇貫「無量寿経思想発達の一断面」(『大正大学紀要』第四一輯)があり、後者には荻原雲来「無量寿経の研究・諸本の異同」(『荻原雲来文集』二三〇～二三八頁)、池本重臣「無量寿経諸本の成立過程」(『龍谷大学論集』第三六七号)、藤田宏達『原始浄土思想の研究』(三八八頁)がある。

(6) 池本重臣『大無量寿経の教理史的研究』一〇二頁および二三二頁、その他参照。なおこれら〈無量寿経〉諸異本の関係については、藤田宏達『原始浄土思想の研究』一六七頁以下および三八五頁以下にも詳細な考察がある。

（7）平川彰『初期大乗仏教の研究』七七八頁以下参照。ただし高田修『仏像の研究』二七一頁以下では、その仏塔の大乗仏教関与説に対して反論がなされている。
（8）平川彰『初期大乗仏教の研究』七八一頁以下参照。
（9）なお阿弥陀仏の本生説話については法蔵菩薩説話以外に十五種も存在することは注意されるべきであるが、その中でも阿弥陀仏の本生を国王ないしは太子とするものが九種もある（藤田宏達『原始浄土思想の研究』三三九頁以下参照）。
（10）「斎戒清浄一心念我昼夜一日不断絶皆令」の文は、宋・元・明三本によって補った。
（11）『平等覚経』（大正一二、二九二頁a）、『無量寿経』（大正一二、二七二頁b）。
（12）藤田宏達『原始浄土思想の研究』三二二頁以下参照。
（13）原文では「反政」となっているが、いまは宋・元・明の三本によって「返正」と訂正した。
（14）平川彰『初期大乗仏教の研究』七八一頁以下参照。
（15）以下サンスクリット本は原則として足利惇氏校定の『大無量寿経梵本』により、その和訳は藤田宏達『梵文無量寿経試訳』による。なお梵本の引用については『梵文無量寿経試訳』に附せられる「梵文補正表」を参照した。
（16）平川彰「大乗経典の発達と阿闍世王説話」（『印度学仏教学研究』二〇の一）参照。
（17）望月信亨『浄土教の起原及発達』七九四頁参照。
（18）池本重臣『大無量寿経の教理史的研究』一三七頁では、以下の文を第三輩の文としては見ないが、内容的には第三輩に属するものと考えられる。ちなみに荻原雲来「十念の起原」（『荻原雲来文集』六四頁）では、以下の文までをふくめて第三輩の文と理解している。ただし森二郎『無量寿経の原典研究』三四頁では「仏告阿逸菩薩」以下の文は三輩に共通するものと見て通輩文と呼んでいる。また静谷正雄『初期大乗仏教の成立過程』九八頁では、以下の文を三輩段よりも古く存在したもので、三輩段が作られた後にも削除されないで残されたものであろうとする。しかし、いまはいちおう第三輩の文と見ることとする。ただし、その中略した部分には菩薩道について明かすところもあり、上輩に相当するとも見られて問題は残るが、それは内容的には〈後期無量寿経〉の「東方偈」の後に説く衆生往生の果徳の文に共通するものであって、別出して理解すべきであろうと思われる。
（19）薗田香勲『無量寿経諸異本の研究』一八〇頁、平川彰『初期大乗仏教の成立』四六〇頁参照。ただし池本重臣『大無量寿経の教理史的研究』一七八頁では、これは十善ではなくて「当時の仏教徒の常識としての道徳的行為としての代表的なもの」とする。

(20) 原文は「及正」となっているが『大阿弥陀経』の第五願文の校訂を参照すると、それは「反正」もしくは「返正」が正しいと考えられるので、今は「反正」と訂正した。

(21) 平川彰『初期大乗仏教の研究』七八五頁参照。ただし木村泰賢『大乗仏教思想論』二七一頁、宇井伯寿『印度哲学史』二八四頁では、浄土経典はこの般若思想の上に成立したものであるとし、池本重臣『大無量寿経の教理史的研究』二一五頁および二三七頁では〈初期無量寿経〉には『般若経』の影響は見えないとし〈後期無量寿経〉においてその影響をうけたとしている。

(22) 平川彰『初期大乗仏教の研究』四二八頁参照。

(23) 荻原雲来「十念の研究」(『荻原雲来文集』二六一頁)参照。ただし望月信亨『浄土教の起原及発達』(五五七頁)では、これを聞名往生の願と理解している。したがって『大阿弥陀経』では生因の願は第四、第五、第六、第七の四願があるとするわけである。

(24) 望月信亨『浄土教の起原及発達』(八〇七頁)では、この『大阿弥陀経』の第四願(『平等覚経』の第十七願)の前半が『無量寿経』『如来会』の第十七願に、後半がその第十八願に相当するという。

(25) ただし池本重臣『大無量寿経の教理史的研究』(一二四頁)では、第四願には成就文はないとする。

(26) 『平等覚経』大正一二、一八二頁b〜c。

(27) 伝統的にはこの『無量寿経』の文を中心にしてそれを第十八願成就文と理解しているが、『如来会』およびサンスクリット本を参照すると、それは前の文に続いて諸仏が阿弥陀仏の功徳を讃える文であって、正確には第十七願の成就文といわれるべきものである。

(28) ただし薗田香勲『無量寿経諸異本の研究』(六四頁)では、この第十九願文は『無量寿経』の第二十願文に相当し、その第十八願文に相当する願文はないとする。また池本重臣『大無量寿経の教理史的研究』(二三一頁)では、この第十九願文は『無量寿経』および『如来会』の第十八願文、第二十願文を包摂しているとする。泉芳璟『梵文無量寿経の研究』(四〇頁)においても同様な理解が見られる。

(29) ただし岡亮二「生因思想の展開」(大原先生古稀記念『浄土教思想研究』)では、この『無量寿経』の第十八願の行道には善根廻向の思想はないとする。

(30) この第十九願の成就文に相当する文はない。ただし法然は『三部経大意』(法然全集、二九頁)に三輩の文をもってその成就文とし、親鸞もまた「化身土文類」（真聖全二、一四四頁）および『浄土三経往生文類』（真聖全二、五四六頁）において三輩の文をその成就文と見ている。
(31)　池本重臣『大無量寿経の教理史的研究』二四五頁参照。
(32)　前掲書、二四七頁参照。
(33)　この『無量寿経』の上輩の道と中輩の道と下輩の道、および次下に引く『如来会』の三輩の文の中の第一輩の道と第二輩の道には、いずれも同じく「発菩提心」を語っている。発菩提心というかぎり、その行道は菩薩道にほかならないが、ここではともに発菩提心といい菩薩道というも、中輩下輩のそれは、上輩の道が出家者の菩薩道であるのに対して、在家者の菩薩道であったと考えられる。
(34)　『無量寿経』巻下、大正一二、二七二頁b～c。
(35)　『如来会』大正一一、九七頁c～九八頁a。
(36)　足利惇氏校定『大無量寿経梵本』四二～四三頁、藤田宏達訳『梵文無量寿経試訳』九三～九五頁。
(37)　望月信亨『浄土教の起原及発達』七九七頁参照。
(38)　この一念および十念の語は〈初期無量寿経〉の『大阿弥陀経』『平等覚経』および別系統に属する『荘厳経』には見えないものであって、その思想的源流については、荻原雲来「十念の起原」（『荻原雲来文集』二六〇頁）では、この十念ないし一念とは『大阿弥陀経』および『平等覚経』の下輩の文の十日ないし一日の善根修習の文から、また望月信亨『浄土教之研究』（二一九頁）および『浄土教の起原及発達』（八〇八頁）では、十念とは『増一阿含経』などに見られる十念に起源するといい、薗田香勲『無量寿経諸異本の研究』（一七八頁）では十念とは『大阿弥陀経』および『平等覚経』の下輩文の十善に起源し、『荘厳経』の十種心に継承されて成立したものであるとする。森二郎『無量寿経の原典研究』（一九頁）にも同意趣の論考がある。
(39)　ただし、その信心には願生の意味を含むとする（池本重臣『大無量寿経の教理史的研究』三二六頁参照）。
(40)　なお岡亮二「十念の研究」（『真宗学』第三五、三六号）にも大略同趣の見解が示されており、「十念とは仏の名号を聞いて生ずる至心信楽欲生の心、あるいは信心歓喜の心を発起相続する意となる」という。
(41)　『梵和大辞典』六九頁参照。
(42)　前掲書、九九八頁参照。
(43)　藤田宏達『原始浄土思想の研究』五五八頁参照。ただし、栗田善如「華厳経十地品における念仏」（『東洋学研究』第一号、東洋大学東洋学研究所）によれば anusmṛti とは経験的な意識活動に属する普遍的な心的作用であり、manasikāra とは意識を超えてさらに深層部において働く根源的な心的作用であって、両者には本質的な相違があるともいう。
(44)『梵蔵和英合璧浄土三部経』一九八頁、二〇〇頁。
(45) 藤原凌雪『念仏思想の研究』三四頁参照。
(46) 藤田宏達『原始浄土思想の研究』五四七頁参照。
(47) 望月信亨『略述浄土教理史』三八頁参照。
(48) 池本重臣『大無量寿経の教理史的研究』三三九頁参照。
(49) 薗田香勲『無量寿経諸異本の研究』五六頁参照。
(50) 前掲書、五六頁参照。
(51) 南条文雄『梵文和訳仏説無量寿経』九八頁、望月信亨『浄土教の起原及発達』五九八頁では、ともにこの『荘厳経』の第十三願、第十四願を、『無量寿経』の第十九願、第二十願に相当すると理解されている。
(52) 薗田香勲『無量寿経諸異本の研究』四六頁参照。
(53) 池本重臣「無量寿経諸本の成立過程―特に宋訳荘厳経について―」『龍谷大学論集』第三六七号参照。
(54) 薗田香勲『無量寿経諸異本の研究』四四頁以下参照。
(55)『平等覚経』大正一二、二八二頁b～c。
(56)『平等覚経』大正一二、二九八頁b～c。
(57) 辻本鉄夫「原始仏教における信に就いて」（『顕真学報』第三巻第四号）、宮地廓慧「原始仏教に於ける信」（『宗学院論輯』第二四輯）、前田龍海「心所に於ける信」（『大正大学学報』第三七集）、沢田謙照「仏教における信の本質とその構造」（『仏教文化研究』第九号）、西義雄「仏教における信 śraddhā の意義」（『干潟博士古稀記念論文集』）、藤田宏達「原始仏教における信の形態」（『北海道大学文学部紀要』六）、香川孝雄「浄土経典における信の問題」（『印度学仏教学研究』一六の二）、佐々木現順「信仰を意味する諸原語」（『大谷学報』第四九巻の一号）。
(58)「四預流支において信根を見るべし」（「相応部」四八・八）、南伝一六下、六頁。
(59)「信根とは当に知るべし是れ四不壊浄なり」（『雑阿含経』巻第二六）、大正二、一八二頁b、一八三頁b。
(60) 舟橋一哉『原始仏教思想の研究』一八四頁以下参照。

(61) 舟橋一哉『原始仏教思想の研究』一九六頁、藤田宏達「原始仏教における信の形態」(『北海道大学文学部紀要』六、八四頁)、佐々木現順「信仰を意味する諸原語」(『大谷学報』第四九巻の一号)参照。
(62) 藤田宏達「原始仏教における信の形態」『北海道大学文学部紀要』六、八八頁参照。
(63) 前掲論文、『北海道大学文学部紀要』六、九五頁参照。
(64) Abhidharmakośa 桜部建訳『存在の分析』(『世界の名著』二、三六八頁)。なお玄奘訳『阿毘達磨倶舎論』巻第四によれば「信とは心をして澄浄ならしむ。有が説く諦と宝と業と果との中において、現前に忍許するが故に名づけて信と為す」(大正二九、一九頁b)と明かしている。
(65) Ratnāvalī 瓜生津隆真訳『ラトナーヴァリー』(『世界古典文学全集』六、仏教古典叢書一、三四九頁)。なお真諦訳の『宝行王正論』によれば「信に因りて能く法を持し、智に由りて如実に了す。二の中、智を最勝とし、先ず信に籍りて行を発す」(大正三二、四九三頁b)と明かしている。
(66) 池本重臣『大無量寿経の教理史的研究』四〇頁以下参照。
(67) 中村元『東洋人の思惟方法』第一部、一八九頁参照。
(68) G.W.Allport; The Individual and His Religion「個人と宗教」原谷達夫訳、一五六〜一五七頁。
(69) 藤田宏達『原始浄土思想の研究』五九四頁参照。
(70) 前掲書、五九五頁参照。
(71) 「免出」の語は『大正大蔵経』(高麗本および宋元明本)では「勉出」となっているが、いまは『真宗聖教全書』(本願寺本)によって改めた。
(72) 藤田宏達『原始浄土思想の研究』五五一頁参照。
(73) 『平等覚経』巻第一、大正一二、二八一頁c。
(74) 『平等覚経』巻第三、大正一二、二九一頁b〜二九二頁a。
(75) 『無量寿経』巻下、大正一二、二六八頁a〜b。ただし、この第十九願文には念仏の語は見られないが、それは脱落したものであろうと考えられる。望月信亨『浄土教の起原及発達』七九七頁参照。
(76) 『無量寿経』巻下、大正一二、二七二頁b〜c。
(77) 『如来会』第五の一、大正一一、九三頁c。
(78) 『如来会』第五の二、大正一一、九七頁c〜九八頁a。

(79)『荘厳経』巻上、大正一二、三一九頁c。
(80)『荘厳経』巻中、大正一二、三二三頁b。
(81) 藤田宏達『原始浄土思想の研究』五五三頁以下参照。

第二章　龍樹浄土教における信の思想

第一節　龍樹浄土教の基本的立場

第一項　龍樹浄土教における資料の問題

龍樹は原名をNāgārjunaといい、訳して龍樹または龍猛、龍勝と呼ばれている。生存年代は紀元二、三世紀の頃であり、南インドのヴィダルバの出身でバラモンの家に生まれたという。その生涯については、今日に伝えられる伝記には神秘的な記述が多くて正確には知られていない。ただ概略的にうかがわれるところによると、彼は生まれつき聡明で、早くよりバラモンの教学をはじめとして広く諸般の学問に精通したが、後に自己の現実相を深く顧みるところがあり、仏教に帰依して有部系の教学を研鑽することとなった。しかし、後に求道遍歴して大乗経典を受持するに至り、以来大乗仏教を信奉してその理論的な解明に尽力し、その大乗教学、ことに般若思想の体系化に偉大な功績を残した。龍樹はまたそのような理論的な思索のみでなく、仏道の実践においても徹底し、とくに仏教精神の時代社会に対する宣揚にも努めるところがあった。当時の南インドを支配していたシャータヴァーハナ王にも、仏教の立場からの訓誡をおこなっているほどである。

龍樹の著作については現存するものも多いが、その基本的な立場としての般若思想について明かしたものとして

『中論頌』『十二門論』などがあり、また外道の学説を論破したものとして『廻諍論』『六十頌如理論』など、経典を註釈したものとして『大智度論』『十住毘婆沙論』など、仏道の実践について明かしたものとして『菩提資糧論頌』『宝行王正論』などがある。その中ことに浄土教に関係あるものとしては、『大智度論』『十住毘婆沙論』がある。『大智度論』は『大品般若経』の註釈書でありながらも、それはまた広汎な仏教百科辞典的な解説をも含むものであるが、現在では鳩摩羅什による漢訳本として伝えられているのみである。しかし、今日ではこの論書には訳者羅什がかなり加筆改変した部分があって、それをただちに龍樹の真撰というには疑問があるといわれている。(1)また『十住毘婆沙論』は『十地経』の註釈書で、これも現存するものは鳩摩羅什が仏陀耶舎と共訳した漢訳本のみである。しかもそれは何らかの事情があったらしく、わずかに初地と第二地の中途までで、それ以下は訳出されていない未完のものである。最近ではこの論書の著者についても疑義が提出されて、龍樹真撰についてはともかくとして、『大智度論』と同一著者によるものと見るについては問題があるといわれている。(2)その点、龍樹における浄土教思想については、現在においては資料的には根本的に問題が残るわけである。しかし、その『十住毘婆沙論』については、龍樹の真撰と認められる『菩提資糧論頌』や『宝行王正論』に類似した記述、もしくはそれらと同一の思想が多く見られるところから、この『十住毘婆沙論』は、基本的には伝承の如くに龍樹の著作と認められてよいのではなかろうか。よって今は資料的にはなお問題が残ることを前提とした上で、この『十住毘婆沙論』を中心として、龍樹における浄土教思想の考察を試みることとする。

第二項　『十住毘婆沙論』の組織

一、阿惟越致をめざす在家菩薩道

この『十住毘婆沙論』とは、『十地経』の註釈書として、大乗の菩薩道について十位の階位にわたって明らかにするものであるが、それは上にもふれた如く、第二地の中途で終る未完の論である。その内容は十七巻三十五品に分かれるが、その中の「序品」に次いで、「入初地品」第二より「略行品」第二十七までが初地について釈し、それ以下は第二地について論じるものであり、またその「入寺品」第十七までは在家菩薩の行道が明かされ、それ以下第二十七品までは在家菩薩、出家菩薩共通の行道が示され、「分別二地業道品」第二十八からは出家菩薩の行道が説かれているのである。その初地について見ると、「入初地品」第二および「地相品」第三によると、それは堪受するところ多く、諍訟を好まず、心に喜悦が多いことなどの七相があり(3)、さらにはまた深く諸法の実相に入って空観を成じ、我執を遠離することであり(4)、それはまた仏道における必定の位に達し、如来の家に生じて、出世間道に入ることでもあって(5)、諸々の怖畏なく心に歓喜が多い故に歓喜地とも呼ばれるものである(6)。そしてその在家菩薩の初地に至る方法については、「入初地品」第二によると、善根を修めて菩提心をおこし、自利利他の誓願を発起して諸々の功徳を修習すべきことを明かしている(7)。しかもまたこの初地に至る行道について、「阿惟越致相品」第八には補説的に菩薩を惟越致（vaivartika 退転）の菩薩と阿惟越致（avaivartika 不退転）の菩薩とに区分し(8)、その前者すなわち、いまだ不退転に至らない惟越致の菩薩について、さらに空名のみにして何らの実行もない敗壊の菩薩と、漸漸に実践精進してついには不退転に至りうる菩薩とに区分している(9)。そしてその空名敗壊の菩薩は別として、漸漸精進の菩薩についていては、菩薩は我を得ず、また衆生を得ず、説法を分別せず、また菩提を得ず、相を以って仏を見ず、此の五功徳を以って大菩薩と名づくるを得て、阿惟越致を成ず。（大正二六、三九頁a）

と説いて、不得我、不得衆生、不分別説法、不得菩提、不以相見仏の五功徳を行ずべきことを明かしている。この五功徳の法は『如来智印経』などに示されるところのものと共通するもので、[10]それは般若思想に基づくところの、空無我観の無生法忍や無分別智による菩提観や法身観の実践を明かすものであるが、その行業の修習はまことに至難なことであった。[11]そこで龍樹はこの漸漸精進の菩薩の道について、さらに「易行品」第九には、

問うて曰わく、是の阿惟越致の菩薩の初事は先に説くが如し。阿惟越致に至る者は諸の難行を行ずること久しくして乃ち得べし。或いは声聞辟支仏地に堕す。若し爾らば是れ大衰患なり。助道法の中に説くが如し。（中略）是の故に若し諸仏の所説に易行道の疾く阿惟越致地に至ることを得る方便あらば、願わくば為めに之を説きたまえ。（大正二六、四〇頁c～四一頁a）

と明かして、初地を求めてすすむ菩薩の行道において、かかる五功徳の法を修習することはきわめて困難な道であることを示し、その初地に至るについて、他に易行の行道があるならば明かして欲しいと自問している。そしてそれに自答して、

汝が所説の如きは是れ儜弱怯劣にして大心あることなし。是れ丈夫志幹の言に非ざるなり。（大正二六、四一頁a）

などと、きびしく呵責しつつも、なお、

汝若し必ず此の方便を聞かんと欲せば今当に之を説くべし。仏法に無量の門あり。世間の道に難あり。易あり。陸路の歩行は則ち苦しく、水道の乗船は則ち楽しきが如し。菩薩の道も亦是の如し。或は勤行精進のものあり、

或は信方便易行を以って疾く阿惟越致に至るものあり。（大正二六、四一頁ａ）

と説き、仏法には無数の行道があって、それはあたかも世間の道に陸路歩行の険難な道があり、また水路乗船の容易な道があるように、初地に至るについても、五功徳法を修習するという如き困難な行道のほかに、信方便易行による容易な行道があると明かしているのである。

二、信方便易行の開説

かくして龍樹における在家の菩薩道については、その漸漸精進の菩薩の行道において、五功徳法を修習する難行と、信方便易行との二種の行道があったわけである。(12) そして龍樹はその二種の行道において、丈夫志幹たるものはすべからく難行道をこそ選んで昼夜不断に勤行精進すべきであって、決して怯心にして易行道を求めてはならないと呵責しながらも、他面において、容易にして疾く初地に至る道としての信方便易行なる行道を解説しているのである。このことについては、この論書の基本となっている『十地経』が、本来において在家者を対象とする経典であり、(13) この『十住毘婆沙論』もまたその「序品」によると、

地獄、畜生、餓鬼、人、天、阿修羅の六趣は険難にして恐怖大畏なり。是の衆生は生死の大海を旋流洄澓すること業に随って往来し、是れ其の涛波は涕涙乳汁を流し、汗膿血は是れ悪水を聚む。瘡癩は乾枯し嘔血は淋瀝たり。上気熱病瘭疸癰漏吐逆して脹満す。是の如き等の種々の悪病は悪羅刹と為り、憂悲苦悩は水と為り、嬈動啼哭悲号は波浪の声と為り、苦悩の諸受は以って沃焦と為り、死は崖岸と為りて能く越える者無し。諸結煩悩有漏の業風は鼓扇定まらず、諸の四顛倒は以って欺誑と為り、愚痴無明は大黒闇と為り、愛に随って凡夫は無始已来常に其の中を行き、是の如き生死の大海を往来して、いまだかつて彼の岸に到ること得るものあらず。

或いは到るものあらば、兼ねて能く無量の衆生を済渡する。是の因縁を以って菩薩の十地の義を説く。（大正二六、二〇頁ａ）

という冒頭の文に続いて、

衆生の六道に於て苦を受け救護あること無きを見て、此れらを度さんと欲する為めの故に、智慧力を以って此の論を造る。

若し福徳利根の者あれば、但だ直ちに是の十地経を聞きて即ち其の義を解し、解釈すべからず。是の人の為めに此の論を造らず。（中略）若し人鈍懈慢にして経文難きを以っての故に読誦する能わず。難とは文多くして誦し難く説き難く諳じ難きことなり。若し荘厳語言雑飾譬喩の諸偈頌等を好楽するあれば、此れ等を利益する為めの故に此の論を造る。（大正二六、二二頁ａ～ｂ）

などと明かす如くに、それはひとえに生死の迷界に常没苦悩する鈍根懈慢の人々の為めに開説されたものであるということが知られるのであるが、とすると、この「易行品」において明かされるところの、大心なき儜弱怯劣のもののための行道としての信方便易行なる行道とは、『十住毘婆沙論』において明かされる菩薩道としては、とくに注目されるべき重要な地位を占めるものであろうことがうかがわれるのである。そしてまたこの「易行品」においては、龍樹はこの易行道を求めることは怯弱下劣にして大人志幹たるものの行為にあらざることを語りながらも、しかもまた自らはこの易行道を選び取ることを表白しているのであって、その点、龍樹の仏道領解においても、この信方便易行としての易行道とは、きわめて主要な思想であったといわねばならないようである。

三、『十住毘婆沙論』における浄土教思想

しかしながら、この信方便易行として明かされる内容は決していちようではなく、そこには善徳仏等の十方十仏、阿弥陀仏等の現在百七仏、毘婆尸仏等の過未八仏、徳勝仏等の東方八仏、過去未来現在の三世諸仏、および善意菩薩等の百四十三菩薩などの、きわめて多くの諸仏、諸菩薩に基づく易行が開説されていて、阿弥陀仏についてはそれらの中の一仏として明かされているにすぎないのである。しかしまた、この阿弥陀仏に関しては、他の諸仏、諸菩薩に比してかなり詳細な論述がなされている点、そしてまた「除業品」第九の冒頭には、上の「易行品」全体の所説を承けて易行道を明かすに、

ただ阿弥陀仏等の諸仏を憶念し、及び余の菩薩を念じて阿惟越致を得る。（大正二六、四五頁a）

と述べて、他の諸仏、諸菩薩をすべてこの阿弥陀仏一仏に統摂して示している点などからすれば、この信方便易行の中では、阿弥陀仏思想はことに重要な意味をもって理解されていたことがうかがわれるわけである。しかもまた龍樹はその「易行品」において、阿弥陀仏に関して明かす文の中では、ことに、

無量光明慧の身は真金山の如し、我今身口意をして合掌し稽首礼したてまつる。人能く是の仏の無量力威徳を念ずれば、即の時に必定に入る。是の故に我れ常に念ず。善に従いて浄明を生ず、無量無辺数にして二足の中の第一なり。是の故に我れ帰命す。若し人仏にならんと願じて心に阿弥陀を念ずれば、時に応じて為めに身を現わさん。是の故に我れ帰命す。十方現在の仏、種々の因縁を以って彼の仏の功徳を歎じたもう。我今帰命礼したてまつる。此の福の因縁を以って獲ん所の上妙の徳、願わくば諸の衆生の類皆亦悉く当に得べし。（大正二六、四三頁a～c）

などと明かして、龍樹自身も阿弥陀仏に対して積極的に帰命し、それを憶念することを表白しているのである。その点、この『十住毘婆沙論』が、龍樹の思想を忠実に伝えていると認められるかぎり、龍樹においては、その具体的な仏道実践の場では、阿弥陀仏思想が深く受容されていたといいうるわけである。そしてまた龍樹における阿弥陀仏思想については、龍樹がシャータヴァーハナ王に宛てた書簡であるといわれる『勧誡王頌』においても、

生まれかわっては病、老、貪欲、怒りなどを除き、仏国土における尊き師、無量光（阿弥陀仏）と同じように、寿命が無量である世護者とならねばなりません。(14)

と明かして、阿弥陀仏の名をあげている点についても注意されるところである。

かくして龍樹における浄土教思想とは、主としてこの『十住毘婆沙論』の「易行品」において見られるものであるが、それは初地に至るための菩薩の行道として、ことには在家菩薩の行道として示されるものであり、またそれは般若空の思想に基づいて明かされる五功徳法を修習する難行道に対して、大心なき儜弱怯劣なるものにも実践可能なる易行道として明かされるものであった。そしてまたその阿弥陀仏思想は他の諸仏、諸菩薩に比べれば、比較的に主要な地位を占めるものであったろうことは推定されるとしても、なお多くの諸仏、諸菩薩と並列的に捉えられているということは充分に注意されるべきことであろう。(15)

しかもまたこの龍樹における浄土教思想が、いずれの浄土経典に基づいて成立したものであるかが問題になるが、それについては基本的には〈無量寿経〉であろうと理解されるが、ことに望月信亨氏はそれが〈初期無量寿経〉の中の『平等覚経』によっていると指摘され、(16)また干潟龍祥氏はそれは二十四願系の〈初期無量寿経〉に基づいたものであるとされている。(17)それに対して池本重臣氏はむしろそれは四十八願系の〈後期無量寿経〉によったものであろうとされ、(18)藤田宏達氏もまた〈後期無量寿経〉を予想されている。(19)そこでこの問題については、すでに先学に

よって明らかにされている如く、「易行品」の阿弥陀仏等の百七仏章において明かされる仏名が、〈無量寿経〉サンスクリット本における燃灯仏以前の過去八十仏（足利本）の仏名、および経末の十四他方仏名と多く符号するということ[20]、あるいはまたその「易行品」における「弥陀讃偈」と〈無量寿経〉の章句、およびその思想的対比においても、〈後期無量寿経〉がより接近していることなどにより[21]、いまはその後者の説を承けて、龍樹の浄土教思想は〈後期無量寿経〉系にかかわって成立したものであろうと理解することとする。

第二節　龍樹浄土教における行道思想

第一項　信方便易行の道

一、信方便易行の語義

龍樹浄土教における行道とは、すでに上に見た如く、阿惟越致、初地をめざすところの漸漸精進の在家菩薩の行道として、それはまた難行道に対する易行なる行道として、信方便易行と呼ばれる行道の中に明かされるものであった。そこでこの信方便易行の内容についてであるが、その原語についてはすでに論究が試みられて、śraddhā-upāya-sukhā-pratipad であろうと推定されている[22]。それらの語の各々の意味についていては、その信（śraddhā）については、『十住毘婆沙論』「浄地品」第四に、

信とは聞見するところあれば必ず受けて疑無きに名づく。（大正二六、二九頁a）

と明かす如く、聞見する対象について、それをまことととして信認決定し受持領納するところの心的態度を意味し、

方便（upāya）とは、もともと多様な意味をもつ語であって古来種々に分類解釈されているが、原語的には、向かってゆく、近づいてゆく、という意味をもち、名詞としては、目的に至るための「手段」とか「方策」をあらわす語である。(23) いまここでも、

易行道の疾く阿惟越致地に至ることを得る方便あらば、願わくば為めに之を説きたまえ。（大正二六、四一頁a）

汝若し必ず此の方便を聞かんと欲せば今当に之を説くべし。（大正二六、四一頁b）

などと明かす文における「方便」の語の用例からして、それは初地に至るための行道としての方法あるいは手段を意味するものと理解すべきであろう。また易行（sukhā-pratipad）とは、この易行が五功徳法の修習が困難な大心なき儜弱怯劣の人々に対する方便として説かれるものである以上、それはまさしく難行に対すべきものであろうが、その語についてはまた「易行道」（大正二六、四一頁a）とも示されている点からして、それはたんに行体そのものを指すというよりも、広義に解して上の方便と同じ概念を示すところの、易く至りうる行道ということを意味するものと理解すべきであろう。次にこの信と方便と易行の三者の関連については、先ず信と方便との関係は、古来それを依主釈によって信の方便と訓む説、(24) 持業釈によって信即方便と訓む説、(25) 有財釈によって信を方便とすると訓む説(26)があるが、その第一の依主釈によれば、信が方便の性質を規定説明することとなって、いくつかの方便の中における信の方便という意味を表わすこととなり、第二の持業釈によれば、信がただちに方便に即することとなって、信であるところの方便という意味を表わすこととなり、第三の有財釈によれば、信と方便とは形容複合詞としてともに次の易行を形容することとなって、信を方便とするところのという意味を表わすこととなる。(27) そこでこの三種の訓み方の中、いずれを取るかについては、「除業品」第十によると、この「易行品」の所明を承けて、

問うて曰わく、但だ阿弥陀仏等の諸仏を憶念し、及び余の菩薩を念じて阿惟越致を得る。更に余の方便ありや。

答えて曰わく、阿惟越致地を求めるは、但だ憶念、称名、礼敬のみに非ず、また諸仏の所に於て、懺悔、勧請、随喜、廻向すべし。（大正二六、四五頁ａ）

と説いているのであるが、そこでは「易行品」に明かすところの信方便易行を、憶念、称名、礼敬の行道として捉えるとともに、その行道以外にも初地に至る方法があるとして、懺悔、勧請、随喜、廻向の行道を示しているわけである。そしてその行道を、前の「易行品」における行道が「信方便」といわれるに対して、「余方便」と呼んでいるのである。その点からすると、この憶念、称名、礼敬の行道を何故に「信方便」と呼んだかについては問題が残り、さらに後に至って改めて考察しなければならないが、ともあれ、この憶念、称名、礼敬の行道を「信方便」と呼び、それに対するに懺悔、勧請、随喜、廻向の行道を「余方便」という以上、ここでいう信方便とはたんに信そのものを指すというよりも、内容的には憶念、称名、礼敬を意味していることがうかがわれるのである。かくしてこの信方便とは、実質的には「除業品」における「余方便」が、懺悔、勧請、随喜、廻向を手段方便とする行道であるに対して、それは信、すなわち、憶念、称名、礼敬を方便手段とする行道を意味していることが知られるのであって、その点からすると、この信方便とは、有財釈の立場から「信を方便とする」と訓んで、信と方便は形容詞として、ともに次の易行を形容するものであると理解するのが穏当のように思われる。そして次にこの信方便と易行との関係については、すでに上に見た如くに、その易行とは行体そのものを指しているというよりも、それは易道ないしは易行道として、初地に至るための方便としての行道の意味をもつものと理解される以上、それはまた上の理解を承けて「信を方便とする易行」と訓んで、信、すなわち、憶念、称名、礼敬を方便手段とするところの、易くして初地に至りうる菩薩の行道と理解されるべきであろう。

二、信方便易行の構造

次に、その信方便易行の具体的な内容については、先学の理解においては種々の見解が分かれているが、いまはそれらを大略分類すると、次の如きものがある。

（1）名号易行説……名号をもってただちに易行とする説(28)
（2）信心易行説……信心をもって易行とする説(29)
（3）称名易行説……称名をもって易行とする説(30)
（4）信称易行説……信心と称名の両者をもって易行とする説(31)
（5）三業奉行説……憶念、称名、礼敬の三業奉行をもって易行とする説(32)

従来の見解は以上の如くであるが、いま改めてその内容について検討すると、その「易行品」において、阿惟越致、不退転地に証入するための方法手段として明示されている文を摘出すれば、左の如きものがあげられる。

一、聞名不退を明かす文

(1)若し善男子善女人この仏名を聞きて能く信受するものは即ち阿耨多羅三藐三菩提を退せず。（大正二六、四一頁c）
(2)若し人ありてこの諸仏の名を説くを聞くことを得れば即ち無量の徳を得ん。（大正二六、四二頁a）
(3)若し人名を聞くものは即ち不退転を得る。（大正二六、四二頁a）
(4)名を聞くものは不退を得る。（大正二六、四二頁a）
(5)それ名を聞くことあるものは即ち不退転を得る。（大正二六、四二頁b）
(6)名を聞くものは不退を得る。（大正二六、四二頁b）

(7)名を聞けば定んで作仏せん。（大正二六、四二頁c）
(8)この十仏の名号を聞きて執持して心に在けば、すなわち阿耨多羅三藐三菩提を退せざることを得る。（大正二六、四二頁c）

二、称名不退を明かす文

(1)若し人疾く不退転地に至らんと欲うものはまさに恭敬心をもって執持して名号を称すべし。（大正二六、四一頁b）
(2)若し菩薩この身において阿惟越致地に至ることを得て阿耨多羅三藐三菩提を成就せんと欲わば、まさにこの十方諸仏を念ずべし。その名号を称すること宝月童子所問経の阿惟越致品の中に説くが如し。（大正二六、四一頁b）
(3)若し人一心にその名号を称すれば即ち阿耨多羅三藐三菩提を退せざることを得ん。（大正二六、四二頁a）
(4)それ名を称することあるものは即ち不退転を得る。（大正二六、四二頁a）
(5)名を称して一心に念ずればまた不退転を得る。（大正二六、四二頁c）
(6)またまさに恭敬し礼拝してその名号を称すべし。（大正二六、四二頁c）
(7)若し人我を念じ名を称して自ら帰すれば即ち必定に入りて阿耨多羅三藐三菩提を得る。（大正二六、四三頁a）

三、憶念、礼敬不退を明かす文

(1)人よくこの仏の無量力威徳を念ずれば即時に必定に入る。（大正二六、四三頁a）
(2)みなまさに憶念し礼拝すべし。（大正二六、四三頁a）
(3)またまさに憶念し恭敬し礼拝すべし。（大正二六、四四頁a）

(4)尽くまさに総念し恭敬し礼拝すべし。(大正二六、四四頁b)

(5)みなまさに憶念し恭敬し礼拝して阿惟越致地を求むべし。(大正二六、四五頁a)

以上の文によって考察すると、ここで初地に証入するための方法手段、すなわち信方便易行の具体的な行業として示されているものは、聞名、称名、憶念、礼敬(礼拝、恭敬)の四種があることが知られるのである。そしてそこで注意されるべきことは、信方便易行と呼ばれながらも、信をもってただちに易行道の内容として示す文は明確には見られないということである。もとより「この仏名を聞きて能く信受するものは即ち阿耨多羅三藐三菩提を退せず」(大正二六、四一頁c)という文には明らかに信受の語が見られるが、これは本文において明瞭な如く『宝月童子所問経』に基づくものであって、内容的には聞名不退を説くものである。また「信心清浄なるものは華開いて則ち仏を見る」(大正二六、四三頁b)という文にも信心の語が見られるが、この信心清浄とは易行道の内容を示すものというよりも、煩悩垢濁を遠離した見仏の境地としての不退転地を意味するものであろう。その他「念我」(大正二六、四三頁a)、「心念」(大正二六、四三頁b)などの語も見られるが、それらはむしろ憶念に近いものであって、ただちに信を意味するものとは理解しがたいものである。そしてまたいまひとつ注意されるべきことは、その称名不退を明かす文については、偈頌の文である(4)の文を除くほかは、すべて憶念もしくは、それと同様な意味をもっと理解される念とか一心とかの語、もしくは礼拝、恭敬の語が附せられていて、称名はそれ自身独立したものではなく、憶念および礼敬と一連のものとして理解されていたと考えられることである。そのことは、すでに上にも引いたところの「除業品」の文において、「易行品」の開説を承けて、

阿惟越致を求めるは、但だ憶念、称名、礼敬のみに非ず、また諸仏の所に於て懺悔、勧請、随喜、廻向すべし。(大正二六、四五頁a)

と示して、信方便易行を憶念、称名、礼敬の身口意の三業の奉行として明かすところから見れば、いっそう明瞭となるであろう。かくしてこの信方便易行の内容は、より明確には、ひとり聞名として示すものと、憶念、称名、礼敬の三業の奉行を一連のものとして示すものとの、二種類に要約することができるのである。そこでこの両者、すなわち、聞名と憶念、称名、礼敬の三業奉行との関係であるが、それについて明らかにする文は直接には見当らない。しかしながら、論理的には聞名が憶念、称名、礼敬の前提になるものであることは当然であろう。すなわち、聞名に基づき、それが深められてゆくという態において、三業に発動して、意業には仏についての憶想思念となり、口業には仏名唱称となり、身業には仏に対する礼拝恭敬となるものであって、この憶念、称名、礼敬の三業奉行は、ひとえに聞名に基づき、それから発動してゆく行業であるといいうるであろう。そしてその三業奉行の実践において、よく聞名という事態が成就されて初地をうるというわけであろう。かくしてその信方便易行としての行道とは、

聞名――三業奉行（憶念、称名、礼敬）――→入初地

という道であったと理解されるのである。その意味からすれば、この信方便易行とは、その具体的な行業としては、憶念、称名、礼敬の三業の奉行が明かされているとしても、その行道の基本的な性格は、まさしく聞名にあって、それは本質的には、聞名の成就による聞名不退の行道を明かすものであったということができるのである。

第二項　聞名不退の思想

一、聞名不退の思想的根拠

このように信方便易行の道が本質的には聞名不退の道であるということは、この「易行品」開説の思想的根拠と

なっている諸経典が、聞名による不退、得益を説いていることによっても明らかにうかがわれるところである。すなわち、善徳仏等の十方十仏章は、その文に『宝月童子所問経』の「阿惟越致品」に基づくものであると示されているが、この経に関連するものと推定される現存の『大乗宝月童子問法経』を検すると、

若し衆生ありて、刹那の間を経て須臾の間に至るまで、我が十仏の名号を聞き、聞き已りて恭敬し、受持し、書写し、読誦し、広く人の為めに説けば、所有の五逆等、一切の罪業は悉く皆消除し、また地獄に堕し焔魔羅界に傍生せず、無上正等正覚に於て速かに不退を得る。（大正一四、一〇九頁b）

などとあって、十方十仏の名をあげて、これらの仏名を聞いて恭敬、受持、書写、読誦、広説等の行道を修習すれば、一切の業障を悉く消除して、速やかに不退をうることができると説いている。またその徳勝仏等の東方八仏章は、支謙訳『八吉祥神呪経』(33)等に説かれるものに共通し、この経に依拠したものであろうことが知られるのであるが、そこでも、

若し善男子善女人ありて、此の八仏及び国土の名を聞きて、受持し、奉行し、諷誦し、広く他人の為めにその義を解説すれば（中略）是の人終に羅漢辟支仏の道を取るを望まずして般泥洹し、必ず当に無上平等の道を逮得すべし。（大正一四、七二頁c）

などといって、この八仏の名号およびその国土の名を聞いて、受持し、奉行し、読誦し、解説するならば、やがて無上正等覚の道に進みうると明かしている。そしてまた阿弥陀仏等の現在百七仏章は、すでに上にも指摘した如く、その仏名が〈無量寿経〉サンスクリット本の燃灯仏以前の過去八十仏名、および経末の十四他方仏名と多く符号することと、あるいはまたその弥陀讃偈についての比較対照において、それは〈無量寿経〉、ことには〈後期無量寿経〉系統のものに基づいて明かされたものであろうと考えられるが、とすれば、すでに上の第一章「『無量寿経』にお

ける信の思想」においても考察した如く、その〈初期無量寿経〉においては不善作悪者の道として聞名に基づく行道が説かれており、〈後期無量寿経〉に至ると、ことにその聞名思想が強調されてくるようになり、聞名不退の思想についても、『無量寿経』の第四十七願および第四十八願には、

設い我仏を得んに、他方国土の諸の菩薩衆我が名字を聞きて、即ち不退転に至ることを得ざれば正覚を取らず。

設い我仏を得んに、他方国土の諸の菩薩衆我が名字を聞きて、即ち第一第二第三法忍に至ることを得ず、諸の仏の法に於て即ち不退転を得ること能わずば正覚を取らず。（大正一二、二六九頁b）

と明かし、『如来会』の第四十七願および第四十八願には、

若し我れ無上菩提を証得せんに、余の仏刹の中の所有の菩薩我が名を聞き已りて、阿耨多羅三藐三菩提に於て退転あらば正覚を取らず。

若し我れ成仏せんに、余の仏国中の所有の菩薩若し我が名を聞きて、時に応じて一二三忍を獲ず、諸の仏の法に於て不退転を現証することを能わずば菩提を取らず。（大正一一、九四頁c）

と説き、またサンスクリット本の第四十六願および第四十七願には、

もしも、世尊よ、わたくしが覚りを得たときに、かしこの仏国土とその他の諸仏国土において、わたくしの名を聞くであろう菩薩たちが、名を聞くと同時に、無上なる正等覚から退転しない者にならないようであるならば、その間は、わたくしは無上なる正等覚をさとりません。

もしも、世尊よ、わたくしが覚りを得たときに、かしこの仏国土において、わたくしの名を聞くであろう菩薩たちが、名を聞くと同時に、第一、第二、第三の（法の）認得（忍）を得ず、仏の法から退転しない者にならないようであるならば、その間は、わたくしは無上なる正等覚をさとりません。(34)

と明かすところであり、いまの「易行品」における阿弥陀仏等による信方便易行、すなわち、聞名不退の行道が、これらの経典に関連して開説されたであろうことは明らかである。

かくしてそれらの点からしても、この信方便易行の道とは、より本質的には聞名不退の行道を意味するものであることが明瞭である。

そしてまた龍樹は、その『十住毘婆沙論』の「釈願品」第五において、

仏名を聞けば必定に入るとは、仏に本願あり、若し我が名を聞けば即ち必定に入る。仏を見るが如く、聞くこともまた是の如し。（大正二六、三二頁c）

仏名を聞けば往生を得るとは、若し人信解力多くして諸の善根成就し、業障礙已に尽く、是の如きの人は仏名を聞くことを得る。またこの諸仏の本願と因縁との故に便ち往生を得る。（大正二六、四三頁a）

と明かしているが、それによれば、聞名によって初地、不退転地に証入し、あるいはまた往生しうるということが成立するのは、ひとえに仏において聞名不退、聞名往生の本願があるからであるというのである。すなわち、この信方便易行としての聞名不退の行道は、ひとえに仏の本願に支持されてこそ成立するものであるというわけである。

「易行品」の十方十仏章において『宝月童子所問経』に基づき、東方の善徳仏の本願を讃えて、

宝月よ、その仏の本願力の故に、若し他方の衆生あって先の仏の所に於て諸の善根を種えんに、是の仏但だ光明の身に触れるを以って即ち無生法忍を得る。宝月よ、若し善男子善女人にして、是の仏名を聞きて能く信受すれば、即ち阿耨多羅三藐三菩提を退せず。余の九仏の事も皆また是の如し。（大正二六、四一頁c）

と明かして、十方十仏がその各々において、触光得忍と聞名不退の本願を建立したもうことを説き、またその百七仏章においては、

是の諸の仏世尊は現に十方の清浄世界に在りて皆名を称し憶念せしむ。阿弥陀仏の本願も是の如し。若し人我を念じ名を称して自ら帰すれば、即ち必定に入りて阿耨多羅三藐三菩提を得る。（大正二六、四三頁ａ）

と説いて、憶念、称名による不退の道が阿弥陀仏等の本願によって誓われた行道であると明かしているものは、いずれもそれに共通する理解であろう。ここで阿弥陀仏の本願が聞名不退でなくて称名不退の道を誓っていると明かすについては、問題が残るところであって後に至ってふれねばならないが、ともあれ龍樹においては、この聞名不退の道、さらには信方便易行の道が、ひとえに仏の本願によって誓われた行道であり、その仏願に支持されて成立する行道であると理解されている点は、特に注目すべきことである。

二、聞名と憶念・称名・礼敬の三業奉行

このように信方便易行の道が聞名不退の道であるとするならば、「易行品」では何故にそれの具体的な行業として、憶念、称名、礼敬の三業奉行の道を明かしたのであろうか。ことにその中でも称名の思想は特色ある思想として注意すべきものであるが、現存の『大乗宝月童子問法経』には、上にも見た如く、聞名の思想とそれにかかわる恭敬、受持の思想はあるとしても、称名の思想は見当らない。ただし、それと関連のあるチベット訳の『聖宝月童子所問大乗経』によると、

若し善男子善女人あって彼の如来応供等正覚の御名を聞くならば、阿耨多羅三藐三菩提を退転しないであろう。

などと、繰返して聞名不退が語られるとともに、また、

夜は夜すがら初夜も中夜も後夜にもつねに、三時に名号を称へて彼の大仙の、名号を朝にも称へ昼にも称へて、賢くも西に向ひて称へたならば、夢に賢人を見るであらう。(35)

と説いており、そこには明らかに称名の思想を見ることができるのである。しかし、それについても今日では後世に附加された思想ではないかという疑義がだされている。(36) また〈無量寿経〉については、すでに指摘した如く、〈初期無量寿経〉〈後期無量寿経〉を通して、聞名思想を見ることができ、ことにその〈後期無量寿経〉においては、聞名不退の思想が強調されていることは上に見た如くであるが、称名思想については、〈初期無量寿経〉にわずかに見られるのみである。すなわち、『大阿弥陀経』によると、

仏言わく、若、起ちて更に袈裟を被って西に向いて拝し、日の所没の処に当りて阿弥陀仏の為めに礼を作し、頭脳を以って地に著けて、南無阿弥陀三耶三仏檀と言えと。阿難言さく、諾。教えを受けて即ち起ち、更に袈裟を被って西に向いて拝し、日の所没の処に当りて弥陀仏の為めに礼を作し、頭脳を以って地に著けて、南無阿弥陀三耶三仏檀と言う。阿難いまだ起たざるに、阿弥陀仏便ち大いに光明を放ちて、威神則ち八方上下の諸の無央数の仏国に遍し、(中略)心大いに歓喜し踊躍して、悉く起ちて阿弥陀仏の為めに礼を作し、頭脳を以って地に著けて、皆南無阿弥陀三耶三仏檀と言う。阿弥陀仏の国より放てる光明威神、諸の無央数の天人及び蜎飛蠕動の類、皆悉く阿弥陀仏の光明を見るを以って慈心歓喜せざる者はなし。諸有の泥犂、禽獣、薜茘、諸有の拷治勤苦の処、即ち皆休止して復治せず。憂苦を解脱せざる者なし。(中略)是の時に当りて歓喜善楽して過度を得ざる者なし。(大正一二、三一六頁b～c)

と説き、また『平等覚経』にも同意の文が見られるところである。(37) それによると『大阿弥陀経』では「南無阿弥陀三耶三仏檀」と唱称し、『平等覚経』では「南無無量清浄平等覚」または「南無無量清浄三藐三仏陀」と唱称したといい、(38) この称名の功徳によって、阿弥陀仏とその国土を見たと明かし、またその光明を見るものは、ことごとく憂苦を解脱して種々の福徳利益をえたと説いている。しかしながら、〈後期無量寿経〉においては、それに相当す

る文が見られないところから、この称名思想がはたして原始浄土教における固有の思想であったかどうかは、なお疑問の残るところである。その点、上に見た「易行品」の百七仏章において、阿弥陀仏の本願を明かすについて称名が語られることは、現存の〈無量寿経〉諸本によるかぎり、その根拠についてはなお問題があるといわねばならないようである。かくして、この聞名思想に基づいて明かされている信方便易行の行道において、その聞名不退の行道の具体的な実践行として、憶念、称名、礼敬の三業奉行の行道が説かれるに至った必然性、ないしはその明確な思想的根拠は充分には捉えがたいところであって、それは龍樹自身の浄土教理解を通して、新たに創唱されたものではなかろうかともうかがわれるのである。その点、もしも大胆な推測が許されるとすれば、すでに第一章の「『無量寿経』における信の思想」の論考において言及した如く、〈初期無量寿経〉の行道においては、それぞれの行道にしたがって修習すべき善根の内容がきわめて具体的に明示されていたのに対して、〈後期無量寿経〉においては、その行道思想の展開として、たんに善根とのみ語ってその内容を明確には規定していないが、それはこの〈無量寿経〉の教法を信受して、その行道を具体的に実践奉行しようとする場合には当然に問題となるところであって、現実にこの浄土教の行道を実践してゆくためには、新しく修習すべき行業を規定してゆかねばならなかったに違いない。ここにこの〈後期無量寿経〉を継承する浄土教が担うべき新しい課題があったわけで、龍樹がこの「易行品」において、その聞名の道を展開せしめて、憶念、称名、礼敬の三業奉行の行道を創唱し、さらにはまた世親がその『浄土論』において、新しく礼拝、讃嘆、作願、観察、廻向の三業にわたる五念門行の行道を設定したのは、いずれもその課題にこたえたものではなかったろうかと考えられることである。(39)

三、龍樹における名号の意味

かくしてその信方便易行の行道は、基本的には聞名不退の道であるが、ここでいう聞仏名の仏名とは、すでに上にもふれた如くに、きわめて多様な仏名、菩薩名を網羅するものであって、決して一仏名を意味するものではない。龍樹がこの「易行品」において開説し、自らもまた帰依した対象は、善徳仏等の十方十仏、阿弥陀仏等の現在百七仏、毘婆尸仏等の過未八仏、徳勝仏等の東方八仏、過去未来現在の三世諸仏、および善意菩薩等の百四十三菩薩などの多くの諸仏、諸菩薩であったわけである。そのことは龍樹の基本的立場であった般若空観の思想からすればまた当然のことでもあったであろう。龍樹が仏身についてどのように理解していたかについては、『宝行王正論（Ratnāvalī）』によれば、

諸仏の色身は福徳の資糧から生ずる。法身は智慧の資糧から生ずる。このようにして、この二種の資糧は仏位を得る因である。(40)

と明かして、法身と色身の二身説に立っており、その法身とは法性の智慧の資糧から生じたものであり、色身とは無量の福徳の資糧から生じたものであって、それはともに第一義諦、真如実相の世間的な態、立相化として理解していることがうかがわれるのである。そしてまたそのような理解は、龍樹の真撰としては疑問が残るが、『大智度論』巻第九に、

是の法性身は十方虚空に満ちて無量無辺なり、色像端正にして相好荘厳せり、無量の光明、無量の音声ありて聴法の衆は虚空に満てり。此の衆もまた是れ法性身にして生死の人の見うるところにあらざるなり。常に種々の身、種々の生処、種々の方便を出して衆生を度し、常に一切を度して須臾として息む時なし。是の如きは法性身仏なり。（大正二五、一二一頁c～一二二頁a）

と明かすものにも見られるものである。ここでいう法身とは、第一義諦、真如実相の能所分別的な立相化としての、智慧より生じた仏身として、色像端正なる相好荘厳をもって衆生に向かって顕現したものであるが、それはなお生死の世界の人に見うるものではなく、さらにまた世俗に向かって接近し、「種々の身」「種々の名号」として示現到来しつつあるものであって、その世俗に対するさらなる顕現が色身ないしは名号であるというのである。その点については、龍樹が『十住毘婆沙論』の「念仏三昧品」第二十五に、念仏三昧を明かすについて、

行者は先ず色身仏を念じて、次いで法身仏を念ずべし。何を以っての故に、新発意の菩薩は三十二相八十種好を以って仏を念ずること先きに説くが如くすべし。転じて深く入りて中勢力を得れば、まさに法身を以って仏を念ずべし。心転じて深く入り上勢力を得れば、まさに実相を以って仏を念じて貪著せざるべし。色身に染著せず、法身にも著せざれ。善く一切の法を知らば、永寂にして虚妄の如し。是の菩薩は上勢力を得て色身法身を以って深く仏に貪著せず。何を以っての故に、空法を信楽する故に、諸法は虚空の如しと知る。虚空とは障礙無き故なり。（大正二六、八六頁ａ）

と説くものに符合するのであって、龍樹においては、仏とは第一義諦、真如実相の世間的な態、立相化としての法身と、それのより徹底した世俗に対する顕現としての色身の二身として把捉されていて、念仏については、先ずその仏の色身を念じ、次いで法身を念じ、さらにはその色身や法身に対する分別執着を離れて、ただちに実相を念ずべきであって、この実相の念仏においてこそ、行者はまさに空法を信解することができ、ここに念仏の本義が成就することになるというのである。しかしながら、龍樹はまた上引の「念仏三昧品」の文に続いて、

是の人いまだ天眼を得ざる故に、他方世界の仏を念ずるも則ち諸山の障礙あり。是の故に新発意の菩薩は、十号の妙相を以って仏を念ずべし。新発意の菩薩は、十号の妙相を以って念仏すれば、毀失無きこと猶し鏡中の

像の如し。十号の妙相とは、所謂、如来、応供、正遍知、明行足、善逝、世間解、無上士、調御丈夫、天人師、仏、世尊なり。（大正二六、八六頁a）

と明かしているが、このことは上に見た『大智度論』に、

是れ法性身にして生死の人の見うるところにあらざるなり。常に種々の身、種々の名号、種々の生処、種々の方便を出して衆生を度し、常に一切を度して須臾として息む時なし。（大正二五、一二一頁c～一二二頁a）

と示す文に対配しても理解されるところであって、法身はなお生死の人に捉えられないところ、さらに種々の身を出して色身として世間に向かって現ずるも、しかもなお「いまだ天眼を得ざる故に」「諸山の障礙あり」て、その色身を念ずることの不可能なものにとっては、その法身の世間的顕現としての名号をたよりとして念仏するならば、それはまさしく鏡中の像を見る如く、毀失なくして念仏を成ずることができるというのである。すなわち、この名号こそが仏の世間に対する顕現到来のもっとも具体的な相であって、人はいかに多くの障礙があるとも、この名号をたよりとし、それを方便とすることにおいて、やがて色身を念じ、法身を念じ、ついには能所の分別を離れ、我執を空じて、実相を念じ、空法を信解することが成就するというわけである。いまこの「易行品」において明かすところの信方便易行、その本質としての聞名不退の行道とは、またこの「念仏三昧品」に明かされる名号を方便とするところの、念仏の思想に深く連なっているように思われることである。

かくしてこの信方便易行の道とは、また聞名不退の行道として、如来のもっとも具体的な分別立相化、世間的な顕現到来としての名号に基づき、それをたよりとして空法を信解覚証してゆこうとするところの仏道であったといいうるわけであり、ここにそれがもっとも具体的に示現化し、世間化したところの、名号をたよりとして設定された行道であるところに、その道がひとえに大心なき儜弱怯劣なる、在家の菩薩のための易行道として明かされる所

以であろう。

四、聞名不退と信方便易行

しかしながら、またこの信方便易行の道が、その本質からすれば聞名不退の道であり、その具体的な行道としては憶念、称名、礼敬として明かされるものでありながら、なおそれが信方便易行として、信の語が冠せられて呼ばれているのはいかなる理由によるものであろうか。上来の論述を受けてさらに考察が加えられねばならない点であるが、それについては、その聞名とは、『大智度論』巻第三十四に、

また次に名を聞くとは、但だ名を聞くを以ってすなわち道を得ざるなり。聞き已って修道して然る後に度を得る。須達長者の如し。初め仏名を聞きて内心に驚喜し、仏に詣で法を聴きて能く道を得る。また貰夷羅婆羅門の如し。雞泥耶結髪梵志所に従い、初めて仏名を聞きて心即ち驚喜し、直ちに仏所に詣で法を聞きて道を得る。是れ但だ名を聞くと説くは、名を聞きて得道の因縁と為すのみにして、道を得るには非ざるなり。（大正二五、三一三頁c）

と明かす如く、経典において聞名不退と説かれるものは、それは仏名を聞けば無条件に即時に不退転に証入するということではなく、その聞名を契機として心に驚喜を覚えて、自己の現実の存在相についてきびしく省察し、かつまた自己の理想の在りようを深く思念して、ひたすらに教法を聴聞し、行業を実践することにおいて、やがてついには仏道を成就するということを明かすものである。かくして聞名とはひとえに「得道の因縁」として、それはまさしく仏道趣入の初門としての、教法に対する帰依信受の意味をもつものにほかならなかったのである。経典に明かされる聞名の意味はひとえにここにあると理解されるべきである。したがってここでいう聞名もまたその本意は、

得道の因縁として仏道への能入を意味するところの、教法に対する帰依信受をあらわすものであると考えられるのである。そしてそのような意趣は、『十住毘婆沙論』においても「易行品」に、

若し善男子善女人是の仏名を聞きて能く信受するものは即ち阿耨多羅三藐三菩提を退せず。（大正二六、四一頁c）

と明かし、またその「浄地品」に、

信とは聞見するところあれば必ず受けて疑い無きに名づく。（大正二六、二九頁a）

と説くところにうかがわれるものでもある。すなわち、ここでもまた聞名とは、詳しくは名号を聞きそれを仏道趣入の契機因縁として、教法を信受し奉行してゆくことを意味するものであって、信受に至らぬ聞名は聞名ではなく、また信受とは聞名に基づいてまさしく領受して無疑なることであって、聞名とはつねに必ず信受に至るべきであり、さらにいうならば、まさしき意味における聞名とはそのまま信受にほかならなかったのである。(41) かくしてその点からすれば、龍樹がここで信方便易行というのは、すでに上に見た如くに「除業品」に説くところの「余方便」に対する、憶念、称名、礼敬を方便とする易行のことであり、さらにはその基底としての聞名を方便とする易行であったが、それはまたその聞名がそのまま信受を意味するということからすれば、その行道は、すなわち、聞名信受を方便とする道ともいうべきであった。いま龍樹がこの行道を信方便易行と明かすものは、まさしくかかる意味を含むものと推察され、それはより徹底していうならば、聞名方便易行の道とも称せられるべきものであったと理解されるのである。

かくして龍樹における在家の菩薩道としての不退転地、初地への行道とは、信方便易行の道であって、それはより本質的には聞名不退の道であり、またそれはより具体的には聞名に基づく、憶念、称名、礼敬の三業奉行の行道

であって、この三業奉行によってこそ、よく聞名という事態が成就されることとなるものであった。龍樹における浄土教思想とは、この在家者の仏道としての信方便易行の思想の中に、数多くの諸仏、諸菩薩とともに並列して明かされるものであったわけである。したがってまた、龍樹浄土教における行道とは、その不退転地としての初地への証入、如来の家に生まれることをめざすものとして、阿弥陀仏の名号を聞いて信受し、その阿弥陀仏を憶念し、その名号を唱称し、それを礼敬するという三業の実践を相続してゆくという道にほかならなかったのである。

第三節　龍樹浄土教における信の思想

第一項　龍樹浄土教における信の性格

一、『無量寿経』における信の性格

仏教における信については、すでに第一章において概観した如くに、その原語の面からすると、信とは仏道の初門に位するものであって、それは三宝などに対する明確な信認決定の心的態度の意味をもつものであるとともに、また澄浄安穏なる心の状態、境地をあらわして、仏道の究竟としての智慧に即する意味をもつものであった。そしてまたこの信に対する有部系および唯識系における教学的な解釈の面においても、基本的にはかかる原語において見られる如き理解に共通するものであって、世親の『倶舎論』によれば、信とは本来には心の澄浄を意味し、第二義的には三宝等に対する知解的な信認をあらわすものであると定義し、安慧の『唯識三十頌釈』によれば、信とは心の澄浄であるとともに、知解的な信認と、情意的な願楽の意味をもつものであると解釈しているのである。すな

わち、仏教においては、信とは基本的には心の澄浄のことであって、それはまた他面には知解的な信認性および情意的な願楽性を意味するものであるというのである。そしてまた護法の『成唯識論』においては、その心の澄浄こそまさしき信の性格であって、信認性とはその因に相当し、願楽性とはその果として成り立つものであると明かしている点は注意をひくところである。かくして仏教における信とは、仏道趣入の初門としての意味をもつとともに、またその仏道における究竟の意味をも担うものであって、それはまさしき性格としての心の澄浄の意味のほかに、三宝などに対する知解的な信認の意味と、涅槃を志向する情意的な願楽の意味を有しているといいうるのである。その点、仏教における信とは、基本的には知的な性格をもつものであり、しかもまたそれは仏道の初門からその究竟に至るまで、仏道の全体を尽して成り立ってゆくものであって、いまその仏道を信を中心として把捉し、仏教における行道が、基本的には信から慧という構造をもっていることに即していえば、それは初門位の信から究竟位の信へという、信から信への道となり、そしてまたそのことを根本仏教における八正道として示される仏道に即していうならば、その八正道が正見にはじまるものでありつつ、しかもまた究極的には、その正見を深め、それを成就してゆくところの正見の道であったと同様に、それは信にはじまる行道でありつつ、しかもまたその信を深め、その信をまさしく成就してゆくところの、信心の道でもあったといいうるのである。

そしてそのことは〈無量寿経〉における信の思想についても見られることであって、その詳細はすでに第一章「『無量寿経』における信の思想」において論考した如くであるが、その〈無量寿経〉における行道とは、基本的には、帰命——善根——念仏・願生——〈臨終来迎〉——→往生の道として、仏道趣入としての帰命の念仏・願生にはじまり、それぞれの善根を修習実践することに基づいて、その念仏を次第に相続徹底してゆくことによって成立するところの、三昧見仏としての念仏・願生にきわまる道であって、それはまさしく、ひたすらなる「念仏の道」であったのである。しかし、またその念仏とは、より本質的には信の意味をもつものであって、仏道趣入における帰命としての念仏とは、初門としての意味をもつ信根や信力と共通して、如来および教法などに対する信認無疑の心的態度をあらわすものであり、またその相続徹底による三昧見仏としての念仏・願生とは、智慧の開覚を意味する澄浄なる心のことであって、究竟としての信を意味するものであり、この〈無量寿経〉における行道とは、また信に即していうならば、初門位としての信認決定の信にはじまり、その徹底深化としての心澄浄なる究竟位の信を成就してゆくところの、「信心の道」でもあったといいうるわけである。

二、龍樹における信の基本的理解

龍樹浄土教における信の思想もまた、基本的にはこれらの仏教における信、さらには〈無量寿経〉における信の思想を継承し、その展開において成立したものといいうるようである。すなわち、龍樹における信については、その『宝行王正論（Ratnāvalī）』に、

信仰という道によって法を享受し、知慧という道によって法を真実に理解する。この両者のうち、知慧が主要であり、信仰はそれに先行する。(42)

と語って、仏道の構造を信（śraddhā）から慧（prajñā）への道として捉え、信とは仏道の初門であって、この信に支えられてこそ、仏道の究竟としての智慧は成就してゆくと領解しているが、それに共通する理解は、また『大智度論』巻第一において、

仏法の大海には信をもって能入と為し、智をもって能度と為す。（大正二五、六三頁a）

と明かされるところでもある。そして龍樹におけるこの信（śraddhā）の意味については、『十住毘婆沙論』の

「浄地品」第四に、

信とは聞見するところあれば必ず受けて疑い無きに名づく。(大正二六、二九頁a)

と説いて、それが基本的には聞見するところの対象について無疑なることを示している。しかし、またその無疑の信については、「易行品」第九には、

若し人善根を種えて疑えば則ち華開けず、信心清浄なる者は華開けて則ち仏を見る。(大正二六、四三頁b)

と説いて、信を「信心清浄」とも明かしているのであるが、この語については原語としてはcitta-prasādaが推定されるのであって、それはすでに上に見た如くに、仏教における信の基本的な性格が、心の澄浄を意味することを承けているものであろうとうかがわれるのである。そしてまたその「四法品」第十九には、

信とは諸の仏法の因縁の中において、心に決定を得てまた好楽を加えるに名づく。(大正二六、六八頁b)

と明かし、あるいはまた「共行品」第十八に、

信とは諸の善法において、深く欲楽を生じるに名づく。(大正二六、六四頁b)

と語って、その信とは心に決定することであり、また深く好楽、欲楽を生ずることであるとも示しているのであるが、この点は上に見た如き仏教における信の性格に対比していえば、その知解的な信認性と情意的な願楽性を意味するものであることが明瞭である。かくして龍樹における信とは、この『十住毘婆沙論』を中心として見るところ、基本的には仏教における信の性格を継承して、それを心の澄浄性と対象への知解性および願楽性として理解していることが知られるのである。そのことはまた「護戒品」第四に、

信とは浄心の故に仏を信じ、法の真実を知る故に法を信じ、楽って賢聖衆を尊重恭敬する故に僧を信ず。(大正二六、一〇九頁c)

と語って、信を説明するに三宝に対配して心浄と知解と願楽とを明かしているところにも見られるものである。

三、信心清浄則見仏の思想

しかし、また龍樹は直前に引用した如くに、信について、「信心清浄なれば華開けて則ち仏を見る」と明かすのであるが、このように信を心の清浄（citta-prasāda）として捉えるについては、すでに上の第一章「『無量寿経』における信の思想」においても見た如くに、それは本来において禅定、三昧に共通するものであり、またその故に仏道の究竟としての智の開覚にも重なる意味をもつものであるが、いまここでもそのことが見仏の益をうると明かされる点からすれば、それはまさしくかかる究竟的な智慧に即するものとして理解されていることが知られるのである。すなわち、龍樹において清浄とは、その「浄地品」第三によると、

菩薩は初地に在って（中略）常に清浄を楽う。（大正二六、二六頁a）

と説き、続いてその清浄について明かすに、

清浄とは諸の煩悩の垢濁を離れる。有る人は言いて信解を名づけて清浄と為す。有る人は言いて堅固信を名づけて清浄と為す。是の清浄心とは仏法僧宝に於て、苦集滅道諦に於て、六波羅蜜に於て、菩薩十地に於て、空無相無作法に於てあり、略して之を言わば、一切の深経諸菩薩及び其の所行一切の仏法は悉く皆心信清浄なり。（中略）諸の煩悩の垢濁を離れるが故に、仏法僧宝、諸菩薩の所に於て心常に清浄なり。（中略）是を菩薩の初地に在る相貌と名づく。（大正二六、二六頁a～b）

と示しているが、それらによると清浄とはまさしく「諸の煩悩の垢濁を離れる」ことであるが、いまの citta-prasāda としての信心清浄（心信清浄）もまた、かかる煩悩を遠離したところの思慮分別、論理的思弁を越えた心境

をあらわすものであって、[43] それはまた初地、不退転地にしてうるところの相貌であるというのである。そしてまたその文によると、この清浄心ないしは信心清浄とは、ある人によると信解とも、堅固信ともいわれるわけであるが、その信解とは adhimukti にして、また明信、深信、勝解、了達、信楽などとも訳される語であり、[44] その堅固信とは adhyāśaya にして、また増上意楽、至心、誠心、正直心、深心などとも訳されるものであるが、[45] ここでは清浄心（citta-prasāda）と信解（信楽）（adhimukti）と堅固信（深心）（adhyāśaya）とは同義語として理解されているのである。しかもこの『十住毘婆沙論』においては、その信解、信楽の語はしばしば散見されるところであって、それは例えば、信楽については、

空無相無願を信楽して分別戯論せず。（「帰命相品」第十四、大正二六、五五頁a）

空法を信楽する故に諸法は虚空の如しと知る。（「助念仏三昧品」第二十五、大正二六、八六頁a）

深妙法を信楽するとは、深法とは空無相無願及び諸深経を名づく、般若波羅蜜菩薩等の如し。此の法に於て一心に信楽して疑惑する所無く、余事の中に於て是の如き楽無し、深経の中に於て滋味を得る故に。（「阿惟越致相品」第八、大正二六、三八頁b）

空法を信楽せずとは、諸仏三種の空法を説く、所謂三解脱門なり、此の空法に於て信ぜず楽ぜず、以って貴となさず、心通達せざる故に。（「阿惟越致相品」第八、大正二六、三八頁c）

などと明かし、またその信解については、

諸法は自性無しと了達する故に名づけて空を信解すると為す。（「助尸羅果品」第三十三、大正二六、一一八頁a）

諸の上法を信解するとは諸の仏の法に於て信力通達するなり。（「入初地品」第二、大正二六、二四頁b）

菩提を得ずとは是の菩薩は空法を信解する故に、凡夫所得の菩提の如く、是の如きを得ずして是の念を作す。

（「阿惟越致相品」第八、大正二六、三九頁c）

と説く如くである。そしてそれらの文によると、その信楽、信解とは、ともに仏法を領解し、一切の能所執着、分別戯論を遠離して、ただちに空法実相について通達深解し、如実知見することを表象するものである。その点、龍樹における信とは、また信心清浄（心信清浄）とも、信楽空法とも、信解空法とも明かされて、それは煩悩の垢濁を離れ、能所の執着を遺蕩し、ただちに実相真如を知見するところの境地を意味するものであって、それはすでに真如の開覚としての初地、不退転地への証入を意味し、上に見た仏教における信の性格からすれば、まさしく究竟の信に相当するものでもあったのである。

かくして龍樹における信とは、仏道への能入初門位として智に先行する地位にあって、心の清浄性とともに、仏法の因縁中における知解性と願楽性を意味するものであったが、また他面においては、その信とは、信心清浄、信楽空法、信解空法とも明かされて、それはすでに真智の開覚を意味するものとして、仏道における能度究竟の意味を担っているものであったわけである。

第二項　龍樹浄土教における信の地位

一、聞名信受から信心清浄へ

そこで龍樹浄土教の行道上におけるこの信の地位についてであるが、龍樹浄土教における行道とは、すでに上に見た如くに信方便易行として、聞名不退の道であり、さらに具体的には憶念、称名、礼敬の三業奉行の道であって、その相続実践のところ、やがてその聞名を成就して初地、不退転地に証入しえて、如来の家に生じることができるというのである。すなわち、阿弥陀仏の名号を聞いて、つねにその阿弥陀仏を憶念し、その名号を唱称し、またそれを恭敬礼拝するという三業の奉行を相続してゆくならば、やがてその聞名が成就して信心清浄なる見仏の境地、智慧の開覚が成じて、不退転地に入り、如来の家に生じうるというわけである。そしてその聞名とは、すでに上においても見た如くに、得道の因縁としての聞仏名号のことであって、それはひとえに仏道への趣入を意味するところの教法に対する帰依信受を表詮するものであり、そのことはまた「易行品」に、

若し善男子善女人是の仏名を聞きて能く信受するものは即ち阿耨多羅三藐三菩提を退せず。（大正二六、四一頁c）

と明かし、また「浄地品」に、

信とは聞見するところあれば必ず受けて疑い無きに名づく。（大正二六、二九頁a）

と説く如くに、その聞名とはそのまま教法に対する信受を意味するものにほかならないわけである。しかもその信とは、仏道の構造においては智慧に先行するものであって、それはまた基本的には心の澄浄性と対象への知解性と願楽性という性格をもっていることは、すでに上において見た如くである。かくして龍樹浄土教における行道とは、この聞名信受を初門とし、ここから始まることとなるわけである。そしてその聞名信受に基づいて、憶念、称名、礼敬の三業を奉行相続してゆくところ、やがてその聞名の成就により初地、不退転地に証入して、如来の家に生ずることをうるというのである。そしてこの初地、不退転地に入るということは、『釈願品之余』に、

見る時に必定に入ることを得るとは、衆生仏を見ることあれば即ち阿耨多羅三藐三菩提阿惟越致地に住す。何を以っての故に、是の諸の衆生にして仏身を見るものは、心大いに歓喜し清浄悦楽にして、その心即ち是の如き菩薩三昧を摂得し、是の三昧力を以って、諸法実相に通達し、能く直ちに阿耨多羅三藐三菩提の必定地に入

る。是の諸の衆生長夜に深心に見仏必定の善根を種え、大悲心を以って首と為し、善妙清浄なれば、一切の仏法に通達すると為す故に、一切の衆生を度すと為す故に、是の善根成就の時に至って、是の故に此の仏に値うことを得る。（大正二六、三二頁c）

と明かす如く、初地に入るとはまさしく「仏に値う」ことであり、「仏身を見る」ことを意味するものである。その点からすると初地にして見仏するということは、「易行品」に、

若し人善根を種えて疑えば則ち華開かず、信心清浄なる者は華開けて則ち仏を見る。（大正二六、四三頁b）

と説いて、善根を奉行修習して信心清浄なれば見仏をうるというものと重なるものであって、ここでいう信心清浄とは、すなわち、仏道において初地、不退転地に証入することを意味するものであることが明らかである。そのことについては、すでに上において、この信心清浄が citta-prasada として、煩悩を遠離し、能所の執着を越えた如実知見の境地を意味するものであり、それは信楽空法、信解空法とも明かされるものであって、そのことが真智の開覚として、初地、不退転地への証入を意味すると指摘したことに共通するものである。

二、自浄其意の行道

かくして龍樹浄土教における行道とは、〈無量寿経〉に基づくところの、

聞名——三業奉行（憶念、称名、礼敬）——信心清浄—→入初地

という道であって、それはまた『宝行王正論』の立場からすれば、信から慧への道ともいいうるが、いまの『十住毘婆沙論』の、ことにこの信方便易行道を中心とする立場からすれば、その仏道とは、ひとえに聞名信受としての初門位の信から、見仏の境地としての信心清浄、信楽空法、信解空法なる究竟位の信への道として、それはまさし

くひたすらに信心を成就してゆくところの、「信心の道」でもあったといいうるのである。かくして龍樹浄土教におけるかかる信心清浄、信心成就の行道とは、「略行品」第二十七に、初地について総括して明かすに、

問うて曰わく、汝広く菩薩の所行の法を説かんと欲するも、初地の義尚多くして、諸の学ぶ者転増広して則ち懈怠の心の生じて読誦する能わざるを恐る。是の故に汝今まさに多く読誦する能わざる者の為めに、略して菩薩の所行の諸法を解くべし。答えて曰わく、菩薩の所有の法は、是の法は皆行ずべし、一切の悪は捨つべし、是れ則ち略説すると名づく。上来の諸品に説く所の如し。能く生じ能く増長する諸地の法は、上の諸品の中に説くが如し。若し余処に於て説く者は、皆まさに菩薩の過悪事を生ぜしむべし。皆遠離すべし。是れを略して菩薩所応の行を説くと名づく。法句中に説く如し。諸の悪は作す莫れ、諸の善を奉行し、自ら其の意を浄くする、是れ諸仏の教えなり。（大正二六、九二頁a）

と説いている如くである。すなわち、初地に入るということを、略説して明かすならば、まさしく『法句経』に説くところの、「諸悪莫作、諸善奉行、自浄其意、是諸仏教」に帰一するものであって、悪を廃し、善を奉行することを通して、いちずに自己の心意を清浄ならしめてゆくこと、さらにいうならば、それは信楽空法、信解空法として、つねに分別我執に閉ざされたおのれの心を、限りなく否定しつづけて、いよいよ、空、無我の道に生きてゆくことであるというのである。

すなわち、龍樹浄土教の行道とは、阿弥陀仏の本願に支持され、阿弥陀仏の名号に依止して、身口意の三業を不断に実践奉行することにより、ひたすらにかかる信心清浄の境地を求めて、分別我執を脱皮しつつ、新たなる主体の確立として、空、無我に生きてゆくところの道にほかならなかったのである。そしてまたこの龍樹浄土教における行道が、在家菩薩の道であり、ことには難行道に対する易行道として明かされ、またそれがひとえに聞名に基づ

く道であるというところ、すでに第一章の「『無量寿経』における信の思想」において見た如く、〈初期無量寿経〉における不善作悪者の行道が、聞名に基づく道であり、またそれと思想的に深く関連するものと思われる〈後期無量寿経〉における唯除五逆謗法の文が、逆説的に示すところの作悪者の行道も、ひとえに聞名に基づく道であるということにおいて、ここに明かされているところの龍樹浄土教における行道とは、基本的には〈無量寿経〉の根本意趣としての、在家者にして、ことには不善作悪なる者の行道に深くかかわり、さらにはその教理史的展開の線上に位置するものといいうるように思考されるのである。

註

（1）干潟龍祥「大智度論の作者について」（『印度学仏教学研究』七の一）参照。
（2）平川彰「十住毘婆沙論の著者について」（『印度学仏教学研究』五の二）参照。
（3）『十住毘婆沙論』「地相品」第三、大正二六、二六頁a～b。
（4）『十住毘婆沙論』「地相品」第三、大正二六、二八頁b～c。
（5）『十住毘婆沙論』「入初地品」第二、大正二六、二三頁a～b。
（6）『十住毘婆沙論』「入初地品」第二、大正二六、二三頁a。
（7）『十住毘婆沙論』「入初地品」第二、大正二六、二二頁c～二六頁a。
（8）『十住毘婆沙論』「阿惟越致相品」第八、大正二六、三八頁a。
（9）『十住毘婆沙論』「阿惟越致相品」第八、大正二六、三九頁a。
（10）『仏説如来智印経』（大正一五、四六八頁b～四七四頁c）、『仏説大乗智印経』（大正一五、四七四頁c～四八八頁b）、『仏説慧印三昧経』（大正一五、四六〇頁c～四六八頁a）。
（11）宮本正尊『大乗と小乗』（六六〇頁以下）によると、この五功徳について明かす偈頌は『中論』の思想に共通するという。
（12）長谷岡一也『龍樹の浄土教思想』（一四八頁以下）では、この難行道と易行道は並列的な横の二道の関係ではなくて縦の関係として捉えられるべきであって、それは「易行道に至る方便階梯としては難行であるが、不退転地に入れば難行はそのまま易行へと転ずる」と前後関係として理解すべきだとする。ただし池本重臣『親鸞教学の教理史的研究』（「龍樹の浄土教思想―特に難易二道の解釈について―」）によると、それを批判して、難行とは『般若経』に基づく行道であり、易行とは『無量寿経』に基づく行道であるとして、両者を並列的に見ることを主張されている。

(13) 平川彰『初期大乗仏教の研究』四六八頁参照。

(14) Suhrllekha 瓜生津隆真訳『勧誡王頌』大乗仏典一四、三四五頁。なお義浄訳『龍樹菩薩勧誡王頌』によれば「生老病死の三毒を除き、仏国に託生して世父と為り、寿命は時に長量にして知りがたく、彼の大覚弥陀王に同じからん」（大正三二、七五四頁）と明かしている。

(15) 武邑尚邦「龍樹教学の帰結」（『龍谷学報』第三三五号）によれば、龍樹の教学の中においては『十住毘婆沙論』がもっとも重要な地位を占め、しかもまたその中ではことに「易行品」が、そしてさらには弥陀念仏こそが中心であって、ここに龍樹教学の帰結があるという。

(16) 望月信亨『浄土教之研究』（「龍樹の十住毘婆沙論易行品」二九五頁以下）によると、それは現存の漢訳五本および梵本以外のもので『平等覚経』の類本によるものであろうとし、その『浄土教の起原及発達』（「浄仏国土の理想と阿閦及び弥陀の本願」五六七頁以下）によると、それはまさしく『平等覚経』によったものであるとする。

(17) 干潟龍祥『本生経類の思想史的研究』一五四頁参照。

(18) 池本重臣『親鸞教学の教理史的研究』「龍樹と無量寿経」、一八〇頁以下参照。

(19) 藤田宏達『原始浄土思想の研究』二三五頁参照。

(20) 大島泰信「無量寿経梵本成立の年代に就きて」『宗教界』七の一一、望月信亨『浄土教之研究』「龍樹の十住毘婆沙論易行品」二九八頁以下参照。

(21) 池本重臣『親鸞教学の教理史的研究』「龍樹の浄土教思想―特に難易二道の解釈について―」一八七頁以下参照。

(22) 真野龍海「行位の信」『印度学仏教学研究』一の二、長谷岡一也『龍樹の浄土教思想』一〇六頁参照。

(23) 『梵和大辞典』三、二七七頁。

(24) 是山恵覚『易行品癸巳録』一五頁。

(25) 柔遠『易行品蛍明録』（真全九、一一八頁）、僧樸『易行品講録』（真全九、八二頁）、善譲『易行品閑亭記』（真叢五、一六頁）、足利義山『易行品丙午録』五九頁。

(26) 通元『読易行品』巻中二四、真野龍海「行位の信」『印度学仏教学研究』一の二、長谷岡一也『龍樹の浄土教思想』一〇六頁。
(27) なおこの三種の訓み方以外に真宗の伝統教学においては、「方便を信ず」という訓み方もなされているが、それは浄土教理史的考察の立場からは成立しがたい教義註釈の理解であると考えられるところから省略した。
(28) 善譲『真宗論要』真叢二、一四頁。ただし、その展開として信心称名の易行も語っている。
(29) 僧樸『易行品講録』(真全九、八二頁)、花田凌雲「浄土門念仏本質の討究」『宗学院論輯』第三輯。ただし、ここでは易行道の本質を聞持仏名の心念念仏とされるが、これは特に信心を中心として見た説と理解される。
(30) 存覚『六要鈔』巻二本(真聖全二、二三七頁)、足利義山『易行品丙午録』(六〇頁)、利井鮮妙『宗要論題決択編』(真叢二、二九頁)。
(31) 柔遠『易行品蛍明録』(真全九、一一八～一一九頁)、善譲『易行品閑亭記』(真叢五、一四～一六頁)、円月『易行品略解』(三〇頁)、大原性実『真宗教学史』第二巻(二五頁)。
(32) 桐渓順忍「願生思想展開の一齣」『龍谷大学論集』第三五六号、長谷岡一也『龍樹の浄土教思想』一一三頁。
(33) 『仏説八陽神呪経』(大正一四、七三頁b～七四頁a)、『仏説八部仏名経』(大正一四、七四頁b～七五頁a)、『八吉祥経』(大正一四、七五頁a～c)、『八仏名経』(大正一四、七六頁a～七七頁b)。
(34) 足利惇氏校定『大無量寿経梵本』二二頁、藤田宏達『梵文無量寿経試訳』五七～五八頁。
(35) 月輪賢隆「宝月童子所問経に就て」『龍谷学報』第三二三号。
(36) 香川孝雄「称名思想の形成」『印度学仏教学研究』一一の一。
(37) 『平等覚経』巻第四、大正一二、二九八頁b～c。
(38) その原語はともにnamo'mitābhāya samyaksaṃbuddhāyaと推定されている。藤田宏達『原始浄土思想の研究』五四七頁参照。
(39) ただし香川孝雄「称名思想の形成」(『印度学仏教学研究』一一の一)の如く、『十住毘婆沙論』における称名思想は本来には存在しなかったもので訳者の鳩摩羅什の思想が混入したとする理解もある。
(40) Ratnāvalī 瓜生津隆真訳『ラトナーヴァリー』世界古典文学全集六、仏典一、三五九頁。なお真諦訳『宝行王正論』によれば「諸仏に色身あり、皆福行より起る。大王仏の法身は智慧行より成ず。故に仏の福慧の行は是れ菩提の正因なり」(大正三二、四九八頁a)と明かす。

(41) 宇治谷祐顕「聞名往生の思想について」『同朋学報』第八・九号参照。
(42) Ratnāvalī 瓜生津隆真訳『ラトナーヴァリー』世界古典文学全集六、仏典一、三四九頁。また真諦訳『宝行王正論』では「信に因りて能く法を持し、智に由りて如実に了す。二の中、智を最勝とし、先ず信に籍りて行を発す」(大正三二、四九三頁b)と説いている。
(43) 山口益『心清浄の道』六五頁参照。
(44)『梵和大辞典』一、三五頁。
(45)『梵和大辞典』一、三九頁。

第三章　世親浄土教における信の思想

第一節　世親浄土教の基本的立場

第一項　『浄土論』をめぐる諸問題

インド浄土教の先達として龍樹とともに並び仰がれるものに世親がある。世親は原名をVasubandhuといい、訳して世親といい、また天親と呼んでいる。世親は北インドのプルシャプラの出身で、龍樹に後れること約二百年、紀元四、五世紀の頃に生存した。はじめ説一切有部の教団に属して出家し、有部系の教学を研鑽して『倶舎論』を作成することもあった。しかし、そののち兄の無着（Asaṅga）に導かれて大乗仏教に転向し、以来瑜伽唯識の教学を学び、それにかかわる多くの論書を著わして、瑜伽唯識教学の組織大成に重要な役割をはたした。世親はまた時のグプタ王朝の支持もあって、大乗仏教の宣布、民衆に対する教化活動にも尽力するところが多大であったという。

世親の著作については今日にも多数が伝えられているが、その中でもかつて属した有部教学の立場からの論述としては、先にあげた『倶舎論』があり、その基本的な立場としての瑜伽唯識教学の面においては、『唯識二十論』『唯識三十頌』『大乗五蘊論』をはじめとして、『摂大乗論釈』『大乗荘厳経論釈』『中辺分別論釈』などがある。また大乗教義一般についての論述としては『仏性論』があり、経典の註釈書としては『十地経論』『無量寿経優波提舎願生偈』『妙法蓮華経憂波提舎』『宝髻経四法憂波提舎』などの多数がある。その中で浄土教に関係あるものは『無量寿経優波提舎願生偈』(『浄土論』『往生論』)であり、世親はその冒頭において、

世尊よ我れ一心に尽十方無礙光如来に帰命し、安楽国に生ぜんと願ず。(大正二六、二三〇頁c)

と明かして、自ら阿弥陀仏に帰依しその浄土を願生することを表白している。この『浄土論』は、本来その題号が示す如く〈無量寿経〉について優波提舎(upadeśa)したものであるが、その優波提舎とは「論議経」ともいわれて(1)、それは経典の意趣を一切の有情に了解し易く、一切の有情に近づけて説くことを意味している(2)。したがって、世親がここに〈無量寿経〉の優波提舎を開説したということは、阿弥陀仏の本願の教法を一切の有情に近づけて明かし、人々をしてそれに帰依せしめようと意図して論述したことがうかがえる。そしてまたそれが「願生偈」とも題される如くに、そこに世親自身の阿弥陀仏の本願に対する帰依と、浄土への願生の思念が表白されているところ、それはまたさらには、世親自らの仏道の領解実践そのものをも意味するものであって、その意味ではこの『浄土論』とは、その偈頌の結びに、

我れ論を作り偈を説く、願わくば弥陀仏を見て、普く諸の衆生と共に安楽国に往生せん。(大正二六、二三一頁b)

と明かす如くに、世親が自ら阿弥陀仏に帰依して浄土を願生しつつ、しかもまた一切の大衆に向かって、この浄土の教法を勧信するところの論書であって、ここには世親における浄土教についての主体的な領解の内容が明白にうかがわれるわけである。その他、世親はまた『摂大乗論釈』(真諦訳)巻第十五の廻向文にも、

此れに因って願わくば悉く弥陀を見て、浄眼を得るに由って正覚を成ぜん。(大正三一、二七〇頁a)

と明かして、同じく阿弥陀仏に対する帰依の心情を表白している点も注意されるところである。(3)

かくしていま世親における浄土教思想を考察するについては、この『浄土論』によるべきであるが、しかしまた、それが原典を欠いで、菩提流支訳の漢訳本によるほかはないところ、資料的には問題が残るわけで、その点は龍樹における浄土教思想の考察と同様に、その資料的限界は明確に自覚されるべきであろう。いまはインドにおける浄土教理史展開の解明を求めて、かかる資料的限界を前提としつつも、この『浄土論』に基づいて、世親における浄土教思想の考察を試みようとするものである。

ところで、この『浄土論』は〈無量寿経〉の優波提舎であるといわれるが、その〈無量寿経〉とは具体的にはいずれの経典を意味するものであろうか。漢訳して〈無量寿経〉と呼ばれうる可能性をもつ経典としては、浄土の三部経と称せられる〈無量寿経〉『観無量寿経』『阿弥陀経』がある。『摂大乗論』(仏陀扇多訳)巻上にも「無量寿経に説くが如し」(大正三一、一〇三頁b)と明かしているが、その〈無量寿経〉が具体的にはどの経典を指すものかはまた不明である。(4) そこで従来の研究においては、この〈無量寿経〉の内容理解について種々の見解が分かれるところであるが、曇鸞はその『往生論註』巻上において、この〈無量寿経〉について明かすに、

無量寿とは是れ安楽浄土の如来の別号なり。釈迦牟尼仏王舎城及び舎衛国に在して、大衆の中にして無量寿仏の荘厳功徳を説きたまへり。(真聖全一、二七九頁)

と述べている。それによると、曇鸞はこの〈無量寿経〉とは、王舎城および舎衛国において説かれた経典として、浄土の三部経を指していると理解していたようである。親鸞もまた『尊号真像銘文』にそのことを承けて、

いま修多羅とまふすは大乗なり。小乗にはあらず。いまの三部の経典は大乗修多羅也。この三部大乗によるとなり。(真聖全二、五八五頁)

と明かしている。この『浄土論』の所依の経典としての〈無量寿経〉とは、浄土の三部経であるというのである。ただし、智光の『無量寿経論釈』によると、それは『無量寿経』二巻を意味すると理解しているようである。(5)

このことについて真宗伝統の教学的解釈においては、通常は総依三部経別依無量寿経といわれており、慧海の『浄土論啓蒙』（真叢五、七四頁）や水原宏遠の『浄土論講苑』（巻上、八丁）などは、いずれもその説を主張している。最近では神子上恵龍「浄土論と浄土経典との思想交渉」（『真宗学』第三三・三四合併号）においても、その〈無量寿経〉説が踏襲されている。しかし、また別にそれが『観無量寿経』に基づくものであるという理解もある。この説はもと良忠の『無量寿経論註記』巻第二（浄全一、二七三頁）にはじまり、大原性実『真宗教学の伝統と己証』「観無量寿経と浄土論」（三七頁以下）もこの『観経』説を主張されている。それに対して、この論が『阿弥陀経』に依ったものであるという見解もある。それはもと法霖の『浄土論偈遊刃記』（真全六二、四四頁）において示された理解で、工藤成性『世親教学の体系的研究』（二六九頁以下）はその説を支持している。しかしながら、その『観無量寿経』説については、「観」の原語は通常は vipaśyanā であるが、その場合の観は普通には、止（śamatha）を離れた観とか、止を含めた観として表記されるということはありえないといわれる（月輪賢隆『仏典の批判的研究』五〇頁）。その点、この『観無量寿経』の「観」の原語は vipaśyanā ではなくて dhyāna（禅定）であろうと推定されているが、(6)とすれば、この観と禅定とはその思想傾向を異にする面があり、śamatha, vipaśyanā なる止観の行道を明かす『浄土論』の立場と、禅定について明かす『観無量寿経』の立場を、思想的に卒爾に同一視して、『観無量寿経』の思想的延長上に『浄土論』の成立を考えることには問題があるのではないか。そしてことに、今日ではこの『観無量寿経』のインド成立に関しては根本的な疑問が提出されている。月輪賢隆氏によると、それは他の諸『観経』とともに、五世紀の始めの頃、中国において撰述作成されたものといわれ（『仏典の批判的研究』一四四頁以下)、また春日井真也氏によれば、四世紀の終り近くに、西域地方において編纂成立したものであろうとされ(「観無量寿仏経に於ける諸問題」『仏教文化研究』第三号)、藤田宏達氏は両者の説を折衷して、それは中央アジアに行なわれていた観法を伝えたものであって、それが伝訳された際に中国的色彩が加味されたものであろうといっている(『原始浄土思想の研究』一三三頁)。かくて現在ではこの『観無量寿経』のインド成立については疑問があって(7)、その点からでも『浄土論』が『観無量寿経』を所依とするものであるという主張には、なお問題が残るようである。またその『阿弥陀経』説についても、それはもと『浄土論』と『阿弥陀経』の文言語句の共通性による主張であるが、それがいずれも漢訳レベルでの対比であるかぎり、まったく問題にならない。たとえその補説として両者の内容が相応するとして、「西方浄土の依正二報を説き浄土願生を勧める浄土論の大綱は阿弥陀経のそれと全く符合して居る」(工藤成性『世親教学の体系的研究』二七一頁)といっても、浄土の三厳二十九種の荘厳相を明かし、止観中心の菩薩道としての五念門行を示す『浄土論』の所依経典を『阿弥陀経』として、そこに思想的共通性を語るのはかなりの附会のきらいがあるように思われる。ことに『阿弥陀経』の成立について、その後半の六方段の経説は、もともと阿弥陀仏思想には直接関係のなかったところの、『仏名経』に示される如き諸仏名を讃嘆する経典の影響をうけて、それを結合構成して生まれたものであろうと推定される点からすれば(8)、『浄土論』と『阿弥陀経』とをただちに関係づけて論じることにも疑問が残るようである。よっていまはこの説に対してもただちには賛同しかねるものである。かくてその点からすれば、消極的な理由からではあるが、残る〈無量寿経〉をもってその基本的な所依経典と見るべきであると思われる。もとよりこの〈無量寿経〉の内容が、ただちに『浄土論』に共通するとはいいえないし、ことに『浄土論』における菩薩道としての五念門行の思想の成立については、後に至ってもふれる如くに、その思想的根拠をそのまま〈無量寿経〉のみに求めることにはかなりの困難性がある。しかしながら、あえていうならば『観無量寿経』のインド成立に疑問がさしはさまれ、また『阿弥陀経』の成立についても他の経説との合成が推定されることからすれば、インドにおける浄土教思想の基幹をなした経典としては、先ずこの〈無量寿経〉を見るべきであり、そしてまた世親が『浄土論』に、

仏の本願力を観ず。(大正二六、二三一頁a)

此の三種の成就は願心をもって荘厳す。(大正二六、二三二頁b)

と述べて、阿弥陀仏の本願を明かす点からすれば、〈無量寿経〉に依ったことは充分に想像されるであろう。そこでいまはこれらのことからして、龍樹の『十住毘婆沙論』「易行品」の阿弥陀仏思想が〈無量寿経〉に基づいている如くに、世親の『浄土論』もまた基本的には、この〈無量寿経〉を所依経典として成立したものであろうと推定したいと思う。もとよりこの『浄土論』はたんに〈無量寿経〉のみに基づくものではなくて、すでに先学によっても指摘されている如くに、その他の諸種の経論からの影響をうけていることをも見忘れてはなるまい。ことに望月信亨氏によると、それは無着の『摂大乗論』に依り、さらには『般舟三昧経』に基づくものであるといい(『浄土教之研究』三七二頁以下、『略述浄土教理史』六九頁)、また工藤成性氏によると、それは『摂大乗論釈』とともに『瑜伽師地論』の影響をうけているという(『世親教学の体系的研究』二七三頁以下)。そしてまた長谷岡一也氏によれば、この『浄土論』成立の重要な素地としては、『十地経』が注意されるべきであるといわれている(「世親浄土論に於ける十地経的要素」『印度学仏教学研究』六の二)。これらの諸説についても充分に注目すべきことである。ともあれ、この『浄土論』が基本的には〈無量寿経〉を所依とするものであるとするならば、それが初期のものか、後期のものかが問題となってくるが、池本重臣氏はそれを〈後期無量寿経〉と推定されている(『親鸞教学の教理史的研究』二〇八頁)。この問題についていては、いまはいちおう池本説にしたがうこととする。かくして、この『浄土

論』とは、阿弥陀仏思想のかなり発展成熟した地点に立つところの〈後期無量寿経〉に基づきつつ、その他の経論の思想的影響をも承けて、この〈無量寿経〉における阿弥陀仏の本願の教法の優波提舎として、さらにはまた世親自身の浄土願生の思念の表白として、開説されたものであると理解することとする。

第二項　『浄土論』の基本的性格

一、凡夫菩薩の行道の開顕

そこでこの『浄土論』の内容についてであるが、それは基本的には大乗の菩薩道を明かしたものである。ここで示される菩薩道とは、具体的には五念門の行道であるが、その行道の実践修習について、『浄土論』では、

若し善男子善女人、五念門を修して成就すれば、畢竟じて安楽国土に生じて彼の阿弥陀仏を見ることを得る。(大正二六、二三一頁b)

といい、その行道の行者を「善男子善女人」と呼んでいる。それはまた広くは偈末の廻向文に、

普く諸の衆生と共に安楽国に往生せん。(大正二六、二三一頁b)

と明かすところの、「諸の衆生」と重なるものでもあろう。しかしながら、『浄土論』ではまた、五念門行の廻向門を明かすについては、

是の如く菩薩は奢摩他と毘婆舎那とを広略に修行して柔軟心を成就す。(大正二六、二三二頁c)

などと述べて、その行者を「菩薩」とも呼んでいるのである。すなわち、この五念門行の行者は「善男子善女人」とも明かされ、また「菩薩」とも呼ばれているわけである。このことについてはいかに理解すべきであろうか。先

学の研究によると、大乗経典では大乗仏教の実践者を多く善男子善女人と呼んでおり、その人々の実体がいかなるものであるかを決定することは困難であるとしても、それはある点では広く菩薩とも呼ばれていたようである。(9) たしかに世親は『摂大乗論釈』(真諦訳)巻第四においては、

菩薩に二種有り、謂わく凡夫と聖人なり。十信以還は是れ凡夫なり、十解以上は是れ聖人なり。(大正三一、一七七頁c)

菩薩に二種有り、一には在凡位、二には在聖位なり。初発心を訖って従り十信以還は並びに是れ凡位なり。十解従り以上は悉く聖位に属す。(大正三一、一七四頁c)

とも述べて、菩薩に凡夫位の菩薩と聖人位の菩薩とがあり、前者は初発心以上十信以前をさし、後者は十住以上をさすとして、仏道に帰入し初めて発心したもの以上、仏道を修める求道者のすべてを菩薩と呼んでいるのである。この点からすれば、『浄土論』における「善男子善女人」と「菩薩」とは重層して理解されるべきであって、浄土の行道において凡夫と菩薩が区別されたのは中国においてであるといわれていることは注意されるべきである。(10) ことにこの『浄土論』において明かされる五念門の行道とは、基本的には、

即ち彼の仏を見れば、未証浄心の菩薩畢竟じて平等法身を得て浄心の菩薩と異なること無し。浄心の菩薩は上地の諸菩薩と畢竟じて同じく寂滅平等を得る故に。(11) (大正二六、二三二頁a〜b)

と明かす如くに、それは見仏に基づくところ、未証浄心の菩薩がついには浄心の菩薩となって、平等法身を証することをめざすものであると理解されるのである。ところで、その未証浄心の菩薩については、曇鸞の『往生論註』巻下(真聖全一、三三二頁)では、それを初地以上七地以還の菩薩と解しているが、今日ではまたそれについて『法法性分別論』に基づいて、二地以上七地までの菩薩であると理解し、この「善男子善女人」と呼ばれ「菩薩」

とも明かされる五念門の行者は、二地以上の高位の菩薩を意味するという見解がなされている。(12)しかしながら、この「善男子善女人」と明かされ、「普く衆生と共に」と呼びかけられるこの五念門の行者は、はたしてそれほど高位の菩薩をさすのであろうか。『摂大乗論釈』（真諦訳）巻第十一によれば、

未だ初地に入らざれば正定の名を得ず、此れ不清浄意行の人なり。若し真如を見れば即ち清浄意行の地に入りて、初地従り十地に至るまで同じく此の名を得る。（大正三一、二二九頁c）

と明かして、この未証浄心の行人を地前の菩薩とも捉えているのである。(13)そしてまた世親はその浄心の菩薩にして証するところの平等法身について、『妙法蓮華経優波提舎』によれば、

彼の法性とは名づけて一切諸仏菩薩の平等法身と為す。平等身は真如法身なり。初地の菩薩にして乃ち能く証入す。（大正二六、一〇頁b）

と示して、それは初地において能く証しうるものであるともいっているのである。その点、世親においては、未証浄心の菩薩とは、あながちに二地以上の菩薩のみをさすとばかりはいいえないようである。

ことにこの『浄土論』が〈無量寿経〉の優波提舎として、阿弥陀仏の本願の意趣を大衆に向かって、了解し易からしめんために、近づけて説くものであったというところからするならば、それが二地以上の高位の菩薩の行道について開説するということは矛盾であろう。〈無量寿経〉とは、すでに上の第一章「『無量寿経』における信の思想」においても論考した如く、それは本来に在家者を中心とする仏道を開説しようとしたものであって、ことにその本意は、かかる高級な菩薩道の階梯を進趣しえないで、日々の世俗生活に沈んで善根を修することの少なく、さらには悪を犯すことの多い不善作悪者なる人々の、なお涅槃に至りうる道としての、仏願力に支持される行道を教示したものであったと理解されるのである。とするならば、『浄土論』がこのような〈無量寿経〉の優波提舎であ

るかぎり、その内容は何よりもかかる在家者なる凡夫の行道をこそ、開説するものでなければならなかったはずである。

かくして世親の『浄土論』が開示するところの五念門の行道とは、基本的には菩薩道の階梯としての十地の思想に基づいて明かしているとしても、それはひとえに阿弥陀仏の本願力によって支持されるところの、「善男子善女人」なる在家の凡夫菩薩の浄心成就の道であり、さらにいうならば、その浄心による浄土往生の行道を明かしたものであったと理解すべきであると思われる。その意味においては、世親における浄土教の理解把捉は、龍樹が成仏道を志求するについて、『十住毘婆沙論』「易行品」で、自らの現実相に対する深い内省に基づいて、儜弱怯劣なる在家者の凡夫にふさわしい信方便易行の道として、信心清浄なる初地不退転地への行道を明らかにし、そこに阿弥陀仏思想を領解していることと、本質的には共通するものがあったとうかがわれるのである。

二、瑜伽唯識教学と浄土教思想

しかも世親はこの『浄土論』の冒頭において、

世尊よ我れ一心に尽十方無礙光如来に帰命し、安楽国に生ぜんと願ず。（大正二六、二三〇頁c）

と自らの帰敬の心情を表白しているのであるが、その点からすると、世親の浄土教への帰依、この五念門の行道の実践修習は明確にうかがわれるところである。ことに山口益氏によると、このように「帰敬偈」が付せられる論はその論作者の根本論であるといわれるが（『無量寿経優波提舎願生偈の試解』四七頁）、とすれば、この『浄土論』において明かすところの阿弥陀仏に対する帰敬の表白は、世親にとっては根本的立場に属するものであって、世親の仏教領解の中において、この浄土教思想はきわめて重要な地位を占めていたであろうことが推察されるのである。

しかしながら、本来においては瑜伽唯識の教学を学び、それを自らの仏教理解の基本的立場とした世親が、また何故にこのように浄土教に傾倒しているのであろうか。以下、若干その問題にふれることとする。この瑜伽唯識の教学は、一切の諸法を主観としての識と、客観としての境との関係において解明しようとするものであって、あらゆる存在はことごとくこの識によって妄分別されたものであり、その相続によって対象的存在の如くに似現されたものにほかならず、かかる識を離れては境として何も成立しないと主張する。唯識とはまさしくそのことを意味するものであり、それが唯識無境、三界唯識とも明かされる所以である。しかし、ここでいう唯識無境とか、三界唯識とは、たんに境は無であるが識のみは有であって、それは何らかの実体性をもったものであるということではない。すでに識のほかに境はなく、所分別の境がすべて無であるとするならば、能分別たる識もまた必然的に無でなければならず、識とは無自性にして自体なくして存在するものであり、無にして有なるものといわねばならないのである。すなわち、それは識だけあって境はないという意味において唯心ということと、識は無であって非識を自性とするという意味において無心ということの、二重の意味をもつことをあらわすわけである。いまの唯識という場合の識とは、そういう意味をもっているものであるといわれる(14)。かくして唯識説においては、かかる識の上に一切の存在があたかも実在するものの如くに妄分別され、遍計執着されることによって、雑染輪廻の相、客塵煩悩の世界が展開することを明かすとともに、また同時にこの識が無の有としての縁起法であり、依他性であるがゆえに、その真相を徹見することによって、次第に能所の分別妄執を遠離し、それを空無ならしめてゆくという行道を実践するならば、そこにやがて境識倶泯、能所の空無なる解脱涅槃への道が開かれ、真実性としての清浄法界を開覚してゆくことができるというのである。すなわち、この依他性としての識の上に、雑染虚妄の迷界の根拠を見るとともに、またそれを基軸として真如空性の覚証をめざすところ、ここに瑜伽唯識教学の基本的構造があるわけである。

そして唯識説においては、その識の転変について、阿毘達磨の意識論において六識に分類するものを承け、さらにそれを徹底して第七識としての末那識、および第八識としての阿頼耶識を語るのである。すなわち、その六識とは、我々の日常経験における眼、耳、鼻、舌、身、意の六種の識をいう。しかし、この六識の分類はたんに人間の具体的な意識経験について説明したにすぎず、そこではいまだその識にまつわる雑染性や、その識全般の生起する根源についてはは反省されるところがない。ここにさらに末那識と阿頼耶識が語られる所以がある。すなわち、末那識とはこの識の染汚の相について明かすものであって、自己の内に常住不変なる実体的な我が存在する如くに誤認し、それに執着するところの自我意識を意味するものである。もとよりこの末那識は現象的に明瞭なものではないが、それはたんなる観念として考えられたという如きものではなく、現実の人間の虚妄性に対する深い内観を通して、我々の日常経験のすべての意識に纏縛するところの、根強い我執の相として反省自覚されたものである。しかし、そこでは人間の意識にまつわる雑染性については説明されているとしても、その意識全般が生起する根源についてはなお明らかではない。そこでさらにこの我執としての末那識が、つねに所依として執着するところの自我意識の根拠、日常のあらゆる意識経験を生起せしめる根源として説かれたものが阿頼耶識である。この阿頼耶識とはもとより何ら実体的な存在ではなく、つねに諸法からの印象熏習による果報として成立するものでありつつ、また同時に一切の万法を生起せしめる潜勢力としての種子を宿す識として捉えられたものであって、それが万法を蔵するところから阿頼耶（alaya）識と名づけられ、またそれがすべての識の根源となるところから根本識とも呼ばれているのである。そしてこの阿頼耶識は不断に恒転相続してやむことがなく、ここに現実の煩悩虚妄の人生、生死輪廻の世界が展開してくるというのである。しかし、阿頼耶識とはこのように煩悩雑染の根源、迷界流転の依止といいながらも、それはまたすでに指摘した如くに無の有なる依他性であるということからすれば、他面仏道実践に基づく、迷界を遠離して清浄法界を覚証するための主軸ともなるべきものである。この点、それは真妄和合的に理解されることもあったが、無着および世親の本意においては、それはどこまでも雑染虚妄性を主題として理解されているわけである。[15]そのことはこの阿頼耶識が、たんなる現実世界の構造の説明のために考えられたものであるとか、あるいはまた人間の意識経験の分析によって観念的に思惟されたという如きものではなくて、どこまでも現実の世界と自己自身の存在の実相に対する徹底した反省内観を通し、さらにはまた教法からの厳粛な返照に基づいて、その現実存在の雑染迷妄の根源として、まったく主体的自覚的に把捉されたものであったことを意味している。それが「宗教的罪悪観」であるとさえいわれる所以でもあろう。[16]

そしてこのように世親においては、現実の自己の存在の根源としての阿頼耶識を、雑染虚妄として理解するところ、それを転じて清浄法界を開覚してゆこうとする菩薩道は、きわめて険難であり、かつまたそれは遙かに長い時劫を必要とする行道にならざるをえなかった。かくして世親の基本的立場としての瑜伽唯識の行道においては、必然にその行業の至難性と時劫の長時性が問題になってくるのではなかろうか。かくてここに世親が基本的には瑜伽唯識の教学を修めつつも、またその行道の実践においては浄土教を学んで、ことに、

遇いて空しく過ぐる者なく、能く速やかに功徳の大宝海を満足せしむる。（大正二六、二三一頁a）

と讃える如く、成仏の志願を速やかに満足せしめるところの、阿弥陀仏の本願力の支持を念じ、また、

普く諸の衆生と共に安楽国に往生せんと願ず。（大正二六、二三一頁b）

と説いて、いちずに浄土往生の行道を志求していった根本の理由をうかがうことができるようである。その点からすれば、世親における浄土教へのかかわり方は、あたかも龍樹がその菩薩道としての空観の行道の難行性と長時性を反省することに基づいて、信方便易行なる行道を設定し、そこに浄土教を領解して、自らもまたその行道に深く

帰依していったことと、基本的には軌をひとつにするものであったと思考することである。

第二節　世親浄土教における行道思想

第一項　五念門行の道

一、『浄土論』の組織

世親の『浄土論』とは、基本的には凡夫のための行道として、それはひとえに浄心の成就の道、その浄心による浄土願生の道を開説するものであり、さらにはまたその浄土往生に基づく、自利利他行の円満による成仏への道を説示するものであった。すなわち、『浄土論』の組織は、偈頌と長行から成立し、その偈頌については、先ず最初に、

世尊よ我れ一心に尽十方無礙光如来に帰命し、安楽国に生ぜんと願ず。（大正二六、二三〇頁c）

と述べて、世親自身の阿弥陀仏に対する一心帰命の意趣を表白した後、阿弥陀仏とその浄土の三厳二十九種に亘る功徳荘厳について讃嘆し、最後に、

普く諸の衆生と共に安楽国に往生せん。（大正二六、二三一頁b）

と、一切の大衆に勧信して共に浄土に願生せんという廻向句をもって結んでいる。そしてまたその長行においては、先ずはじめに、

此の願偈は何の義をか明かす。安楽世界を観じ阿弥陀仏を見て、彼の国土に生ぜんと願ずる。（大正二六、二三

一頁b）

といって、上の偈頌の内容が、ひとえに観見願生を明かすものであることを示し、阿弥陀仏とその浄土を観見してゆくところ、ここに浄土往生の行道が成立することを述べている。そして次いでその往生の行道について、その因行としては、はじめに礼拝門、讃嘆門、作願門、観察門、廻向門なる止観行を根幹とする五念門行を略説し、その後、ことにその中の観察門と廻向門とについて詳説し、この止観を中心とする行道の実践を通して、次第に柔軟心、清浄心、妙楽勝真心などと示される浄心を生ぜしめることによって、能く五念門を成就して浄土往生の果をうることを明かしている。そしてまたその後、さらには成仏の行道についても示して、上の五念門行の展開としての、近門、大会衆門、宅門、屋門、園林遊戯地門のいわゆる五果門を説き、その自利利他の行業を円満成就してこそ、まさしく仏果菩提を得証することができると説いているのである。

二、五念門行の構造

かくしてこの『浄土論』において開説された浄土往生の行道とは、観見願生の道として、まさしくは五念門の行道であるが、この五念門行とは、それ以前の浄土教思想においてはまったく見られないもので、多分に世親によって創設されたところの新たなる浄土の行道であった。その五念門行とは、礼拝門、讃嘆門、作願門、観察門、廻向門の五種の行業であるが、第一の礼拝門とは、

云何が礼拝する、身業に阿弥陀如来応正遍知を礼拝す、彼の国に生ぜんが為めの故に。（大正二六、二三一頁b）

と明かす如く、身業において西方なる阿弥陀仏を至心に恭敬し礼拝して、その浄土に往生せんと期することであっ

た。それは上に見た龍樹の信方便易行における三業奉行の中の礼拝恭敬と共通するものである。第二の讃嘆門とは、

云何が讃嘆する、口業に讃嘆す、彼の如来の名を称して、彼の如来の光明智相の如く、彼の名義の如く、如実に相応を修行せんと欲するが故に。(17)（大正二六、二三一頁b）

と明かす如く、口業をもって阿弥陀仏の名号を称して讃嘆し、その名義と光明の智相に随順する如くに、如実に止観の行を修行せんと期することである。ここでもまたその称名は、龍樹の信方便易行における称名行と共通する側面が見られるが、すでに先学によっても指摘されている如くに、ここでいう称名とは、むしろそれによって阿弥陀仏の功徳を讃えるという讃嘆の意味をもつものであって、いわゆる称名行とはその性格を異にしている点は注意されるべきであろう。(18)第三の作願門とは、

云何が作願する、心に常に作願す、一心に専ら念じて畢竟じて安楽国土に往生せんと、如実に奢摩他を修行せんと欲するが故に。（大正二六、二三一頁b）

と明かす如く、意業において心を専ら清浄なる浄土に向かって凝止することであって、それは奢摩他（śamatha）の行を意味するものである。奢摩他とは止と訳されているが、『瑜伽師地論』巻第七十七によると、

善く思惟する所の如き法において独り空閑に処して作意し思惟す。また即ち此の能く思惟する心において内心に相続して作意し思惟す。是の如き正行に多く安住するが故に身の軽安及び心の軽安を起す。是れを奢摩他と名づく。（大正三〇、七二三頁c）

と説く如く、それは心を法に止住せしめて、それを専念に作意し思惟することによって、散乱粗動の妄想邪念を捨離し、身心を軽安寂静ならしめてゆくことであり、今はまさしく一心に浄土を想念し願生するところの、寂静三昧の境地に住することをいうのである。第四の観察門とは、

云何が観察する、智慧をもって観察す、正念に彼を観じて如実に毘婆舎那を修行せんと欲するが故に。（大正二六、二三一頁b）

と明かす如く、智業において前の作願門奢摩他の行によって展けてくるところの寂静三昧の心境の上に、その必然として生まれてくる智慧をもって、阿弥陀仏とその浄土の荘厳功徳相を観見することであって、それは毘婆舎那（vipaśyanā）の行を意味するものである。毘婆舎那とは観と翻じられているが、『瑜伽師地論』巻第七十七によると、

是の如くして菩薩は能く奢摩他を求む。彼の身心の軽安を獲得するを所依と為すに由るが故に、善く思惟する所の如き法の内の三摩地所行の影像において、観察し勝解して心相を捨離し、即ち是の如き三摩地影像の所知の義の中において、能く正しく思択し最極に思択し、周遍尋思し周遍伺察するところの、若しくは忍、若しくは楽、若しくは慧、若しくは見、若しくは観、是れを毘鉢舎那と名づく。（大正三〇、七二三頁c）

と説く如く、奢摩他による寂静三昧の境地において現じてくる影像を、智慧見をもって円満に思択し尋思し伺察することであって、いまはまさしく作願門によって生まれたところの三昧の心の上に、阿弥陀仏とその浄土の功徳荘厳相を明らかに観見してゆくことをいうわけである。そして『浄土論』では、その所観の対象としての阿弥陀仏とその浄土について、仏荘厳功徳について八種、菩薩荘厳功徳について四種、国土荘厳功徳について十七種の三厳二十九種の荘厳功徳相を明かし、その一々について観ずべきことを指示している。第五の廻向門とは、

云何が廻向する、一切の苦悩の衆生を捨てず、心に常に作願す、廻向を首と為して大悲心を成就するが故に。（大正二六、二三一頁b）

と明かす如く、それは方便智業により、前の四門の所修によってうるところの善根功徳を独り自己のみの利楽とせ

ず、それをまた一切の衆生に向かって廻施し、もって普く衆生と共に浄土に往生せんと願ずることである。それは利他大悲の度衆生の巧方便の行を意味するものであり、前の四門が自利の行として入の門と名づけられるに対して、これは利他の行として出の門と呼ばれるものである。以上が五念門行の概要であるが、その中で特に注意されるべきは第三の作願門と第四の観察門である。それは奢摩他、毘婆舎那なる止と観を意味し、心を止住して寂静三昧に至る時、如実なる智慧が開けて、阿弥陀仏とその浄土の荘厳功徳相を観見することができるというのであって、ここに五念門行の中核があるわけである。すなわち、『浄土論』においては、偈頌、長行のいずれにおいても、この観察に関する部分にもっとも主力が注がれ、かつもっとも詳細に明かされており、さらにはまた偈頌の大意を述べるについて、「安楽世界を観じ阿弥陀仏を見て、彼の国土に生ぜんと願ずる」（大正二六、二三一頁b）と明かすことからすれば、そのことはいっそう明瞭である。かくて世親が、

若し善男子善女人、五念門を修して成就すれば、畢竟じて安楽国土に生じて彼の阿弥陀仏を見ることを得る。

（大正二六、二三一頁b）

と説くところの意趣は、そのまま阿弥陀仏とその浄土の功徳荘厳相を観察して往生をうるということであり、その点この『浄土論』に示されるところの往生の行道とは、ひとえに観見願生の道であったともいいうるのである。そしてこのように往生の行道を、作願と観察としての、奢摩他と毘婆舎那なる止観の道として明かすことは、上にもふれた如く、この『浄土論』が無着の『摂大乗論』に深くかかわって成立していることを物語るものであって、その十八円浄説の中、第十六の乗円浄には、この奢摩他、毘婆舎那を説き、それをもって浄土往生の道として明かしているのである。(19) しかもまたさらにいうならば、この奢摩他、毘婆舎那の止観の行とは、瑜伽唯識教学における行道の基本をなすものでもあって、その点、この『浄土論』に明かされるところの浄土往生の行道としての五念門行

の道は、世親の基本的立場であった瑜伽唯識教学と、さして遠く隔たったものではなかったことが知られるのである。

三、柔軟心と清浄心と妙楽勝真心

そして『浄土論』では、この五念門の行道について、さらには、

是の如く菩薩は奢摩他と毘婆舎那を広略に修行して柔軟心を成就す。（大正二六、二三二頁c）

と明かして、行者はこの作願、観察なる奢摩他、毘婆舎那の止観の行を修することによって、柔軟心を成就すると説いているのである。またさらに『浄土論』では、

菩薩は是の如く善く廻向の成就を知って三種の菩提門相違の法を遠離す（中略）菩薩は是の如き三種の菩提門相違の法を遠離して、三種の随順菩提門の法を満足することを得る故に。何等かを三種とす。一者無染清浄心なり、自身の為めに諸の楽を求めざるを以っての故に。二者安清浄心なり、一切衆生の苦を抜くを以っての故に。三者楽清浄心なり、一切衆生をして大菩提を得しむるを以っての故に。衆生を摂取して彼の国土に生ぜしむるを以っての故に。是れを三種の随順菩提門の法を満足すと名づく。応に知るべし。（大正二六、二三二頁c）

と明かして、この利他行なる廻向門を成就することによって、菩提門相違の法を遠離して、無染清浄心、安清浄心、楽清浄心の三種の清浄心を得ると説いているのである。しかもまたそれについては、

向に説く無染清浄心と安清浄心と楽清浄心と此の三種の心は、略して一処に妙楽勝真心を成就す。応に知るべし。（大正二六、二三二頁c）

とも示して、その三種の清浄心はそのまま一処に成じて妙楽勝真心となり、この一心に統摂されるともいうのである。そしてさらに『浄土論』は、

是の如く、菩薩は智慧心と方便心と無障心と勝真心とをもって、能く清浄の仏国土に生ず。応に知るべし。

（大正二六、二三三頁a）

と明かしているが、ここでいう智慧力と方便心と無障心、および勝真心とは、上に説いた柔軟心と清浄心、および妙楽勝真心を承けて明かすものと思われる。その意味においては、この智慧心、方便心、無障心、勝真心をもって浄土に往生をうるということは、作願門と観察門なる奢摩他、毘婆舎那の止観の行を修めることによって、柔軟心を成じ、そしてまた廻向門なる巧方便の利他行を修めることによって、清浄心を成就し、しかもその清浄心はついには妙楽勝真心に帰するということにおいて、それを因として浄土に往生をうるということ、すなわち、この『浄土論』とは、奢摩他、毘婆舎那の止観の行と巧方便廻向の行、ひろくは五念門行を修習することによって、ついには清浄なる心としての妙楽勝真心を成就し、この妙楽勝真心に基づいて阿弥陀仏の浄土に往生をうることを詮わしたものであると理解されるのである。ただし、この点については、さらに後に至って改めて詳細に論究することとする。

かくして、この『浄土論』における浄土往生の行道とは、基本的には、奢摩他、毘婆舎那の止観を根幹とする五念門行を修習することを通して、清浄なる心としての妙楽勝真心を成就し、それを因とする浄土往生の道であって、それは略示すれば、

五念門行――妙楽勝真心――→往生

なる行道であったといいうるのである。

第二項　五念門行の思想的背景

一、五念門行の思想的背景に関する諸説

この『浄土論』において明かされた浄土の行道としての五念門行は、それ以前の浄土教思想においてはまったく見られない、多分に世親の創設にかかる行道であるが、とすれば、世親は何をその思想的根拠としてこの五念門行を開説したのであろうか。その点については、すでに多くの先学による考察がある。いま試みに管見に及んだ諸説を紹介するならば、次の如きものがある。

(1)『摂大乗論』の十八円浄説によるとする説

これは望月信亨『浄土教之研究』(「往生論と摂大乗論の十八円浄」)の説で、『摂大乗論』の十八円浄説の連文に、救済災横為業、救済悪道為業、救済行非方便為業、救済行身見為業、救済乗為業(真諦訳)の五業を説くものと、五念門行が次第に身業、口業、意業、智業、方便智業の五業に配分するものとの共通性を問題にし、そこに両者の関係を推察する(『浄土教之研究』三八二〜三八三頁参照)。

(2)『瑜伽師地論』によるとする説

これは工藤成性『世親教学の体系的研究』の説で、『瑜伽師地論』巻第三十八において、菩薩の修学についての七種の要心を明かすところの、具多勝解、求正法、説正法、修行法随法行、正教授、正教誡、住無倒教授教誡方便所摂身語意業の修学七行に基づき、それを略示したものが五念門行であるとする(『世親教学の体系的研究』二七四〜二七五頁参照)。

(3)『十地経』『荘厳経論』『摂大乗論釈』によるとする説

これは長谷岡一也「世親浄土論に於ける十地経的要素」（『印度学仏教学研究』六の二）の説で、礼拝門と讃嘆門は『十地経』「難勝地」により、作願門と観察門は『荘厳経論』「波羅蜜品」により、廻向門は『摂大乗論釈』によるとする。

(4)『十地経』『摂大乗論』によるとする説

これは藤堂恭俊『国訳一切経』の『無量寿経優婆提舎願生偈並註』（国訳・和漢撰述部四八）の脚註に示される説で、礼拝門および讃嘆門は『十地経』「難勝地」に関連し、作願門および観察門は『摂大乗論』の十八円浄説の第十六乗円浄に相当するという。

(5)『華厳経』によるとする説

これは顕意の『観経梯定記』「玄義分」巻第一（日仏全一一、九頁）による説で、顕意は『華厳経』に説くところの普賢菩薩の十大願と五念門との間に密接な関係があるとし、石井教導「蓮華蔵世界論」（『浄土学』第二二・二三合併号）もまたその見解を継承している。

(6)『十住毘婆沙論』によるとする説

これは福原亮厳「五念門五正行の体系的意味」（『真宗研究』第二輯）の中の一説で、龍樹の『十住毘婆沙論』巻第五の「除業品」に初地に至るための行業として、憶念、称名、礼敬、懺悔、勧請、随喜、廻向の七行を挙げるに注目し、それを五念門行成立の典拠として見るものである。

(7)『観無量寿経』によるとする説

これは良忠の『無量寿経論註記』巻第四（浄全一、三〇八～三〇九頁）の説で、良忠はそこで「経の中に具に答請自説の両段有り、論主は答請の意に依って五念門を立て、観察を正と為す」といって、五念門がひとえに『観無量寿経』の韋提希到請による定善十三観の経説に基づくものであるとする。なお大原性実「観無量寿経と浄土論」(『真宗教学の伝統と己証』四〇頁)はそれに賛意を表し、福原亮厳「五念門五正行の体系的意味」(『真宗研究』第二輯)もまた一説としてこの『観無量寿経』を推定している。

(8)『無量寿経』によるとする説

これは福原亮厳「五念門五正行の体系的意味」(『真宗研究』第二輯)の中の一説で、『無量寿経』の霊山現土の文に、礼拝、讃嘆、作願、観察の思想があることを指摘し、ここにも五念門行の根拠が見られるとする。また幡谷明「浄土論考」(『大谷学報』第四〇巻第四号)によると、それは『無量寿経』の「嘆仏偈」に対配されるとする。

(9)「浄土三部経」によるとする説

これは伝統の真宗教学の解釈の中で語られる説で、そこでは五念門行を約仏(法蔵菩薩の行)と約生(願生行者の行)とに分けて、約仏の行については『無量寿経』の諸文に対配し、約生の行については『無量寿経』『観無量寿経』『阿弥陀経』の諸文に対配している。そのことは誓鎧『浄土論宝積録』(巻下、七丁以下)および慧海『浄土論啓蒙』(真叢五、九一頁)などにことに明瞭である。

(10)世親の独創とする説

これは神子上恵龍「念仏往生と信心往生」(『真宗学』第六号)の説で、五念門行とは浄土教の菩薩道として、世親がまったく新たに独創したものであるとする。

二、世親における五念門行の創設

以上の如く、五念門行開説の思想背景として指摘される諸説はまことに多種多様である。このことはこの五念門の行道が、決して単一な思想背景に基づいて開説されたものではないことを物語るものであろうか。ともあれ、この『浄土論』における五念門行は多様な思想を背景として成立していったものと考えられるのである。しかしながら、それは根本的には、すでに上にもふれた如く、自らの仏教理解における基本的立場であった、瑜伽唯識教学の行道の中心をなす奢摩他、毘婆舎那、止観の行と共通するものであって、この五念門行の道は瑜伽の行道とさしたる距離がなかったことは充分に注意されるべきことである。そしてその点、この五念門行の直接的な根拠としては、すでに指摘されている如くに、『摂大乗論』の十八円浄説の中、ことに第十六の乗円浄に奢摩他、毘婆舎那、止観の行道を明かすものとの関連が思われるが、基本的にはやはり〈無量寿経〉の思想的展開として理解されるべきものであると考えられる。すなわち、すでに上の第一章「『無量寿経』における信の思想」の論考に際しても指摘した如くに、〈無量寿経〉の行道において修習されるべき行業の内容については、〈初期無量寿経〉ことに『大阿弥陀経』においては、きわめて詳細かつ明瞭に説示されていたが、〈後期無量寿経〉に至ると、その思想的展開にともなって、その全体的な綱格は継承されているとしても、修習すべき行業の内容についてははなはだ曖昧となり、具体的にはいかなる行業を修めるべきかは不明瞭になっているのである。しかし、このように修習すべき行業の内容が不明確であるということは、具体的な行道の実践の場合においては当然に問題となるところであって、ここにこの〈無量寿経〉を奉持して仏道を志求しようとするものにとっての、根本の課題があったわけであろう。かくてすでに第二章「龍樹浄土教における信の思想」においても見た如く、龍樹がその『十住毘婆沙論』の「易行品」において、この阿弥陀仏の教法を領解するに、その行道を信方便易行として、聞名に基づく、称名、憶念、礼敬の三業奉行の行道として捉えたものは、その課題に応えたものであるとうかがわれるのである。そしてまた、いまの世親の『浄土論』における五念門という行道の設定も、この龍樹と同様に、その浄土の行道における修習すべき行業の明確化という課題に対して、自らの基本的立場であった瑜伽唯識教学の行道に基づきつつ、奢摩他、毘婆舎那なる止観の行を中核とする行業として、新しく創唱し設定したものであろうと理解されるのである。

第三節　世親浄土教における信の思想

第一項　世親浄土教における信の性格

一、世親における信の基本的理解

世親浄土教における信について考察する場合、先ずその仏教理解の根本的な立場であった瑜伽唯識教学と、それに至る過程ともなった有部教学時代の『倶舎論』における信の思想についてたずね、世親における信についての基本的な理解を明らかにする必要があろう。

先ずその『倶舎論』(Abhidharmakośa) によると、

信とは心の浄らかさである。他の人々は（言う）（四つの）真理と、（三つの）宝（仏陀とその教法とその僧団）と、行為と（その）果報（との間の因果関係）と、に対する確信である、と。（桜部建訳『存在の分析』世界の名著二、三六八頁）

といっている。その玄奘訳『阿毘達磨倶舎論』巻第四によれば、

信とは心をして澄浄ならしむ。有が説く諦と宝と業と果との中において、現前に忍許するが故に、名づけて信と為す。（大正二九、一九頁b）

と明かしている。すなわち、そこでは信とは基本的には心の澄浄なることであると定義しているのである。この澄浄とは原語はprasādaであるが、prasādaとは、語源的には「鎮める、浄化する、喜悦する」ことを意味するものであって、それがcitta-prasādaと合成されると、心が穏やかに澄んで清浄となり、深い喜びの感じられる状態をあらわすこととなる。かくてこの語は、漢訳では清浄、澄浄、浄心、心清浄と訳され、さらにはまた信心、浄信、信楽などとも訳されているのである。[20] そしてこのprasādaとは、また原始経典では禅定（samādhi）に共通し、それに重層する意味をもつものであったという指摘は注意されるべきことである。[21] ことにこのような心の澄浄については、『入阿毘達磨論』巻上に、

信は謂わく心をして境において澄浄ならしむ。謂わく三宝因果相属有性等の中において、現前に忍許する故に名づけて信となす。是れ能く心の濁穢の法を除遣す。清水珠を池内に置けば濁穢の水をして皆即ち澄浄ならしむるが如し。是の如く信の珠心池に在らば心の諸の濁穢は皆即ち除遣す。（大正二八、九八二頁a〜b）

と釈する如く、それはあたかも清水珠がそれ自体清浄にして、しかもそれを濁水の中に入ればそれを澄浄な水にかえしめるように、この心の澄浄とは、あらゆる貪瞋煩悩の濁心をことごとく清浄澄潔ならしめるところの、煩悩の諸垢を遠離せる清浄にして寂静なる心の状態を意味するものであった。かくてここでいう信が心の澄浄なることであるということは、信について普通一般に考えられている如き、絶対者に対する熱烈な依憑の心情とか、または不確実なものに対する対象的いちずな確信の態度とは、はるかに相違するものであるといわねばならないであろう。

しかしながら、世親はまたこの『倶舎論』において、信の性格を明かすについて、前引の文の如くに、その心の澄浄とは別に、さらに他説として第二義的に、信とは四諦と三宝と行為とその果報とに対して、現前に忍許し確認することであるとも明かしている。ここでいう現前忍許、確認とは、その原語はabhisaṁpratyayaであって、それ

は語源的には「同意する、認許する」ことで、そのものに対して同意し、確認する心的態度を意味し、漢訳では信解、深信解、忍可、現前忍許、極正符順などと訳されているものである。(22) かくていま世親が信の性格をかかる現前忍許であると規定することは、信とはまた三宝、四諦などに対して、それを明確に決定是認することを意味するものであって、そこでは信とは特定の対象についての、知的な領解確認の態度として理解されていることが知られるのである。すなわち、世親の『倶舎論』においては、信とは基本的には心の澄浄なることであって、煩悩の垢濁を遠離した清浄にして寂静なる心の状態を意味するとともに、それはまた第二義的には、三宝、四諦などに対してそれを明確に是認してゆくところの、知的な領解確認の態度を意味するものでもあったといいうるのである。そしてこのような信についての理解は、すでにそれ以前の初期の阿毘達磨論書にも見られるものであって、たとえば『阿毘達磨集異門足論』巻第十三には、信を解説するについて、

浄信とは云何、答う若し出離遠離が所生の善法に依る諸信の信の性は、随順性、印可性、已愛楽、当愛楽、現愛楽性、心清浄性の故に浄信と名づく。（大正二六、四二二頁c）

と明かしているのである。(23) ここでは信の性格を随順性、印可性、愛楽性、心清浄性と示しているが、『倶舎論』が信の性格を心の澄浄なることと現前忍許であると明かすものは、その中の印可性と心清浄性を承けたものであることは明瞭であろう。

そしてまた世親の瑜伽唯識教学における信に対する理解については、その『大乗五蘊論』には、

云何が信と為す、謂わく業と果と諸諦と宝との中において極正符順にして、心の浄なるを性と為す。（大正三一、八四八頁c）

と説いて、そこでも信の性格は心の澄浄なることと、極正符順（現前忍許）なることであるとするのであって、そ

れは『倶舎論』における理解とまったく同一である。またこの唯識教学における信の理解については、さらに安慧の『唯識三十頌釈』によると、

信とは業と果と諦と宝とに対する信認と心の澄浄と願楽とである。信は三種として起るからである。（即ち）有徳或いは無徳の実事に対しては信認の行相があり、有徳の実事に対しては澄浄の行相があり、（滅諦を）証得しうべき、或いは（道諦を）生ぜしめうる、能力ある有徳の実事に対しては願楽の行相がある（信が起るからである）。（山口益、野沢静証訳『世親唯識の原典解明』二六四頁）

と明かして、その信の性格を三宝、四諦などに対する信認と、心の澄浄と、願楽の三種として捉えている。このこともまた『倶舎論』および『大乗五蘊論』を承けているものであって、ことに信の性格として願楽を挙げるものは、上に見た『阿毘達磨集異門足論』などに連なる理解であると思われる。また護法の『成唯識論』巻第六によれば、

云何なるを信と為すや、実と徳と能とにおいて、深く忍じ楽欲して心を浄ならしむるをもって性と為し、不善を対治し善を楽うをもって業と為す（中略）忍とは謂わく勝解なり、此れ即ち信の因なり。楽欲は謂わく欲なり、即ち是れ信の果なり。確かに此の信の自相を陳れば是れ何ぞや、豈に適に言わずや、心を浄ならしむるをもって性と為す。（大正三一、二九頁b～c）

と示しているが、ここでもまた信の性格を信認と楽欲と心清浄として理解しているのである。ただし、この護法においては、その中、心の清浄性をまさしき信の自相と捉えて、その信認性は信の因とし、楽欲性は信の果として明かしていることは注意されるところである。(24) そしてまた、この信の自相としての心の澄浄については、『唯識三十頌釈』によれば、

心の澄浄とは信は心の昏濁と相違するものである。これに由って（信が）それ（心）と相応するときには煩悩

と随煩悩という垢の昏濁と離れる。依って心が信に合えば澄浄となる故に（信は）心の澄浄と称せられる。

（山口益、野沢静証訳『世親唯識の原典解明』二六五頁）

と説き、また『成唯識論』巻第六には、

此れは性澄浄にして能く心等をして浄ならしむるに、心は勝れたるをもっての故に心浄という名を立てたり。水清珠の能く濁水を清むるが如し。（大正三一、二九頁c）

と明かしている。信の性格としての心の澄浄とは、煩悩雑染の昏濁を離れたところの清浄なる心の状態を意味するというわけである。その点、上に見た『入阿毘達磨論』における理解と共通するところである。

かくして、世親における信についての基本的な理解は、信のまさしき性格としては心の澄浄なることであって、それは煩悩雑染の諸垢を遠離したところの状態を意味するものであり、またその第二義的な性格としては現前忍許、極正符順として、三宝、四諦などに対して、明確に信認決定する態度を意味するものであった。そしてこのような信についての理解は、すでに上にも見たところの仏教における信の基本的性格と共通するものであって、それはまた龍樹における信の思想とも重なるものであった。そしてそのことからすると、この心の澄浄とは、すでに如実知見なる慧の領域に属するものであって、それはまた仏道における究竟の意味を担っているわけであり、それに対して現前忍許、極正符順なる信認性とは、仏道における能入初門の意味をもつものといいうるようである。すなわち、世親における信とは、煩悩垢濁を遠離した心の澄浄なる状態の意味と、三宝、四諦などに対するところの知解的信認としての心的な態度の意味があって、それは信認決定なる信を初門とし、心の澄浄なる信を究竟とするところの、初門から究竟への構造をもつものとして理解されるべきものであったわけである。その点、『成唯識論』が信を解釈するについて、心の清浄性をまさしき信の自相とし、その信認性をもって信の因であると明かしていることは充分に意味あることと思われる。

二、一心帰命をめぐる伝統的解釈の問題

次に世親の浄土教における信の思想について見ることとするが、その『浄土論』における信について論じられる場合、先ず問題になるのは、その冒頭に掲げられている、

世尊よ我れ一心に尽十方無礙光如来に帰命し、安楽国に生ぜんと願ず。(大正二六、二三〇頁c)

という建章の句である。この文は従来の伝統的真宗教学の解釈においては、本願文および本願成就文を承けたものであって、「帰命尽十方無礙光如来」とは本願文の「至心信楽」、成就文の「信心歓喜」に相当し、「願生安楽国」とは本願文の「欲生我国」、成就文の「願生彼国」に応じて、その本願の三心を合してここに一心を掲げたものであり、それは世親の阿弥陀仏に対するところの、三心即一なる無疑決定の信心を表白したものであると理解しているのである。しかしながら、そのことは親鸞のこの『浄土論』に対するまったく独自なる主体的領解に基づいた、教学的な解釈にほかならないものであって[25]、それをもってただちに『浄土論』の本意とすることには問題がある。いまその当意に即して考察をすすめるならば、その一心については、『浄土論』の原典にはたしてその相当語が存在したかどうか、また存在したとしてもそれがいかに記されていたかは疑問の残るところである。またこの一心とは仏教教学一般においてもしばしば用いられる語であって、その意義もすこぶる多岐に亘るものであるが、大別すれば、教理解釈上から法界諸法の体相について語るものと、仏道実践上から出離得脱の行道について語るものとの、二面に分けて見ることができるようである。いまの場合は、もとよりその後者に属する所談であるが、それについてもまた多義があるものの、もっとも基本的には、一とは専一無二の意味、心とは思念の意味にして、安心を定め

行業を修するについて、思念専一にして他想に乱れないことを意味するものといいうるのである。いまの『浄土論』における一心の用語については、この建章の句以外にも、

云何が作願する心常に作願す、一心に専ら畢竟じて安楽国土に往生せんと念じて、（大正二六、二三一頁b）

入の第三門とは一心に専念し作願して彼に生まれて奢摩他寂静三昧の行を修するを以っての故に。（大正二六、二三三頁a）

二者彼の応化身は一切の時に前ならず後ならず、一心一念に大光明を放ちて、（大正二六、二三二頁b）

の三文にも見ることができるのである。前の二文は初めは五念門の文、後は五果門の文であるが、そこで用いられる一心の語は、ともに作願、奢摩他の行の在り方について示したものであり、ともに「一心専念」と熟字される如くに、専念を修飾する語として専一無二なる思念を意味するものと理解されるのである。また後の一文は菩薩荘厳功徳の文にして、浄土の菩薩の一念遍至の徳について明かすに用いられる語であって、菩薩が異念他想なき心をもって、一念同時に遍く十方に至って種々の仏事をなすことを説くものである。よってこれらの三文における一心の語は、前の二文が奢摩他の行の在り方について示し、後の一文が浄土の菩薩の徳について明かすという相違はあるとしても、いずれもそれは基本的な意味では、専一無二なる思念のことを表詮するものといいうるのである。そのことからすれば、建章の句における一心もまたその当意としては、それらと同一な意味内容をもっていると理解すべきであって、それのみに信心としての特殊な意味を見ることは困難であろう。かくしてそれはすでに先学によっても指摘されている如くに、専一無雑なる思念を意味する副詞句として、次の帰命に連なり、それを修飾するものとうかがうべきであろう(26)。

またその帰命の語についても、元来それは namas（南無）の訳語として多様な解釈が施されているところであ

るが、普通には大別して、自己の全身命を捧げて三宝に帰趣帰向し、その帰依の至情によって三宝の冥加を乞加するところの趣向性命の義、[27]如来の教命を恭敬してそれに随順するところの敬順教命の義、[28]衆生の迷妄なる命根を翻じて、その本源としての法性真如に還帰するところの還源命根の義の、[29]三義に区分して理解されている。ところで、いまの『浄土論』の帰命の意味については、世親のその他の著作を検すると、それらの多くの冒頭には、『浄土論』と同様に帰敬の偈がおかれてあり、しかもその文にはまた多く、帰命もしくはそれと同義語である、南無ないしは頂礼の語を見ることができるのである。すなわち、

釈迦牟尼仏に帰命す。（『勝思惟梵天所問経論』巻第一、大正二六、三三七頁a）

無量功徳身に帰命す。（『金剛般若波羅蜜経論』巻上、大正二五、七八一頁b）

故に我れ至誠の身語思をもって無倒帰命礼を頻修す。（玄奘訳『摂大乗論釈』巻第一、大正三一、三二一頁b）

正覚海浄法無為僧を頂礼し（中略）過未世現在仏菩薩に帰命す。（『妙法蓮華経憂波提舎』巻上、大正二六、一頁a）

三世尊無上功徳海を頂礼し（中略）是の故に我れ清浄深法蔵に帰命し（中略）我等皆南無す。（『遺教経論』大正二六、二八三頁a）

是の如き正覚の慈悲尊を頂礼す。（『文殊師利菩薩問菩提経論』巻上、大正二六、三二八頁a）

法門等最勝を頂礼し妙義を解す。（『十地経論』巻第一、大正二六、一二三頁b）

我れ身口意を以って仏世尊を頂礼し（中略）智と信心に由って真実法を頂礼し（中略）我れ一心に仏聖弟子衆を頂礼す。（真諦訳『摂大乗論釈』巻第一、大正三一、一五三頁c）

などがそれである。ここで世親が帰命といい、南無といい、また頂礼というものは、すでにそれらの文について明

瞭な如く、いずれも仏ないしは三宝に対して、至誠なる帰向帰順の態度を表白したものであって、それは前に見たところの帰命の三義の中でいえば、ことに趣向性命の義および敬順教命の義に相当するといいうるであろう。したがっていまの『浄土論』における帰命の語も、またそのこととあわせて考えるならば、それがひとえに阿弥陀仏に対するものであるとしても、それらと同様な意味内容をもつものであると理解されるのである。かくしてこの帰命とは、阿弥陀仏に対する明確な帰依帰向の態度を詮わすものであって、それはただちに究竟の信心に相当するものとはいいえないであろう。しかしながら、それが如来に対する至純な帰依の態度を意味するところ、またこの帰命とは、より積極的に表現するならば、上に見たところの世親における第二義的な信の性格としての、現前忍許、極正符順なる能入位の信の意味を含んでいるともいうことができるようである。

三、『浄土論』における生信心の意味

そこでさらに『浄土論』における信の当意をたずねることとするが、『浄土論』においてはその全文を通じて、ただ一か所にのみ「信心」の語が見出されるのである。すなわち、

論じて曰わく、此の願偈は何の義をか明かす。安楽世界を観じて阿弥陀仏を見たてまつり、彼の国土に生ぜんと願ずるが故に。云何が観じ云何が信心を生ずる。若し善男子善女人五念門を修して成就すれば、畢竟じて安楽国土に生じて彼の阿弥陀仏を見ることを得る。（大正二六、二三一頁b）

と明かす文においてである。この文は上の偈頌を承けて、その大意が、まさしく阿弥陀仏と浄土とを観見し、もって浄土に往生せんことを願求するものであることを示し、次いでその浄土往生の行道としての観見願生の内容について、「云何が観じ云何が信心を生ずる」と徴問し、それに答えて、善男子善女人にしてよく五念門行を修習しそ

れを成就すれば、畢竟じて彼の浄土に往生をうることができると明かしたものである。そして『浄土論』では、この文に次いで五念門行について論述してゆくのであるが、その五念門行とは、すでに上においても見た如くに、礼拝門、讃嘆門、作願門、観察門、廻向門の五種の行業であり、それが作願、観察の奢摩他、毘婆舎那なる止観の行を中核とする行道であって、それは上にいうところの「云何が観じ」の徴問に答えて説くものであることは明瞭であるが、次の「云何が信心を生ずる」の徴問に対しては、直接に信心の語を出して答える文は見当らない。その意味において、この「云何が観じ云何が信心を生ずる」という文について、それは随法行の菩薩と随信行の菩薩の行道を示すもので、「云何が観ず」とは利根なる随法行の菩薩の行道についていい、「云何が信心を生ずる」とは鈍根なる随信行の菩薩の行道についていうもので、いまの『浄土論』はその利根なる随法行の菩薩道について説くものであるところ、その随信行の菩薩の行道は問いのみにして、それについての論述は省略したのであるとする見解がある。[30] しかしながら、はたしてこの止観の行業について随法行と随信行の行道に区分し、この『浄土論』の行道が利根なる随法行の行道のみを明かしているといいうるであろうか。すでに上に述べた如くに、『浄土論』に明かされる五念門行とは、基本的には在家者を中心とするところの、「善男子善女人」なる凡夫菩薩の浄心の成就をめざす行道であると理解され、世親もまた、自らの基本的立場とする瑜伽唯識の行道の至難性と長時性への反省に基づいて、よく仏願力に支持される道としての阿弥陀仏の行道に帰依し、この『浄土論』を述作したと理解する立場からすれば、はなはだ首肯しがたいところである。そこでこの「云何が信心を生ずる」という徴問に対する応答について、『浄土論』の文をさらに詳細に検すると、信心そのものの語は見当らないとしても、それに相当する内容をもつものと推察される語が数種も見出されるのである。すなわち、仏荘厳功徳成就について、

即ち彼の仏を見れば、未証浄心の菩薩畢竟じて平等法身を得て浄心の菩薩と異なること無し。浄心の菩薩は上

地の諸菩薩と畢竟じて同じく寂滅平等を得る故に。（大正二六、二三二頁a〜b）

と説く文の中の「浄心」という語、またその廻向門において、

是の如く菩薩は奢摩他と毘婆舎那とを広略に修行して柔軟心を成就す。（大正二六、二三二頁c）

と明かす文の中の「柔軟心」という語、また三種の随順菩提門の法を明かすについて、

菩薩は是の如き三種の菩提門相違の法を遠離して、三種の随順菩提門の法を満足することを得る故に、何等かを三種とす。一者無染清浄心なり、自身の為めに諸の楽を求めざるを以っての故に。二者安清浄心なり、一切衆生の苦を抜くを以っての故に。三者楽清浄心なり、一切衆生をして大菩提を得しめるを以っての故に。衆生を摂取して彼の国土に生ぜしむるを以っての故に。是れを三種の随順菩提門の法を満足すと名づく。応に知るべし。（大正二六、二三二頁c）

と明かす文の中の、「無染清浄心、安清浄心、楽清浄心」なる「清浄心」という語、そしてまたこの三種の清浄心について明かすに、

向に説く無染清浄心と安清浄心と楽清浄心と此の三種の心は、略して一処に妙楽勝真心を成就す。応に知るべし。（大正二六、二三二頁c）

と説くところの「妙楽勝真心」という語、そしてまた上引の文を承けて往生の因を明かすに、

是の如く菩薩は智慧心と方便心と無障心と勝真心とをもて、能く清浄の仏国土に生ず。応に知るべし。（大正二六、二三三頁a）

と示す文の中の、「智慧心、方便心、無障心、勝真心」という語などがそれである。かくして、この『浄土論』において信心にかかわるものと推定される語としては、「浄心」「柔軟心」「清浄心」「妙楽勝真心」および「智慧心、

方便心、無障心、勝真心」が見出されるわけである。

そこで以下それらの語についての検討をすすめてゆくこととする。先ずその「浄心」の語についてであるが、この文は五念門の止観の行によって見仏をうるならば、未だ浄心を証しえない菩薩もついには浄心をえて、平等法身を証することができ、それはさらには上地の菩薩と同じく、寂滅平等の法を覚証することができるということを明かすものであって、その未証浄心の菩薩とは、「善男子善女人」と呼ばれるところの凡夫菩薩であろうことは、すでに上において指摘した如くである。そしてこの浄心とは、原語としてはcitta-prasādaが推定されて、心の澄浄なることを意味し、それはまたすでに上において考察した如く、世親がその『倶舎論』や『大乗五蘊論』において、信の基本的な性格として明かしたところの心澄浄(citta-prasāda)と同じであって、それはまた信心とも訳されるべきものであると思われる。そしてそのことはまた煩悩の諸垢を遠離した清浄にして寂静なる境地を意味し、如実知見なる慧の領域に属するものであることも上に見た如くである。その点、『浄土論』において、この浄心をうることに即して平等法身を証することが語られる所以でもあろう。かくしてここで阿弥陀仏を見仏することをうれば、未証浄心の菩薩もついには平等法身をえて浄心の菩薩と等しいということは、この五念門行を修習することにおいて見仏をうるならば、心の澄浄の境地に至って如実知見をうることを明かし、それはまたさらにいうならば、止観に基づいて心澄浄なる信心を成じてゆくことを意味するものであろう。そのことは龍樹についていうならば、その『十住毘婆沙論』「易行品」に、

若し人善根を種えて疑えば則ち華開けず、信心清浄なる者は華開けて則ち仏を見る。(大正二六、四三頁b)

と説いて、聞名に基づく三業の奉行によって、心の清浄なる境地としての初地不退転地に到達し、見仏をうると明かすことに連なるものであろうと思われる。

次の「柔軟心」については、この文は五念門行の中、作願門と観察門、奢摩他、毘婆舎那なる止観の行を修習することによって柔軟心をうるというのである。そしてこの柔軟心の原語としては citta-karmaṇyatā が推定されているが[31]、この世親の『浄土論』を訳した菩提流支が、同じく世親の著作である『十地経論』を訳しており、その『十地経論』の中で、経文について「柔軟心」（巻第三、大正二六、一四一頁b・巻第四、大正二六、一四五頁b）および「軟心」（巻第六、大正二六、一六一頁b・c）と訳す語が見出されるが、その原語を梵本『十地経』で検索すると、それは mṛdu ないしは mṛducitta であることが知られるのである[32]。かくていまはその原語としては mṛducitta を想定することができるようである。そしてこの柔軟心とは、『十住毘婆沙論』巻第一三によれば、

柔軟とは剛強麁悪ならざるなり、菩提是の柔軟心を得れば種々の禅定を生じ、また諸の善法を修習す。諸法実相を観ずれば心則ち堪用なり。心堪用の用に伏心を生ず。（大正二六、九四頁b）

と明かし、また世親の『勝思惟梵天所問経論』巻第二には、

その心柔軟とは、謂わく諸の菩薩三昧三摩跋提を得るをもって自在力あり、巧方便をもって勝妙境界を転起す。（大正二六、三四三頁b）

と説く如くに、それは惛沈と掉挙の煩悩を遠離した、剛強麁悪ならざる安穏柔和の心のことである。しかもかかる柔軟心をうれば、あたかも水静まって月影を宿す如く、無分別智の正慧朗然と起って、諸法を実相の如くに観じ、またその故に世間に向かって利他行としての巧方便を行ずることとなるというのである。『浄土論』がこの柔軟心をえて、

実の如く広略の諸法を知る。是の如く巧方便廻向を成就する。（大正二六、二三二頁c）

と明かすものは、まさしくそのことを意味するものであろう。そしてまたこの柔軟心とは、『十地経』によれば、

彼はかくの如く、誓願を善く成就し、堪能心、柔軟心ありて、不壊の信心あり。[33]（龍山章真訳註『梵文和訳十地経』三一頁）

と説いているが、このことからすれば、この柔軟心とは信（śraddhā）を意味し、それはまたさらにいうならば、先学の指示される如く、諸々の煩悩雑染を遠離せる清浄なる心としての信心（citta-prasāda）の意味をもつものでもあったと理解されるのである。[34]かくしてここで奢摩他、毘婆舎那を修習して柔軟心を成ずるということは、すなわち、この五念門の止観の行を修することによって、清浄なる心としての信心を成就してゆくことを意味するものであったといいうるのである。

次の「無染清浄心、安清浄心、楽清浄心」なる三種の清浄心については、この文は上の柔軟心を成就することに基づいて、さらに廻向門なる巧方便廻向の利他行を修習することによって、次第に貪着自身心、無安衆生心、恭敬自身心の三種の菩提門相違の法を遠離し、無染清浄心、安清浄心、楽清浄心の三種の随順菩提の法を満足成就してゆくことを明かすものである。そしてこの清浄心の原語についてはvyavadāna-cittaとも推定されているが[35]、それはまた煩悩の濁穢を遠離せるところの浄潔なる心を意味して、畢竟は上に見たところの心の澄浄（citta-prasāda）に相当するものであるともうかがわれる。かくてそのことからすれば、この廻向門としての巧方便廻向の利他行を修習して、三種の清浄心をうるということは、またこの廻向門を修めて澄浄なる心としての信心を成就してゆくことでもあると理解されるのである。

また次の「妙楽勝真心」については、それは『浄土論』に、

向に説く無染清浄心と安清浄心と楽清浄心と此の三種の心は、略して一処に妙楽勝真心を成就す。（大正二六、二三二頁c）

と説く如くに、上に見た三種の清浄心を一処に帰一して妙楽勝真心と呼んだものである。その原語は先学によれば sad-adhimukti-adhyāśaya-tattva-citta と想定されているが[36]、それが三種の清浄心を一心に摂めて詮わしたものである以上、それもまた帰するところは清浄なる心（citta-prasāda）としての信心を意味するものであろう。

そしてまた次の「智慧心、方便心、無障心、勝真心」については、この文は菩薩はこの四種の心を成就することによって、よく阿弥陀仏の浄土に往生をうることを明かすものである。そこでこの四種の心がいかなるものであるかについては、その中の智慧心と方便心とは、上に見た柔軟心が宿すところの内容としての無分別智と清浄世間智、すなわち、般若と方便を意味するものであり、その無障心とは上に見た三種の菩提門相違の法を遠離せる心としての、清浄心を意味するとも理解されるし、あるいはまた、この智慧心と方便心と無障心の三心は、上に説く無染清浄心、安清浄心、楽清浄心なる三種の清浄心が、智慧、慈悲、方便の三門に対配して明かされるところ、その三門、三種の清浄心に配して明かしたものとも理解されるようである。いずれにしても、それは上に見た浄心、柔軟心、清浄心と明かされるところの信心（citta-prasāda）の属性について説かれたものであると思われる。そして後の勝真心とは、上に説かれる妙楽勝真心を承けるものであろうことは明白である。そしてこの智慧心、方便心、無障心、勝真心とは、たんに並列的に捉えられるべきものではなくて、智慧心から方便心、さらには無障心への展開において、妙楽勝真心を成就してゆくことを意味するものであると理解されるべきであろう[37]。とするならば、この智慧心、方便心、無障心、勝真心によって浄土に往生をうるということは、五念門行を修習することによって、次第に柔軟心、清浄心を成じること、さらにいうならば、智慧心、方便心、無障心、勝真心を成じ、帰するところはその妙楽勝真心を成就することにおいて、それを因として阿弥陀仏の浄土に往生をうることを明かしたものであると理解されるのである。

かくして上に見た如く、浄心、柔軟心、清浄心、妙楽勝真心のいずれもが、五念門行の修習に基づいて次第に成就されてゆくものであり、またそれがいずれも澄浄なる心としての信心（citta-prasāda）を意味し、それがまた浄土往生の因となるということにおいて、『浄土論』の長行の初めに、

云何が観じ云何が信心を生ずる。若し善男子善女人五念門を修して成就すれば、畢竟じて安楽国土に生じて彼の阿弥陀仏を見ることを得る。（大正二六、二三一頁b）

と説くところの「信心を生ず」とは、これらの浄心、柔軟心、清浄心を意味し、さらにはまた、まさしくはこの妙楽勝真心の成就をさすものであろうと思考されるのである。

第二項　世親浄土教における信の地位

一、起観生信の道

かくしてこのように浄心、柔軟心、清浄心、妙楽勝真心は、いずれも本質的には澄浄なる心としての信心を意味するものであって、それらはすべてその長行の冒頭に掲げる、「云何が観じ云何が信心を生ずる」（大正二六、二三一頁b）という徴問に答えて明かされたものであるとするならば、この『浄土論』において開説された浄土の行道とは、まさしく起観生信の道として、五念門行を実践修習すること、その奢摩他、毘婆舎那の止観の行を修めることによって、次第に信心を成就して浄土に往生をうる行道であるといいうるのである。すなわち、『浄土論』では五念門の止観の行道を説きながら、しかも同時に、その行道の修習の過程にしたがって、浄心、柔軟心、清浄心、妙楽勝真心などと異なった名称は与えられているものの、それは畢竟ずるに諸々の煩悩の垢濁を遠離するところの

澄浄な心としての信心を意味するものであり、その行道の実践に基づいて、この信心が成就されてゆくことを明かしているわけである。そしてまたこの五念門行の修習によって「信心を生ず」と明かされるところの「生ず」とは、世親における信の理解からすれば、世親においてはすでに上に考察した如く、三宝四諦などに対するところの対象的、知解的な忍許決定としての信が考えられていて、それは第一義的な信の意味をもつところの心の澄浄としての信心に対しては、能入位、初門の意味をもつものであって、『浄土論』についていうならば、建章の句に「一心帰命」と明かされるところの、仏陀に対する一向専至なる帰依の態度に相当するものであった。そしてそれに対して、世親における第一義的なまさしき信の意味をもつ澄浄なる心としての信心とは、『浄土論』においていえば、浄心、柔軟心、清浄心、妙楽勝真心などと詮わされるものであることは、すでに論考した如くである。そしてここに浄土の行道として開説された五念門行が、ひとえにかかる仏陀に対する一心帰命なる至純な帰依の態度としての信に基づき、それを前提として実践されるものであり、しかもまたすでに見た如く、この五念門行を修習するところ、次第に澄浄なる心としてのまさしき信心が成就されてゆくものであることからすれば、この「信心を生ずる」ということは、かかる一心帰命なる信に基づきつつ、しかもまた五念門行の実践によって、さらにはまた阿弥陀仏の本願力の住持によって、次第に澄浄なる心としての信心を生成徹底せしめ、それを成就してゆくことを意味するものと理解されるべきであろう。

二、龍樹浄土教における聞名の道と世親浄土教における観仏の道

かくして世親浄土教における行道とは、基本的には、

一心帰命――五念門行――生信心――→往生

ともいうべき道であって、それはまさしく起観生信としての信心成就の道であったわけである。そしてその行道が畢竟ずるに、澄浄なる心としての信心を成就する道であるところ、それはまた龍樹浄土教における行道が、信方便易行の道として、ひとえに信心清浄なる見仏の境地をめざすものであったことと共通するものであって(38)、龍樹浄土教がことに阿弥陀仏を名号として捉えて聞名の道を説き、世親浄土教がことに阿弥陀仏を色身として捉えて観仏の道を明かす相違はあるとしても、その行道の基本的な構造は相似して、ともに澄浄なる心（citta-prasāda）としての信心成就をめざす行道を明かしていることはとくに注目されるべきであろう。

註

（1）曇鸞『往生論註』巻上、真聖全一、二八〇頁。

（2）山口益『無量寿経優波提舎願生偈の試解』一七頁参照。

（3）ただし、この文は真諦訳のみにあって、他の二訳、達摩笈多・行矩共訳および玄奘訳には、それに該当する文は見当らない。

（4）ただし、この文は仏陀扇多訳のみにあって、他の二訳、真諦訳および玄奘訳にはその相当文は見当らない。

（5）智光『無量寿経論釈』巻第一（『仏教大学研究紀要』第三四号、恵谷隆戒復元本）。

（6）南条文雄『大明三蔵聖教目録』（A Catalogue of the Buddhist Tripitaka）p.58 No.198 によると『観無量寿経』の経名を訳して Buddhabhāshitāmitāyurbuddha-dhyāna(?)-sūtra とする。

（7）ただし早島鏡正「浄土教の清浄業処観について」（『干潟博士古稀記念論文集』）によれば、『観経』はインド仏教における清浄業処観に基づいて開説されたもので、インドにおいて成立したものであるとされる。

（8）望月信亨『浄土教の起原及発達』三一三～三一四頁。藤田宏達『原始浄土思想の研究』二一〇頁以下参照。

（9）平川彰『初期大乗仏教の研究』二四二頁以下参照。

（10）横超慧日『浄土教の兼為聖人説』（『印度学仏教学研究』三の二）。

（11）この文は真宗聖教全書本（常楽寺蔵存覚写本）では「彼の仏を見れば未証浄心の菩薩、畢竟じて平等法身を証することを得て、浄心の菩薩と上地の諸の菩薩と畢竟じて同じく寂滅平等を得る故に」（真聖全一、二七四頁）となって大正大蔵経本に比較すると脱文錯誤がある。本願寺蔵親鸞加点（『往生論註』）本も同文であるが、この文についてはまた『安楽集』巻下に取意して、「十方の人天彼の国に生ずる者は浄心の菩薩と無二なり。浄心の菩薩は即ち上地の菩薩と畢竟じて同じく寂滅忍を得る故に更に退転せずと」（真聖全一、四三三頁）と述べている。この文にも留意すべきである。なお『浄土論』の本文については、その他真宗聖教全書本と大正大蔵経本との間には種々出没があって一様でないが、その照合はすべて省略した。また本論考における『浄土論』の本文の引用はすべて大正大蔵経本によることとする。

(12) 山口益「龍樹・世親における浄土思想」『仏教の根本真理』六一七～六一八頁。幡谷明「浄土論の五念門について」『印度学仏教学研究』五の一。

(13) ただし達摩笈多・行矩共訳および玄奘訳では、いずれもこの清浄意行地（浄心行、清浄増上意楽行）を六地、七地に配している（大正三一、三〇四頁b、三六〇頁b）。山田龍城『大乗仏教成立論序説』三〇五頁参照。

(14) 上田義文『仏教思想史研究』一二頁以下参照。

(15) 上田義文『仏教思想史研究』二二八頁以下参照。

(16) 稲津紀三『世親唯識説の根本的研究』一六〇頁。

(17) この文の訓については問題があるが、いまは望月信亨『中国浄土教理史』（八〇頁）の見解にしたがって「如実に相応を修行せんと欲するが故に」と読んだ。

(18) 望月信亨『略述浄土教理史』五八頁参照。

(19) 『摂大乗論』（真諦訳）巻下（大正三一、一三一頁c）、『摂大乗論釈』（真諦訳）巻第十五（大正三一、二六三頁c）参照。

(20) 『梵和大辞典』九、八七八頁。

(21) 藤田宏達「原始仏教における信の形態」『北海道大学文学部紀要』六。

(22) 『梵和大辞典』一〇、一一二頁。

(23) その他の論書によると、『阿毘達磨法蘊足論』巻第十には「云何が信根なる、謂わく出家遠離が所生の善法に依りて起す所の諸の信、信の性、現前の信性、随順、印可、愛慕、愛慕性、心の澄浄、是れを信根と名づく」（大正二六、四九九頁b）、『阿毘達磨品類足論』巻第三には「信とは云何、謂わく信の性、増上信性、忍可、欲作、欲為、欲造、心の澄浄の性、是れを名づけて信と為す」（大正二六、七〇〇頁a）と明かしている。

(24) この信における勝解と楽欲の因果関係については、後世それが時間的に同時であるか異時であるかをめぐって種々に論じられた。窺基『成唯識論述記』巻第六本、智周『成唯識論演秘』巻第五本、恵沼『成唯識論了義灯』巻第五本などにはそれについて述べている。それらによると同時と異時の両説が見られるが、後には多く同時と考えられるようになったようである。

(25) 親鸞はこの一心について「信文類」に「問ふ如来の本願已に至心信楽欲生の誓いを発したまへり、何を以っての故に論主一心と言ふや。答ふ愚鈍の衆生解了し易からしむるがために、弥陀如来三心を発したまふと雖も涅槃の真因は唯信心を以ってす。この故に論主三を合して一となせるか。(中略)是の故に論主建に一心と言へるなりと」(真聖全二、五九頁)と示し、また『尊号真像銘文』には「一心といふは教主世尊のみことをふたごころなくうたがひなしとなり。すなわち、これまことの信心なり」(真聖全二、五六四頁)と明かして、それがまさしく三心即一せるところの本願の信心を意味すると領解し、またその帰命については、『尊号真像銘文』に「帰命は南無なり、帰命とまふすは如来の勅命にしたがひたてまつるなり」(真聖全二、五六四頁)と示して、それがまさしく本願の信心を詮わすものであると理解している。

(26) 大原性実『真宗教学史研究』第一巻、六二頁。

(27) 法蔵『大乗起信論義記』巻上「帰とは是れ趣向の義、命とは謂わく己身の性命なり、生霊の重んずる所此れより先と為すはなし。此れ論主の不壊の信を得て己の重ずる所の命を尽し、三宝に帰向して加を請い製述することを明かす故に帰命と言う」(大正四四、二四六頁c)。

(28) 法蔵『大乗起信論義記』巻上「帰は是れ教順の義、命は謂わく諸仏の教命なり、此れ論主如来の教命を敬奉して伝法利生することを明かす」(大正四四、二四七頁a)。

(29) 元暁『起信論疏』巻上「帰命とは還源の義、所以は衆生の六根一心従り起りて自原に背きて六塵に馳散す、今命の六情を総摂するを挙げて其の本の一心の原に還源する故に帰命と曰う」(大正四四、二〇三頁b)

(30) 工藤成性『世親教学の体系的研究』二九一頁以下参照。

(31) 山口益『無量寿経優波提舎願生偈の試解』一六五頁。

(32) Rahder:Daśabhūmikasūtra (Paris, 1926) p.17, p.22, p.40.

(33) 龍山章真訳註『梵文和訳十地経』三一頁。なお漢訳(尸羅達摩訳)の『十地経』では「菩薩は是の如く已に諸の大誓願を発し、堪能心並びに柔軟心及び調柔心を得て、浄信を成就す」(大正一〇、五三九頁c)と説き、また世親の『十地経論』巻第三では、それについて「菩薩は決定して是の如き諸の大願を発し已りて、則ち調順心と柔軟心を得る。是の如く則ち信を成ずる者」（大正二六、一四一頁b）と釈している。

(34) 山口益『無量寿経優波提舎願生偈の試解』一六六頁。
(35) 山口益『無量寿経優波提舎願生偈の試解』一七〇頁。
(36) 山口益『無量寿経優波提舎願生偈の試解』一七〇頁。
(37) 山口益「龍樹・世親における浄土思想」『仏教の根本真理』六二六頁参照。
(38) 本書、第二章「龍樹浄土教における信の思想」参照。

第四章　曇鸞における信の思想

第一節　曇鸞の基本的立場

第一項　曇鸞における著作の問題

中国浄土教の啓拓者としてひろく讃仰される先達に曇鸞（四七六～五四二?）がある。曇鸞は北魏の時代に北中国に生まれ、出家して始めに鳩摩羅什、僧肇系の般若中観仏教、四論の教学を修め、また曇無讖系の涅槃経仏性義についても研鑽して深く究めるところがあったという。しかしながら、曇鸞はまた晩年にして深く浄土教に帰依し、真摯な西方願生者となるに至った。その浄土教転入の契機については、道宣の『続高僧伝』巻六（大正五〇、四七〇頁a～c）によると、曇鸞は不老長寿の術を求めて江南に陶弘景を訪ね、仙経十巻を伝授されたが、その帰途に菩提流支に面接し、まことの長寿の意味を教誡されて、仙経を焚き浄土教に帰依したと伝えられているが、それについては幾多の疑問もあって、にわかには信用しがたいようである。(1) ともあれ、曇鸞における浄土教への帰入は、本質的には自らの仏教理解の根本的立場であった中観仏教の祖としての、龍樹の浄土教思想に導かれて到達した境地であったといいうるようである。曇鸞がその『讃阿弥陀仏偈』に、

本師龍樹摩訶薩、形を像の始めに誕じて頽綱を理え、邪扉を関閉して正轍を開く。是れ閻浮提の一切の眼なり。

尊を伏承して歓喜地を悟り、阿弥陀に帰して安楽に生ず。(2)（真聖全一、三六四頁）
譬えば龍の動けば雲必ず随うが如く、閻浮提に百卉を放ちて舒ぶ。南無慈悲龍樹尊、至心に帰命して頭面に礼す。（真聖全一、三六四頁）

と明かして、阿弥陀仏に帰依した龍樹を本師と讃えて渇仰することにも、そのあたりの事情がうかがわれるようである。浄土教に帰した曇鸞は、晩年専ら浄土教の伝道に力を尽した如く、その伝には「徒を聚めて業を蒸む」といっている。(3)浄土の教法を弘く伝えて民衆に縁を結び、共に浄土を願生して念仏の浄業を修めたわけであろう。

曇鸞の浄土教に関する著作については、『無量寿経優婆提舎願生偈註』（『往生論註』）二巻、『讃阿弥陀仏偈』一巻および『略論安楽浄土義』一巻の三部がある。その中の『略論安楽浄土義』については、従来その真撰に疑義が出されて、いまもなお疑われている点もある。(4)しかしながら、今日では唐代および隋代のものと推定される写本にして、『讃阿弥陀仏偈』と『略論安楽浄土義』とを合冊した『讃阿弥陀仏並論』という尾題をもつ残欠本二部が、敦煌より発見されていることから、学界の大勢としては曇鸞真撰のものと考えられるに至っている。(5)ことにこの『略論安楽浄土義』の内容を検すると、『往生論註』における「十念相続」「自力他力」「業道如称重者先牽」などという、思想的な特色をもつ用語が引用されているということからすると、(6)それは曇鸞の『往生論註』と共通し、もしくはそれを継承したものであることが知られる。またそれを道綽の『安楽集』に対比すると、その第二大門の広施問答においては、『略論安楽浄土義』の七喩を忠実に引用し、あるいはまた十念相続についての渡河の譬をも踏襲している点など、(7)それが『安楽集』に先行する著作であることも明らかである。かくてこの『略論安楽浄土義』は、曇鸞から道綽までの間に成立したものであることが知られるのである。そしてこの『略論安楽浄土義』の中において、その第二問答には、問うて曰わく、安楽国に幾種の荘厳有りてか名づて浄土と為すや。答えて曰わく、若し経に依り義に拠らば、法蔵菩薩の四十八願は即ち是れ其の事なり。讃を尋ねて知るべし。復重ねて序べず。（真聖全一、三六七頁）

と明かして、浄土の荘厳については「讃を尋ねて知るべし。復重ねて序べず」といっている点からすると、「讃」との間には深い思想的共通性および構造的関連性があって、この『略論安楽浄土義』の撰者がそのまま『讃阿弥陀仏偈』の撰者と同一人物であろうことを充分にうかがわしめるものがある。ましてすでに上においてもふれた如く、『讃阿弥陀仏並論』という題を附せられた『讃阿弥陀仏偈』と『略論安楽浄土義』の合冊本が、敦煌に発見されているという情況からすれば、この両者の共通性と関連性、さらには同一人物の著作であろうという推定は、いよいよ確かに思われてくるのである。また道綽の『安楽集』巻上によると、その十念仏を明かすについて、『往生論註』巻上の八番問答における十念相続の解説と、『略論安楽浄土義』における渡河の譬喩および同志結言による十念相続の文を連引しているが、(8)その点からすると、曇鸞を師と仰ぎその浄土教を継承した道綽においては、『往生論註』と『略論安楽浄土義』とは、ことにその基本的な教理としての十念相続については、思想的には共通重層するものであると理解していたことが明らかである。なおまた迦才の『浄土論』には、曇鸞について明かすに、

天親菩薩の往生論を註解し裁りて両巻と成す。法師は無量寿経奉讃の七言百九十五行、並びに問答一巻を撰集し、世に流行す。（大正四七、九七頁c）

と述べているが、ここでいう「問答」とは、明らかに『略論安楽浄土義』をさすものと理解される。この点からすると、唐代においては、この『略論安楽浄土義』は曇鸞の撰述として、『往生論註』のほかに、『讃阿弥陀仏偈』と並んで一般に流行し広く読まれていたことが知られるのである。(9)大略以上の諸点からして、この『略論安楽浄土義』は曇鸞の真撰と認められるべきであって、いまは学界の大勢にしたがってそれを曇鸞の撰述として見てゆくこ

とする。

第二項　曇鸞における浄土教思想の特色

一、中国浄土教の展開流伝

そこでこの曇鸞における教学的特色についてであるが、中国における浄土教の萌芽は、後漢の光和二年（一七九）に、支婁迦讖によって『般舟三昧経』が訳出されたことに始まるといわれている。それ以来三世紀の中頃にかけて、呉の支謙が『阿弥陀三耶三仏薩楼仏檀過度人道経』（『大阿弥陀経』）二巻を、曹魏の帛延が『無量清浄平等覚経』二巻を訳出したといわれ、また五世紀の初頭には、鳩摩羅什が『阿弥陀経』一巻と『十住毘婆沙論』十七巻を、東晋の仏陀跋陀羅と宝雲が『無量寿経』二巻を、劉宋の畺良耶舎が『観無量寿経』一巻を翻訳したと伝えている。(10) そしてまた菩提流支が世親の『浄土論』一巻を訳出したのも六世紀の始めの頃のことであった。このように浄土教に関する経論が相次いで伝訳されることによって、浄土教は中国に次第に受容され定着してゆくこととなったが、今日に知られているもっとも初期の浄土教徒としては、西晋の闕公則（〜二六五〜）とその門下の衛士度（〜三三三頃）らがある。また僧顕（〜三二一〜）、支遁（三一四〜三六六）、法曠（三二七〜四〇二）らの名前も伝えられるが、その僧顕は晩年に病をうるに及び専ら西方浄土を願生したといい、また支遁については阿弥陀仏像を造ってその讃文を作成しており、法曠は阿弥陀仏像を安置する大殿を建立したと伝えている。しかし、これらの初期の浄土教の性格としては、神仙的呪術的な民間信仰と癒着し、また中国の老荘思想との融合的な受容の傾向が強く、多分に方外的貴族的な浄土教であったことは見逃しえない点である。(11) そしてその後の浄土教思想の展開の流れにおいて注目される人物には、鳩摩羅什（三四四～四一三）と慧遠（三三四～四一六）がある。羅什は『般若経』『法華経』『維摩経』『阿弥陀経』および般若中観系の論書など、数多くの大乗諸経論を翻訳したが、また自らも浄土教思想に詳しく、『般舟三昧経』に基づくところの三昧定中において見仏する道を明かしている。慧遠はもと般若教学を学び、後に江南の盧山に入って浄土教に傾倒し、道俗とともに白蓮社を結んで厳しく念仏三昧を修習したが、それは羅什と同じく『般舟三昧経』に基づくところの、般若空観のための観仏中心の行道であった。しかし、ここにもまた老荘思想との融合の傾向が強く見られることは注意されるべきであろう。ともあれ、この慧遠の浄土教における厳粛な実践とその徳化は、やがて中国浄土教の展開に大きな影響を残すこととなり、その門下を中心として中国浄土教は漸次に弘通定着していったのである。そしてことに北方では北魏太武帝の破仏政策もあって、いささか事情を異にするとしても、やがて南北各地において阿弥陀仏像が建立され、浄土経典が講読されるなどして、この浄土教は次第に中国の民衆に伝播してゆくこととなったのである。

二、曇鸞浄土教の思想的基盤

曇鸞はこういう浄土教の歴史情況を背景として、自らの根本的立場であった般若中観教学の延長上にあった龍樹浄土教に導かれて、浄土教に帰向していったわけであるが、この曇鸞浄土教の基盤となった精神的風土としては、曇鸞自ら『往生論註』巻上の冒頭に「五濁の世、無仏の時」（真聖全一、二七九頁）と述べる如くに、その時代社会に対する深刻な反省に基づくところの、五濁悪世なる社会相に対する痛みと、釈尊を遠く隔たった無仏の時という時代に対する悲しみとしての、歴史的自覚があったことが思われる。曇鸞の生きた当時の北域中国の情況は、異民族の侵入もあって政治的にはつねに不安定であり、したがってまた倫理的にも混乱が続く状態であった。ことに、曇鸞が誕生する三十年ほど前には、北魏の太武帝が自らの信条に基づいて苛酷な仏教排斥を断行したが、それには当時の仏教教団の腐敗堕落も原因していたといわれている。曇鸞が劫濁、見濁、煩悩濁、衆生濁、命濁なる「五濁の世」と歎き、また「無仏の時」と悲しんだ理由がここに思われ、かかる歴史的自覚はまた曇鸞の浄土教思想の重要な基盤をなすものであったであろう。その点は、龍樹および世親の浄土教思想には見られない特色ある性格でもある。そしてまた曇鸞浄土教の基盤として、いまひとつ想起されるものとしては、罪と死についての実存的な人間把捉の問題である。中国には古くより長生不老の思想があって、それをめぐって神仙方術が説かれ、また道教もそれにかかわって民衆の信仰として浸透していったのである。この延寿不老の信仰は中国における民族的な根深い信仰でもあったが、そのことはまた浄土教の受容とも深くかかわって、阿弥陀仏名が漢訳されるについて、ことに無量寿仏と呼ばれた所以も、かかる中国人の伝統的な願望のあらわれであったともいわれている。もとより阿弥陀仏における無量寿と、延寿不老の信仰における長寿とは、その出世性と世俗性とにおいて、まったく次元を異にするものであったが、当時の一般民衆における浄土教受容の態度には、多分にかかる世俗的な次元での延寿信仰に重なるものがあったと思われる。上にもふれた如く、『続高僧伝』によれば、曇鸞は不老長寿の術を求めて、ついに浄土教に帰入したと伝えられている。それが歴史的事実であると認めるには問題があるとしても、曇鸞自身も『往生論註』巻上に、『浄土論』の題号を釈すについて、

無量寿とは是れ安楽浄土如来の別号なり。(真聖全一、二七九頁)

無量寿とは言わく無量寿如来の寿命長遠にして思量すべからざるなり。(真聖全一、二八〇頁)

と明かして、その浄土と阿弥陀仏をともに「無量寿」「寿命長遠」という視点から捉えているところには、曇鸞においても、阿弥陀仏信仰が根本的には延寿の思想、さらにいうならば死の問題と深くかかわっていることを思わし

めるのである。そのことはまた後に至って考察する如く、曇鸞における浄土往生の行道とは十念相続の道に帰結するものであるが、この十念とはひとえに臨終に際してもつべき姿勢、境地であり、死に際しておのれの身に成ずべき功徳を意味するものであって、ここにおいても曇鸞がその浄土教理解の基本において、死を問題にしていることが明らかにうかがえるのである。しかしながら、曇鸞はこの行道において死を問題として捉えつつも、しかもまた、その死を現実の生の延寿としてではなくて、十念相続なる浄土往生の行道を通して、まったく「生死を出ずる」（『往生論註』巻下、真聖全一、三四六頁）という方向において解決していったわけである。ここに同じく死を問題としながらも、当時の神仙的、道教的な延寿信仰とは次元を異にした、曇鸞の浄土教思想の立場があったのである。そしてまた曇鸞におけるこの死の問題は、さらにその根底においては罪の問題に深くかかわっていたようである。当時の民衆の中には、『抱朴子』などの影響もあって、人間の寿命の長短は、その人の犯す罪過の軽重によって決定するという信仰と、種々の善根を積習するならば、それに比例して寿命が延長されるという信仰が根強く浸透していた。すなわち、罪過は死をもたらし、善根は延寿不老をもたらすという奪算と益算の信仰である。曇鸞もまたそれとは次元を異にするとしても、人間における罪業を問題にし、それについて徹底した内観省察を行なっているのである。その『讃阿弥陀仏偈』には、

我無始より三界を循りて虚妄輪の為めに廻転せられる。一念一時に造る所の業に足を六道に繋がれて三塗に滞る。（真聖全一、三六五頁）

と述べているほどである。それは奪算の信仰からすれば、罪業深重にしていままさにここにして死をまぬがれえぬ存在なることを意味している。しかもまた曇鸞においては、人間の現実の存在相を深く省みるところから、人間の修習する善根についても、『往生論註』巻上に、

凡夫人天の諸善、人天の果報は、若くは因、若くは果、皆是れ顛倒、皆是れ虚偽なり。是の故に不実功徳と名づく。（真聖全一、二八四頁）

などと明かす如くに、いかなる善根もおしなべて顛倒にして虚偽なるものであって、ひとつとして真実なるものは認められなかった。益算の信仰にかかわっていえば、いかなる善根の修習もそれがこの三界不浄に属するものであるかぎり、まったく無価値なものでしかなく、かかる善根によっては延寿不老はとうてい望みえないことであった。人間とはおしなべて罪業深重にして、またひとしく死すべき存在でしかなかったのである。曇鸞においては人間存在における死と罪とは深刻に内観されていったのである。そして曇鸞は、この自己の存在についての死すべき生命に対する自覚と、罪業の深重性についての省察に基づいて、その死と罪とを克服して永遠に生きる道を、この三界の生死を勝過した彼岸に求めて、

彼の無礙光如来の名号は能く衆生の一切の無明を破し、能く衆生の一切の志願を満たす。（『往生論註』巻下、真聖全一、三二四頁）

と明かす如くに、それを阿弥陀仏の名号において捉えたのである。そして曇鸞はこの名号に基づく十念相続の行道こそ、まことに罪悪深重なる凡夫が、よく罪を滅し死を越えて、永遠の無量寿に生きうる道であると明かしているわけである。すなわち、曇鸞の浄土教思想は、当時の民衆に深く浸透していた神仙、道教の影響に基づくところの、奪算、益算の信仰に深くかかわっていることが思われるのであるが、曇鸞においては、そこで問題とされる人間存在における死と罪をより徹底して内省把捉することにより、その信仰に恐怖を抱きそれに惑う民衆に向かって、まことの延寿としての、無量寿に生きる浄土往生の行道を明らかにしたわけである。かくて曇鸞の浄土教思想の基盤には、五濁の世、無仏の時という歴史的自覚とともに、かかる死と罪という人間存在の実存的根源的な課題に対す

る、深い内省が潜在していたことが知られるのである。(12)

三、龍樹浄土教の継承と世親浄土教の受容

そしてこの曇鸞における浄土教思想とは、基本的には龍樹の般若教学に育てられ、その浄土教思想を継承するということにおいて、しかもまた、他面には世親の浄土教思想を受容し、それを主体的に解釈するということにおいて成立したものであった。すなわち、龍樹における浄土教とは、般若空の思想としての、現実のあらゆる存在は本来無自性であって相依としてあるものであり、それは決して実体的に分別執着されるべきものではなく、この能所の分別を徹底的に否定して一切の戯論が寂滅されてゆくところに、究極の相としての第一義諦真如法性を見ようとする立場に立つものであった。したがってそこで語られる阿弥陀仏とは、かかる第一義諦空の世間における仮説、立相化の位態として把捉されたものであって、その浄土の行道とは、『十住毘婆沙論』「易行品」によれば、信方便易行なる道として、阿弥陀仏の名号を聞いて信受し、それに基づくところの憶念、称名、礼敬の三業にわたる行業を実践することにより、次第に心を清浄ならしめ、真如法性を領解して、不退転地に証入せんとするものであった。そしてまた世親における浄土教とは、瑜伽唯識の教学、すなわち、般若空義をさらに理論的実践的に徹底せしめたものとして、あらゆる存在を主観に対する客観、識に対する境として捉え、一切の存在はことごとく主観によって実在する如くに妄分別されたものであるとして、この主観、識を基軸として、主客の対立の上に妄分別してゆくところ、そこに現実の迷界が展開し、また逆にその主客の分別妄執を遠離してゆくところ、究極なる第一義諦涅槃に到達しえられるとする立場に立つものであった。かくしてそこでは、空思想においてはつねに否定的に捉えられていた一切の存在の相を、かえって積極的に主観と客観、識と境との構造において捉えようとするものであった。し

たがって世親における浄土教思想とは、その第一義諦空を積極的に対象化し分別化して捉えることを許容して、その第一義諦空が絶えず世間に向かって方便示現しつつ、世間の能所分別を寂滅化し清浄化せしめているものこそが、阿弥陀仏であると領解しているのである。そしてその浄土の行道とは、『浄土論』によると、起観生信心の道として、阿弥陀仏に至心に帰命することに基づいて、礼拝、讃嘆、作願、観察、廻向なる五念門行を修習し、阿弥陀仏とその浄土の荘厳功徳相を観見することにより、次第に心を清浄ならしめて浄土に往生をえ、ついには仏果を証得せんとするものであった。かくして、龍樹における浄土教と世親における浄土教とは、その基本的立場においては般若空思想と瑜伽唯識思想の相違があり、またその行道においても、すでに上において見た如くに、龍樹が阿弥陀仏をことにその名号において捉えるに対して、世親はその仏をことに色身として領解する違いがあり、また龍樹においては聞名に基づく身口意の三業の奉行として示し、世親にあってはその仏身仏土に対する止観の行業を明かすという相違はあるとしても、両者の行道はともに帰結するところ、心の澄浄（citta-prasāda）をめざす仏道であったといいうるわけである。

いまの曇鸞の浄土教思想は、かかる龍樹の般若空思想とそれに基づくところの浄土教思想を継承し、それを自らの根本的立場としつつも、しかも同時に、世親の浄土教思想を受容し、それを主体的に領解してゆくという態において成立しているわけである。曇鸞が世親の『浄土論』を註解したところの『往生論註』巻上の冒頭において、

謹んで龍樹菩薩の十住毘婆沙を案ずるに、云わく菩薩、阿毘跋致を求むるに二種の道あり。一には難行道、二には易行道なり。難行道とは謂わく、五濁の世に於て、無仏の時に於て、阿毘跋致を求むるを難と為す。（中略）易行道とは謂わく、但だ信仏因縁を以って浄土に生まれんと願ずれば、仏の願力に乗じて便ち彼の清浄の土に往生を得、仏力住持して即ち大乗正定の聚に入る。正定は即ち是れ阿毘跋致なり。譬えば水路の乗船は則

ち楽しきが如し。此の無量寿経優婆提舎は蓋し上衍の極致、不退の風航なるものなり。（真聖全一、二七九頁）

と明かすものはまさしくそのことを意味している。すなわち、そこではまず龍樹の『十住毘婆沙論』「易行品」の文によって、不退転地を証するについて難行道と易行道の二種の道があることを示し、難行道について五難を挙げてひとしく易行道を求むべきことを勧め、次いで世親の『浄土論』こそが、まさしくその易行道を明示するものであって、それは「上衍の極致、不退の風航」であると讃えているわけである。曇鸞における浄土教思想の基本的立場は、まさしくここにあったのである。

第二節　曇鸞における行道思想

第一項　五念門行の道

一、曇鸞における五念門行に対する理解

曇鸞の浄土教思想に先行する思想として、龍樹の浄土教思想と世親の浄土教思想があったことは上に見た如くであり、曇鸞はその龍樹の浄土教思想の継承という立場をふまえつつ、他面には世親の浄土教思想を受容し、それを主体的に解釈していったのであるが、しかもまたその曇鸞の浄土教思想が、精神的風土として、「五濁の世」という現実の社会相に対する痛みと、釈尊を遠く隔たった「無仏の時」という時代についての悲しみという、深刻な歴史的自覚と、神仙および道教の信仰として民衆に浸透していた奪算、益算信仰にかかわる人間存在における死と罪の問題に注目し、自らがすでに無始より以来、本来的に罪業深重にして生死流転の存在であるという、人間に対す

る徹底した実存的な省察内観とに基づいて成立していったものであることは、すでに上に指摘した如くである。ことにこのような歴史に対する認識と人間存在に対する省察は、曇鸞の浄土教思想においてはきわめて重要な意味をもっており、それは曇鸞における世親の『浄土論』に対する理解が、その原意とズレていった理由でもあろうと思われる。そのことはことに曇鸞の五念門行に対する理解において顕著に見られてくるものである。すなわち、『浄土論』が明かすところの浄土往生の行道としての五念門行は、「善男子善女人」なる凡夫菩薩の行道として明かされているとしても、それが止観中心の行道であるかぎり、その行道を進趣することはなお険難な道であるといわねばならなかった。しかしながら、曇鸞は自らの仏教理解の基本的立場としての五濁、無仏なる時代としての歴史的自覚と、死と罪の存在としての人間に対する深い省察に基づいて、その浄土の行人を徹底して「一切の下の凡夫人」(『往生論註』巻上、真聖全一、三〇七頁)として捉えることにより、まったく低下なる凡夫相応の行道として、この五念門行を領解していったのである。すなわち、曇鸞によって理解された五念門行とは、その第一の礼拝門についは、『往生論註』巻下に、

今はまさに常に願生の意を作すべし。故に阿弥陀如来を礼するなり。(真聖全一、三一三頁)

と明かして、礼拝とはたんに恭敬の意を表する行為のみではなくて、まさしくは「願生の意」を含むべきものであると理解している。それはまた曇鸞が帰命を釈するについて、

礼拝は但だ是れ恭敬にして必ずしも帰命にあらず、帰命は必ず是れ礼拝なり。(『往生論註』巻上、真聖全一、二八二頁)

と述べることにも通じるものであろう。曇鸞にとっては、礼拝門とはたんなる身業にとどまらず、その根底において、ひとえに阿弥陀仏に帰命し、その浄土に対して願生の思念をもつべきものであったのである。次に第二の讃嘆

門については、口業をもって阿弥陀仏を讃嘆称揚することであり、ここではまさしく「無礙光如来の名を称する」（『往生論註』巻下、真聖全一、三一四頁）ことを意味している。もともと世親の『浄土論』では、讃嘆門とはまさしく仏徳讃嘆としての称名を明かすものであって、それはいわゆる称名行とは意味を異にするものであったが(13)、曇鸞におけるこの讃嘆門としての称名の意味は、その名号観において、

彼の無礙光如来の名号は、能く衆生の一切の無明を破し、能く衆生の一切の志願を満たす。（『往生論註』巻下、真聖全一、三一四頁）

と明かす如く、名号そのものに不可思議の功徳が具足されているとするのであって、その名号を称すれば、またその功徳が自らの身に現成附与されるというわけであり、ここに曇鸞における讃嘆門としての称名行の意味があったのである。なおこの曇鸞における称名行については、後に至って改めて詳細に論究することとする。曇鸞は五念門の中、この礼拝門、讃嘆門の二門はいずれも此土の行業として明かしているが、次の作願門、観察門、廻向門の三門は、此土と彼土、現世と当来にわたる行業として明かしており、その点はことに興味をひかれる点である。すなわち、その第三の作願門については、『往生論註』巻下では、作願とは「止」のことであり、しかも、それには三義があるとして、

一には一心に専ら阿弥陀如来を念じて彼の土に生まれんと願ずれば、此の如来の名号及び彼の国土の名号は能く一切の悪を止む。

二には彼の安楽土は三界の道を過ぎたり、若し人また彼の国に生ずれば自然に身口意の悪を止む。

三には阿弥陀如来の正覚住持の力をして自然に声聞、辟支仏を求むる心を止む。（真聖全一、三一五頁）

と明かしている。第一義は此土にして浄土の行人が、至心に阿弥陀仏を念じて浄土に生まれんと願ずれば、その如

来と浄土の名号の功徳によって、日々の生活において一切の悪業を止めしめられるというのである。第二義は浄土に往生をうれば、その国土は三界を超過した清浄界の故に、その土徳によって自然に三業の悪を止めることになるというのである。また第三義は浄土に往生をうるものは、阿弥陀仏の仏力によって、声聞、辟支仏地に自己満足する小乗心を止めることとなるというのである。かくて曇鸞における作願門とは、此土の行業としては、阿弥陀仏を専念して浄土を願生しつつ、そこに一切の悪業を止めしめられてゆくことであって、それは本来の奢摩他なる作願門の意味とははるかに異なった理解であった。次に第四の観察門についても、曇鸞はまた二義があるとして、

一には此に在りて想を作して彼の三種の荘厳功徳を観ずれば、此の功徳如実なるが故に修行する者もまた如実の功徳を得る。如実の功徳とは決定して彼の土に生ずることを得るなり。

二にはまた彼の浄土に生ずることを得れば即ち阿弥陀仏を見て、未証浄心の菩薩は畢竟じて平等法身を証することを得、浄心の菩薩と上地の菩薩と畢竟じて同じく寂滅平等を得る。（『往生論註』巻下、真聖全一、三一六頁）

と明かしている。その第一義は、此土の現実世界にして想を作して阿弥陀仏と浄土の三種荘厳功徳を観ずることであり、その荘厳功徳を観想するところ、またその如実功徳を自らの上に獲得し、その功徳によって浄土に往生をうることとなるというのである。のちの第二義は、当来に浄土に往生をうれば、阿弥陀仏を見て浄心をえ、平等法身を証得することができるというのである。すなわち、曇鸞における観察門とは、此土の行業としては、阿弥陀仏と浄土の三種荘厳を観想し、またそれによって阿弥陀仏とその浄土の功徳を自らの身に附与せしめられることをいうものであって、それもまた本来の毘婆舎那なる観察門の意味とは、かなり相違して理解されているのである。次の第五の廻向門については、曇鸞はこれにも往相と還相の二義があるとして、

往相とは己れの功徳を以って一切の衆生に廻施し、作願して共に彼の阿弥陀如来の安楽浄土に往生する。還相とは彼の土に生じ已り奢摩他毘婆舎那を得て方便力を成就し、生死の稠林に廻入して一切の衆生を教化し共に仏道に向う。若しくは往、若しくは還、皆衆生を抜いて生死海を渡せんが為めなり。（『往生論註』巻下、真聖全一、三一六〜三一七頁）

と述べている。第一義の往相とは、此土の行人が自己の功徳を一切の衆生に廻施して共に浄土に往生せんと願ずることであり、第二義の還相とは、浄土に往生した後、利他の方便力を成就することをえて、この現実の煩悩界に廻入して一切の衆生を教化することをいうのである。

二、称名中心の新しい行道

以上見た如く、曇鸞における五念門行の理解は、『浄土論』の当意とはかなりの展開があるわけで、ことにその作願門、観察門、廻向門については、此土と彼土、現世と当来の二様の行業として捉えていることは注意されるべき点である。曇鸞がこのように五念門行を解するに、ことに作願門、観察門、廻向門について、此土と彼土の二種の行業として分けて理解し、しかもまたその意味をあえてその当意と相違して解釈しているのは、『浄土論』における五念門行の当意が、なお高級な止観中心の行業であると捉えたところ、それを凡夫相応の易行として解釈しようとしたことによるものであるが、そのことはまたさらにいえば、五念門行の中の作願門、観察門、廻向門は、此土なる往生の行業としての意味をもちながらも、またそれは浄土に往生した後に修すべき、成仏のためのいわゆる五果門に属する行業としての意味をもつものであって、曇鸞においては、ここにして修習すべきまさしき浄土往生の行業としては、その五念門行の中でも礼拝門と讃嘆門にこそ重要な意味があったのである。かくして曇鸞における五念門行の理解は、『浄土論』における五念門の当意が作願門と観察門なる止観中心の行業であったのに対して、ひとえに礼拝門と讃嘆門なる帰命と称名、さらにいえば称名中心の行業として捉えられていることが知られるのである。ここに浄土の行道思想において、世親浄土教から曇鸞浄土教への大きな展開の跡が見られるわけである。

第二項　称名の道

一、曇鸞における龍樹浄土教と『観無量寿経』

このような曇鸞浄土教における称名中心の行道の開顕は、世親の五念門行に対する曇鸞自身の主体的な領解によることはいうまでもないが、そのような領解の背景には、ひとつに龍樹の浄土教思想があったことが想起されるのである。その龍樹の浄土教思想とは、すでに第二章「龍樹浄土教における信の思想」においてもふれた如く、『十住毘婆沙論』「易行品」に見られるものであって、そこで明かされる行道とは、信方便易行としての、聞名信受に基づく憶念、称名、礼敬の三業奉行によって、心の清浄なる境地としての初地への証入を成就してゆく道であった。いまの『浄土論』の五念門行の思想を理解するのに、世親における止観中心の五念門行を称名中心の五念門行として捉えたのは、まさしくこの龍樹浄土教における信方便易行の中の、称名行の思想を継承したものであるといいうるようである。そしてまたこの称名中心の領解の思想背景について、いまひとつ注目すべき点は、やがて中国浄土教の中核的な意味をもってくることになった『観無量寿経』からの影響という問題である。この『観無量寿経』の「下下品」には、

汝若し念ずること能わずば、まさに無量寿仏を称すべし。是の如く至心に声をして絶えざらしめて十念を具足

し南無阿弥陀仏と称せん。仏名を称するが故に念念の中に於て八十億劫の生死の罪を除き、命終の時に金蓮華の猶し日輪の如くしてその人の前に住するを見て、一念の頃の如くに即ち極楽世界に往生を得ん。（真聖全一、六五頁）

と説いている。曇鸞はその文を『往生論註』にそのまま引用しているが、この文は五逆十悪のあらゆる悪業を犯し、命終の時にはその業報として、悪道に堕して無窮の苦を受けるべきもっとも愚悪な凡夫でさえも、もし仏縁をえて臨終に至って、十念を具足し南無阿弥陀仏と称名するならば、その念念の中に無量の罪を滅して、浄土に往生をうることができるという経説である。曇鸞はこの経文に注目して、いかなる罪業深重な低下の凡夫でも、ひとしく浄土に往生をうることを明かし、またその十念の具足こそが、浄土往生のまさしき行道であることを主張するのである。曇鸞が世親の五念門行を理解するのに、それを称名中心の五念門行として捉えていった、いまひとつの理由をここに見ることができるわけである。

かくして曇鸞はこの龍樹浄土教における信方便易行の思想と、『観無量寿経』の「下下品」における称名行の思想に基づいて、世親の『浄土論』に示される五念門行を、称名中心の行道として領解することとなったとうかがわれるのであるが、このように曇鸞が浄土の行道において称名に注目し、それを選んだということは、それ以前の中国浄土教にあっては、羅什および慧遠の浄土教思想に明瞭な如く、『般舟三昧経』に基づくものとして観仏中心の浄土教であったものが、それとは流れを異にした、新しい称名中心の浄土教として転換していったことを意味するものでもあった。そしてそのことはさらにいえば、阿弥陀仏を色身として捉える立場と、名号として捉える立場、その行道からいうならば、観仏の道として捉える立場と、聞名（称名）の道として捉える立場との二つの潮流の中で、明確に阿弥陀仏を名号として領解し、その行道を聞名、称名として捉える立場に立ったことを意味するものであって、そのことは基本的には、在家者の、ことには不善作悪者の仏道としての聞名の道を明らかにしようとして開説された、〈無量寿経〉の根本意趣をよく鮮明化してゆくことでもあったが、そのことはまた曇鸞以後の中国浄土教思想の潮流に多大な影響をもたらすことともなったのである。

二、曇鸞における名号観

そして曇鸞におけるこのような称名行への注目とその主張は、またその名号に対する理解に根ざしているわけでもあった。曇鸞における名号については、その『往生論註』巻下に、

諸法は万差なり一概すべからず。名の法に即するあり、名の法に異するあり。名の法に即するとは、諸仏菩薩の名号、般若波羅蜜及び陀羅尼の章句、禁呪の音辞等是れなり。（真聖全一、三一四〜三一五頁）

と明かし、なおその後に具体的な禁呪の呪文の例を引いて「吾が身にその効を得るなり」と語り、次いで「いわんや不可思議の境界なるものをや」（真聖全一、三一五頁）といっている。この阿弥陀仏の名号とは、たんなる名辞ではなく法に即する名であって、それは陀羅尼の章句、禁呪の音辞と同じく、名号それ自身に法そのものの功徳を保有するところの、ダラニ的な性格をもつものであるというのである。そして曇鸞は、そのことについて自己の効験のあった呪文を例証にあげて、名号もまた同様であると主張しているのである。そのほかに曇鸞はまた、その名号について明かすに、

阿弥陀如来の方便荘厳真実清浄無量功徳の名号（『往生論註』巻上、真聖全一、三一〇頁）

とも語っている。阿弥陀仏の名号とは、阿弥陀仏の慈悲方便の顕現でありつつ、しかもまたその真実清浄なる無量功徳を摂めているということをあらわす文言である。そして曇鸞はまた、

彼の無礙光如来の名号は、能く衆生の一切の無明を破し、能く衆生の一切の志願を満たす。(『往生論註』巻下、真聖全一、三一四頁)

此の如来の名号及び彼の国土の名号は能く一切の悪を止む。(『往生論註』巻下、真聖全一、三一五頁)

譬えば浄摩尼珠之を濁水に置けば、水即ち清浄なるが如し。若し人無量の生死の罪濁ありと雖も、彼の阿弥陀如来の至極無生の清浄宝珠の名号を聞きて、之を濁心に投ずれば、念念の中に罪を滅して心浄にして即ち往生を得る。(『往生論註』巻下、真聖全一、三一八頁)

また是れ浄摩尼珠を玄黄の幣を以って裹みて之を水に投ずれば、水即ち玄黄にしてもはら物の色の如し。彼の清浄仏土に阿弥陀如来の無上の宝珠あり、無量の荘厳功徳成就の帛を以って裹み、之を往生するところの者の心水に投ずれば、豈に生見を転じて無生の智となすこと能わざらんや。(『往生論註』巻下、真聖全一、三一八頁)

などと明かしている。この阿弥陀仏の名号とは、それ自らに功用徳能を保持していて、よく衆生の一切の無明を破し一切の志願を満足せしめ、また衆生の一切の悪業を止めしめるものであるといい、あるいはまたそれはあたかも摩尼宝珠の如きもので、それを衆生の心中におけば、よく無量の罪過を消滅して清浄ならしめ、無生の智慧を生ぜしめるものであるというのである。このような曇鸞における名号に対する理解は、『大智度論』に、

是の法性身は十方虚空に満ちて無量無辺なり。色像端正にして相好荘厳せり。無量の光明無量の音声ありて聴法の衆また虚空に満てり。此の衆もまた是れ法性身にして生死の人の見うるところにあらざるなり。常に種々の身、種々の名号、種々の生処、種々の方便を出して衆生を度し、常に一切を度して須臾として息む時なし。是の如きは法性身仏なり。(巻第九、大正二五、一二一頁c～一二二頁a)

諸法実相は是れ般若なり、能く種々に衆生を利益し愛念する故に種々の名を作る。仏に十号等の文字あるが如し。（巻第七九、大正二五、六二〇頁c）

などと説いて、法身は慈悲をもって一切の衆生を愛念する故に、つねに色身を現じ、名号を出して、衆生に向かって到来しつつあると明かすもの、あるいはまた、同じく『大智度論』巻第八四に、

但だ一に南無仏と称するも是の人また苦を畢りて其の福尽きざるを得る。問うて曰わく、云何が但だ空に仏の名字を称すれば、便ち苦を畢りて其の福尽きざるを得るや。答えて曰わく、是の人は曾つて仏の功徳能く人の老病死を度すを聞きて、若しくは多、若しくは少、供養して及び名字を称すれば無量の福を得る。また苦を畢りて尽きざるに至る。是の故に福田無量なり。（大正二五、六四八頁b）

と明かして、仏の名号を称すれば「無量の福」をうることができるという如き、名号ないしは称名の思想を承けるものであろうと思われる。しかしながら、さらにはまた『大阿弥陀経』によると、

即ち時に阿難諸の菩薩阿羅漢等、諸天帝王人民、悉く皆阿弥陀仏及び諸の菩薩阿羅漢国土の七宝を見おわりて、心大いに歓喜踊躍して、悉く起ちて阿弥陀仏の為めに礼を作し、頭脳を以って地に著けて皆南無阿弥陀三耶三仏檀と言う。阿弥陀仏は国より光明威神を放ち、以って諸の無央数の天人民及び蜎飛蠕動の類、皆悉く阿弥陀仏の光明を見て慈心歓喜せざるものはなし。諸有の泥犁、禽獣、薜茘、諸有の拷治勤苦の処、即ち皆休止して復治せず、憂苦を解脱せざるものなし。（大正一二、三一六頁c）

などと説き[14]、阿弥陀仏の名号を称えてその光明を見ることをえた時、ひとしく慈心歓喜して憂苦を解脱し、ことには盲者は視力を得、聾者は聴き、唖者は語り、僂者は身をのばし、跛者は走行し、病者は回癒し、尩者は健康となり、痴者は黠慧となり、婬者は梵行し、瞋怒者は慈心にして善行を修めるようになったなどと述べて、称名見仏の

功徳を明かしているが、曇鸞はまたこの経文にもふれたであろうことが想像されるのである。(15)ともあれ、曇鸞における名号観においては、それは上に見た如く、「方便荘厳」として真如法性のこの世俗に対する示現到来であるという理解を根底とすることから、それをまた「法に即する」名辞として捉えて、そこに「真実清浄無量功徳」を認め、その名号が保有するところの「能く衆生の一切の無明を破し」「能く衆生の一切の志願を満たし」「能く一切の悪を止む」という功用徳能を明かしているのであるが、それはまた曇鸞の浄土教理解からすれば、『往生論註』に明かすところの「本願力」（真聖全一、三三一頁、三四〇頁、三四五頁、三四六頁、三四七頁）、「仏願力」（真聖全一、二七九頁、三四七頁）、「他力」（真聖全一、二七九頁、三四八頁）という概念とも深くかかわってゆくものであろう。しかしながら、曇鸞はその名号の功用を語るについては、また上に見た如くに、それを神仙思想に関連せしめて、ことに陀羅尼、禁呪と同質に捉えて、いわゆるダラニ的な性格をもつものとしても明かしているのである。この点については、いかに理解すべきであろうか。先学の中には、それは名号の威神力を民衆に弘宣するための有効な手段として、かかる解説を行なったのであると註釈するものもあるが、(16)はたしてそれで尽きるものかどうか。このように名号を陀羅尼、禁呪と同列に捉えて明かし、かつまたそのことを日頃の自己に効験のあった禁呪の呪文の例証をあげて解明するについては、道綽もまたその文を『安楽集』巻上（真聖全一、四〇四～四〇五頁）に引用し、さらには新しく自己に効験のあった禁呪の体験をも附加して、名号がもっている功用を明かしているところである。そしてまた善導の浄土教思想においても、その傾向は多分に残存していることが指摘できるのである。(17)しかしながら、そのように名号を直接的にダラニ的な性格をもつものとして捉える理解は、それ以後次第に消滅してゆき、そのかわりに名号の保有する功用価値は、仏教教理を基礎とする原理論的、形而上学的な側面から解明し、解説されてゆくようになってきているのである。(18)その点からすれば、このように曇鸞の名号観の中に、ダラニ的な性格が見られるということは、浄土教思想展開の流れの中での未醇化なる側面を物語るものであって、それが中国における呪術的な民族信仰と重層して理解されている事実は率直に認めるべきであろう。(19)

三、曇鸞における称名の道

曇鸞はまたかかる名号理解をふまえつつも、その称名の行道において、『往生論註』巻下に、

彼の無礙光如来の名号は、能く衆生の一切の無明を破し、能く衆生の一切の志願を満たす。然るに称名し憶念すれども、無明なお存して所願を満たさざる者あり。何んとなれば、如実に修行せず、名義と相応せざるによるが故なり。(真聖全一、三一四頁)

と明かして、名号とは「法に即する」名として、それ自身に破闇満願の功用を具足するものであって、それを唱称し、それを憶念すれば、必然にその功用徳能をおのれの身にうることができるにもかかわらず、その名号を唱称し憶念して、なおその功用徳能をえずして浄土に往生ができえないのは、「如実に修行せず名義と相応せざる」ゆえであるというのである。そしてその「如実に修行せず名義と相応せざる」こととは、その文に続いて、

謂わく、如来は是れ実相身、為物身なりと知らざればなり。また三種の不相応あり。一には信心淳からず、存するがごとく亡ずるがごときの故に。二には信心一ならず、決定無きが故に。三には信心相続せず、余念間だつるが故に。此の三句は展転して相い成ず。信心淳からざるを以っての故に決定無し。決定無きが故に念相続せず、また念相続せざるが故に決定の信を得ず、決定の信を得ざるが故に心淳からざるべし。此れと相違せるを如実修行相応と名づく。是の故に論主は建めに我一心と言へり。(『往生論註』巻下、真聖全一、三一四頁)

と明かす如く、名号に対する自己の主体的態度において、如来についての二知と、三信心の不具足を意味するもの

であって、この名号と三信心に基づく称名によってこそ、その名号の功用徳能がまさしく自己のものとして現成附与されることになり、ここにはじめて如実の称名行が成立するというのである。なおこの三願と三信心については改めて後に至って信心の問題として論考することとする。

第三項　十念相続の道

一、曇鸞における十念相続の行道の主唱

曇鸞は浄土往生の行道として、この称名の道のほかに十念相続の道も明かしているのである。すなわち、

十念念仏すれば便ち往生を得る。（『往生論註』巻下、真聖全一、三四七頁）

十念を具足して便ち安楽浄土に往生を得る。（『往生論註』巻上、真聖全一、三〇九頁）

十念相続して便ち往生を得る。（『略論安楽浄土義』真聖全一、三七四頁）

十念相続するを以って便ち往生を得。（『略論安楽浄土義』真聖全一、三七〇頁）

経に十念と言うは業事成弁を明かすのみ。（『往生論註』巻上、真聖全一、三一一頁）

などと示しているものがそれである。この十念業成、十念往生の思想は、伝統の龍樹および世親の浄土教ではまったく見られないものであるが、それは『往生論註』巻上の八番問答の釈（真聖全一、三〇七～三一一頁）、『往生論註』巻下の三願的証の釈（真聖全一、三四七頁）および『略論安楽浄土義』の三輩往生の釈（真聖全一、三六九頁）などによれば、『無量寿経』の本願文と下輩の文、および『観無量寿経』の「下下品」の文に依拠するものであることが明らかである。[20] ことに曇鸞はこの十念について明かすに、その三願的証の釈においては、本願文を引用して、

仏願力に縁るが故に十念念仏すれば便ち往生を得る。(『往生論註』巻下、真聖全一、三四七頁)

と明かして、この十念の道が、まさしく仏の本願力に基づくところの行道であることを示し、またその八番問答の釈においては、『観無量寿経』の「下下品」の文に基づいて、

汝五逆十悪の繫業等を重しと為し、下下品の人の十念を以って軽しと為して、罪の為めに牽かれて先ず地獄に堕して三界に繫在すべしと謂わば、今まさに義を以って軽重の義を校量すべし。心に在り、縁に在り、決定に在りて、時節の久近多少には在らざるなり。(中略)三義を校量するに十念は重し。重きもの先ず牽きて能く三有を出ず。(『往生論註』巻上、真聖全一、三一〇頁)

とも述べて、いかなる罪悪深重の凡夫でさえも、この十念相続によれば、ひとしく三界の業繫を離れて浄土に往生をうることができると明かしているのである。すなわち、この十念相続の行道こそ、まさしく阿弥陀仏の本願によって建立され住持される道であり、しかもまた罪業深重の凡夫に相応する行道であるというわけである。このような曇鸞における浄土往生の行道思想は、その教学の特色として充分に注目されるべきであるが、それはまた以下の論考において明らかになる如く、世親の五念門行の展開としての称名の道とも重なるものでもあって、曇鸞における浄土の行道とは、まさしくはこの十念相続の道であったといいうるのである。しかれば曇鸞におけるこの十念相続の道とはいかなる内容をもつものであったのであろうか。

二、十念に関する諸義

そこでこの十念の内容についてうかがうに、十念とは仏教の諸種の経論釈上においてしばしば説かれる語であって、その意味するところも決して一様ではない。たとえば『増一阿含経』においては、念仏、念法、念衆、念戒、

念施、念天、念休息、念安般、念身非常、念死をもって十念とし[21]、『光讃経』巻第七（大正八、一九五頁ａ）では、念仏、念法、念聖衆、念戒、念布施、念天、念恬怕、念無所起、念観身、念当終亡をもって十念と説き、『弥勒発問経』には、慈心、悲心、護法心、決定心、深心、一切種智心、尊重心、不生味著心、遠離憒閙散乱之心、正念観仏をもって十念と明かし[22]、『菩薩受斎経』（大正二四、一一一六頁ａ）には、念過去仏、念未来仏、念一切十方現在仏、念尸波羅蜜持戒、念禅波羅蜜、念漚和拘舎羅、念般若波羅蜜、念禅三昧六万菩薩在阿弥陀仏所、念過去当来今現在和上阿闍梨をもって十念と示し、また世親の『発菩提心経論』巻下（大正三二、五一三頁ｂ）には、念仏無量功徳、念法不思議解脱、念僧清浄無染、念行大慈安立衆生、念行大悲抜済衆苦、念正定聚勧楽修善、念邪定聚抜令反本、念諸餓鬼飢渇熱悩、念諸畜生長受衆苦、念諸地獄備受焼煮をもって十念と述べているなどがそれである。

いまの曇鸞における十念とは、上にも指摘した如く、『無量寿経』の本願文と下輩の文、および『観無量寿経』の「下下品」の文によるものであるが、この『無量寿経』および『観無量寿経』の十念についても、また古来種々の解釈がなされているところである。たとえば元暁の『両巻無量寿経宗要』（大正三七、一二九頁ａ〜ｂ）には、この十念について隠密の義と顕了の義との両義があるとし、隠密の十念とは『弥勒発問経』に説くところの慈心などの十種の心のことであり、顕了の十念とは仏名もしくは仏の相好などを専心に心念することであって、『無量寿経』の十念は両者に通じ、『観無量寿経』の十念は顕了の十念であると明かしている。法位の『無量寿経義疏』巻上によれば、十念について唯一法によって起るものと、十法によって生ずるものとの二種があるとし、前者は称名を意味して『観無量寿経』の十念に当り、後者は『弥勒発問経』の慈心などの十念であって、『無量寿経』本願文の十念はこれに当るとしている[23]。憬興の『無量寿経連義述文賛』巻中（大正三七、一五二頁ａ）には、『無量寿経』の十念と『観無量寿経』の十念とは同じであって、それは『弥勒発問経』の慈心などの十法によって生ずる如き高級なものではなく、凡夫所修のものであると明かしており、その十念とは称名と理解していたとうかがわれるのである。義寂の『無量寿経述義記』巻中によれば、『無量寿経』および『観無量寿経』の十念とは、六字の名号を一回唱称する間を一念とし、それを十度繰返す間を十念と解している。(24) また遵式の『往生浄土決疑行願二門』(大正四七、一四七頁a)には、毎朝西方に向かい、合掌し連声して息の続く限り称名して、その一気の尽きるまでを一念とし、それを十気続けることを十念といっている。なおまた善導が『観無量寿経疏』などにおいて、この十念を十念即十声と領解し、称名念仏の義を主唱したことは著明である。(25)

三、曇鸞の十念をめぐる諸説

次に曇鸞におけるこの十念の意味については、これについても従来すでに種々の解釈が試みられているところである。よっていまは先ずそれら先学の解釈の主なるものを概観することとする。

一、十念を称名と見る説

良忠『無量寿経論註記』巻第三

「今謂わく経文明らかに称名の十念に局る、一師何ぞ観称に通ずと判ぜん。但し今観称を挙ぐることは総じて往生の業を出す、下品の十念に観を摂すと言うには非らず」(浄全一、三〇七頁)と述べて、観念も通じて浄土往生の業となる故に一応は並べて示すも、この十念とはまさしく称名を意味するとする。

了慧『浄土論註拾遺抄』巻中

「十念相続とは即ち十声称仏なり。謂わく彼の仏を憶念するに、若くは総、若くは別、行人の意に随い心を一処に係けて他境を縁ぜずして十声を唱う。此れを十念相続と言う。次に但称名号とは総別の相好を憶念せずと雖も但口に名号を十声称うる亦是れ十念なり。上は即ち心を以って口称を助け、下は口称を運んで十念を成ず、両機異なると雖も同じく名号を称す。憶念と言うと雖も深観には非らず」（浄全一、六四〇頁）と説いて、憶念ということもまた称名に帰して理解している。

堯恵『往生論註私集鈔』巻四

「今釈に念の二義を出して初義をば但言憶念の但の言を以って遮し、第二義おば但称名号の但の言を以って遮する故に、初二を簡んで称名の一義に極成する」といい、また「此の如く十念の義を釈するは観経、本願の十念、只だ是れ称名に局る義を決定せん為なり」（『往生論註私集鈔』巻四の四五）と述べて、但の字は次第に前を簡ぶものであって、十念とは称名であるとする。

僧叡『往生論註海岸記』

「唯今の一段の如きは両途の存して観を正と為すに似たれども、然れば則ち甚だ異轍と為す。曰わく次上に専ら称名と言う。此に至って忽ちにして更に観念を存するの理なし。況んや観を正と為す如きはすべて非にして、真宗の意に絶えてその義なし。之れ言うに足らず。まさに知るべし唯是れ称念の他なし。その先ず観念を出すは想思一遍を念と名づける在るを、取りて以って譬喩と為すのみ」（『往生論註海岸記』巻第二の九七）と、十念をまったく称名に見て、その観念の文は称名六字を遥る間を一念とする譬喩として出したものであるとする。

是山恵覚『往生論註講義』巻上

「二個の但の言は次第に前を揀ぶ、謂く前は時節の念に揀び、後は観想の念に揀ぶ、次上の第六問答に十念は是れ称名なることを言う。此に至って観念を存する理なし。又十念者依止無上信心生ともいう、是れ信と共する行にして信に非ず。故に知る、後の称名の釈が是れ今の正顕なることを」（真叢別巻、一二〇頁）といい、僧叡の説を承けて観念を出すものは例示であるとしている。

二、十念を心念（憶念・信相続）と見る説

望月信亨『略述浄土教理史』

「憶念を十遍相続するのを十念と名づけるのだというのである。即ち観察の法によりて若しは仏の総相若しは別相を観縁するにも、又は称名の法によりて仏の名号を称するにも、心に他想を雑えず、一心に阿弥陀仏を憶念して十念相続するのを十念と名づけるという説である」（『略述浄土教理史』九一頁）と、憶念と観念と称名とを分別して、その観称以外の憶念の相続を十念と理解する。

花田凌雲「浄土門念仏本質の討究」（『宗学院論輯』第三輯）

「第七問答の十念釈は心無他想の心念に就いて、総相別相に依るものと称名に依るものとの二者を挙げたものであると見て置きたい。（中略）信相続の十念と見なくてはならぬと思う」といい、十念とは信の相続のことであって、それについて憶念によるものと称名によるものとがあるとする。

三、十念を称名・心念（憶念・観念）共通と見る説

(1)称・念共通の中で称・念を同格に見る説

存覚『六要鈔』巻第三末

「念に三義有り、所謂時節と観念と称念となり。今は唯時を嫌う。観念と称名とはその用捨なし。鸞師の意二義を存するか」（真聖全二、三一八頁）と十念に観念と称名の両義があるとする。

知空『往生論註翼解』（巻五の三八）

但の字は余仏を念ずることを遮するものであるとして、この十念に観念、称名、憶念の三義を認めている。しか

し帰するところは称名にあると見ていたとうかがわれる。

南条神興『往生論註講判』

「凡そ七祖に於て上三祖は念観不分の家柄なり（中略）今此の憶念に約する義は註主の実義にして、註主は真弘決判の家柄故に信を以って行を摂して示す。念観不分の所明なり」（論註講纂巻六、一四六頁）と観念と称名の両義を見ている。

⑵称・念共通の中でも称名を主と見る説

慧雲『往生論註服宗記』巻三

「但言等とは先ず観相に約し、但称等とは後に称名に約す。観を所例と為し称を能例と為す。二箇の但の字次第に前を簡ぶ、理在るを知るべし。又復初めに心念に約し次ぎに口称に約すは、この二の十念並びに無上の信心に依止して生ずる故なり。剋して之を言わば信海の影像、念報の経営なり」（真全一〇、七八頁）と述べて、一応心念と称名とを認めつつもことに称名を主と見る。

崇廓『浄土論註疏』（巻四の五二）

「経に既に二途有る故に今は経意に準じて二釈を作る。此の二の十念は皆無上の信心に依止する故に、心念の中に仏相を憶念するは唯是れ信海中の波瀾にして、いわゆる信後味道の観なり」と述べて、一応観念と口称との両義を認めるも、称名を主として憶念仏相は信後味道の観とする。

善譲『往生論註聴記』（巻三の一二六）

「此の十念三厳の功徳を包み来る名号を呑み込んで称える処なるが故に必ず惣別観想の徳あり。その徳の露現する事は機に随って微著ありと雖も、その法徳を領する事は同じことなり」といって、十念を称名と理解し、観の義はその法徳について明かしたものであるとする。

深励『往生論註講述』

心念と称名との両義を見た上で、「但の言にて上の義の観念も憶念も皆簡んだものなり。此の十念の念は観念でも憶念でもない。但信の称名なりという義なり。此の義の中の十念の念の字は称念の義にして称えることなり」（論註講纂巻六、一四七頁）といって称名を中心とする。

大原性実『真宗教学史研究』第二巻

「観念と称名とを互角に説きつつ、その実意とするところは称名行の優位にあることを顕わされたものである」（『真宗教学史研究』第二巻、五七頁）といって、一応は観想と称名とを同格に見たと考えられるが、但言などの文によって称名を主と見る。

(3)称・念共通の中でも心念を主と見る説

加藤仏眼『王本願論』本論編

「憶念称名は共に顕是にして、素直に文相に従えば寧ろ憶念を正示とし称名は例示と見る」（『王本願論』本論編、一三四頁）といって憶念を中心とする。

普賢大円『真宗思想史』

「十念とは完成せる憶念でその憶念たるや仏体に対する観念である。（中略）されば曇鸞の憶念念仏は仏体に対する観念を主として名号を従とすると言わねばならぬ」（『真宗思想史』三〇頁）といって、観念と称名の両義の中で観念を中心とする。

津田左右吉『シナ仏教の研究』

十念は心念の意に解していたと考えられるとし、また「彼に於いては概していうと念仏と称名とは区別せられてはいるが、しかし十念については曖昧ながらそれらが結びつけられているので、そこに十念が称名として考えられるようになる契機がある」（『シナ仏教の研究』三二頁）と述べている。

以上概観した如く、曇鸞の十念に対する理解は多様であるが、はたして曇鸞自身の本意はいずれにあったのであろうか。さらに検討をすすめてゆくこととする。

四、曇鸞の十念思想に関する再検討

そこでこの十念の念の字がもつ本来的な意味について検すると、諸橋轍次著『大漢和辞典』（巻四、九八一頁）によれば、「おもう」（動詞）、「おもい」（名詞）、「となえる」「極めて短い時間」などの意があるといわれている。よってこの十念の念については、基本的には、心念、称念、時間の三義を見ることができるのである。かくて曇鸞における十念とは、基本的には、たんなる時間を意味するものか、心念（憶念・観念など）を意味するものか、称念（称名）を意味するものか、またはそれらの義をあわせ含んでいるものかが問題となってくるわけである。それについて、先ず曇鸞自身の著作の中の「念」の用例を検すると、およそ次の如きものが見られるようである。

念ず

① 阿弥陀仏を念ず（『往生論註』真聖全一、三〇九頁。『略論安楽浄土義』真聖全一、三七一頁、三七四頁）
② 阿弥陀如来を念ず（『往生論註』真聖全一、三一五頁）
③ 無量寿仏を念ず（『略論安楽浄土義』真聖全一、三六九頁）
④ 無礙光如来を念ず（『往生論註』真聖全一、二八二頁）
⑤ 仏の名字若しくは仏の相好を念ず（『略論安楽浄土義』真聖全一、三七五頁）

	念	念持
⑥仏の光明を念ず（『略論安楽浄土義』真聖全一、三七五頁） ⑦仏の神力を念ず（『略論安楽浄土義』真聖全一、三七五頁） ⑧仏の功徳を念ず（『略論安楽浄土義』真聖全一、三七五頁） ⑨仏の智恵を念ず（『略論安楽浄土義』真聖全一、三七五頁） ⑩仏の本願を念ず（『略論安楽浄土義』真聖全一、三七五頁） ⑪免ることを求め出づることを悕うことを念ず（『略論安楽浄土義』真聖全一、三七〇頁） ⑫河を渡る方便を念ず（『略論安楽浄土義』真聖全一、三七四頁） ⑬何にしてまさに河を渡るべしと念ず（『略論安楽浄土義』真聖全一、三七四頁） ⑭彼の渡を念ず（『略論安楽浄土義』真聖全一、三七五頁）	①念を積む（『往生論註』真聖全一、三一一頁） ②念の頭数を知る（『往生論註』真聖全一、三一一頁） ③念の多少を知りぬ（『往生論註』真聖全一、三一〇頁） ④念の多少を記する（『往生論註』真聖全一、三一一頁） ⑤決定なきが故に念相続せず（『往生論註』真聖全一、三一四頁） ⑥念相続せざるが故に決定の信をえず（『往生論註』真聖全一、三一四頁） ⑦この念のみありて更に他縁なし（『往生論註』真聖全一、三七四頁） ⑧念と言うは此の時節を取らざるなり（『往生論註』真聖全一、三一〇頁） ⑨華香伎楽念に従いて現じ（『讃阿弥陀仏偈』真聖全一、三五五頁） ⑩念に応じて至らざるなし（『讃阿弥陀仏偈』真聖全一、三五七頁） ⑪空の苞受するに閉塞の念なし（『往生論註』真聖全一、三〇二頁）	①魚母子を念持する（『往生論註』真聖全一、二九四頁）

悪念	①善行を積めば死するに悪念なし（『略論安楽浄土義』真聖全一、三七五頁）
余念	①信心相続せず余念間だつるが故なり（『往生論註』真聖全一、三一四頁）
懐念	①懐念何ぞ弁ずべけん（『略論安楽浄土義』真聖全一、三七五頁）
剋念	①剋念して生まれんと願ぜんもの（『往生論註』真聖全一、三一四頁） ②自ら剋念して（『略論安楽浄土義』真聖全一、三七五頁）
憶念	①名を称して憶念するもの（『往生論註』真聖全一、三〇四頁） ②名を称し憶念すること（『往生論註』真聖全一、三一四頁） ③何をか憶念する所ぞや（『略論安楽浄土義』真聖全一、三七〇頁） ④阿弥陀仏を憶念する（『略論安楽浄土義』真聖全一、三七〇頁） ⑤阿弥陀仏を憶念し若しは総相若しは別相（『往生論註』真聖全一、三一〇頁）
念念	①念念の中に罪滅し（『往生論註』真聖全一、三二八頁）
念仏	①十念念仏すれば便ち往生を得る（『往生論註』真聖全一、三四七頁） ②十念の念仏を疑う（『略論安楽浄土義』真聖全一、三七一頁） ③同一に念仏して別の道無きが故に（『往生論註』真聖全一、三二五頁）
	①乃し一念に曁ぶまでせん（『讃阿弥陀仏偈』真聖全一、三五七頁） ②下一念に至るまで大利を得る（『讃阿弥陀仏偈』真聖全一、三五八頁） ③一念の時の頃において（『往生論註』真聖全一、三〇五頁） ④幾の時おか名づけて一念と為るや（『往生論註』真聖全一、三一〇頁）

一念	
	⑤ 六十刹那を名づけて一念と為す（『往生論註』真聖全一、三一〇頁） ⑥ 一念一時を以って光を放つ（『往生論註』真聖全一、三〇五頁） ⑦ 一念一時に十方世界に遍じて（『往生論註』真聖全一、三三二頁） ⑧ 一念一時にして前後無し（『往生論註』真聖全一、三三五頁） ⑨ 一念一時に造るところの業（『讃阿弥陀仏偈』真聖全一、三六五頁） ⑩ 一心一念に大光明を放つ（『略論安楽浄土義』真聖全一、三六八頁） ⑪ もっぱら何にしてまさに河を渡るべしと念ずる即ち是れ一念なり（『略論安楽浄土義』真聖全一、三七四頁）

十念	
	① 十念阿弥陀仏を念じまつる（『往生論註』真聖全一、三〇九頁） ② 無量寿仏を十念する（『略論安楽浄土義』真聖全一、三六九頁） ③ 下下品の人の十念を以って軽しと為し（『往生論註』真聖全一、三一〇頁） ④ この十念は善知識方便安慰して実相法を聞くに依って生ず（『往生論註』真聖全一、三一〇頁） ⑤ この十念は無上の信心に依止し阿弥陀如来の方便荘厳真実清浄無量の功徳の名号に依って生ず（『往生論註』真聖全一、三一〇頁） ⑥ この十念は無後心無間心に依止して生ず（『往生論註』真聖全一、三一〇頁） ⑦ 十念は重し重きもの先ず牽く（『往生論註』真聖全一、三一〇頁） ⑧ 彼の渡を念ずるが如く十念を逕べし（『略論安楽浄土義』真聖全一、三七五頁） ⑨ 声声相次いで十念を成ぜしむ（『略論安楽浄土義』真聖全一、三七五頁） ⑩ 十念に乗じて往生する（『往生論註』真聖全一、三二八頁） ⑪ 十念を具足して便ち安楽浄土に往生を得る（『往生論註』真聖全一、三〇九頁） ⑫ 十念念仏すれば便ち往生を得る（『往生論註』真聖全一、三四七頁）

⑬	十念の念仏を疑う（『略論安楽浄土義』真聖全一、三七一頁）
⑭	十念相続するを名づけて十念と為す（『往生論註』真聖全一、三一〇頁）
⑮	十念相続するを以って便ち往生を得る（『略論安楽浄土義』真聖全一、三七〇頁）
⑯	十念相続して便ち往生を得る（『略論安楽浄土義』真聖全一、三七四頁）
⑰	云何なるをか名づけて十念相続と為すや（『略論安楽浄土義』真聖全一、三七四頁）
⑱	十念余心を雑えざるを名づけて十念相続と為る（『略論安楽浄土義』真聖全一、三七四頁）
⑲	心心相次ぎ乃至十念するを名づけて十念相続と為す（『略論安楽浄土義』真聖全一、三七五頁）
⑳	十念相続と言えば（『略論安楽浄土義』真聖全一、三七五頁）
㉑	十念は業事成弁を明かす（『往生論註』真聖全一、三一一頁）
㉒	十念の業成ず（『往生論註』真聖全一、三一一頁）

＊引用文の「念」および五念門の「念」は除いた。

上の表の十念を除く以外の「念」の用例において、明らかに知られることは次の点である。

一、「念ず」については①〜⑤は問題が残るとしても、その他はすべて心念を意味するものであって、称名の意味は見られない。

二、「念」については心念、称念いずれとも明瞭でないものが多いが、⑨⑩⑪は明らかに心念を意味している。

三、「念持」「前（後）念」「悪念」「余念」「懐念」「剋念」「憶念」と熟語されたものは、すべて心念に属するものである。

四、「念念」「念仏」については心念、称念とも不明瞭である。

五、「一念」については①②は不明瞭であり、③〜⑩は時間を意味するとも見られるが、⑪は明らかに心念である。

以上の諸点からして、曇鸞における念の用例においては、一部には心念、称念いずれとも不明瞭なもの、および時間を意味するものがあるが、それら以外はすべて心念を意味するものであって、明確に称名を意味するものとしては一文もないことが知られるのである。したがってその十念の意味内容についても、それは称名というよりも、むしろ心念と見るべき可能性が濃厚となってくるといわねばならないのである。

次にその十念について見るならば、十念を明かす文は、上の表の如くに二十二文を数えることができるのである。が、その中でもっとも注意されるべきものとしては、『往生論註』巻上の八番問答における十念の釈であって、ここに十文が見られるのである。この八番問答における十念とは、直接的には『無量寿経』の本願成就文と、『観無量寿経』の「下下品」の文とを対望して、五逆謗法の悪業と十念の善業との軽重を論じ、もって浄土往生の機とその行道について明かすものである。その中の第六問答においては、

此の十念は善知識の方便安慰して実相の法を聞くに依って生ず。

此の十念は無上の信心に依止し、阿弥陀如来の方便荘厳真実無量功徳の名号に依って生ず。

此の十念は無後心無間心に依止して生ず。(『往生論註』巻上、真聖全一、三一〇頁)

と述べているが、このいわゆる三在釈義といわれる文によると、十念とは、善知識の方便安慰による聞法に基づき、無上の信心と名号に依止し、また無後心無間心なる臨終の時節において成立してゆくものであることが知られるのである。従来この第六問答の文は、十念が称名であることを詮わしたものであるとする解釈もあるが[26]、またその文をもって心念と解することも可能であって、ここではいまだ十念が心念であるか称念であるかを明確に決定することは困難であろう。しかし、次の第七問答においては、この十念の念について、先ず時間の意味に解釈した後、

「此の中に念と云うは此の時節を取らざるなり」（『往生論註』巻上、真聖全一、三一〇頁）といって、いまの念は時間的意味の念ではないことを明かしている。この十念が時間の意味について語るものでないことは、上の第六問答における三在釈義においても明瞭である。そして曇鸞は次いで（原文のままに引用すると）、

　但言憶念阿弥陀仏若総相若別相随所観縁心無他想十念相続名為十念但称名号亦復如是。（『往生論註』巻上、真聖全一、三一〇頁）

と述べている。この文でいうところの憶念とは、阿弥陀仏の相好を観想する観念を意味する如くにも見られるのであるが、曇鸞における憶念とは、『略論安楽浄土義』において、転輪王の子が罪をえて金鎖に繋がれる時、心に受楽することなく、ひたすらにそこより「免れることを求め、出づることを悕うて念ずる」（真聖全一、三七〇頁）ことをもって「憶念」と呼び、また『往生論註』巻上において、「若し人名を称して、憶念する者、帰依する者、観察する者」（真聖全一、三〇四頁）と説くことからすれば、憶念とはまさしく専ら思念することであって、観念や称名とは明らかに区別されていたものとうかがわれるのである。その故にいまの文においても、「憶念」の語と「観」の語とは、明確に区別されるべきであろう。そしてことにこの第七問答の文については、それを取意した文が道綽の『安楽集』巻上に見られて、そこでは、

　但だ阿弥陀仏を憶念して、若しくは総相若しくは別相を、所縁に随って観じ、十念を逕て他の念想間雑すること無し。是れを十念と名づく。（真聖全一、四〇一頁）

と述べているのである。そこでこの『安楽集』の文と対比考証すると、上に引用した『往生論註』の第七問答の「阿弥陀仏若総相若別相随所観縁」という文は、『安楽集』の「阿弥陀仏若総相若別相随所縁観」と明かす文にそのまま重層するのである。そしてここで考えられることは、『往生論註』の「随所観縁」の文は意味が通じがたいが、

それを『安楽集』の文の如く「随所縁観（所縁に随って観ず）」と訓むと、文意が明瞭になってくるのである。かくて『往生論註』の文は「観」と「縁」とが写伝の際に転倒したものと思われ、それはまさしくは『安楽集』の如くに「随所縁観」と訂正されるべきであろうと思考されるのである。かくしてこの第七問答の文は、

但だ言うこころは、阿弥陀仏を憶念し、若しくは総相若しくは別相を、所縁に随いて観じ、心に他想無くして十念相続するを名づけて十念と為す。但だ名号を称するも亦復是の如し。

と訓まれるべきであり、阿弥陀仏を憶念して、その総相もしくは別相を所縁によって観想してゆくことにより、その憶念の心が他想なく相続され、そこに新たなる宗教的な境地、さらにはまた宗教的な功徳が成就されてゆく時、そのような心の境地ないしは状態を十念と明かしたものであると理解すべきではなかろうか。そしてこのように訓む時、また次の「但だ名号を称するも亦復是の如し」という文は、観想に対する称名について明かしたものとして、すなわち、その観想行に代わるに、称名行によっても、また他想なき憶念の心の相続深化として、そこに十念の境地が成就することを示したものとして、その文意が明瞭になってくるのである。

またここで曇鸞がことに「十念相続」と示すについては、その相続という語は元来経文にはないものであって、曇鸞自身が新たに附加したものであるが、このように曇鸞が十念にことさら相続の語を加えたこと、しかもまた前掲の表に見られる如く、十念を明かす場合に、十念相続という語をしばしば用いていることからすれば、この十念相続の語は、曇鸞が十念をいかに理解していたかを探る重要な鍵になると考えられるのである。そこでさらに、曇鸞における念にかかわる場合の相続という語の用例を検すると、

無礙光如来を念じて安楽に生ぜんと願じ、心心相続して他の想い間雑すること無し。（『往生論註』巻上、真聖全一、二八二頁）

信心相続せず余念間だつるが故なり（中略）また念相続せざるが故に決定の信を得ず。（『往生論註』巻下、真聖全一、三一四頁）

但だ念を積み相続して他事を縁ぜざれば便ち罷みぬ。（『往生論註』巻上、真聖全一、三一一頁）

心に他想無くして十念相続するを名づけて十念と為す。（『往生論註』巻上、真聖全一、三一〇頁）

十念余心を雑えざるを名づけて十念相続と為す。（『略論安楽浄土義』真聖全一、三七四頁）

他心間雑すること無く、心心相次ぎ乃至十念するを名づけて十念相続と為す」（『略論安楽浄土義』真聖全一、三七五頁）

などが見られるのであるが、それらによって明らかになることは、この相続の語が念にかかわって用いられる場合には、すべて心が他想を雑えることなくして不断に続いてゆくことを意味しているのである。したがっていま曇鸞が、十念にことさらに相続の語を附加した所以は、後の三文が物語る如く、その十念が観念でも称念でもなく憶念ともいわれるべき心念であって、しかもまたその念が「他想無くして」「心心相次ぐ」ことであると、理解していたことによるものであろうことが明瞭となるのである。

またこの第七問答においては、前引の「但だ言うこころは阿弥陀仏を憶念する云々」の文に続いて、「但だ名号を称するも亦復是の如し」と明かすのであるが、従来の解釈においては、多くこの二文に同じく「但」の字が置かれているところから、その但の字を「ただし」と訓んで、二箇の但は次第に前を簡ぶことを意味するとし、前の但は上に明かした時節の念を簡び、後の但は上の憶念または観念の念を簡ぶものであって、この「名号を称するも亦復是の如し」という文こそ、第七問答の帰結として、まさしく十念の内容を示したものであり、この十念とは十声称名のことであると理解されてきたのである。上に見た十念に対する従来の解釈の中で、是山恵覚氏ら十念を称名に帰して理解しようとする諸先学の解釈は多くかかる見方に基づいたものである。しかしながら、このような解釈は、この「但」の字を「ただし」と訓んで簡別の義に解することによって成立するものであるが、すでに指摘されている如くに、[27]この但の字は、『大漢和辞典』巻一（諸橋轍次、六八五頁）および『字源』（簡野道明、一二二頁）によると、「ただ」「ひとり」「もっぱら」「しかし」「およそ」「すべて」「いたずらに」「むなしく」などを意味し、それを「ただし」と訓んで、前文の説明に対する例外の意に解することは日本語独自の国訓であるといわれている。したがって、この二箇の但の字を簡別の義に解して、第七問答の十念を称名に帰結することは、まったく後世における日本的な解釈であって、それは決して曇鸞の真意ではなかったといわねばならないのである。かくしてここで「名号を称するも亦復是の如し」というのは、すでに前の阿弥陀仏の相好を観想するについて見た如く、仏の名号を称する場合も観想の場合がそうであったように、阿弥陀仏を憶念する心がその称名行によって他想無くして相続されるべきこと、すなわち、十念相続されるべきことを示したものとうかがうべきであろう。かくして以上の諸点からして、この第七問答においては、先ず憶念と観想と称名とを明確に区別して見られるべきであり、しかもまたその観想と称名の基盤として憶念が明かされていること、すなわち、阿弥陀仏の相好を観想するについても、また阿弥陀仏の名号を称名するにおいても、ともにその基盤として専心に阿弥陀仏を憶念する心をもつべきことを示したものであり、しかもかかる憶念の心がその観想行ないしは称名行の修習実践によって、他想を雑えることなくして念念に相続され、そこに新たなる宗教的な境地が成立してゆくところ、それを十念相続と明かしたものと理解されるのである。

　また最後の第八問答においては、十念について「十」というも、それはまさしき知見を得た通神者のみが知りうることであって、いまは決してその数を問題にする必要はない。ただ阿弥陀仏を専心に憶念相続して、他事を縁ぜざることを十念相続というのであり、この十念相続によってまさしく業事が成弁すると明かしているのである。ここにおいて、もし十念がたんに称名あるいは観想を意味するとすれば、この第八問答において、「十」の数は通神者のみが知りうるということが解しえられなくなるのであって、このことによっても、またこの十念が憶念の相続を意味するものにほかならないことが、いよいよ明白になってくるのである。

その他、『往生論註』において十念を語る文としては、

下下品の人十念に乗じて往生する。(『往生論註』巻下、真聖全一、三二八頁)

仏願力に縁るが故に十念念仏すれば便ち往生を得る。(『往生論註』巻下、真聖全一、三四七頁)

の二文を見ることができるのであるが、いずれもただちに十念について解釈したものではないから、この文によって十念の内容をうかがうことは困難である。しかし、従来は前者については、その文に続いて、

彼の阿弥陀如来の至極無生清浄宝珠の名号を聞いて、之を濁心に投ずれば、念念の中に罪滅し、心浄にして即ち往生を得る。(『往生論註』巻下、真聖全一、三二八頁)

と明かし、また、

彼の下品の人法性無生を知らずと雖も、但だ仏名を称する力を以って、往生の意を作して彼の土に生まれんと願ず。(『往生論註』巻下、真聖全一、三二八頁)

と明かすところより、その「十念に乗ずる」とは、「至極無生清浄宝珠の名号を聞いて」「仏名を称する力」によることであるとも解釈されているのであるが(28)、名号を聞くことをもってただちに称名を予想し、称名について往生を語るをもってただちに十念往生と理解することは、なお早計といわねばならないであろう。また後者の文についても、「十念念仏」と特に念仏の語を加えているところから、その念仏とは称名念仏のことであって十念とは称名を

意味すると解釈されているが(29)、これもまた独断であって、これら二文によって十念が称名を意味すると断ずることは、いささか無理であると思われる。

また曇鸞は『略論安楽浄土義』においても、この十念について明かしており、そこには十文を見ることができるのである。しかし、それらのすべてが十念の内容について明かすものではないが、ことにその疑惑往生の釈の中で、阿弥陀仏を憶念するも必ずしも安楽に往生することを得ざらん。何を以っての故に、経に言わく業道は秤の如し、重きもの先ず牽くと、云何ぞ一生或いは百年或いは十年、一日も悪として造らざるということ無きもの、但だ十念相続するを以って、便ち往生することを得て、即ち正定聚に入りて畢竟じて退せず、三塗の諸苦と永く隔てんや。若し爾らば先牽の義何を以ってか信を取らん。(真聖全一、三七〇〜三七一頁)

という文によれば、この十念相続とは「阿弥陀仏を憶念する」ことであることが、きわめて明瞭に知られるのである。またその巻末の十念念仏を明かす文においては、『無量寿経』の下輩の文の十念を釈して、

問うて曰わく下輩生の中に十念相続して便ち往生を得ると云えり、云何なるをか名づけて十念相続と為すや。答えて曰わく、譬えば人有りて空曠の迥かなる処にして怨賊に値遇するに、刃を抜き勇を奮いて直ちに来りて殺さんと欲す。其の人到り走りて一河を渡るべきを視る。若し河を渡ることを得ば首領全かるべし。爾の時河を渡る方便を念ず、我れ岸に至れば衣を着して渡るとや為ん。衣を脱して渡るとや為ん。若し衣納を着せば恐らくは過ぐることを得ざらん。若し衣納を脱がんには恐らくは暇を得ること無けんと。但だ此の念のみ有りて更に他縁無し。もっぱら何にしてまさに河を渡るべしと念わん。即ち是れ一念なり。是の如く十念余心を雑えざるを名づけて十念相続と為るが如し。行者も亦爾なり。阿弥陀仏を念ずるに彼の渡を念ずるが如くにして十念を逕べし。若くは仏の名字、若しは仏の相好を念じ、若しは仏の光明を念じ、若しは仏の神力を念じ、若し

は仏の功徳を念じ、若しは仏の智慧を念じ、若しは仏の本願を念じて、他心間雑すること無く、心心相次ぎ乃至十念するを名づけて十念相続と為す。（真聖全一、三七四～三七五頁）

と明かしているが、この文は怨賊に追われた者が、河を前にして他想なく、ひたすらにそれを渡ることのみを念ずる如きが一念であって、かかる専念の心の相続を十念と名づけ、阿弥陀仏を念ずるについても、かかる渡河を念ずるが如く、その名字、相好、光明、神力、功徳、智慧、本願などを専心に憶念して、他心の雑わることなく、心心相い次ぐことを十念相続というと示すものである。ここでもまた十念はきわめて明快に、憶念の心の相続態を意味することがうかがわれる。ことにこの渡河の譬喩については、道綽の『安楽集』も引用して、それを憶念と解釈しているが、[30]元暁の『両巻無量寿経宗要』にも、鳩摩羅什の説としてこの文とほとんど同文を掲げ、もって十念が心念を意味する（顕了の十念）ことを語っているのは注意されるべきであろう。[31]しかしまた『略論安楽浄土義』には、この文に次いで、

宜しく同志五三と共に言要を結びて、命終に垂たる時、迭に相い開暁して為めに阿弥陀仏の名号を称して、安楽に生まれんと願じ、声声相次いで十念を成ぜしむべきなり。（真聖全一、三七五頁）

とも説いているが、これは誰でも死に臨む時は苦痛に迫られる故に、平生より互いに申し合わせておいて、臨終の時にはその人のために、共に仏名を称して十念を成就させるべきであるというのである。この文は卒爾に見れば、称名相次ぐことがすなわち十念の如くにも理解されるが、この文についても「声声相次いで十念を成ぜしむ」というのであるから、称名することがただちに十念を意味するとのみには解しえられないのであって、むしろそれは仏名を称することにより、すなわち、それを手段として、十念を成就してゆくことを意味すると理解されるべきであろう。その点については、また同様な思想を『往生論註』巻上の八番問答の釈に見ることができるのである。すな

わち、その第六問答に、

命終に臨む時、善知識の教えに遇いて南無無量寿仏と称せんに、是の如く至心に声をして絶えざらしめ、十念を具足して便ち安楽浄土に往生を得る。（真聖全一、三〇九頁）

と明かしているが、「声をして絶えざらしめ十念を具足し」と説くものは、同じく十念が称名に基づいて成就することを示すものであろう。

かくて曇鸞における十念とは、専心に阿弥陀仏を憶念することにはじまり、称名あるいはまた観想の行業を修習実践することに基づいて、その憶念の心の相続徹底として、臨終に至って成立するところの、新たなる宗教的な境地、状態を意味するものであるが、それはまたすでに上において見た如く、「破闇満願」「止一切悪」などといわれるところの、多分に呪術的な名号の保有する功用徳能の附与現成として、ここに業事成弁して、浄土往生の行道が成就することとなるのである。そしてまた曇鸞においては、その行道において、ことに観想よりも称名行が重視されるところ、この行道はまた上に見たところの、曇鸞における五念門行の道としての称名の行道にもそのまま重なるものでもあったわけである。かくして曇鸞における浄土往生の行道とは、略示すれば、基本的には、

憶念――称名（観想）――十念相続→往生

といいうるものであったのである。

第三節　曇鸞における信の思想

第一項　曇鸞における信の性格

一、曇鸞における信の基本的理解

かくして曇鸞における浄土往生の行道とは、基本的には称名行に依止するところの十念相続の道であるといいうるのであるが、曇鸞はまたその浄土往生の道を明かすについて、

易行道とは謂わく、但だ信仏因縁を以って浄土に生まれんと願ずれば、仏の願力に乗じて便ち彼の清浄の土に往生を得る。(『往生論註』巻上、真聖全一、二七九頁)

下品の凡夫は但だ正法を誹謗せざれば、信仏因縁をして皆往生を得しむ。(『往生論註』巻上、真聖全一、三〇八頁)

此の十七種の荘厳成就を観ずれば、能く真実の浄信を生じて、必定して彼の安楽仏土に生まれることを得る。(『往生論註』巻下、真聖全一、三三八頁)

などとも明かしている。いずれも信を業因として浄土に往生を得ることを示す文である。その点では曇鸞浄土教においては、信とはまたその行道において主要な意味をもつものであったことがうかがわれるのである。

そこで曇鸞における信の性格について検するに、その著作中における信の語の用例は種々散見されて、経の始めに如是と称すは信を彰わして能入と為す。(『往生論註』巻下、真聖全一、三四八頁)

他力の乗ずべきことを聞いてまさに信心を生ずべし、自ら局分することなかれ。（『往生論註』巻下、真聖全一、三四八頁）

不了仏智とは謂わく仏の一切種智を信了すること能わざるなり。不了の故に疑を起す此の一句は所疑を弁ず。（『略論安楽浄土義』真聖全一、三七〇頁）

などと述べている。それらの文によると、曇鸞における信とは、「如是」の心のことであり、「自ら局分」せざることであり、そしてまた「信了」とも熟字されるものであって、それは対象をそのものの如くに明確に忍許して、無疑決定なることを意味するもののようである。したがって、それは仏教における信の基本的な性格として語られる如き、知的な働きに即するところの信認領解の性格をもつものであって、それはたんなる対象的な帰投の感情でもなく、また知性と対立する如き不合理な心情でもなかったといいうるのである。そしてまたかかる信は如是として「能入と為す」とも示されるが、それは『大智度論』巻第一における、

仏法の大海には信をもって能入と為し、智をもって能度と為す。（大正二五、六三頁a）

という文を承けたものであることは明瞭であって、そのことからすれば、信とはまた仏法に入るための必須条件で、それはつねに仏道の初門に位するものとして理解されていたことが知られるのである。その点、ここでいう信とは、『往生論註』巻下に、

彼の安楽浄土に生ぜんと願ずるものは、要らず無上菩提心を発するなり。（真聖全一、三三九頁）

と明かすところの、菩提心にもかかわるものであったとも思われる。

二、二知の思想

しかしながら、曇鸞はまた『往生論註』巻下において、称名行の如実修行相応を釈すについて、

然るに称名し憶念すれども、無明なお存して所願を満たさざる者あり。何んとなれば、如実に修行せず、名義と相応せざるによるが故なり。云何なるをか如実に修行せず、名義と相応せざるとする。謂わく、如来は是れ実相身、是れ為物身なりと知らざればなり。また三種の不相応あり。一には信心淳からず、存するがごとく亡ずるがごときの故に。二には信心一ならず、決定無きが故に。三には信心相続せず、余念間だつるが故に。此の三句は展転して相い成ず。信心淳からざるを以っての故に決定無し。決定無きが故に念相続せず。また念相続せざるが故に決定の信を得ず。決定の信を得ざるが故に心淳からざるべし。此れと相違せるを如実修行相応と名づく。是の故に論主は建めに我一心と言へり。（真聖全一、三一四頁）

と説いて、称名行の前提として阿弥陀仏に対する二知と三信心について明かしているのである。この阿弥陀仏に対する二知と三信心に基づいてこそ、称名ははじめて如実なる称名行として成立するというのである。このことからすれば、曇鸞における信とは、またたんなる仏道趣入のためのものというよりも、その行道を成立せしめるための、きわめて重要な基盤としての意味をもつものであったともいいうるようである。

そこでこの阿弥陀仏に対する二知とは、阿弥陀仏が本来において実相身であることと為物身であることを、明確に領知することを意味しているが、ここで阿弥陀仏が実相身であることを知るというのは、仏とはつねに真実として、迷妄の衆生を遠く超えた真如実相そのものであるということを信知することであり、阿弥陀仏が為物身であることを知るということは、仏とはまたつねに一切の物の為めの存在として、つねに迷妄の衆生と共にあり、衆生を大悲し、包摂しているということを信知することである。このことはまた『往生論註』巻上に、如来の真実功徳に

ついて明かすに、「不顛倒」「不虚偽」の二種の性格をもって示し、

云何が顛倒せざる、法性に依って二諦に順ずる故に、云何が虚偽ならず、衆生を摂して畢竟浄に入らしむるが故に。（真聖全一、二八四〜二八五頁）

と述べて、大智と大悲、自利利他円満せることを明かすものと共通する思想であると考えられる。(32) かくして、そのことは阿弥陀仏を、仏自身として領知するとともに、またそれを衆生に即して領知すること、さらに剋していえば、それは仏自身について知ることと、私自身について知ることを意味するものであろう。ことに曇鸞におけるこの阿弥陀仏の二側面に対する領知、さらにいうならば、仏と自己とに対する信知の思想は、道綽の『安楽集』巻上（真聖全一、四〇五頁）にも引用継承されるところであるが、また善導がその信の思想において、「散善義」（真聖全一、五三四頁）および『往生礼讃偈』（真聖全一、六四九頁）で明かすところの二種深信としての、自己の存在相に対する信知と如来の本願に対する信知との、信についての二側面性は、この曇鸞および道綽における阿弥陀仏についての二知の思想を伝統し、それを展開せしめたものであろうことがうかがわれるのである。そのことは、善導が「散善義」の三心釈を結ぶに当って、「若し生まれずばこのことわり有ることなし」（真聖全一、五四一頁）と明かしているが、この文は道綽が『安楽集』の二知三信の釈を結ぶ文と同一であって、両者の文言の底流に深い関連性が思われることによっても証されるであろう。

三、三信の思想

そしてまた曇鸞は、かかる二知の内容を承けて、さらに三信について明かすのであるが、この三信とは、すでに上にも引いた如く、

一には信心淳からず、存するがごとく亡ずるがごときの故に。二には信心一ならず、決定無きが故に。三には信心相続せず、余念間だつるが故に。此の三句は展転して相い成ず。信心淳からざるを以っての故に決定無し。決定無きが故に念相続せず。また念相続せざるが故に決定の信を得ず。決定の信を得ざるが故に心淳からざるべし。（真聖全一、三一四頁）

と述べる如く、信心が淳、一、相続なることをいうのである。ここで曇鸞が信について明かすに、信心が淳であれというのは、淳とは淳厚、淳朴の意であって、その信心が深厚至純にして若存若亡ならず、阿弥陀仏に対して一向に徹底して無疑決定なることを意味するものであろう。またその信心が一であれというのは、一とは専一無二の意であって、心に猶予して二相に転ずることのない、一向専注の確固たる心のことであり、それは帰するに、前の淳なる信心に同じく、阿弥陀仏に対して一向に無疑決定なることをあらわすものであって、それらはともに決定信知ともいうべく、その点、それは上に見た阿弥陀仏に対する二知の心相と別のものではないと思われる。また次に信心が相続すべきであるというのは、相続とは連綿不断の意味であって、上の如き淳厚専一なる決定信知の信心が、余念間雑して前後異変することなく、臨終に至るまで不断に相続されることを意味するものであろう。しかもこの淳、一、相続の三者は、互いに展転相成するものであって、信心が淳であればよく決定となり、それが決定であるところ必然に相続することとなり、また信心がよく不断に相続するところ、そのまま信心の決定となり、それがよく決定の故によく淳となりうるというのである。そしてまたすでに指摘した如く、淳といい、一というも、帰するところはともに決定信知を意味するものであることからすれば、この三者の展転相成とは、また決定信知の信心は必然に転じて相続不断の信心を成じ、相続不断の信心はまたよく決定信知の信心を成じてゆくことを明かすものであって、曇鸞における信とは阿弥陀仏に対する決定信知の心、すなわち、阿弥陀仏を実相為物、大智大悲として信知すること、すなわち、阿弥陀仏を仏自身に即して領知することと、私自身に即して領知することであるとともに、またその二種の信知の心の不断の相続を意味するものであったといいうるようである。

四、十念相続と信心相続

そして曇鸞はこの三信の釈に続いて、

是の故に論主は建めに我一心と言へり。（真聖全一、三一四頁）

と述べ、世親が『浄土論』の冒頭の「帰敬偈」において、「我一心」というのは、まさしくかかる二知三信なる信心を意味するものであると明かしているのである。しかし、曇鸞はまたこの「我一心」については『往生論註』巻上に、

我一心とは天親菩薩自督の詞なり。言うこころは、無礙光如来を念じて安楽に生ぜんと願じ、心心相続して他想間雑することなし。（真聖全一、二八二頁）

と釈して、それは阿弥陀仏を専心に念じて浄土を願生する心が、他想間雑することなく、不断に相続することであるともいっているのである。この点からすれば、曇鸞における信心とは、また「一心」として、阿弥陀仏を専念し浄土を願生して、その心が間雑することなく不断に相続してゆくことでもあったわけである。

このように曇鸞において、阿弥陀仏を信ずることと阿弥陀仏を念ずること、すなわち「信」と「念」とが、同じ意味をもつものとして理解されているということは、また上に見た三信の展転相成を明かす文において、

信心淳からざるを以っての故に決定無し。決定無きが故に念（信）相続せず。また念（信）相続せざるが故に決定の信を得ず。決定の信を得ざるが故に心淳からざるべし。（『往生論註』巻下、真聖全一、三一四頁）

と述べているところにも見られるものである。すなわち、この文は三信の展転相成を明かすものである以上、それは信心が淳でない故に信心が決定せず、信心が決定しない故に信心が相続せず、信心が相続しない故に信心が決定せず信心が決定しない故に信心が淳でないということを明かしているものであるが、この文においては（信）をもって示した如く、本来には信ないしは信心の語を置くべきところに「念」の字を当てているのであって、この点からしても、曇鸞においては、「信」と「念」とはシノニムとして用いられていることが知られるのである。そしてまた曇鸞においては、上に見た如く、信心とは阿弥陀仏に対する信知ないしは専念の心のことであるとともに、その心の不断の相続態を意味すると明かしているのであるが、曇鸞はまた十念を明かすについてもすでに上にも指摘した如く、元来その典拠となった経文には見られないところの「相続」の語を附加して、ことさらに十念相続といい、その十念を釈するについても、

心に他想無くして十念相続するを名づけて十念と為す。（『往生論註』巻上、真聖全一、三一〇頁）

他心間雑すること無く心心相次ぎ乃至十念するを名づけて十念相続と為す。（『略論安楽浄土義』真聖全一、三七五頁）

などと述べて、十念とは阿弥陀仏を念じて他想無くして心心相続することであると明かしているのである。これらのことからすると、信心と十念を明かすについて、ともに心心相続と明かされる点において、信心相続と十念相続とはまったく同じ範疇に属すものであって、十念が心に他想無くして相続すると明かされる場合、心に他想無しとは、心に明確に決定信知することを意味し、その相続というのは、かかる決定信知の心の不断相続のことであって、それは上に見た三信でいえば、淳にして一なる決定信知の心と、その相続を意味するものであるといいうるであろう。かくして曇鸞においては、信心の相続とはすなわち十念相続を意味するものであったのである。

しかもまた曇鸞はその『往生論註』巻上において、

信仏因縁を以って浄土に生まれんと願ず。（真聖全一、二七九頁）

信仏因縁をして皆往生を得しむ。（真聖全一、三〇八頁）

と明かしているのであるが、ここでいう「信仏因縁」とは、「仏を信ずる因縁」とも、「仏の因縁を信ずる」とも訓まれるものであって、(33) その意味内容については、先学によって種々に解釈されてきたところであるが、原文においてはそのいずれの訓が曇鸞の真意を承けるものであるかは明らかではない。ただ『往生論註』巻下に「第一義諦は仏の因縁の法なり」（真聖全一、三二六頁）という文からすれば、「仏の因縁を信ずる」と訓むべきが親しいようにも考えられる。しかしながら、また注意されるべきことは、『略論安楽浄土義』において、『無量寿経』の三輩の文に基づいて、

問うて曰わく安楽土に生ずる者には凡そ幾輩有り、幾因縁有りや。（真聖全一、三六九頁）

と設問し、浄土に往生する機の種類とその往生の因縁について明かす中で、機については、上輩者、中輩者、下輩者の三種を示し、往生の因縁については、上輩者には五種の因縁、中輩者には七種の因縁、下輩者には三種の因縁をあげていることである。そしてこの三輩のいずれの往生の因縁についても、「一向に専ら無量寿仏を念ず」（真聖全一、三六九頁）こと、あるいはまた、「一向に意を専らにして乃至十念無量寿仏を念ずる」（真聖全一、三六九頁）ことをあげ、ことにこの十念の因縁については詳細に解説して、それを浄土往生の業因として明かしているのである。曇鸞においては、すでに見た如くに、念と信とがシノニムとして用いられる場合があること、しかもまた曇鸞は『往生論註』の冒頭に「信仏因縁を以って浄土に生まれんと願ず」（真聖全一、二七九頁）といって、信についてただちに浄土往生を語りながらも、またその『往生論註』を結ぶにあたっては「十念念仏すれば便ち往生をうる」

（真聖全一、三四七頁）と明かしていることなどからすれば、ここで往生の因縁としてあげる専念もしくは十念とは、「信仏因縁」と明かされるものに相当するとうかがわれるのである。したがって、いまの「信仏因縁」とは、まさしくは「仏を信ずる因縁」と訓まれて、この『略論安楽浄土義』に示される浄土往生の諸種の因縁の中における、阿弥陀仏に対する専念もしくは十念の因縁をさすものであると思われるのである。かくして曇鸞における十念とは、阿弥陀仏に対する憶念が相続深化されてゆくことにおいて成立する臨終の時における宗教的境地でありつつも、またすでに先学によっても指摘されている如くに(34)、それはすなわち、決定信知なる信心が念念に相続されてゆくところの態をいうものにほかならず、それはまさしくは信心の相続を意味するものであったとも理解されるのである。

『往生論註』巻上に、十念を明かすについて、

此の十念は無上の信心に依止する。（真聖全一、三一〇頁）

と説き、また『略論安楽浄土義』には、十念相続を勧めて、

よろしく信心を及ぼして、預め自ら剋念し積習して、性を成し善根堅固ならしむべきなり。（真聖全一、三七五頁）

と示すものは、まさしくこのことを詮わすものであろうと思われる。

以上の考察によって明らかになった如く、曇鸞における信の性格とは、まさしく「如是」といい、「信了」といわれ、また「二知」とも明かされ、さらにはまた「淳、一、相続」の三信心とも説かれる如くに、仏道の初門として阿弥陀仏に対する専一至純なる信認、信知の心であるとともに、またその心の徹底深化としての念念の相続態を意味するものであって、それはまた十念相続としても示されるものであったのである。

第二項　曇鸞における信の地位

一、信心相続の道

曇鸞における信の性格が以上の如きものであるとするならば、その信が曇鸞における十念相続の行道、すなわち、

憶念——称名（観想）——十念相続→往生

の道において、いかなる地位を占めるものであるかは、おのずから明らかになってくるであろう。すなわち、すでに上において論考した如く、十念相続とは、阿弥陀仏に対する至純なる憶念に基づいて、称名ないし観想の修習奉行により、その憶念の心が無他想間雑にして心心相続され、深化されてゆくことによって成立するところの、新たなる宗教的境地、さらにはまた宗教的な功徳の附与現成の態を意味するものであったが、その称名はつねに二知三信なる信心に基づいてこそ、はじめて如実なる称名行として成立するものであり、またその十念相続とはひとえに信心に依止し、名号に基づくものであると明かされること、さらにはまた曇鸞においては、基本的には念と信とはシノニムであって、その行道における憶念とは信心とも置き換えられ、往生の業因として明かされる十念相続とは、また信心相続ともいいうるものであるところからすれば、その行道とはまた、

信心——称名（観想）——信心相続→往生

とも明かすことができるようである。曇鸞における浄土往生の行道が、十念往生の道と明かされるとともに、また、

但だ信仏因縁を以って浄土に生まれんと願ず。（『往生論註』巻上、真聖全一、二七九頁）

信仏因縁をして皆往生を得しむ。（『往生論註』巻上、真聖全一、三〇八頁）

能く真実の浄信を生じて、必定して彼の安楽仏土に生ずることを得る。（『往生論註』巻下、真聖全一、三二八

頁）

など と示して、それが信心往生の道とも語られる所以である。その点、曇鸞における浄土往生の行道を、ことに信に即していうならば、それはひとえに称名ないしは観想に基づくところの信心相続の道であるとも語りうるものであって、それはさらに〈無量寿経〉、あるいはまたは龍樹浄土教および世親浄土教における行道思想に重ねていえば、信心に出発し信心を究竟してゆくところの、信心成就の道であったともいいうるものであろう。

二、曇鸞における行道思想の屈折

しかしながら、曇鸞においては、実際にはその行道は信心成就の道としては捉えられないで、新しく十念相続の道として理解されているわけである。そして曇鸞におけるこの十念相続の行道は、それ以前の浄土思想における行道が、〈無量寿経〉における信心成就の道をはじめとして、龍樹浄土教における信方便易行の道、世親浄土教における起観生信の道のいずれもが、心の澄浄（citta-prasāda）なる信心を成就してゆく道として、ひとえに煩悩を遠離し、智見を開覚してゆくことをめざしていたのに対して、曇鸞における行道は、十念相続の成就として、専ら破闇満願なる名号が保有する功能の現成附与としての、臨終の時節における滅罪生善、業事成弁をめざすものであったわけである。その点、それ以前の龍樹および世親の浄土教思想に比較すると、阿弥陀仏の仏力、本願力についての解明が、より深化されているという見解も成立するであろうが、そこにはまた他面、すでに上においても指摘した如くに、仏道における信心の成就、さらには智見の開覚、そしてまたそれに基づくまことの人間成長という側面よりも、多分に呪術的な功徳附与の側面が強調されているわけであって、そのことは曇鸞における信の理解の特色として、さらにはまたその行道思想の浄土教理展開史上における屈折の現象として、充分に注意されるべきことであろう。[35]

註

（1）望月信亨『中国浄土教理史』六四頁。藤堂恭俊「無量寿経優婆提舎願生偈並註解等」（国訳、和漢撰述部四八）参照。

（2）この『讃阿弥陀仏偈』の文は『真宗聖教全書』本と『大正大蔵経』本（巻四七）とを比較すると出没がある。いまは両者を勘校の上で妥当と思われるものに整文して掲げ、かつその当意にしたがうべく訓むこととした。以下、曇鸞の著作『往生論註』『讃阿弥陀仏偈』『略論安楽浄土義』の文を引用するについては、すべて同様な方法によった。

（3）道宣『続高僧伝』巻第六、大正五〇、四七〇頁c。

（4）石田充之『西域文化研究』「敦煌仏教資料」二〇六～二〇七頁。岡亮二「略論安楽浄土義の一考察」『宗学院論集』第三八号。

（5）毛利憲明「略論作者の研究」『真宗研究』第一四号～第一八号。藤原凌雪「略論に関する一考察」『真宗学』第一三、一四号。藤堂恭俊『無量寿経論註の研究』八頁。名畑応順『略論安楽浄土義講案』一～一二頁参照。

（6）曇鸞『略論安楽浄土義』真聖全一、三七〇頁、三七一頁、三七四頁、三七五頁。

（7）道綽『安楽集』巻上、真聖全一、三九九～四〇〇頁、四〇二頁。

（8）道綽『安楽集』巻上、真聖全一、四〇一～四〇三頁。

（9）ただし元暁の『両巻無量寿経宗要』（大正三七、一二九頁a～b）あるいはまた『遊心安楽道』（大正四七、一一五頁a）の文に基づいて、それが鳩摩羅什の著作であるとする見解もあるが、これは羅什の年代とそれを引用する『浄土論』の訳出年代との矛盾によって、問題にならないことはいうまでもない。

（10）『大阿弥陀経』『平等覚経』『無量寿経』の訳者については、疑義があり、諸種の見解に分かれて一定しないが、いまは藤田宏達『原始浄土思想の研究』一三頁以下の所説にしたがった。

（11）塚本善隆「支那浄土教の展開」『支那仏教史研究』参照。

（12）藤堂恭俊「無量寿経論註成立の精神風土と基本的思想材」『仏教大学研究紀要』第三四号、「曇鸞の名号観とその背景」『無量寿経論註の研究』、村石恵照「曇鸞浄土教と其の時代背景」『東洋大学大学院紀要』第五集参照。

(13) 望月信亨『略述浄土教理史』五七頁参照。
(14) 『平等覚経』巻四（大正一二、二九八頁c）にもほとんど同文がある。
(15) 『往生論註』巻上（真聖全一、二九三頁）および巻下（真聖全一、三二四頁）の「経言」の文は、『大阿弥陀経』の第五、第六、第七の願文、『平等覚経』の第十七、第十八の願文から取意したものと推定されるが、また『略論安楽浄土義』の三輩往生を明かす文によると、明らかに『大阿弥陀経』および『平等覚経』の三輩の文にもよったことがうかがわれて、曇鸞が『大阿弥陀経』『平等覚経』に学んだことは明らかである。
(16) 藤原凌雪『念仏思想の研究』一二五頁参照。
(17) 拙稿「善導念仏義に関する一考察」『真宗学』第一七・一八号参照。
(18) 拙稿「親鸞における念仏と信心」『真宗学』第四五・四六号参照。
(19) 久木幸男「論註に於ける称名念仏について」『印度学仏教学研究』二の一、道端良秀「中国浄土教の念仏と呪術」『宗教研究』第三六巻一七四号参照。
(20) 『無量寿経』第十八願文「設い我仏を得んに、十方の衆生至心に信楽して我が国に生まれんと欲いて乃至十念せん。若し生まれずば正覚を取らず。唯五逆と正法を誹謗するを除く」（大正一二、二六八頁a）。『無量寿経』下輩の文「仏阿難に語りたまわく、其れ下輩とは十方世界の諸天人民其れ至心に彼の国に生まれんと欲うことあらんに、たとい諸の功徳を作すこと能わずとも、まさに無上菩提の心を発して一向に意を専らにし、乃至十念無量寿仏を念じて其の国に生まれんと願ずべし。若し深法を聞きて歓喜信楽して疑惑を生ぜず、乃至一念彼の仏を念じて至誠心を以って其の国に生まれんと願ずれば、此の人終に臨みて夢のごとくに彼の仏を見てまた往生を得ん」（大正一二、二七二頁c）
『観無量寿経』下下品の文「汝若し念ずる能わずばまさに無量寿仏と称すべし。是の如く至心に声をして絶えざらしめ、十念を具足して南無阿弥陀仏と称せんに、仏名を称するが故に念念の中に於て八十億劫の生死の罪を除き、命終の時に金蓮華の猶し日輪の如くに其の人の前に住するを見て、一念の頃の如くに即ち極楽世界に往生を得ん」（大正一二、三四六頁a）
(21) 『増一阿含経』巻第一（大正二、五五二頁c）、巻第二（大正二、五五四頁a）、巻第三四（大正二、七四〇頁a）、巻第四三（大正二、七八一頁a）。
(22) 『弥勒発問経』なるものは現存しないが、元暁の『両巻無量寿経宗要』（大正三七、一二九頁a）に引用するものによる。

(23) 法位『無量寿経義疏』は現存しない。いまは長西の『念仏本願義』所引の文（浄全八、四五三頁）による。

(24) 義寂『無量寿経述義記』は現存しない。いまは長西の『念仏本願義』所引の文（浄全八、四五四頁）による。

(25) 十念に関する諸種の解釈については、望月信亨『浄土教之研究』（二一九頁以下）に詳細に論じられている。

(26) 藤原凌雪『念仏思想の研究』一四二頁。

(27) 雲村賢淳「曇鸞の称名観」『真宗研究』第二輯。

(28) 藤原凌雪『念仏思想の研究』一四三～一四四頁。

(29) 前掲書、一四四頁。

(30) 道綽『安楽集』巻上、真聖全一、四〇二頁。

(31) 元暁『両巻無量寿経宗要』大正三七、一二九頁a～b。

什公説いて曰わく、譬えば人有りて曠野の中に於て悪賊に値遇するに、戈を揮い剣を抜いて、直ちに来りて殺さんと欲す。其の人勤め去りて一河を度るべきを視る、若し河を度ることを得ざれば首領全うし難し。爾の時但河を度る方便を念ず、我河の岸に至れば衣を著して度るとや為ん、衣を脱して度るとや為ん、若し衣納を著せば恐らくは過ぐることを得ざらん、若し衣納を脱せんには恐らくは暇を得ざらん。但此の念のみ有りて更に他意無し、まさに河を度るを念ず、即ち是れ一念なり。此れ等の十念余念を雑えず。

(32) 存覚『六要鈔』巻第三本（真聖全二、二七六～二七七頁）によると、この実相身為物身の理解について二義をあげ、一には実相身とは理仏にして法性法身をいい、為物身とは事仏にして方便法身をいうとし、二にはともに事仏なる方便法身について示すもので、自利と利他の徳を明かしていると註釈している。

(33) 大瀛『無量寿経論註原要』巻上の二、真全一〇、一八一頁参照。

(34) 花田凌雲「浄土門念仏本質の討究」『宗学院論輯』第三輯。

(35) なお以上の如き、曇鸞における十念の思想に対する私の基本的な理解は、かつて「曇鸞教学における十念の意義」という題のもとで『龍谷大学論集』第三七一号に発表したところであるが、その後、岡亮二氏は「往生論註の念仏思想について」（『龍谷大学論集』第三八六号）なる論文において、この私の論考に対して異なった見解を発表された。それが私の論文について言及されているところから、この機会に若干の卑見を開陳してそれに応答しておきたいと考える。岡氏の十念に対する理解は、別の論文の「曇鸞教学における十念の一考察」（『印度学仏教学研究』第一三巻第一号）をもあわせて参照すると、『往生論註』の第七問答の文を解するのに、そこでいう「観念と憶念はむしろ同一範疇に入れられるべき性格」のものであって、「それによって生ずる心」が十念であるとし、それはすなわち「願生心の相続」を意味するものであるというのである。しかしながら、その観念と憶念とを同一視するについては、すでに指摘した如く、『往生論註』自身において憶念の語を明確に称名や観察と区別して用いている文が見られること、およびその第七問答の文は『安楽集』に基づいて校訂されるべき点があること、さらにはまた『略論安楽浄土義』における十念の解釈などからして、かかる理解は承認しがたいものがある。私見によれば、すでに詳細に論考した如く、その第七問答は阿弥陀仏を憶念するについて、称名ないしは観想によって、それが他想を雑えることなくして心心相続されてゆくところ、やがて十念が成就してゆくことを明かすものであって、それはすなわち、阿弥陀仏を憶念する心が、称名ないしは観想の行に依止して心心相続してゆくところ、臨終に至って新たな宗教的境地が成立し、さらにはまた宗教的な功徳が現成してくることとなり、そのような境地、状態を十念と明かしていると理解するわけである。その点、それがことに「願生心の相続」を意味すると主張されるについては、まったく納得できかねることである。曇鸞における阿弥陀仏に対する憶念の心相には、浄土への願生の心が含まれるであろうことは認められるとしても、そこにはまたすでに見た如く、二知三信なる信心や菩提心などの意味をも含むものであって、その十念相続をもって何故にただちに「願生心の相続」であるといいうるのか。かかる理解にはかなりの飛躍があるのではないか。曇鸞においてはこの十念をもって業事成弁と明かし、この十念相続を因として浄土往生が成就するというのであるが、とすれば、何故にこの「願生心の相続」がそのまま業事の成弁を意味し、そこに往生の業因が語られることとなるのであろうか。私にとってはなお理解の及ばないところである。

第五章　善導における信の思想

第一節　善導の基本的立場

第一項　善導における著作をめぐる問題

慧遠および曇鸞らによって啓拓されていった中国浄土教は、やがて地論学派を継いだ浄影寺の慧遠（五二三〜五九二）、『法華経』を奉じた天台宗の祖である智顗（五三八〜五九七）、三論学派を大成した吉蔵（五四九〜六二三）らによってもひろく受容されていったが、この浄土教をもっとも専一的に継承し、実践的に中国の民衆に定着せしめていったのは道綽（五六二〜六四五）であった。道綽は曇鸞の碑文を縁として浄土教に帰入し、終生おこたることなく念仏三昧を修したと伝えている。その浄土の行道としての念仏三昧とは、曇鸞浄土教に傾倒し、かつまた当時の中国仏教界において重視されていた、『観無量寿経』に注目することによって明かされたところの浄土の仏道であって、それは一心専至に阿弥陀仏を憶念し、その名号を唱称することにより、次第に心を正念に住せしめて、三昧見仏の宗教的境地をうるところの行道を意味するものであり、それはまた道綽においては観仏三昧とも称せられるものであった。そしてまた道綽においては、この念仏三昧の道とは、本質的には曇鸞における十念相続の道を継承するものであって、それに重なるものでもあったのである。この道綽の行道思想については、後に改めて考察することとする。この道綽の面授の弟子に善導（六一三〜六八一）がある。善導は曇鸞、道綽と伝統された浄土教を継承発展せしめて、そこに明かされている称名念仏中心の行道が、現実の時代と人間とに相応したもっとも勝れたものであり、しかもまたそれこそ、まさしく釈尊の本意に契当する仏道であることを高調していったが[(1)]、また自らも厳格におのれの生活を律して、ひたすらに念仏の浄業を修習し、かつまた民衆に対しても弘く教化して、多くの西方願生の行人を育成したと伝えられている。

善導の著作については、従来『観無量寿経疏』（「玄義分」「序分義」「定善義」「散善義」）四巻と、『転経行道願往生浄土法事讃』（略称『法事讃』）二巻、『観念阿弥陀仏相海三昧功徳法門』（略称『観念法門』）一巻、『往生礼讃偈』（略称『往生礼讃』）一巻、『依観経等明般舟三昧行道往生讃』（略称『般舟讃』）一巻の五部九巻があげられている。ただし、その『観念法門』の後半分は、ことに「依経明五種増上縁義一巻」という標題がおかれているところから、それは別出して独立した著書と見るべきであるという見解も出されている[(2)]。そしてそれらの著作については、『観無量寿経疏』は『観無量寿経』の註疏として善導浄土教の綱格を示すものであるところより、それを『本疏』と呼び、その他は主として『本疏』に附属するものとして、浄土行者の実践行儀について明かしたものであるところから『具疏』と呼びならわされている。またこれらの著作についての前後関係も推測されて、伝統的には『本疏』から『具疏』へと理解されているが、最近では逆に『具疏』から『本疏』へという見解が主張されている[(3)]。たしかに『観経疏』に「讃に云わく」といって、『往生礼讃』の文を引用している点などからすれば[(4)]、『観経疏』に先行して『往生礼讃』が成立していたことも推定されるが、その著作全体にわたる前後関係については、明確に断定することは困難なことである。ともあれ、これらの著作はいずれもその晩年において、長安在住の頃に成立したものであると考えられているところからすれば[(5)]、『本疏』と『具疏』との間に思想の展開を想定して、その成立順序についてとやかく詮索することにはおのずから限界があるといわねばなるまい。また善導の著作には上記のもののほかに、『弥陀経義』『二十四讃』『念仏集』『大乗布薩法』『一行礼文』『臨終正念訣』『善導和尚遺言』『勧化径路修行偈』などがあげられているが、いずれも真偽未決または未伝のものである。

第二項　善導浄土教の思想的背景

善導の学系としては、基本的にはすでに上にもふれた如くに、道綽の面授の門下としてその浄土教思想を継承したことは明らかである。道綽の浄土教はことに『観無量寿経』に依拠して、専心に阿弥陀仏を憶念し称名することにより、心眼を開いて見仏をうるところの三昧の境地をめざす、念仏三昧ないしは観仏三昧の行道を明かすものであった。善導浄土教もまた基本的にはこの行道を伝統するものであるが、その詳細については後に至って考察することとする。しかし、また善導の仏教理解の基本的背景としては、すでに先学によっても指摘されている如くに、真如縁起の思想を立場とするところの、地論学系の南道派を継承していることがうかがわれるのであって、ことにその点、同じく南道派に属する浄影寺の慧遠とは思想的に共通するものがあって、善導の『観経疏』を慧遠の『観経疏』と比較する時、そこには組織的にも内容的にも、かなりの共通性を見出すことができるのである。ことに善導における『観無量寿経』十六観の名称および定善、散善、起行などの用語が、慧遠を参照し、それを継承していることは充分に推測されるところである。かくて善導における諸師の『観無量寿経』観に対する古今楷定の主張は明確であるとしても、善導浄土教がこのように慧遠の浄土教を基盤とし、それを承けていることはことに注意されるべき点であろう。(6)そしてまた、いまひとつ善導浄土教の学系として注意すべき点は、それが曇鸞浄土教を伝統しているということである。曇鸞浄土教がその根底において、ひとえに『無量寿経』に依拠し、その阿弥陀仏の本願と名号を中核としての理解把捉されていることは明らかなところであるが、善導の『観無量寿経』に対する領解、その浄土教思想が、またもっぱら『無量寿経』所説の本願を基軸として成立していることにも異論のないところであろう。そして道綽の浄土教においては、この『無量寿経』の本願中心の領解はいまだ徹底していないところ、善導浄土教におけるかかる性格は、ただに道綽を相承したというよりも、またそれを越えて、曇鸞浄土教に深く直接し、それを継承していることがうかがわれるのである(7)。

第三項　善導における浄土教思想の特色

一、『無量寿経』中心の立場

そこでこの善導浄土教の特色として先ず注目されることは、基本的にはそれが『無量寿経』に依拠し、それを中心に領解されているということである。すなわち、善導はその「玄義分」の序題門には、

然るに衆生障り重く悟りを取る者明らめ難し。教益は多門なるべしと雖も、凡惑は偏覧するに由なし。遇、韋提請いを致して我れ今安楽に往生せんと楽欲す。唯願わくば如来我れに思惟を教え、我れに正受を教えたまへというに由る。然るに娑婆の化主はその請いに由るが故に即ち広く浄土の要門を開き、安楽の能人は別意の弘願を顕彰す。その要門とは即ち此の観経の定散二門是れなり。定は即ち慮を息めて以って心を凝らし、散は即ち悪を廃して以って善を修す。斯の二行を廻して往生を求願するなり。弘願というは大経の説の如し。一切善悪の凡夫生を得る者は皆阿弥陀仏の大願業力に乗じて増上縁と為さざるはなきなり。(真聖全一、四四三頁)

と明かして、『観無量寿経』の玄義について、釈迦は韋提希夫人の請求に基づいて広く浄土の要門を説き、阿弥陀仏は別意の弘願を明らかにしたと述べている。その釈迦による要門とは定散二善の行道であって『観無量寿経』の当面の中心教説を意味するものである。またその阿弥陀仏による別意の弘願とは、別意とは韋提希夫人の請求に対していうものと思われるが、弘願とは阿弥陀仏の本弘誓願を意味し、広くは四十八願をさすと考えられる。しかし、すでに「玄義分」において、

　無量寿経に云わく、法蔵比丘世饒王仏の所に在まして菩薩の道を行じたまいし時、四十八願を発して、一一の願に言わく、若し我れ仏を得んに、十方の衆生、我が名号を称して我が国に生まれんと願ぜんに、下十念に至るまで若し生まれずば正覚を取らず。（真聖全一、四五七頁）

と明かし、また『法事讃』には、

　弘誓多門にして四十八なれども偏に念仏を標して最も親しと為す。（真聖全一、五七五頁）

と示す如くに、その四十八願はついには第十八願に統摂され、称名念仏の行道の願に帰一するものであった。かくして善導はこの『観無量寿経』においては、二尊二教として、釈迦による定散二善の道と阿弥陀仏による称名念仏の道が開説されているとするのであるが、それについて、善導はさらに「散善義」において、『観無量寿経』の流通分を釈するについて、

　上来定散両門の益を説くと雖も仏の本願の意に望むれば、衆生をして一向に専ら弥陀仏の名を称せしむるに在り。（真聖全一、五五八頁）

と明かし、その二教もついには『無量寿経』所説の阿弥陀仏の本願による、称名念仏の一道に摂まると述べているのである。かくして善導における浄土教とは、まさしくは『無量寿経』に開説されるところの、阿弥陀仏の本願を

中核とするものであることが明瞭である。そしてまた、善導における浄土教がこのように本願を基底として領解されているところ、それにかかわってその浄土教の綱格は、ひとえに凡夫を立場として把捉され、またその行道とは専ら称名念仏の道として理解されているのであって、またここに善導浄土教の特色が指摘できるわけである。

二、唯為凡夫の思想

このように善導浄土教が唯為凡夫の立場に立った領解であるということは、善導が『観無量寿経』を解するについて、その「玄義分」に、

ただ此の観経は仏は凡の為めに説きて聖に干らざるなり。（真聖全一、四五二頁）

世尊は定んで凡夫の為めにして聖人の為めにせず。（真聖全一、四五三〜四五四頁）

如来此の十六観の法を説きたもうは、ただ常没の衆生の為めにして、大小の聖に干らずということを証明するなり。（真聖全一、四五四頁）

などと明かしていることによっても明瞭である。そしてこのような善導における領解は、一面には聖者を中心として捉えた慧遠の『観無量寿経』観に対するものであろうが(8)、それは基本的には「玄義分」に、

然るに諸仏の大悲は苦者に於てす、心偏えに常没の衆生を愍念したまう。是れを以って勧めて浄土に帰せしむ。また水に溺れたるの人の如きは急に須らく偏に救うべし。岸上の者に何んぞ済いを用いるを為さん。（真聖全一、四五〇頁）

と明かす如くに、善導の浄土教に対する理解が、徹底した自己内省に基づき、人間が本来的に罪悪深重にして生死苦悩の存在であるという自覚に立ち、そしてまたその故に、如来の大悲はこの煩悩具足の凡夫を救急せんと誓願す

るのであって、ここに阿弥陀仏の本願建立の意趣があり、『観無量寿経』開説の所以があると領解していることによるものと思われる。そしてかかる善導における唯為凡夫の思想は、すでに第一章「『無量寿経』における信の思想」においても考察した如くに、基本的には浄土教のもっている根本的立場でもあって、〈無量寿経〉にその思想の原形を見ることができ、さらにはまた龍樹および世親の浄土教思想においても、そのことは明らかにうかがわれるところである。ことに中国浄土教においては、曇鸞はその『往生論註』の八番問答において、阿弥陀仏の本願に基づく浄土願生の行人について、第十八願文の「唯除五逆誹謗正法」の文と『観無量寿経』「下下品」の「不善業五逆十悪」の文とによって、それがまさしくは煩悩成就せる「一切の外の凡夫」（真聖全一、三〇七頁）であることを明かしているのである。道綽もまたその『安楽集』に、

弥陀の浄国既に位上下を該ね、凡聖を問うこと無く皆通じて往く。（真聖全一、三八六頁）

と述べて、念仏の道を聖者とともに凡夫の行道として捉えているが、またそれについて道綽は、

凡夫は智浅くして多く相に依って求むるに決して往生することを得る。然るに相善の力微なるを以って但だ相土に生じて唯報化の仏を覩る。（真聖全一、三八六頁）

とも説いて、凡聖通じて浄土往生をうるといっても、凡夫は智慧が浅く相によって求める故に、それは相土に生じて報化仏を見るのみであるというのである。凡夫の往生を明かしながらも、凡夫と聖者によって浄土往生の得果について差別を語るわけである。この点は凡夫と聖者に、帰するところ同一の果を語る曇鸞の理解と相違するところであって、それは多分に摂論学派の主張に影響された解釈であろうとうかがわれるのである。(9)その意味からすれば、善導における唯為凡夫の見解は、道綽浄土教を継承したというよりも、曇鸞浄土教に近いといわねばならないであろうが、それはさらには、この曇鸞、道綽を承け、また善導に先行すると推定される迦才（〜六四八〜）の浄土教

思想に基づき、それを伝統したものであるともうかがわれるのである。すなわち、その迦才の『浄土論』によると、

問うて曰わく、浄土の門は凡聖斉しく往くも未だ宗意の正は是れ何人かを知らず。答えて曰わく、韋提希の請い及び如来の答意を観るに、唯未来世の一切の凡夫、煩悩の賊の為めに害せられる者の為めに、清浄業処を説くと言う。（中略）四十八願及び観経に詳し。大旨を論ずれば凡夫は是れ正生の人なり。聖人は是れ兼生の人なり。（『浄土論』巻上、大正四七、八八頁b）

法蔵比丘の四十八大願は、初めに先ず一切凡夫の為めにして後始めて兼ねて三乗の聖人の為めにす。故に知りぬ。浄土の宗意は本凡夫の為めにして兼ねて聖人の為めなり。（『浄土論』巻中、大正四七、九〇頁c）

と明かして、そこには浄土教とはまさしく本為凡夫兼為聖人の教法であることが明確に主張されている。いまの善導における唯為凡夫の思想は、基本的にはこの迦才の浄土教の主張に学び、それを継承したものであろうことが充分に推測されるのである。(10)

三、称名念仏行の主張

次にまた善導浄土教の特色としては、それがひとえに阿弥陀仏の本願を基底として領解されるところ、その行道は専ら称名念仏の道として捉えられているわけである。インド浄土教における行道としては、すでに見た如く、〈無量寿経〉に明かされる行道とは、その初期、後期を通じてかなり多様であって、その修習すべき行業善根の内容も一概には尽しえないが、龍樹浄土教における行道とは、信方便易行の道として、聞名に基づく憶念、称名、礼敬の三業奉行の実践が明かされ、世親浄土教における行道では、起観生信の道として、礼拝、讃嘆、作願、観察、廻向の五念門行の修習が示されているのである。かくしてそこには、龍樹浄土教における如く、阿弥陀仏を主とし

て名号として把捉し、その行道において聞名ないしは称名の奉行を語るものと、世親浄土教における如く、阿弥陀仏を主として色身形相において理解し、その行道において仏身と仏土に対する観察の実践を語るものとの二つの傾向が見られるわけである。しかし、それが中国浄土教に至っては、ことに曇鸞浄土教においては、すでに上の第四章「曇鸞における信の思想」において見た如くに龍樹浄土教と世親浄土教、その行道における称名と観察の両者の思想を承けるものであったが、曇鸞浄土教の基本的立場としては、龍樹浄土教に依拠するものであって、その行道の内容としては、称名の実践が中核をなすものであったといいうるのである。そしてそのことはさらに道綽浄土教にも継承されるところであって、道綽における行道とは、観仏三昧といい、また念仏三昧といいながらも、それは一心専至に阿弥陀仏を憶念し称名することによって、ついには三昧見仏の境地をうるところの行道を意味するものであって、道綽においては明確に称名の実践を中心とする行業が語られているわけである。かくて道綽に至る浄土教思想の展開においては、次第に称名行を中核とする行道が開顕されてきたといいうるが、なお道綽においては、その念仏三昧、観仏三昧の行道のほかに諸行往生の行道も許容されているのであって、その行道思想はいまだ不徹底といわねばならないものがあった。その点、善導浄土教においては、その称名中心の潮流を継承して、しかもその主張はきわめて明快である。すなわち、善導はその浄土の行道において新しく五正行なる行業を設定し、読誦、観察、礼拝、称名、讃嘆供養の五種の行業の実践こそ浄土往生のまさしき行道であるとし、その中でもことには称名こそが、唯一なる正定業であると明かすのである。善導によれば、『観無量寿経』における定善観仏の道は韋提希夫人の致請により、散善の三福、念仏の道こそは釈迦の自開によって説かれたものであり、さらにはまた、釈迦はその流通分で教説を結ぶに当り、専ら念仏のみを附属するのであって、この『観無量寿経』の帰結とは、まさしく、

衆生をして一向に専ら弥陀仏名を称するに在り。(「散善義」真聖全一、五五八頁)

と明かされる如くに、ひとえに称名念仏の道を開説したものであったわけである。そしてまた善導によれば、浄土教の根基としての阿弥陀仏の本願、第十八願文とは、それを取意すれば、

若し我れ成仏せんに、十方の衆生我が国に生ぜんと願じて、我が名字を称せんこと下十声に至るまで、我が願力に乗じて若し生まれずば正覚を取らず。(『観念法門』真聖全一、六三五頁)

若し我れ成仏せんに、十方の衆生我が名号を称せんこと下十声に至るまで、若し生まれずば正覚を取らず。(『往生礼讃』真聖全一、六八三頁)

とも明かされるべきものであって、それはひとえに称名念仏して浄土に往生をうる道を誓願したものであった。善導は本願文の原文では「十念」と明かされているものを、しかもまたその「十念」とは〈無量寿経〉のサンスクリット本では、十度び心を起すという心念(citta)を意味し、曇鸞浄土教においても、それは阿弥陀仏に対する憶念の心心相続無他想にして成立するところの宗教的境地のことであって、心念に属するものであり、また道綽浄土教においても、基本的にはこの曇鸞を継承して、念仏三昧、観仏三昧と重層して理解されているのに対して、それらの伝統の領解とは異なって、その「十念」を「十声」と代置して、ただちに称名念仏として把捉しているのである。善導がその行道を明かすについて、称名正定業を主張するに、

一心に専ら弥陀の名号を念じて、行住坐臥に時節の久近を問わず、念念に捨てざれば、是れを正定の業と名づく、彼の仏願に順ずるが故に。(「散善義」真聖全一、五三八頁)

と示す所以である。かくして善導においては、インドから中国を通じて展開してきた浄土教思想の伝統を承けて、浄土往生の行業としてきわめて明確に称名念仏行を位置づけ、その専修の行道を開顕したわけである。そしてこの

善導における称名念仏行の明確化が、後世の浄土教、ことに法然、親鸞に至る日本浄土教思想に決定的な影響をもたらしたことはすでに明白なところである。その点、善導における行業の明確化としての専修称名の主張は、ことに浄土教理史上注目されるべき特色であろう。

四、称名行における易行性と最勝性

そしてその善導における浄土往生の行道としての称名念仏の位置づけは、唯為凡夫の行業としての易行性とともに、またさらには称名念仏の行道の仏道中における超勝性、すなわち、称名念仏のもっとも易くしてもっとも勝れたることを主張するものであった。すなわち、善導はこの称名念仏行を主張するについて、「玄義分」において、当時の摂論学徒から論難されていた別時意説について応答しているが、摂論学徒の主張は、経典が仏名を称して成仏をうると明かし、またただ発願によって浄土に往生をうると説くものは、無上菩提を退堕せざる因となり、遠生のための因となることを明かすものであって、いずれも方便なる別時意説にほかならぬというものであった。この別時意説の論難に対しては、すでに道綽がその『安楽集』巻上において、十念往生の経説は過去の宿因に基づくものであり、この宿因によるところ、十念にしてただちに往生をうると明かすものであると会通を試みているが、それはなお受身的な所論であって、その論難について充分に対応したものではなかった(11)。しかし、善導はことにこの往生別時意の論難に対しては真正面から応答しているのである。その「玄義分」によると、先ず、

仰ぎ願わくば一切の往生を欲せん知識等よ、善く自ら思量せよ。寧ろ今世の錯を傷みて仏語を信ぜよ。菩薩の論を執じて以って指南と為すべからず。（真聖全一、四五六頁）

と説いて、かかる由なき論難に惑うことなくして、ひたすらに仏語経説を信ずべきことを明かし、次いで称名念仏

の行道とは、一声の称仏の中、南無とは願を意味し、阿弥陀仏とは行の意味をもつところ、その声声の称名念仏は、すでに願行具足してまさしき浄土往生の行業を成就してゆくものであることを主張しているのである。そして善導は、さらにこの称名念仏の行道について、

但だ能く上一形を尽し下十念に至るまで、仏の願力を以って皆往かずということなし。故に易と名づくるなり。（「玄義分」真聖全一、四五七頁）

と明かして、それがひとえに阿弥陀仏の大悲願力による行道であるところ、すぐれて易なる行道であるというのである。善導はまたこの称名念仏の道の易行性について、『往生礼讃』には、

然るに弥陀世尊もと深重の誓願を発し、光明名号を以って十方を摂化したもう。但だ信心をして求念せしむれば、上一形を尽し下十声一声等に至るまで、仏願力を以って往生を得易し。（真聖全一、六五一頁）

と明かし、また、

問うて曰わく、何が故ぞ観を作さずして直ちに専ら名字を称せしむるは何んの意かあるや。答えて曰わく、乃し衆生障り重くして境は細にして心は麁なり。識颺り神飛びて観は成就し難きなり。是を以って大聖悲憐して直ちに専ら名字を称せしむ。正しく称名は易きによるが故に相続して即ち生ず。（真聖全一、六五一頁）

とも語っている。このことはまた上に見た如く、善導浄土教が唯為凡夫の教法として領解されていることにも連なるものであろう。しかもまた、善導はこの行道について、さらには、

万行倶に廻して皆往くことを得れども念仏一行を最も尊しと為す。（『般舟讃』真聖全一、七一三頁）

種々の法門は皆解脱すれども念仏して西方に往くに過ぎたるは無し。（『法事讃』真聖全一、六〇四頁）

と明かし、あるいはまた、

自余の衆行も是れ善と名づくと雖も、若し念仏に比ぶれば全く比校に非らざるなり。是の故に諸経の中に、処処に広く念仏の功徳を讃えたり。（「定善義」真聖全一、五二二頁）

とも説いて、この称名念仏の行道が、仏願に順ずる道であるところ、易行道であるとともに、また他の行に比して勝れた行道であるとも主張しているのであって、善導においてはこの称名念仏の行道とは、仏道の中でもっとも易にして、もっとも勝れたる行道という領解があったことがうかがわれるのである。その点、後に日本浄土教において、法然がその『選択本願念仏集』巻上（法然全集、三一九〜三二〇頁）に、難易と勝劣の二義を立てて、称名念仏の行道が勝にして易なる行道であることを主張した、そのはるかなる先蹤をここに見ることができるのは興味あるところである。ともあれ、善導はこの称名念仏の行道について、摂論学徒の論難に対応して仏道としての願行具足の論理を鮮明にし、さらにはその行道の易行性と最勝性を主張することを通して、曇鸞、道綽と継承した浄土教を、中国仏教界に定着せしめ、またその称名念仏の行道を確立していったわけであって、その点は善導浄土教の特色として、ことに注目すべきところであろう。

第二節　道綽浄土教における行道思想

第一項　曇鸞浄土教の継承

道綽（五六二―六四五）における浄土往生の行道については、その著『安楽集』を見るに、観仏三昧を語り、念仏三昧を説き、十念業成を論じ、また諸行往生を勧める文などもあって、それは極めて複雑多含であり、一見その帰趨が明瞭でないかの如く思われるのである。そのことから、古来この『安楽集』を呼んで准通立別の書と言い、その行道を釈して念観合論とも、要弘奄含とも称せられ、また先学の間にもそれを解するに種々の見解が生まれているのである。しかしながら道綽自身、長い修学の末に到達した仏教に対する領解と、それに基づく熱烈な浄土願生の生活において[12]、自らの歩んだ道が莫然として不明瞭なものであったはずはなく、たとえそれが如何に複雑多含的に見えるとしても、そこには必ず明確な帰結があったに違いなかろう。以下しばらくその行道思想をたずねて考察を試みることとする。

道綽の浄土往生の行道思想について見る場合、その思想形成の中核として、浄土教転入の契機となった曇鸞の浄土教に対する傾倒とその継承、及び当時の中国仏教界において重視されていた『観無量寿経』に対する注目という、重要な二点があることを注意しなければならないと思う。

第一の曇鸞浄土教に傾倒しそれを継承したという点については、『安楽集』に曇鸞の『往生論註』『讃阿弥陀仏偈』『略論安楽浄土義』[13]が所々に引用されていて、その影響の少なくないことが認められるのである。この曇鸞の浄土教思想については、すでに別論した如く[14]、龍樹の浄土教を継承しつつ、しかも世親の浄土教を受容し、それを展開せしめるということにおいて形成されたものであった。即ち龍樹の浄土教とは、その『十住毘婆沙論』「易行品」に見られる如く、阿弥陀仏の世間に対する到来をことに名号として把捉することにより、その名号の聞受に基づく、三業奉行による信方便易行の行道を語るものであり、また世親の浄土教とは、その『浄土論』に説かれる如く、阿弥陀仏の到来を主として仏身浄土の示現として領解することにより、その荘厳功徳相に対する観察を中心とする五念門の行道を明かすものであった。しかもそれらは共に究極的には、心の澄浄、信心清浄への道を意味するものであったといいうるのである。そして曇鸞はこの二つの浄土教思想を受容することによって、基本的には龍樹の浄土教を継承して、阿弥陀仏をその名号において把握しつつ、また世親の五念門行をうけて、それを称名を中心とする凡夫相応の行道として展開せしめ、しかもまた新たに『無量寿経』及び『観無量寿経』の十念念仏に注目することにより、この五念門行を十念に帰せしめて、称名に基づく憶念の深化、心心相続して無他想間雑なる十念相続によってこそ、まさしく業事成弁して浄土に往生をうると明かしているのである。

道綽の浄土教思想は、基本的にはこの曇鸞浄土教を継ぐものである。即ち、『安楽集』第一大門の教興所由の釈においては、『大集月蔵経』(15)を引いて五五百年説を示し、また四種度生の法を明かした後、

今の時の衆生を計るに即ち仏世を去りたまいて後の第四の五百年に当れり、正しく是れ懺悔し福を修して、仏の名号を称すべき時のものなり。（真聖全一、三七八頁）

などといって、曇鸞に同じく如来をその名号において領解把捉し、当今末法の時代にあっては、ひとえに名号に基づく行業、即ち称名行こそが、もっともふさわしい行道であると明かしている。またその十念業成の思想についても、第二大門の広施問答の釈において、『論註』の八番問答及び『略論』などの文に基づいて詳細に論じ、この十念相続によってこそまさしく業道成弁して往生をうると述べているのである。ことに第三大門の聖浄二門判においては、仏果趣入の道はただ浄土往生の一門のみであると判じた後、その浄土門の内容を示すに、第十八願文を取意して、

若し衆生有りてたとい一生悪を造れども、命終の時に臨みて十念相続して我が名字を称せんに、若し生れずば正覚を取らず。（真聖全一、四一〇頁）

と述べて、十念相続を語っているのであるが、この二門判とは道綽浄土教の基本的立場を示すものである以上、ここに十念を明かしていることは充分に注意されるべきことである。そして道綽がこの十念相続の内容を如何に理解

していたかについては、その広施問答の釈において、十念の相を明かすに『論註』の八番問答の文を受けて、
ただ阿弥陀仏を憶念するに、若しは総相若しは別相所縁に随いて観じ、十念を逕て他の念想の間雑すること無し、是れを十念と名づく。また十念相続と言うは是れ聖者の一の数の名のみ、ただ能く念を積み思を凝して他事を縁ぜざれば、業道成弁せしめて便ちやみぬ。（真聖全一、四〇一頁）
と説き、また『略論』の十念を釈す文によって、
阿弥陀仏を念ぜん時も、また彼の人の渡ることのみを念うが如く、念念に相い次いで余の心想間雑すること無く、或いは仏の法身を念じ、或いは仏の神力を念じ、或いは仏の智慧を念じ、或いは仏の毫相を念じ、或いは仏の相好を念じ、或いは仏の本願を念ぜよ。名を称することもまた爾なり。ただ能く専至に相続して断えざればば定んで仏前に生ぜん。（真聖全一、四〇二頁）
などと述べることからすれば、それは曇鸞と同様に、命終の時に臨んでもつべき、阿弥陀仏に対する積念凝思の心念のことであって、阿弥陀仏を念ずるに、法身を念じ、神力を念じ、智慧を念じ、毫相を念じ、相好を念じ、本願を念じ、また名を称するなど、その何れによっても、ひとえに専ら心心に阿弥陀仏を憶念相続して、余心間雑することなきを意味するものであったと窺われるのである。そしてまた道綽はこの十念の成就については、『論註』の文によって、それが臨終時における「善知識の方便安慰して実相の法を聞かしむるに依り」また「無上の信心に依止し、阿弥陀如来の真実清浄無量の功徳の名号に依り」「無後心無間心に依止し」て生ずることを示しつつ[16]、『略論』を受けては前引の文の如くに、「仏の法身を念じ、仏の神力を念じ、仏の智慧を念じ」るなどと明かし、また、
各々よろしく信心を発して、預め自ら剋念し積習をして、性を成じ善根をして堅固ならしむべきなり。（真聖全一、四〇二頁）

と述べているが、またとくに、

弥陀の名号を称し安楽国に生ぜんと願じ声声相い次いで十念を成ぜしむなり（真聖全一、四〇三頁）

と明かすところより見れば、その十念を成じるについては、念法身、念神力、念智慧、念毫相、念相好、念本願など種種の行業があるとしても、ことには名号が重視されて、声声相い次いで名号を称することによって成立するものであると理解されていたことが知られるのである。そしてまた道綽は、前引した広施問答の、

ただ能く念を積み思を凝して他事を縁ぜざれば、業道成弁せしめて便ちやみぬ。

という文にも明らかな如く、この十念相続によってこそ、まさしく往生の業道が成弁するというのである。かくして道綽における十念相続とは、究極的には、命終に臨んで専ら阿弥陀仏を念じ、ことにその名号を称することによって生まれるところの、憶念相続して余心間雑することなき心念を意味するものであって、その心心相続の境地が成じてくるところを指して、十念成就と語り、ここに浄土往生の行道が成ずると領解していたものと窺われるのであって、それは一応は、曇鸞における十念相続の思想を継承しているといいうるようである。

第二項　『観無量寿経』への傾倒

次に道綽が『観無量寿経』に深く傾倒したということについては、道綽がことにこの『観経』を二百遍にわたって講じたと伝えることや[17]、その『安楽集』がこの『観経』の要義を述べたものであると考えられることによっても[18]、充分に窺われることである。そして道綽がこの『観経』の教法を如何に領解していたかについては、第四大門に、

此の経の宗及び余の大乗諸部の凡聖の修入、多く念仏三昧を明かして以って要門となす。（真聖全一、四一三

頁）

此彼の諸経多く念仏三昧を明かして宗とする。（真聖全一、四一四頁）

と述べているが、ここで「此の経」というのは『観経』を指すものであると考えられることよりすれば、道綽はこの『観経』の宗要が念仏三昧であると理解していたことが知られるのである。そこで更に、道綽における念仏三昧の意味内容は如何なるものであったろうか。それについては、古来先学の間においても種種の理解が試みられているが[19]、今改めてその本意を探ねると、まず道綽における「念仏」の用例を検するに、その内容は多様であって、阿弥陀仏に対する観念とも、憶念とも、称念とも、何れの意味にも解されるのであり、第四大門に『惟無三昧経』[20]を引いて、「念仏の声」[21]などというところよりすれば、それは明らかに称名念仏のことであるが、また第一大門に念仏の相を明かすに「念仏の心」といい「能く念を繋けて止まず」[22]などと説くことからすると、それはまさしく阿弥陀仏を念ずる心念の意味に理解されるのである。また次にその「三昧」の意味については、道綽においては直接に三昧の語について釈した文は見られないが、三昧とは元来 samādhi の音写にして、訳して定、正定、正受、正思、等持などといわれるものであり、『大乗義章』巻十三に、

三昧と言うは是れ外国の語なり、此には正受と名づく、定は前の釈の如し、邪乱を離れるが故に説きて正となす。正受と言うは正は前の釈に同じ、法を納るるを受と称す。（大正四四、七一八頁a）

などと説く如く、心を一境に止住せしめて散乱しないことを三昧といい、このような安穏静寂なる三昧の境地に達する時、正慧が起って煩悩を伏断し真理を証することができるというのである。これはもとより仏教一般における解釈であるが、浄土教においても善導が『観念法門』に、

三昧と言うは、即ち是れ念仏の行人心口に称念して更に雑想無く、念念に心を住して声声相続すれば、心眼即

ち開けて彼の仏了然として現ずることを見たてまつることをう、即ち名づけて定となす。また三昧と名づく。（真聖全一、六三五頁）

などと示して、それが同じく心を正念に住せしめることであり、しかもその境地に至る時には、心眼が開けて見仏することができるというのである。このことからして、道綽における三昧に対する理解も、また善導の如くに、住心正念なる見仏の境地を意味するものであったと窺われるのである。かくして道綽における念仏三昧とは、念仏という語の意味する内容は多含であるとしても、それは多く「念仏三昧」という複合語として用いられるのであって、その場合には、それは単なる憶念、称名、観仏という如き範疇で解されるべきではなく、それはむしろ『観経』の第九真身観に、

ただまさに憶想して心眼をして見せしむべし、此の事を見るものは即ち十方一切の諸仏を見たてまつる。諸仏を見たてまつるを以っての故に念仏三昧と名づく。（真聖全一、五七頁）

と説くものを、そのまま受けたものと見るべきであろう。事実、道綽自らもこの念仏三昧について、『華厳経』[23]を引いて、

念仏三昧は必ず仏を見たてまつる。（真聖全一、四一七頁）

此の三昧門の中において悉く能く一切の諸仏及びその眷属厳浄の仏刹を観見する。（真聖全一、四一七頁）

念仏三昧門は微細の境界の中において一切の仏の自在の境界を見る。（真聖全一、四一七頁）

などと明かし、また、

念仏三昧を学んで仏を見たてまつらんと願ず。（真聖全一、四二〇頁）

とも説いているのであって、道綽における念仏三昧とは、まさしく憶想正念にして、ついに心眼を開いて見仏する

境地を意味するものであったことが明らかである。

そしてかかる境地としての念仏三昧を成ずる方法としては、第二大門の広施問答の釈において、念仏三昧の「計念の相状はいかん」と徴問し、『略論』に基づいて、

譬えば人ありて、空曠のはるかなる処において、怨賊の刃を抜き勇を奪い、直ちに来りて殺さんと欲するに値遇す。此の人径に走りて一河の渡るべきを視る。未だ河に到るに及ばざるに、即ち此の念を作さく、我河の岸に至りなば、衣を脱ぎて渡るとやなさん、衣を著て浮ぶとやなさん。若し衣を脱ぎて渡らんには、唯恐らくは暇無からん。若し衣を著て浮ばんには、復首領全くし難からんことを畏ると。この時、ただ一心に河を渡るの方便をなすことのみありて、余の心想間雑すること無からんが如し。行者もまたしかなり。阿弥陀仏を念ぜん時も、また彼の人の渡ることのみを念うが如く、念念に相い次いで念の心想間雑すること無く、或いは仏の法身を念じ、或いは仏の神力を念じ、或いは仏の智慧を念じ、或いは仏の毫相を念じ、或いは仏の相好を念じ、或いは仏の本願を念ぜよ。名を称することもまた爾なり。ただ能く専至に相続して断えざれば定んで仏前に生ぜん。（真聖全一、四〇二頁）

と述べている如くに、この念仏三昧を修習するとは、心を定めて余心間雑することなく、ただ一心に阿弥陀仏の法身、神力、智慧、毫相、相好、本願などを念ずること、或いはまた阿弥陀仏の名号を称することを、専至不断に相続することであるというのである。そのことは、また第四大門の諸経所明念仏の釈に『文殊般若経』(24)によって念仏三昧の相を明かすに、

若し善男子善女人、まさに空間の処に在りて諸の乱意を捨て、仏の方所に随いて、端身正向にして相貌を取らず、心を一心に繫けて専ら名字を称し、念ずること休息無かるべし。即ち是の念の中に能く過、現、未来の三

世の諸仏を見たてまつる。（真聖全一、四一五頁）

と示し、また第五大門の修道延促の釈に『鼓音陀羅尼経』(25)によって、

若し四衆ありて能く正しく彼の仏の名号を受持し、その心を堅固にして憶念して忘れざること十日十夜、散乱を除捨して精勤して念仏三昧を修習し、若し能く念念に絶えざらしめば、十日の中必ず彼の阿弥陀仏を見たてまつることをえて、皆往生することをうべし。（真聖全一、四二二頁）

と述べることなどによっても窺われるところであろう。そしてここではことに、仏身の相好などを取らず専ら称名に基づく念仏三昧を明かしているのであるが、これらのことからすると道綽における念仏三昧とは、ことに阿弥陀仏の名号を称することに基づいて成ずるものであったといいうるようである。その点道綽がとくに、

若し人ただ弥陀の名号を称念すれば、能く十方の衆生の無明の黒闇を除きて往生得る。（真聖全一、四〇五頁）

などと示して、称名によって無量の功徳をえ、浄土に往生をうると明かすのは、このことを意味するものであったと理解されるのである。

そしてまたこの念仏三昧のもつ功徳については、第一大門に、

此の念仏三昧は即ち是れ一切の三昧の中の王なるが故なり。（真聖全一、三八二頁）

と述べて、この念仏三昧こそが最も勝れた行道であると明かし、更には第一大門の宗旨不同の釈では、「念仏三昧の功能の不可思議なる」ことを説いて、『華厳経』(26)によって念仏三昧を行ずるものは「一切の煩悩一切の諸鄣悉く皆断滅」し「一切の悪神一切の諸鄣是の人を見ず、所詣の処に随いて能く遮障すること無き」ことを明かし(27)、第四大門の念仏三昧利益の釈には、「念仏三昧の勝相は不可思議なり」と述べて、『大智度論』(28)によって「若し能く常に念仏三昧を修すれば現在過去未来の一切の諸障を問うこと無く悉く皆除く」ことを(29)、また『華厳経』(30)によって「た

だ能く諸障を対治して世報を招く」のみならず、「能く遠く出世無上菩提を感ずる」ことを明かし、(31)そしてまた道綽は更にこの念仏三昧の利益について、

ただ能く念を繋けて止まざれば定んで仏前に生ぜん。(真聖全一、三八二頁)

ただ能く念を積みて断えざれば業道成弁するなり。(真聖全一、三八二頁)

念仏三昧は必ず仏を見たてまつり命終の後に仏前に生ず。(真聖全一、四一七頁)

などと説いて、この念仏三昧をうるものは悉く業道成弁して、命終の後に浄土に往生をうると明かしているのである。

以上見てきたごとく、道綽は『観経』のまさしき宗要は念仏三昧を明かすにあると領解し、しかもその念仏三昧とは、阿弥陀仏に対するひたすらなる繋念称名によって成ずるところの、心眼が開けて見仏する境地を意味するものであって、この念仏三昧をうるところ、現生には一切の諸障を除いて無量の福利を蒙り、当来には必ず浄土に往生をうると理解していたことが知られるのである。

しかしながらここで問題になることは、道綽はまた第一大門の宗旨不同の釈において、

今此の観経は観仏三昧を以って宗となす。(真聖全一、三八一頁)

と述べて、『観経』の宗要をまた観仏三昧とも明かしていることである。このように道綽が同じ『観経』の宗要を、念仏三昧といい、また観仏三昧というについては、両者の関係異同が考察されねばならないが、それはすでに先学の間おいても種種解釈されているところである。(32)しかしながら道綽の本意は何れにあったのであろうか。元来この「観仏三昧を以って宗となす」という文は、浄影寺慧遠の『観無量寿経義疏』に基づくものであろうと考えられるが、(33)この道綽における観仏三昧の語が意味するものは、すでに見た如くに道綽における念仏三昧とは、単なる称名

を意味するものではなくて、阿弥陀仏に対する専至なる繋念とその名号を称することによってうるところの、見仏の境地を意味するものであって、それは本質的には観仏三昧とも呼ばれうるものであったこと、しかもまた『観経』においては、第九真身観の、

ただまさに憶想して心眼をして見せしむべし、此の事を見るものは即ち十方一切の諸仏を見たてまつる。諸仏を見たてまつるを以っての故に念仏三昧と名づく、是の観をなすをば一切の仏身を観ずと名づく。（真聖全一、五七頁）

などという文にも見られる如くに、念仏三昧のことを見仏とも明かしていること、或いはまた、道綽がことに注目して『安楽集』に幾度も引用する『観仏三昧経』では、念仏三昧と観仏三昧とを同義語とすることなどによると、(34)道綽においては、観仏三昧とはそのまま念仏三昧のことでもあって、両者はまさしく同義語として用いられたものであろうと考えられるのである。そのことは第一大門の宗旨不同の釈において、観仏三昧を明かすについて、念仏の心といい、また念仏三昧ということや、(35)第三大門の引証勧信の釈において、念仏三昧を明かすに、それをまた観仏三昧ということなどによっても、よく窺われるのである。かくして道綽においては、『観経』の宗要を示して、念仏三昧といい、また観仏三昧というも、それはまったく同義語にして、心眼を開いて見仏するところの三昧の境地について、或いは念仏三昧といい、或いは観仏三昧と明かしたものにほかならなかったのである。

しかもこの念仏三昧がかかる意味内容をもっているものであるとすれば、それは上に考察した如き、曇鸞浄土教を継承して明かすところの十念相続と、如何なる関係にあるものであろうか。それは結論的にいうならば、両者は基本的には同一内容を意味して重なりうるものと考えられるのである。即ちすでに見たように、十念相続とはひとえに阿弥陀仏を専念し、ことにその称名を修めることによって、阿弥陀仏に対する憶念の心が相続して無他想なる

ことをいうが、それは、

終に垂とするに十念の善よく一生の悪業を傾けて浄土に生ずることを得る。（真聖全一、四〇一頁）

と明かし、また、

現在の一形全く意をなさず、臨終の時に擬してまさに修念を欲う。（真聖全一、四〇二頁）

と述べる如くに、十念とは臨命終の人について語ったものであって、それを平生の人についていう場合、念仏三昧乃至は観仏三昧と明かされたものであろうと理解されるのである。事実、道綽は、第二大門の広施問答の釈において、十念相続の相について詳細に明かした後、それを受けて直ちに、

勧めに依って念仏三昧を行ぜんと欲す、いまだ知らず計念の相状はいかん。（真聖全一、四〇二頁）

と問うて念仏三昧の修習法を述べ、十念相続と念仏三昧の両者をまったく同一視していること、そしてまたすでに上に見た如く、十念を修めるについては、基本的には「弥陀の名号を称し、安楽国に生ぜんと願じて、声声相い次いで十念を成ず」ることであるのに対して、また念仏三昧をうるについても、諸種の行法が明かされながらも、帰するところは上に見た如く、「仏の方所に随いて端身正向にして相貌を取らず、心を一仏に繋けて専ら名字を称し」「能く正しく彼の仏の名号を受持し、その心を堅固にして憶念して忘れざる」などと示して、それが共に専ら称名行の実践によって成じると明かされること、更にはまた、十念相続の功徳を語るに、

ただ能く念を積み思を凝らして他事を縁ぜざれば業道成弁せしむ。（真聖全一、四〇一頁）

というに対して、また念仏三昧の利益を明かすについても、

ただ能く念を積みて断えざれば業道成弁するなり。（真聖全一、三八二頁）

と示して、共にその利益功徳が業道成弁にあると述べることなどからすると、道綽においては、この十念相続と念

仏三昧とは、帰するところ同一内容を意味するものであることが知られるのである。ただしその十念相続の解説においては、ただ阿弥陀仏に対する憶念の相続のみを語って見仏について何ら明かさない点に、念仏三昧との相違が考えられるが、この十念の典拠としての『観経』の下下品には、十念について、

命終の時に金蓮華を見るに猶し日輪の如くしてその人の前に住せん。一念の頃の如くに極楽世界に往生をえん。（真聖全一、六五頁）

と説き、また『大経』巻下の下輩往生では、十念について、

この人終に臨みて夢のごとく彼の仏を見たてまつりてまた往生をえん。（真聖全一、二五頁）

と明かしていることからすれば、道綽においてはこの十念についてもまた本来は見仏を含むものであったと理解されるのであって、その点からしても両者は別のものではなかったと考えられるのである。かくして道綽は、基本的には曇鸞浄土教に傾倒し、その十念相続の行道を継承しながらも、他方においては『観経』に注目し、その教説に基づいて、それを念仏三昧乃至は観仏三昧の行道として展開せしめたといいうるのであって、道綽においては、十念相続といい、念仏三昧といい、また観仏三昧というも、それは臨終時と平生時との相違はあるとしても、本質的には同一の行道を意味するものであったわけである。その点、道綽における十念の思想は、曇鸞のそれよりも意味内容をいささか異にしているのであって、充分に注意すべきことであろう。

そしてまた道綽における浄土往生の行道について考察する場合、道綽においては、これら十念相続、念仏三昧、観仏三昧が明かされると同時に、他面、諸行往生の行道が語られていることも見逃しえないことである。即ち道綽は曇鸞浄土教を継承するについて、第三大門の難易二道の釈において、『論註』の冒頭の文を受けて、

易行道と言うは、謂わく信仏因縁を以って浄土に生ぜんと願じ、心を起し徳を立て諸の行業を修せば、仏の願

力の故にすなわち往生す。（真聖全一、四〇六頁）

と明かしているが、ここでは信仏因縁の易行道の内容を説明するに、『論註』の原文には無い「心を起し徳を立て諸の行業を修す」という文を挿入し、また第五大門の修道延促の釈には、この易行道について、

今すでに極楽に勧帰し、一切の行業悉く彼に廻向す。ただ能く専至なれば寿尽きて必ず生ぜん。彼の国に生ずることをうれば、即ち究竟して清涼なり。豈易行道と名づけざるべけんや。（真聖全一、四二一〜四二二頁）

と述べているのである。これらの文から見ると、道綽は曇鸞における他力易行道としての十念業成の行道を継承しながらも、そこではまた、この十念以外の諸種の行業を修習廻向して願生する道もあわせて理解しているのであって、諸行往生の行道も是認していたことが窺われるのである。また道綽は『観経』に対する領解においても、第四大門の始終両益の釈において、

観経及び余の諸部に依るに所修の万行ただ能く廻願して皆生ぜざるはなし。（真聖全一、四一五頁）

と明かして、その宗要は念仏三昧、観仏三昧であるとしながらも、また他面、そこに説かれているその他の行道をも認めているのである。その他の行道とは直接的には三福を指すものであろうが、「所修の万行」というところからすれば、ひろく一切の善根の修習を意味するものであって、ここでもまた諸行往生の行道が是認されていたことが明らかである。そのほかまた第六大門において『大智度論』(37)に基づいて、

一切の行業ただ能く廻向するに往かざるということなきなり。（真聖全一、四二七頁）

と説くなど、諸所に諸行往生を明かす文が見られるのであって、道綽においては十念相続、念仏三昧、観仏三昧という一連の行道のほかに、また諸種の行業修習による諸行往生の行道も是認されているのである。しかしながら、たとえ一応は諸行往生を是認するとしても、帰するところは第四大門に、

所修の万行ただ能く廻願して皆生ぜざるはなし、然るに念仏一行をもって要路となす。（真聖全一、四一五頁）

と述べる如くに、念仏三昧（観仏三昧、十念相続）こそが、まさしき浄土往生の行道であると領解していたことが明白であり、道綽における浄土往生の行道とは、ひとえにこの念仏三昧にあったといいうるのである。

以上道綽浄土教における行道思想についての考察を試みてきたが、帰するところは、曇鸞浄土教を継承すること、『観経』に注目することによって、浄土往生の行道とは、曇鸞を受けては十念相続と明かし、『観経』に基づいては念仏三昧或いは観仏三昧と語っているが、その十念相続といい、念仏三昧といい、また観仏三昧というも、それは臨終時と平生時との相違はあるとしても、その内容は本質的には同一であって、一心専至に阿弥陀仏を憶念し称名することにより、次第に心を正念に住せしめて、見仏の境地をうるところの行道を意味するものであったということができるのである。この点、従来における道綽の行道についての把握は、念仏と観仏、称念と観念とが曖昧なままに合論合揉されていると理解される傾向があったが、それは決して曖昧不明瞭なものではなかった。道綽における行道とは念仏三昧即観仏三昧であって、それは即ち見仏の境地を意味し、しかもそのことが、ことに称名行の実践に基づいて成就してゆくものであったわけである。そしてそのことは種種の道綽伝が告げる如く、道綽は自ら日日七万遍の称名を相続し、また民衆を教化して不断の称名を勧励したということ(38)、或いはまた入定観法に通じて浄土の霊相を観見し、三昧発得の人であったと窺われることなどからしても(39)、充分に証しえられることである。

しかもまた道綽がこの十念相続、念仏三昧、観仏三昧の行道において、それがことに称名行の実践に基づくと明かしたことは、やがて善導が、この十念を十声称仏と解釈し、念仏三昧を専修称名と領解して、称名正定業義を主唱するに至った先蹤をなすものとして、浄土教理史上とくに注目すべきことであろう。

第三節　善導における行道思想

第一項　定散二善の道

一、定善の道

善導によれば『観無量寿経』に開説された浄土往生の行道とは、「玄義分」に、

然るに娑婆の化主は其の請いに因るが故に、即ち広く浄土の要門を開く、（中略）其の要門とは即ち此の観経の定散二門是れなり。定は即ち慮を息め以って心を凝らす。散は即ち悪を廃し以って善を修す。斯の二行を廻して往生を求願するなり。（真聖全一、四四三頁）

と明かし、また『観念法門』に、

定散の二行を修する人は、命終の時一一に尽く是れ弥陀世尊自ら聖衆と華台に授手して迎接し往生せしむ。（真聖全一、六三六頁）

と説く如くに、定善と散善の二種の道であった。そしてその定善とは、息慮凝心の行として、『観無量寿経』所説の第一日想観より第十三雑観に至る十三観の観仏の道を意味し、散善とは、廃悪修善の行として、『観無量寿経』所説の三福九品の道を意味するものであった(40)。

そこでその定善観仏の道とは、具体的には十三観に亘る観仏三昧の道であるが、観仏三昧とは、『観念法門』によると『観無量寿経』および『観仏三昧海経』によって、

阿弥陀仏の真金色の身、円光徹照し端正無比なるを観ぜよ。（中略）毎常に意を住し西に向いて、彼の聖衆一切の雑宝荘厳等の相に及ぶまで目の前に対するが如くせよ。（真聖全一、六一八頁）

行者若し坐せんと欲わば、先ず須らく結跏趺坐すべし。左の足を右の髀の上に安じて外と斉しくし、右の足を左の髀の上に安じて外と斉しくせよ。右の手を左の手の掌の中に案じて二大指の面を相合せよ。次に端身正坐して口を合わせ、眼を閉じ、開くに似て開かず、合するに似て合せざれ。即ち心眼を以って先ず仏の頂上の螺髻より之を観ぜよ。（中略）是の如く上下前に依って十六遍観じて、然る後に心を住して眉間の白毫に向かい、極めて須らく心を捉えて正しからしむべし。更に雑乱することを得ざれ。即ち定心を失すれば三昧成じ難し。応に知るべし。是れを観仏三昧の観法と名づく。（真聖全一、六一八～六二一頁）

などと明かされる如くに、仏像や浄土変相図という具体的、表象的な図像に基づき、身を正し心を定めて、仏の色身相好および浄土の荘厳相を、明瞭に「目の前に対するが如く」（真聖全一、六一八頁）に観想することによってうるところの、三昧見仏を意味している。善導が定善観仏をあらわす「思惟正受」の経語を解するについて、

思惟と言うは即ち是れ観の前方便にして、彼の国の依正二報総別の相を思想するなり。（中略）正受と言うは想心都て息み、縁慮並びに亡じて、三昧と相応するを名づけて正受と為す。（「玄義分」真聖全一、四四七頁）

教我思惟と言うは、即ち是れ定の前方便にして、彼の国の依正二報、四種荘厳を思想し憶念するなり。教我正受と言うは、此れ前の思想漸漸に微細にして覚想倶に亡ずるに因って、唯定心のみ有りて前境と合するを名づけて正受と為ることを明かす。（「序分義」真聖全一、四八七頁）

思惟正受とは但是れ三昧の異名なり。（「玄義分」真聖全一、四四八頁）

と説いて、思惟とは観仏の前方便を意味し、仏身と仏土の荘厳相を思想し憶念することであり、正受とはそれに基

づいて、次第に世俗的な妄心、想慮が滅して定心三昧の境地がひらかれてゆくことを意味すると明かし、またその定心三昧について、

心眼即ち開けて彼の仏了然として現ずるを見ることを得る。即ち名づけて定と為す。また三昧と名づく。正に見仏する時また聖衆及び諸の荘厳を見る。(『観念法門』真聖全一、六三五頁)

正坐跏趺して三昧に入れば想心念に乗じて西方に至る。弥陀極楽界を覩見するに地上虚空七宝をもて荘れり。弥陀の身量極めて無辺なれば重ねて衆生を勧めて小身を観ぜしむ。丈六八尺機に随いて現じ円光の化仏は前真に等し。(『往生礼讃』真聖全一、六七八頁)

と示して、この定心三昧の境地をうるところ、すなわち、仏身と仏土が顕現し、心眼に映じて瞭々と見ることができるというのは、まさしくこの観仏三昧の道について明かしたものであろう。

二、観仏三昧と念仏三昧

ところで善導はその「玄義分」に『観無量寿経』の宗を明かすについて、

今此の観経は即ち観仏三昧を以って宗と為し、また念仏三昧を以って宗と為す。(真聖全一、四四六頁)

と説いているが、伝統的にはこの観仏三昧と念仏三昧を単純に区別して、観仏三昧とは要門の定善に相当し、念仏三昧とは弘願の称名念仏を意味すると理解されてきたが、そのような画一的な理解には問題があると思われる。『観無量寿経』の当面では、第八の像観において、

彼の仏を想わんものは先ず当に像を想うべし。閉目開目して一の宝像の閻浮檀金色の如くにして、彼の華の上に坐せるを見よ。(中略)是の観を作すものは無量億劫の生死の罪を除き、現身の中に於て念仏三昧を得ん。

（真聖全一、五六頁）

と説き、また第九の真身観においても、

但だ当に憶想して心眼をして見せしむべし。此の事を見るものは即ち十方一切の諸仏を見る。諸仏を見るを以っての故に念仏三昧と名づく。（真聖全一、五七頁）

と語って、定善観仏のことをただちに念仏三昧とも明かしている。またこの『観無量寿経』を註解した道綽の『安楽集』においても、すでに上において考察した如く、観仏三昧と念仏三昧とはまったく同義語であって、心眼を開いて見仏するところの三昧の境地について、あるいは念仏三昧といい、あるいは観仏三昧とも明かしているのである。善導においてもまたそのことについては充分に留意されるべき点であって、善導における念仏三昧とは、その「定善義」に第九真身観の文を釈するについて念仏三昧の語を出すが、またその『観念法門』によると、『般舟三昧経』の文によって、

仏跋陀和に告げたまわく、是の行法を持てば、便ち三昧を得て現在の諸仏悉く前に在りて立ちたもう。それ比丘、比丘尼、優婆塞、優婆夷有りて法の如く修行せば、持戒完具し独り一処に止りて、西方の阿弥陀仏今現に彼に在るを念ぜよ。聞く所に随いて当に念ずべし。（真聖全一、六二三頁）

仏言わく、四衆此の間の国土に於て阿弥陀仏を念ずるに、専念するが故に之を見ることを得る。即ち問え、何なる法を持ちてか此の国に生ずることを得ると。阿弥陀仏報えて言わく、来生せんと欲わば当に我が名を念じて休息することあることなくば、即ち来生することを得べし。仏言わく、専念するが故に往生することを得るなり。常に仏身の三十二相八十種好を念ずべし。巨億の光明徹照し端正無比にして菩薩僧の中に在りて説法したもう。色を壊することなかれ。何を以っての故に、色を壊せざるが故に、仏の色身を念ずるが故に、是の三

味を得る。已上は念仏三昧の法を明かす。（真聖全一、六二四頁）

仏跋陀和菩薩に告げたまわく、三昧あり、十方諸仏悉在前立と名づく。（中略）是の三昧を行学せんと欲わんものは、七日七夜睡眠を除去して諸の乱想を捨て、独り一処に止めて、西方の阿弥陀仏身の真金色にして三十二相あり、光明徹照して端正なること比無きを念ずべし。一心に観想して心念口称念念に絶えざれば、仏言わく七日已後に之を見る。（真聖全一、六三四〜六三五頁）

などと、十方諸仏悉在前立なる般舟三昧を依用しつつ明かしているのである。かくて善導においては念仏三昧とは、「我が名を念じ」また「仏の色身を念ずる」こと、すなわち、「一心に観想して心念口称念念に絶えざる」ことによって成立してくるところの、三昧見仏の境地を意味するものと理解していたことが知られるのである。善導が三昧について説明するのに、

三昧と言うは即ち是れ念仏の行人、心と口に称念して更に雑想無く、念念に心を住し声声に相続すれば、心眼即ち開けて彼の仏了然として現ずることを見ることを得る。即ち名づけて定と為す。また三昧と名づく。（『観念法門』真聖全一、六三五頁）

と明かすものは、まさしくかかる念仏三昧の内容について語ったものであろう。かくして善導においては、基本的には、観仏三昧とは仏の色身相好を観ずることであるが、念仏三昧もまた仏の名号を称し仏の色身を念ずることであって、ともに三昧と称せられるところ、その行業に基づいて定心見仏の境地をひらいてゆくことを意味するものであったといいうるのであり、その点、観仏三昧と念仏三昧の両者は、広義では重層して共通する概念でもあったといいうるようである。(41) 善導が『観念法門』において『観仏三昧海経』(42)の文を引いて、

仏阿難に告げたまわく、此の経をば繫想不動と名づく、（中略）また観三十二相八十随形好諸智慧光明と名づ

く、また観仏三昧海と名づく、また念仏三昧門と名づく。（真聖全一、六四六頁）

と明かすことなどは、そのことを充分にうかがわしめるものである。なおまた善導が『観念法門』の中でしばしば引用するこの『観仏三昧海経』では、念仏三昧と観仏三昧とは、まったく同義語であったということも注意されるべきことであろう。

三、一行三昧の意味するもの

しかしながら、善導における念仏三昧とは、また他面その『観念法門』においては、『文殊般若波羅蜜経』[43]に基づいて、

文殊仏に曰うして言さく、云何一行三昧と名づくる。仏言わく、若し男子女人空閒の処に在りて諸の乱意を捨て、仏の方処に随い端身正向して、相貌を取らず、専ら仏名を称して念休息すること無ければ、即ち念の中に於て能く過現未来の三世諸仏を見る。（真聖全一、六三五頁）

と明かし、また『往生礼讃』においても、

一行三昧を明かすに、唯勧めて独り空閑に処して諸の乱意を捨て、心を一仏に係けて相貌を観ぜず、専ら名字を称すれば、即ち念の中に於て、彼の阿弥陀仏及び一切の仏等を見ることを得る。問うて曰わく、何が故ぞ観を作さしめずして直ちに専ら名字を称せしむるは何んの意かあるや。答えて曰わく、乃し衆生は障り重く境は細にして心は麁なり。識颺り神飛びて観は成就し難きなり。是を以って大聖悲憐して直ちに専ら名字を称せしむ。正しく称名は易きに由るが故に相続して即ち生ず。（真聖全一、六五一頁）

と説く如くに、それを一行三昧と捉えているのである。この一行三昧とは、もと『文殊般若波羅蜜経』に見られる

ものであって、真如三昧とも一相三昧ともいわれて真如法界は平等一相なりと観ずる三昧のことであったが、いまはそれを称名一行の修習に基づく三昧として理解しているわけである。(44) すなわち、衆生は障り重くして定心観想に基づく観仏三昧を成就することは甚だ至難であるところ、釈尊はことに凡夫のために悲憐して、易行道としての専ら仏名を称して三昧見仏をうる行道を教説されている。この相貌を取らずして専ら仏名を称するところの一行三昧を修習するならば、その念念の中によく三昧をえて三世の諸仏ないしは阿弥陀仏を見ることができるというのである。かくして善導における念仏三昧とは、基本的には仏名を称し仏身を念じて、「心念口称念念に絶えざる」ことによってひらかれてくる定心見仏の境地をいい、広義では観仏三昧に重層するものであったが、また他面、この念仏三昧とは、一行三昧として、ひとえに称名一行のみの不断相続によって成就するところの、見仏の境地を意味するものでもあったのである。したがって善導が『観念法門』において、『観無量寿経』の意趣に基づいて観仏を明かすに、

若し定心三昧及び口称三昧を得れば心眼即ち開けて彼の浄土の一切荘厳を見る。(真聖全一、六三二頁)

と説くところの定心三昧と口称三昧とは、定心三昧がまさしく観仏三昧に相当するに対して、口称三昧とはこの一行三昧として捉えられるところの、称名一行による念仏三昧を意味するものであることがうかがわれるのである。そしてまたその意味からすれば、善導が「玄義分」において『観無量寿経』の宗を明かすに、観仏三昧を宗となし、念仏三昧を宗となすという場合の、観仏三昧と念仏三昧もまた、畢竟するところは、この定心三昧と口称三昧として、仏身仏土の相好観想による定心観仏の道と、ひたすらなる称名相続による一行修習の道を意味するものであるともいいうるであろう。

四、散善の道

次に散善の道とは、散善とは「悪を廃して善を修する」ことであるが、それは「玄義分」に「三福九品を名づけて散善と為す」（真聖全一、四四七頁）と明かす如くに、具体的には三福九品を指している。その三福九品とは、「散善義」によれば、三福とは仁義礼智信などの世俗善と、小乗持戒などの戒善と、大乗自利利他具足する行善の三種の善根をいい、九品とはその善根修習の根機について区分したものである。ただし下品の三品は三福の善根を語らず、ただ念仏して往生をうることが明かされているのである。そして善導は、

一には三福を明かし以って正因と為す。二には九品を明かし以って正行と為す。（「散善義」真聖全一、五三一頁）

但だ機縁いまだ備わらず、行を顕わすこといまだ周ねからざるを以って、更に三福の因を開き以って未聞の益を作す。（「定善義」真聖全一、四九八頁）

などと明かして、この三福の善根および念仏の修習もまた浄土往生の行道であると説いているのである。そして善導においては、

前に十三観を明かすは以って定善と為す。即ち是れ韋提の致請にして如来已に答えたもう。後に三福九品を明かすは名づけて散善と為す。是れ仏の自説なり。（「散善義」真聖全一、五五六頁）

と示す如く、定善観仏の道は韋提希夫人の請いによって開説された行道であるに対して、この散善修習の道はひとえに釈迦の自説による行道であるというのである。その点、善導においては、この定散二善の道の中、定善観仏の道よりも散善修習の道に、行道としてのより高い価値を見ていることが知られるのであって、それは善導における行道思想としてはことに注意されるべきところである。

そしてまた善導はこの定散二善の道において、『観無量寿経』に説くところの至誠心、深心、廻向発願心の三心を明かし、

三心を弁定して以って正因と為す。(「散善義」真聖全一、五三二頁、五四七頁、五五一頁)

此の三心を具して必ず生を得るなり。若し一心かけぬれば即ち生を得ず。(『往生礼讃』真聖全一、六四九頁)

と説いて、この三心を必具してこそ定散二善の行道が満足すると語っていることも注目されるところである。

第二項　称名念仏の道

一、安心・起行・作業の道

善導はその浄土往生の行道について、かかる定散二善の道に対して、さらにまたいまひとつ単独に称名念仏の道を明かしているのである。そして善導はその『観経疏』を結ぶに至って、

上来定散両門の益を説くと雖も、仏の本願の意に望むれば、衆生の一向に専ら弥陀仏の名を称するに在り。(「散善義」真聖全一、五五八頁)

と説いて、浄土教の本意からすれば、定散二善の道もついには廃せられるべきであって、称名念仏の道こそがまさしき行道であると主張しているのである。そのことはすでに上において見た如くに、曇鸞、道綽の浄土教思想を継承し発展せしめてゆくことの中で成立していった行道の明確化によるものであったが、それはより本質的には、この称名念仏の道がひとえに阿弥陀仏の本願に順ずる行道であると領解するところ、もっとも易修にして、もっとも殊勝なる行道としての意味をもつものと捉えたことに基づく主張でもあったわけである。かくして善導における行

道理解の本意が、この称名念仏の道にあったことはすでに明瞭である。

そして善導はこの称名念仏の道について、具体的には『往生礼讃』に、安心、起行、作業の道として示しているが(45)、このような行道の構造は善導浄土教における独創でもあって注意されるべきところである。

二、安心としての三心

その安心とは、本来の意味としては、「安心正念」(「定善義」真聖全一、五〇一頁)、「安心定意」(『般舟讃』真聖全一、六九六頁)、「安心取境」(「定善義」真聖全一、五〇〇頁)などと示す如く、念を一処に趣向して心を安定し止住して不動ならしめることであったと考えられる。しかし、いまここで安心起行といわれる場合の安心とは、「散善義」に、

外に賢善精進の相を現じ、内に虚仮を懐くことを得ざれ。貪瞋邪偽奸詐百端にして悪性侵め難きこと蛇蝎に同じ。三業を起すと雖も名づけて雑毒の善と為し、また虚仮の行と名づく。真実の業と名づけざるなり。若し此の如き安心起行を作す者は(真聖全一、五三三頁)

と明かすところからすれば、それは起行と組合う心として、浄土往生の行業を修めるについての心構え、能修の用心を意味するものであることが知られるのである。そしてその心構えが虚仮を離れて真実であり、安定にして不動であるべきところ、それを安心と名づけたものと考えられる。そしてこの安心、心構えの具体的な相としては『往生礼讃』および「散善義」によれば、『観無量寿経』に説かれるところの至誠心、深心、廻向発願心の三心がそれであると明かしている。

その三心の内容については、『往生礼讃』と「散善義」に解説が施されているところである。それによれば、至

誠心については、『往生礼讃』には、

一者至誠心、いわゆる身業に彼の仏を礼拝す、口業に彼の仏を讃嘆し称揚す、意業に彼の仏を専念し観察す、凡そ三業を起すに必ず須らく真実なるべし。故に至誠心と名づく。（真聖全一、六四八〜六四九頁）

と明かし、また「散善義」には、

一者至誠心、至とは真なり、誠とは実なり。一切衆生の身口意に修する所の解行は、必ず須らく真実心の中に作すべきことを明かさんと欲す。外に賢善精進の相を現じ、内に虚仮を懐くことを得ざれ。貪瞋邪偽奸詐百端にして悪性侵め難きこと蛇蝎に同じ。三業を起すと雖も名づけて雑毒の善と為し、また虚仮の行と名づく。真実の業と名づけざるなり。若し此の如き安心起行を作す者は、たとい身心を苦励して日夜十二時に急に走り、急に作すこと、頭燃を炙うが如くするものも、衆べて雑毒の善と名づく。此の雑毒の行を廻して彼の仏の浄土に生ずることを求めんと欲せば、此れ必ず不可なり。何を以っての故に、正しく彼の阿弥陀仏は因中に菩薩の行を行じたまいし時、乃至一念一刹那も三業に修する所は皆是れ真実心の中に作し、凡そ施為し趣求する所また皆真実なるに由りてなり。（中略）また若し善の三業を起さば必ず須らく真実心の中に作すべし。内外の明闇を簡ばず皆須らく真実なるべし。故に至誠心と名づく。（真聖全一、五三三〜五三四頁）

などと示している。すなわち、至誠心とは虚仮不実を遠離したところの真実の心のことであって、浄土往生の行業としての礼拝讃嘆等の三業を実践するについては、必ずかかる真実心の中においてすすめられねばならないというのである。そしてもし自らの内に虚仮の心を抱いたままで行業を実践する時は、それはすべて雑毒の善、虚仮の行であり、それらがいかに懸命に修められたとしても、それをもって浄土に往生することは不可能なことである。浄土往生の行業がまさしき行業としての意味をもつか否かは、ひとえにそれを実践する前提としての心構え如何によるものであって、その心が虚仮を離れた至誠真実の心であってこそ、三業の行業がまことの浄土往生の行業となるというのである。

次に深心とは、『往生礼讃』には、

二者深心、即ちこれ真実の信心なり。自身は是れ煩悩を具足せる凡夫、善根薄少にして三界に流転して火宅を出でずと信知す。今弥陀の本弘誓願は、名号を称すること下至十声一声等に及ぶまで、定んで往生を得と信知して、乃し一念に至るまで疑心有ること無し。故に深心と名づく。（真聖全一、六四九頁）

と示し、また「散善義」には、

二者深心、深心と言うは即ちこれ深く信ずるの心なり。また二種有り。一には決定して深く、自身は現に是れ罪悪生死の凡夫、曠劫より已来常に没し常に流転して出離の縁有ること無しと信ず。二には決定して深く、彼の阿弥陀仏の四十八願は衆生を摂受し、疑い無く慮り無く、彼の願力に乗じて定んで往生を得と信ず。（真聖全一、五三四頁）

などと明かしている。すなわち、深心とはまさしくは深く信ずる心のことである。そしてその信ずる心については二種の内容があって、一つには自己自身の現実の真相が、どこまでも罪悪生死の存在であるということを深く信知するという機の深信と、いま一つは阿弥陀仏の本願とは、ひとえにかかる自己を摂取したもうものであって、その本願に乗ずれば疑いなく往生をうると深く信知するという法の深信の、二種の深信であるというのである。そして「散善義」ではさらにそれに続いて五種の深信を示し、またその教法の能説者としての釈尊の人格に対する信と、その教法が開示するところの往生の行業に対する信、すなわち、就人立信と就行立信について明かしているが、この信についての詳細は後に至って改めて論究することとする。ともあれ、善導における深心とはその二種深信の釈が示す如くに、自己自身が煩悩生死の存在であることを深く自覚するとともに、阿弥陀仏の本願大悲はかかる自己を摂取したもうと深く信知することであって、それは現実の自己の真相に覚めてその煩悩罪濁性を厭いつつ、ひたすらに阿弥陀仏の本願をこそ究竟の帰依処として欣い求める心を意味するものであったと思われるが、またそれはこの浄土の教法についてのさまざまな外邪異見に対して、ゆるぐことのない堅固な決定心を建立することであったともいいうるようである。

次に廻向発願心とは、『往生礼讃』に、

三者廻向発願心とは作す所の一切の善根を悉く皆回して往生を願ず。故に廻向発願心と名づく。（真聖全一、六四九頁）

と示し、また「散善義」には、

三者廻向発願心、廻向発願心と言うは、過去及び今生の身口意業に修する所の世出世の善根と、及び他の一切の凡聖の身口意業に修する所の世出世の善根を随喜すると、此の自他所修の善根を以って悉く皆真実の深信の心の中に廻向して彼の国に生ぜんと願ず。故に廻向発願心と名づくなり。（真聖全一、五三八頁）

などと明かしている。すなわち、この廻向発願心とは、自己が修めたところの世間的、出世間的な一切の善根と、また他人の善根を随喜讃嘆するところとを廻向して、浄土に往生せんと願求する心のことである。しかもまた善導はそれについて、

また廻向と言うは、彼の国に生じ已りて還って大悲を起し、生死に回入して衆生を教化するを、また廻向と名づくなり。（「散善義」真聖全一、五四一頁）

とも示して、それは浄土に往生した後に、再びこの現実に還来して衆生を教化する大悲利他の心のことでもあると

明かしているのであるが、このように本来は浄土往生の往相の行道において語られるべき廻向発願心を、また浄土よりの還相利他の菩薩の行道においても見ているのは、曇鸞の浄土教を継承したものであろうか。そしてまた善導は『観念法門』において、この三心を明かすについて、「至誠心、信心、願心」（真聖全一、六三四頁）とも語って、その廻向発願心をただに「願心」とも示しているのであるが、このことは善導における廻向発願心とは、帰するところ浄土への願生心、すなわち、願心を意味するものであったことを物語るものであろう。これらの点は、善導の廻向発願心についての特色ある理解として注意されるべきことである。

以上が善導における三心についての理解の概要であるが、善導はまたこの三心について『往生礼讃』に、

　上の三心と合して随いて業行を起せば、多少を問わず、皆真実の業と名づくるなり。（真聖全一、六五〇頁）

　此の三心を具して必ず生を得るなり。若し一心かけぬれば即ち生を得ず。（真聖全一、六四九頁）

と明かし、この三心の具足によってこそ浄土の行業はまさしき行業となるのであって、もしその中の一心でも欠けることがあれば、いかなる行業も真実の行業とはなりえず、したがって往生は不可能であるというのである。かくして善導における浄土往生の行道にあっては、この三心とは絶対的な必須条件であったわけである。

そしてまた善導におけるこの三心の相互の関係については、伝統的な解釈としては中間の深心に統一して捉えられているが(46)、それは多分に法然および親鸞的な理解によるものである。その当意においては、深心とは、「真実の深信の心」（「散善義」真聖全一、五三八頁）、「深心は即ち真実の信心」（『往生礼讃』真聖全一、六四九頁）と示す如くに、それはひとえに真実心に基づくところの心であって、至誠心を前提とし、その上に建立されるべきものであったことが知られるのである。そしてまた廻向発願心については、

　必ず須らく決定して真実心の中に廻向し願じて得生の想を作すべし。（「散善義」真聖全一、五三八頁）

皆須らく真実心の中に発願して（『往生礼讃』真聖全一、六四九頁）

悉く皆真実の深信の心の中に廻向して（「散善義」真聖全一、五三八頁）

などと明かされるところからすると、それはつねに至誠真実の心を前提とし、またさらには深信の心に基づくものでなければならないことが知られるのである。すなわち、この至誠心、深心、廻向発願心の三心とは、次第の如くに、至誠心を根底としてその上に深心を、そしてその至誠心と深心とに基づいてこそ、廻向発願心を発すべきものであったと理解されるのである。したがって往生の行道においてこの三心を前提にするということは、虚仮を離れた真実の心において、自身の現実の相に対して深く省察し、自らは出離の縁なきものとの自覚をもつとともに、またひたすらに阿弥陀仏の願力に対して深く決定し、それを自己の畢竟依としていちずに志向しつつ、そのことに基づいて、三業に専ら往生の行業を実践し、その善根功徳を廻向して浄土に往生せんと願求するということを意味するものであった。

かくしてこの三心は一つとして欠けてはならず、それに軽重はありえないとしても、この三心、すなわち安心の帰結するところは、その廻向発願心――願心に極まるともいいうるわけであって、善導における浄土往生の行道が、安心と起行であるということは、畢竟は、この廻向発願心と起行とを意味することでもあって、それはすなわち、願心と行業、願と行とであったともいいうるのである。善導が「散善義」の三心の釈を結ぶに当って、

三心既に具すれば行として成ぜざるは無し。願行既に成じて若し生まれずば、是のことわり有ることなしとなり。（真聖全一、五四一頁）

と明かすものは、まさしくこの三心が願心に極まり、浄土往生の行道とは、帰するところ、この願と行との具足する道であることを物語っているものである。また善導はこの三心の解説において、ことに外邪異見の難を防ぎ、信

心を守護するために、有名な二河白道の譬喩を明かしているが、この二河譬については、伝統的には種々の見解があって、それは三心全体に通じ、別しては深心について顕わすものであるともいわれているが、それがまさしくは廻向発願心の釈の中にあり、またその白道を示すに「清浄願往生心」（真聖全一、五四〇頁）と明かすところからすれば、この二河譬は廻向発願心について顕わしたものと見るべきであろう。(47) とするならば、またこの点からしても、善導における三心は、廻向発願心、すなわち、願心に帰一して理解されていたことがうかがわれるわけである。そしてまた善導においては、この『観無量寿経』の三心を本願文の三心に対配する理解はただちには見られないが、その本願文を取意して明かすについて、『観念法門』では、

若し我れ成仏せんに、十方の衆生我が国に生まれんと願じ、我が名字を称せんこと下十声に至るまで、我が願力に乗じて若し生まれずば正覚を取らず。（真聖全一、六三五頁）

と明かし、また「玄義分」では、

若し我れ仏を得んに、十方の衆生我が名号を称し、我が国に生まれんと願じて、下十念に至るまで、若し生まれずば正覚を取らず。（真聖全一、四五七頁）

と説いているが、そこではいずれも称名行に対する能修の用心を願生心に統べて捉えているのである。その点、ここにもまた称名の行が願心に基づくべきものであるという理解が見られて、安心としての三心が、廻向発願心、すなわち、願心に統摂して領解されていることがいよいよ明瞭となるのである。

三、起行としての五正行

次にその起行については、起行とは「業行を起す」（『往生礼讃』真聖全一、六五〇頁）といわれる如く、身口意の

三業の行を起すことであって、浄土に廻向願生すべきところの三業にわたる善根功徳の行業を実践することを意味するものである。その行業の具体的な内容については、『往生礼讃』では世親の『浄土論』に明かされる、礼拝、讃嘆、作願、観察、廻向の五念門行が挙げられている。ただし、その場合に、善導は五念門の内容とその順序について、当面の意味とは異なった独自の解釈を加えている。すなわち、善導はその順序について、当分の作願と観察とを倒置して、礼拝、讃嘆、観察、作願、廻向としており、その内容については、礼拝門は身業における礼拝供養とし、讃嘆門は口業において仏および浄土の荘厳を讃嘆することであって、当意に見られていた称名の意味を除いている。観察門については、ことに「憶念観察門」と呼ばれて、当意に見られる如き止観ではなく、意業における仏と浄土に対する凡夫相応の念観として解釈している。作願門もまた当意とは離れて浄土に対する願生の意味と解されており、その廻向門もまた当意の利他廻向の意味とは異なって、自己所修の善根および随喜の善根を浄土に廻向すること、および浄土からの還相廻向の意味に解しているのである。その点、ここでは浄土の行業としては、礼拝供養、讃嘆、憶念観察の身口意の三業が重視されていることが知られるのである。しかしながら、また『往生礼讃』においては、この五念門行を挙げる前に三心について明かしているが、そこでは至誠心については、礼拝、讃嘆、観察の身口意の三業において真実なることを示し、深心については、称名念仏を所信の行として明かし、また廻向発願心については、それらの一切の所修の善根をもって浄土を願生し、浄土に廻向することであると説いているのである。すなわち、そこでは五念門行の中、前の三種の行は至誠心に配当して起行として理解され、後の二種の行は廻向発願心に配当して起行に対する安心として理解され、深心については別に称名行が明かされているわけである。かくして、そのことからすると、ここでは安心については『観無量寿経』の三心に、また起行については『浄土論』の五念門行によるとしても、いまだその両者の関係は充分に整合されないまま、いささか錯綜して不明瞭な点が残っているのである。しかし、「散善義」に明かされるところの浄土往生の行業は、その点きわめて明快である。すなわち、読誦、観察、礼拝、称名、讃嘆供養の五種の正行がそれである。この五正行とは、基本的には世親の『浄土論』の五念門行に依拠し、しかもまた上に見た『往生礼讃』における理解の如く、それに対する善導の独特な把捉に基づき、ことにはその思想的、実践的な展開として、善導自身において新しく創設された行業であるとうかがわれる。その五正行については、その読誦正行とは、専ら浄土の三部経典を読誦することであって、それはもと五念門行には見られぬものであるが、直接的には善導自身の実践過程から導き出されたものと考えられ、経典的典拠としては『観無量寿経』の上品上生の行道を明かす文に、

大乗方等の経典を読誦する。(真聖全一、六〇～六一頁)

と説き、また『無量寿経』巻下に、

是の経法を聞き歓喜信楽し受持読誦して、説の如く修行すべし。(真聖全一、四六頁)

と語るものなどが注意されるのである。また観察正行とは、一心に専らかの阿弥陀仏とその国土の依正二報の荘厳を思想し観察することであって、ここでいう観察とは『往生礼讃』のそれと同じく、凡夫相応の念観であると理解される。また礼拝正行とは一心に専ら阿弥陀仏を礼拝することであって、五念門行の思想をうけていることは明瞭である。また称名正行とは、一心に専ら阿弥陀仏の名号を称することであって、それはもと五念門行の讃嘆門の中に含まれているものであったが、ここではそれが別出されているのである。そしてまた讃嘆供養正行とは、一心に専ら阿弥陀仏の荘厳功徳を讃嘆供養することであって、それが五念門行の讃嘆門、さらには礼拝門をうけたものであろうことも明らかである。かくして善導は、この五正行以外の行業はことごとく雑行として廃捨するのであって、専らこの五正行をこそ浄土往生の行業と定めるのである。しかし、また善導は、さらにこの五正行について、

また此の正の中に就てまた二種有り。一には一心に専ら弥陀の名号を念じて、行住坐臥に時節の久近を問わず、念念に捨てざれば、是れを正定の業と名づく、彼の仏願に順ずるが故に。若し礼誦等に依らば即ち名づけて助業と為す。（「散善義」真聖全一、五三七〜五三八頁）

と明かして、それを正業と助業とに分判し、その中の称名行こそが本願に順ずるところのまさしき行業であり、他の四種の行は、いずれもその称名行を助成するところの助業に過ぎないというのである。かくして善導においては、浄土往生の行業としては五正行が明かされているが、それはまた帰するところは、称名の一行に統摂されるのであって、称名念仏こそがまさしき浄土往生の行業であったわけである。

善導におけるかかる称名中心の行業の設定は、基本的には、すでに上においてもふれた如くに、龍樹浄土教、曇鸞浄土教、道綽浄土教と伝統展開されてきた称名の思想を承けるものであるが、それはまた善導自身による、『観無量寿経』の教説に対する透徹した領解に基づく称名行への注目と、『無量寿経』所説の本願文に対する主体的な解釈に基づくものでもあったわけである。かくして善導はここに称名念仏の行こそが、阿弥陀仏の本願に順ずるところの唯一のまさしき行業であって、しかもまたその故にこそ、この称名行は凡夫相応の易行であり、かつまた諸善万行に比してもっとも殊勝なる行であると理解し、そのことを繰返して主張していることも、すでに指摘した如くである。

四、作業としての四修

次に作業とは、その語が示す如くに行業を造作することであるが、それは具体的には前の安心と起行とに対して、それらを実践策修するについての方規を示したものである。善導はそれについて『往生礼讃』に四種を挙げている。

すなわち、

また勧めて四修の法を行じ、用いて三心五念の行を策して速かに往生を得る。(『往生礼讃』真聖全一、六五〇頁)

と明かすものがそれである。その四修とは恭敬修、無余修、無間修の三修とそれぞれについての長時修を合わせていう。恭敬修とは、阿弥陀仏とその一切の聖聚を敬虔に恭敬礼拝することであり、無余修とは、称名、憶念、礼拝などの三業についての専修性を明かすものであって、余他の行業をまじえないことをいい、無間修とは、それらの三業にわたる行業を間断することなく相続することをいい、また長時修とは、上の三種の方規が、いずれも生涯を貫いて中止せず、精進策励されるべきことを意味している。浄土往生の行業としての安心、起行、すなわち、三心、五正行は、すべからくこの四修の方規にしたがって実践すべきであると明かすわけである。この四修もまたその思想的原形は、真諦訳の『摂大乗論釈』巻第八(大正三一、二〇九頁a)、世親の『阿毘達磨倶舎論』巻第二七(大正二九、一四一頁b)、衆賢『阿毘達磨順正理論』巻第七五(大正二九、七四九頁c)、衆賢『阿毘達磨蔵顕宗論』巻第三六(大正二九、九五七頁c)などに見られるものであるが、もとよりそれらは菩薩の仏道修行の方規について明かしたものであって、いま善導はそれを転用して浄土の行道の方規として説いているわけである。そしてまた善導においては、この四修は行道実践上いずれも欠くべからざる方規ではあったが、ことにその中でも専修としての無余修が中心をなすものであったといいうるようである。(48) そのことは善導が『往生礼讃』においてこの四修を明かした後、さらに専修と雑修の得失を弁じて、

但だ意を専らにして作さしむれば、十は即ち十ながら生ず。雑を修して至心ならずば、千が中に一も無し。(真聖全一、六五二頁)

と説き、また「散善義」の五正行を明かす文においても、その五正行の一々について、専修を強調することなどからしても充分に窺知されるところである。

五、願行具足の行道

かくして善導における浄土往生の行道とは、先ず安心としての三心を基本的な心構えとして、それを前提に起行としての五正行を実践すること、しかもまたそのことがつねに作業としての四修の方規にしたがって修習されてゆくという構造をもつものであった。そしてそのことをさらに要約していうならば、この三心、五正行、四修は、すでに上に見た如くに、三心は廻向発願心に帰一し、五正行は称名に代表され、四修は無余修に統摂されてゆくということからすれば、それは願心に基づくところのひたすらなる称名念仏の行道ともいいうるのであって、善導のいう願行具足の行道とは、帰するところ、まさしくこの三心を統べた廻向発願心に基づく専修称名において成立することとなるわけである。そしてまた善導の領解によれば、その称名念仏とは、さらに剋していえば、「玄義分」に、

今此の観経の中の十声称仏は即ち十願十行有りて具足す。云何が具足する。南無と言うは即ち是れ帰命、また是れ発願廻向の義なり。阿弥陀仏と言うは即ち是れ其の行なり。斯の義を以っての故に必ず往生を得る。（真聖全一、四五七頁）

と明かす如く、一声の称名念仏の中、その「南無」とは発願廻向の意味をもち、「阿弥陀仏」とはその行の意味をもつとするのであって、専らこの称名を行ずるところ、そこにはすでに願と行とが具足して往生の行業が成就するのであって、善導における行道とは、まさしくは専称仏名なる念仏一行にあったともいいうるのである。その点からすれば、すでに上に見た如く、善導における念仏三昧とは、広くは観仏三昧と共通する意味をもつとともに、他

面においては一行三昧として、ひとえに称名一行のみの相続において成就してゆくところの見仏の境地を意味するものであって、それはまた口称三昧とも呼ばれるものであったが、いまの願行具足せる称名一行の行道とは、まさしくこの一行三昧、さらには口称三昧とも呼ばれるところの念仏三昧の道でもあったわけである。

かくして善導における浄土往生の行道は、基本的には定散二善の道と称名念仏の道との二種の行道として捉えられるが、すでに上にも指摘した如くに、

万行倶に廻して皆往くことを得れども念仏一行を最も尊しと為す。（『般舟讃』真聖全一、七一三頁）

種々の法門は皆解脱すれども念仏して西方に往くに過ぎたるは無し。（『法事讃』真聖全一、六〇四頁）

などと説いて、まさしき浄土の行道としては、ひとり称名念仏の道が選びとられていたことが明らかである。

六、称名念仏と三昧見仏

そしてまた善導はこの称名念仏の行道においてうるところの功徳について、

念仏の行人、心口に称念して更に雑想無く、念念に心に住して声声に相続すれば、心眼即ち開けて彼の仏了然として現ずることを見るを得る。即ち名づけて定と為す。また三昧と名づく。正に見仏する時また聖衆及び諸の荘厳を見る。（『観念法門』真聖全一、六三五頁）

と明かして、この称名念仏の行道においては、やがて心眼を開いて三昧見仏の境地をうることができるとも明かしているのである。三昧（samādhi）とは定、正定、正受などとも訳されて、心を一境に止住させて散乱せしめないことであり、それによってうるところの清浄寂静なる宗教的境地をいう。善導もまたこの三昧について、

三昧と言うはまた西国の語、此には翻じて名づけて定と為す。前の三業無間に由って心至りて感ずる所即ち仏

境現前す。正境現ずる時即ち身心内悦す。故に名づけて楽と為す。また立常見諸仏と名づくるなり。(『般舟讃』真聖全一、六八六頁)

三昧成ずることを得て心眼開けぬれば、諸仏の境界にして凡外に超えたり。(『般舟讃』真聖全一、七〇一頁)

と明かして、それが清浄安和な境地を意味し、心眼を開いて見仏することであると示している。善導はこの称名念仏の行道においても、その行業を専修相続するならば、ついにはかかる三昧の宗教的境地に到達し、心眼を開いて見仏することができるというのである。善導がこの称名念仏の道を広くは念仏三昧といい、あるいはまた一行三昧とも、口称三昧とも呼ぶ理由がここにあるわけであろう。しかもまた善導はこの三昧について、「三昧無為は即ち涅槃なり」(『往生礼讃』真聖全一、六七五頁)、「同じく往生を得て三昧を証せん」(『般舟讃』真聖全一、七二六頁)とも語って、それを彼土の得果としても明かしているが、このことは三昧が現生において獲得される宗教的な境地であると同時に、それがまたやがて彼土において成就しえられるところの究竟の証果でもあることを意味するものである。「定善義」に三昧について明かすに、

是れを想成就し正受を得ると名づく、此世と後世心に随いて解脱するなり。(真聖全一、四九九頁)

と語る所以であろう。このことは、善導における称名念仏の行道において、ことに留意されるべき点である。

七、称名念仏と滅罪得福

しかもまた善導は、この称名念仏の行道においてうるところの功徳利益について、

仏名は是れ一なり。即ち能く散を摂し以って心を住せしむ。復た教えて正念に名を称せしむれば、心重きに由るが故に即ち能く罪を除くこと多劫なり。(「散善義」真聖全一、五五二頁)

若し阿弥陀仏を称すること一声するに、即ち能く八十億劫の生死の重罪を除滅す。（『往生礼讃』真聖全一、六八二頁）

弥陀の名を称するを以っての故に罪を除くこと五百万劫なることを明かす。（「散善義」真聖全一、五五二頁）

一声の称仏は衆苦を除き五百万劫の罪を消除す。（『般舟讃』真聖全一、七二二頁）

などと明かして、その称名念仏の功徳によって多劫の生死の重罪が除滅されるといい、さらにはまた、

阿弥陀仏を称念して浄土に生ぜんと願ずる者は、現生に即ち延年転寿を得て九横の難に遭わざることを顕明す。（『観念法門』真聖全一、六二六頁）

また弥陀経に説くが如し。若し男子女人有りて七日七夜に及び一生を尽して、一心に阿弥陀仏を専念して往生を願ずる者は、（中略）横病横死横に厄難有ること無く、一切の災障自然に消散するなり。（『観念法門』真聖全一、六二九頁）

などと語って、称名念仏による延年転寿、除災招福の現世利益が与えられるとも明かしているのである。このことは善導浄土教の性格としてことに注意されるべきところであるが、かかる称名に基づく現世利益の理解は、すでに曇鸞および道綽の称名思想においても見られるところであって、曇鸞はその『往生論註』において、

名の法に即する有り、名の法に異する有り。名の法に即するとは、諸仏菩薩の名号、般若波羅蜜および陀羅尼の章句、禁呪の音辞等是れなり。（『往生論註』巻下、真聖全一、三一四〜三一五頁）

と明かして、名号をダラニや禁呪と同一に捉え、さらにはその称名によるところの現世の利益および滅罪の功徳を説いているのである。そしてまた道綽もその『安楽集』において、かかる曇鸞の理解を継承して名号をダラニとして捉え、その称名の功徳を明かしたり、さらにはまた、

問うて曰わく、念仏三昧は既に能く障りを除き、福を得ること功利大ならば、いまだ審し、また能く行者を資益して年を延べ寿を益さしめんや、いなや。答えて曰わく、必ず得べし。(『安楽集』巻下、真聖全一、四一九頁)

などと語って、称名念仏による除障得福、延年益寿の利益が与えられるとも明かしているのである。いまの善導における理解は、これら曇鸞、道綽の称名思想を承けたものであることは明らかであって、それは中国浄土教が、多分に民族信仰と重層しながら、受容されていったことをよく物語るものでもあろう。(49) かくして善導においては、この称名念仏の道を修習成就してゆくところ、やがては三昧見仏の境地に至ることをえ、さらにはまた滅罪得福の益をうるというのである。

以上見てきた如く、善導における浄土往生の行道とは、帰結するところは念仏三昧なる称名念仏の道であって、それは端的に示せば、

安心(三心)――起行(五正行)――作業(四修)―見仏・滅罪―→往生

という構造をもつものであり、またそれはさらには帰結するところ、願行具足なる専修称名の念仏一行の行道であったこともすでに見た如くである。そしてそのことは善導自身その「散善義」の後跋の文に、日々三万遍の念仏を修習したことを記し、あるいはまた『往生礼讃』の後序の文に、入観および睡眠する前に一心に合掌して西に向かって称名念仏するならば、やがて仏身と仏土の荘厳相を見ることができると説き、「此の願は比来大いに現験有り」(真聖全一、六八二頁)と述べていることなどにも明らかな如く、自らその生涯を貫いて、心身を律しつつ、ひたすらに称名念仏の浄業を修めたということからすれば、この専修称名の行道とは、まさしく善導自身の仏道体解そのものでもあったといいうるであろう。

第四節　善導における信の思想

第一項　善導における信の性格

一、善導における信の基本的理解

そこで善導における信の意味についてであるが、伝統的な真宗教学の解釈では、善導における信とは、上に見たところの安心の全体をさすものと理解され、安心と信心とは同義語として捉えられてきた。(50) しかしながら、善導自身においては、この安心ないしは三心をもってただちに信心と呼んでいる例は見当らない。善導における信心とは、『観念法門』にその三心を明かすについて、「至誠心、信心、願心」（真聖全一、六三四頁）と語り、また『往生礼讃』に「深心とは即ち是れ真実の信心なり」（真聖全一、六四九頁）と説くところに明らかな如くに、それはまさしくは三心の中の深心を意味するものであったのである。このように善導が深心をもってただちに信心と捉えたのは、先学によると、曇鸞の三不三信説から導かれたものであろうともいうが、(51) それについてはまた、善導が『観無量寿経』を解釈するに当って、多くの影響を受けている慧遠の『観無量寿経義疏』に、深心を釈して、

深心とは信楽慇至にして彼の国に生まれんと欲す。（大正三七、一八三頁b）

と説いて、それを「信楽」と捉えていることとの関連も注意されるべきであろう。かくして善導における信の考察とは、まさしくはこの深心について研尋されねばならないわけである。そこで以下この深心を中心として、信の性格について論究をすすめることとする。

先ずその信の相状については、善導は信を明かすについて、

信を生じて疑い無ければ仏の願力に乗じて悉く生ずることを得るなり。(「玄義分」真聖全一、四五三頁)

と説いて、それが無疑なることを示している。そしてまたその信について、

決定して深く信ず。(「散善義」真聖全一、五三四頁)

我れ今汝が為めに更に決定の信相を説かん。(「散善義」真聖全一、五三四頁)

唯だ我が決定の上上の信心を増長し成就せん。(「散善義」真聖全一、五三六頁)

とも明かしているが、その点善導においては、信とは確固たる決定の意味をもつものであるとも理解していたことが知られるのである。かくして善導における信心とは、基本的には無疑決定なる心相を意味するものであることが明瞭であるが、また善導におけるかかる無疑決定の信とは、いかなるものを対象として語られているかについて検すると、

仏を信ずる。(「序分義」真聖全一、四九一頁)

法を信ずる。(『観念法門』真聖全一、六二二頁)

仏語を信ずる。(「玄義分」真聖全一、四五六頁)

因果を信ずる。(「散善義」真聖全一、五四六頁)

他人の語を信ずる。(『般舟讃』真聖全一、七〇七頁)

などといって、さまざまな対象に対する信として明かされており、それは何らかの対象に向かって成立するところの決定無疑なる心として、専ら対象的な信を意味するものであることが知られるのである。そしてまた善導はかかる信について明かすに、

衆生の帰信は浅より深に至る。(「序分義」真聖全一、四九二頁)

彼の諸経論を信ぜざるにはあらず尽く皆仰信す。(「散善義」真聖全一、五三五頁)

此れ必ず虚空なり依信すべからず。(「散善義」真聖全一、五三六頁)

罪障いまだ尽きず此れが為めに信向無きのみ。(「定善義」真聖全一、五〇七頁)

今二尊の意に信順す。(「散善義」真聖全一、五四一頁)

などといって、「帰信」「仰信」「依信」「信向」「信順」など、専ら依憑的、帰投的な表現をもって示していることは注意されるところである。かくして善導における信とは、その用語例によると、基本的には、概して何らかの対象に向かってそれを真なるものとして是認し決定して、それに対していちずに志向し帰依する態度を意味するものであったといいうるようである。

二、二種深信の思想

そしてこの善導における信心についての詳細な解釈は、「散善義」の深心釈に見られるが、そこでは善導は先ず、

深心と言うは即ち是れ深く信ずるの心なり。また二種有り。一には決定して深く、自身は現に是れ罪悪生死の凡夫、曠劫より已来常に没し常に流転して出離の縁有ること無しと信ず。二には決定して深く、彼の阿弥陀仏の四十八願は衆生を摂受し、疑い無く慮り無く、彼の願力に乗じて定んで往生を得と信ず。(真聖全一、五三四頁)

と明かしており、同様な意味の文はまた『往生礼讃』にも見られて、そこでは、

深心とは即ち是れ真実の信心なり。自身は是れ煩悩を具足せる凡夫、善根薄少にして、三界に流転して火宅を

出でずと信知す。今弥陀の本弘誓願は、名号を称すること下至十声一声等に及ぶまで、定んで往生を得と信知して、乃し一念に至るまで疑心有ること無し。故に深心と名づく。（真聖全一、六四九頁）

と示している。いわゆる二種深信といわれる文である。この文によると、善導における信心とは、先ず自己自身の現実存在の相について、それがどこまでも煩悩具足、罪悪深重の凡夫であって、自らによってはこの生死の苦界を永劫に出離しえない存在であると信知するという機の深信と、阿弥陀仏の本願とは、ひとえにかかる自己を摂取したもうものであって、その願力に乗ずれば定んで浄土に往生をうると信知するという法の深信の、二種の深信を内容とするものであったわけである。ここで注意されるべきことは、その機の深信を明かすについて、「自身」を信じると語り、また『往生礼讃』では、その機法の二種の信をことに「信知」と示しているということである。その機の深信において、信とは「自身」を信じることであると明かすについては、その場合の信じる主体は自己である以上、その機の深信とはまさしく自己が自己について信じることである。ここで自己が自己について信じるということは、たんに対象的ないしは依憑的な信というよりも、まさしく主体的な信として、それは自己が自己自身の現実の存在相について厳しく直視し、明らかに認知し自覚するということを意味するものである。その意味においては、ここで明らかにされるところの信とは、きわめて主知的、自覚的な性格をもった信といわねばならないようである。そしてまたこの二種深信は、ことにその『往生礼讃』によると、その信は「信知」と明かされているが、ここにもまた善導における信がたんなる帰投的な信ではなくて、主知的な意味をもっていることが明らかである。そしてそのことはまた「散善義」の上品下生の釈下に、二種深信に類似する文があって、

若し深く生死の苦を信ずる者は、罪業畢竟じて重ねて犯さず、若し深く浄土の無為の楽を信ずる者は、善心一たび発りて永く退失すること無きなり。（真聖全一、五四六頁）

というものにもうかがわれるところである。すなわち、ここでは「深信」を説明するについて、「生死の苦を信ずる」ことと「浄土の楽を信ずる」こととを語るのであるが、この信苦、信楽といわれる場合の信の意味もまた、たんなる依憑ではなくて、苦楽の因果についての深い認知、覚知を明かすものにほかならないであろう。その点、この二種深信において明かされる信の意味からすると、善導における信とは、自己自身の現実存在の相についての信と、阿弥陀仏の本願に対する信とがあって、その前者の機の深信とは、自己がただちに自己自身の相について認知決定するところの自覚的な信であり、後者の法の深信とは、阿弥陀仏の本願に対して深く認知し決定するところの帰向的な信を意味しているといいうるのである。

かくして善導における信の理解については、基本的には無疑決定の心的態度を意味するとしても、より具体的には、対象的な依憑、帰依の態度を意味する信と、きわめて主体的な認知、覚知の体験を意味する信との二面が見られるのであるが、善導における信とは、この二種深信の思想に見られる如く、それはまさしくは「信知」として、自己の現実存在相への徹底した自覚と、阿弥陀仏の本願に対する透徹した認知を意味するものであって、ここに善導における信の本意があったと理解されるのである。そしてこのような善導における信の思想は、すでに浄土教の伝統に見られるものであって、曇鸞がその著『往生論註』巻下に、信心の内容を説明するについて、二不知三不信の釈を示し、その二不知について、

如何なるか如実に修行せず、名義と相応せざるとする。謂わく、如来は是れ実相身、是れ為物身なりと知らざればなり。(『往生論註』巻下、真聖全一、三一四頁)

と明かして、信じるということは、阿弥陀仏が実相身であり、為物身であることをまさしく知ること、すなわち、阿弥陀仏について、それが雑染虚妄を遠離した真実実相そのものであると知るとともに、またそれを私自身に即し

て大悲為物の存在にほかならぬと知ること、信心とはこの二知が成り立ってゆくことであると明かすものに、その先蹤を見ることができるのである。そしてまたこの曇鸞における二不知の文は、道綽がその『安楽集』巻上（真聖全一、四〇五頁）にもそのまま引用するところである。善導がいま信の理解において、それをまさしく信知として把捉し、かつまたそれを二種に開いて機の深信と法の深信として明かすものは、かかる曇鸞および道綽浄土教における二不知の思想に基づき、それに導かれたものであろうとうかがわれるのであって、あえていうならば、その機の深信とは、阿弥陀仏を大悲為物身として知るということを承け、法の深信とは、阿弥陀仏を真実実相身として知るということの展開として説かれたものであると思われる。善導が「散善義」の三心釈を結ぶに当って「若し生まれずばこのことわり有ることなし」（真聖全一、五四一頁）と明かすが、それは『安楽集』における二不知三不信の釈を結ぶ文とまったく同一であるということからしても、この両者における信の理解の間に深いかかわりがあることが証されるのではなかろうか。そしてまた善導の信の思想における「信知」としての主知的な領解は、基本的には仏教における信の思想について、それがきわめて知的な性格をもっているということにも連なるものである。すなわち、仏教における信の基本的な性格とは、すでに見た如くに、仏道における能入位に属する信と究竟位に属する信とが語られて、その能入位の信とは、三宝、四諦などに対してそれを対象的に捉えて明確に信認し決定するところの心的態度を意味し、またその究竟位の信とは、そのような信に基づき、その信の深化徹底として開かれてくるところの、澄浄安穏なる境地を意味するものであった。そこでいま善導における信の思想において、それが多分に知的な性格をもつものとして理解されているということは、まさしくこの仏教における能入位としての信認決定の信の思想に連なり、それを伝統しているといいうるようである。

次に善導における二種深信の思想において、その両者の関係はいかなるものであったろうか。後世の真宗教学においては、両者は二種一具の関係として理解しているが、善導の当意でもはたしてそういうことがいいうるか、はなはだ疑問である。むしろ善導の当分の意としては、自己自身の迷妄惑染なる現実存在の相についての認知としての機の深信を前提とし、それを基盤として、阿弥陀仏の本願に対する忍許決定なる法の深信が成立するものであったと思われる。すなわち、この二種深信とは、善導においては三心中の一心として、起行に組み合うところの行業に対する用心、心構えを意味するものであって、当意においては、それは自己自身の煩悩罪悪性に対する深い省察を通して、独り自らの精進策励によってはすでに出離しえない存在であることを自覚し、ひたすらに浄土教に帰依し、決定してその浄業を専修すべきことを明かしたものにほかならないと思われる。もとよりその点、かかる思惟を徹底させてゆけば、ついには後世の真宗教学における解釈の如くに展開する必然性は宿しているとしても、それをもってただちに善導の思想とすることは無理といわねばなるまい。善導においては、自己の現実存在に対する徹底した内観は、浄土の行道への帰入、その修習の基本的条件でもあったとうかがわれるのであって、たとえば、その『法事讃』の前懺悔の文に、

弟子衆等、曠劫より已来乃至今身今日に至るまで、その中間において是の如き等の罪を作る。楽行多作にして無量無辺なり。能く我等をして地獄に堕して出期有ることを無からしむ。（真聖全一、五七八頁）

弟子道場衆等、元身より已来乃至今身今日に至るまで、その中間において三業を放縦にして是の如き等の罪を作る。楽行多作にして無量無辺なり。（真聖全一、五八一頁）

弟子道場衆等、曠劫より已来乃至今身今日に至るまで、その中間において身口意業を放縦にして一切の罪を造る。（真聖全一、五八一頁）

弟子衆等、今地獄を聞きて心驚き毛竪つ、怖懼無量なり。恐畏らくは残殃尽きずして復た還って流浪せん。今

生より已来三業を縦暴にして衆の重罪を造る。もし懺悔せざれば定んで此の苦を招きて出期有ることなけん。

(真聖全一、五八四頁)

などと明かしているものは、いずれも阿弥陀仏に対する帰依の基盤、行道修習の前提としての、自己自身の煩悩罪業の深重性についての深い内観を表白したものであるが、それはまたそのまま機の深信と共通する思念であることは明白であろう。かくて善導における二種深信における両者の関係は、前後の関係にあるというべきであって、この機の深信とは、法の深信に対してその成立のための前提的な意味を担うものであり、阿弥陀仏の本願についての認知、帰依の信心は、つねに自己自身の現実存在に対する徹底した内観、信知を前提とし、それを基盤としてこそ成立してゆくものであったわけである。そしてそのことはまた、この善導の浄土教思想を継承した法然浄土教においても見られるものである。すなわち、法然はその『三心義』において、深心を釈すについて、

深心といふはふかく信ずる心なり。これについて二あり。一つにはわれはこれ罪悪不善の身、無始よりこのかた六道に輪廻して往生の縁なしと信じ、二には罪人なりといへどもほとけの願力をもて強縁として、かならず往生をえん事うたがひなくうらおもひなしと信ず。(法然全集、四四五頁)

と説き、善導の二種深信の理解を承けて、信心を機の深信と法の深信の構造において明かしているのであるが、法然はさらにその二種の深信の関係について、『往生大要鈔』に、

はじめはわが身のほどを信じ、のちには仏の願を信ずる也。ただしのちの信心を決定せしめんがためにはじめの信心をばあぐる也。(法然全集、五八頁)

と示して、この機の深信と法の深信は、「はじめ」と「のち」の前後関係において成り立つものであって、その機の深信とは、『浄土宗略抄』に示す如くに、

われらがごときの煩悩をもおこし、罪をもつくる凡夫なりとも、ふかく弥陀の本願をあふぎて念仏すれば、十声一声にいたるまで決定して往生するむね（法然全集、五九五頁）

を明らかにするために説かれたものであるとするのである。かくして法然においても、この機の深信とは、後の法の深信について、たとえいかなる極重の悪人であろうとも、阿弥陀仏の本願を信ずれば、ひとしく仏に救済されて往生をうることが可能であることを明かすために示されたものであって、それは専ら法の深信が成立するための前提基盤の意味をもつものにほかならなかったわけである。善導における二種深信の思想もまた、この法然の理解を超えるものではなかったと思われる。

三、五種の深信の問題

そしてまた善導はこの深信について、二種深信を明かすとともに、さらに「散善義」においては、その法の深信の釈に続いて、

また決定して深く、釈迦仏は此の観経に三福九品定散二善を説き、彼の仏の依正二報を証讃して人をして欣慕せしむと信ず。

また決定して深く、弥陀経の中に十方恒沙の諸仏は、一切凡夫決定して生を得ることを証勧したもうと信ず。

また深く信ずるとは、仰ぎ願わくば一切の行者等、一心に唯仏語を信じて身命を顧みず、決定して行に依り、仏の捨てしめるをば即ち捨て、仏の行ぜしめるをば即ち行じ、仏の去らしめる処をば即ち去る。是れを仏教に随順し仏意に随順すると名づく。是れを仏願に随順すると名づけ、是を真の仏弟子と名づく。

また一切の行者、但だ能く此の経に依って深く信じ行ずる者は、必ず衆生を誤らざるなり。（中略）是の故に

今の時仰いで一切有縁の往生人等に勧む。唯深く仏語を信じて専注し奉行すべし。菩薩等の不相応の教を信用して、以って疑礙を為し、惑いを抱き自ら迷いて往生の大益を廃失すべからざるなり。

また深心とは深く信ずるとは、決定して自心を建立して教に順じて修行し、永く疑錯を除きて一切の別解、別行、異学、異見、異執の為めに退失傾動せられざるなり。（真聖全一、五三四～五三五頁）

と説いて、『観無量寿経』における釈尊の勧説に対する深信、『阿弥陀経』における諸仏の証誠に対する深信、仏教・仏意・仏願に対する深信、経典の教説に対する深信、別解・別行・異学・異見・異執の妨難に対して自心を建立するということの、五種の深信を明かしているのである。すなわち、善導は深信について「二種有り」（真聖全一、五三四頁）といいながらも、実際は七種の深信を示しているわけである。そこでこの五種の深信と前の二種深信との関係が問題となってくるが、それは基本的には、この五種の深信は前の二種の深信に摂まるものであるとはしても、それについては、また従来さまざまな見解が試みられており、後の五種の深信は前の二種深信の全体を開いて明かしたものとする説[52]、後の五種の中、第三深信より第六深信までは法の深信を開いて示したものとする説[53]、また後の五種の深信すべてが法の深信を開いて明かしたものとする説[54]など、諸説が見られるが、いまはこの五種の深信とは、前の法の深信、すなわち、『無量寿経』所説の阿弥陀仏の本願について決定信知するということの内容を、さらに開いて、詳しく述べたものであると理解するのが妥当のように思われる。

四、就人立信と就行立信の意味

そしてまた善導はこの五種の深信を説くに続いて、さらに就人立信と就行立信の釈を設けて、信心の内容について明かしているのである。その就人立信とは、問うて曰わく、凡夫は智浅く惑障のことわり深し。若し解行不同の人、多く経論を引き来り相い妨難し、証して一切罪障の凡夫は往生を得ずと云うに逢わば、云何が彼の難を対治して信心を成就し、決定して直ちに進みて怯退を生ぜざらんや。（「散善義」真聖全一、五三五頁）

という問いを設け、それに答えるについて、たとえ別解・別行・異学・異見・異執の人の妨難、地前の菩薩、阿羅漢、辟支仏らの妨難、初地以上十地以前の菩薩の妨難、および化仏、報仏の妨難という四重の破人に会って、浄土の行道が虚妄であると非難されようとも、この浄土の教法を開説したところの釈尊の人格に対して、絶対的な決定志向の心を堅持するという、人格についての深信を建立することを意味している(55)。また就行立信とは、その「散善義」の文に、

就行立信とは、然るに行に二種有り。一には正行、二には難行なり。正行と言うは専ら往生経の行に依って行ずるものは是れを正行と名づく。何者か是れによる。一心に専ら此の観経、弥陀経、無量寿経等を読誦する。一心に専注して彼の国の二報荘厳を思想し観察し憶念する。若し礼するには即ち一心に専ら彼の仏を礼する。若し口に称するには即ち一心に専ら彼の仏を称する。若し讃嘆供養するには即ち一心に専ら讃嘆供養する。是れを名づけて正と為す。また此の正の中に就てまた二種有り。一には一心に専ら弥陀の名号を念じて、行住坐臥に時節の久近を問わず、念念に捨てざれば、是れを正定の業と名づく、彼の仏願に順ずるが故に。若し礼誦等に依らば、即ち名づけて助業と為す。此の正助二行を除きて已外の自余の諸善は悉く雑行と名づく。若し前の正助二行を修すれば、心常に親近して憶念断えざれば、名づけて無間と為すなり。若し後の雑行を行ずれば、即ち心常に間断す。廻向して生を得べしと雖も衆て疎雑の行と名づくるなり。（真聖全一、五三七～五三八頁）

と明かす如く、浄土往生の行業には正行と雑行の二種があって、まさしき行業とは読誦、観察、礼拝、称名、讃嘆

供養の五正行であり、しかもまたその五正行の中でも、ことに称名行こそが阿弥陀仏の本願に順ずるところの正定の行業であると信知するという、行業についての深信を建立することを意味している。(56) そしてこの就人立信、就行立信はともに信について明かしたものであるところ、それはまた、前の二種深信さらには七種深信との関係が問題となってくるが、それについても従来諸説が分かれていて、その就人立信については、機の深信について示したものとする説、(57) 法の深信について示したものとする説、(58) 第三深信以下について示したものとする説、(59) 第五深信以下について示したものとする説、(60) 第七深信について示したものとする説、(61) さらにはまたその七種の深信全体に亘って示したものとする説(62)があり、また就行立信についても、法の深信について示したものとする説、(63) 第三深信以下について示したものとする説、(64) 第七深信について示したものとする説(65)などがある。しかし、それについては、法の深信を開いて五種の深信が示された中、その最尾の第七深信の別解・別行・異学・異見・異執の妨難に対して自心を建立するということについて、さらにその内容を人格と行業との二面に開いて、それが人格と行業に対する堅固な決定心の建立を意味することを明かしたものと理解するのが、もっとも当意にふさわしいように思われる。

かくして善導における信とは、基本的には無疑決定なる心のことであって、それはより詳細には、対象に対する帰依志向の態度を意味し、あるいはまた主体的な認許覚知の体験を意味するものとも明かされているが、具体的には二種深信の釈に示される如く、先ず自己自身の煩悩具足、罪業深重の現実存在の相について深く内省自覚し、それに基づいて、ひとえに阿弥陀仏の本願こそが自己の出離の要道であると信知すること、すなわち、いかなる外邪異見の妨難にあうとも、ひたすらに釈尊の教法を信認して、そこに説かれる称名念仏の行業こそが、まさしく仏願に随順するところの唯一の正定業であって、この称名念仏の実践のところ、必ず三昧をえて浄土に往生をうると、決定信知してゆくことを意味するものであったといいうるであろう。

第二項　善導における信の地位

一、能入位としての信

以上善導における信の性格について考察を試みてきたが、かかる善導における信とは、その行道の構造においていかなる地位を占めるものであったのだろうか。

善導における行道とは、すでに見た如くに、

安心――起行――作業――見仏・滅罪→往生

という構造をもつものであって、それはさらにいえば、願と行とを具足する道として、帰結するところ、ひとえに称名を専修する行道にほかならなかったのである。そして善導における信とは、かかる専修称名の行道において、その安心としての三心、すなわち、行業修習の用心、心構えとしての至誠心、深心、廻向発願心の三心の中の深心を意味するものであって、そういう行道成立の前提条件、行業修習のための心構えの一部分としての地位をもつものであったわけである。しかも善導においては、その三心とは『往生礼讃』に、

此の三心を具して必ず生を得るなり。若し一心かけぬれば生を得ず。（真聖全一、六四九頁）

と明かす如くに、一心として欠けてはならぬ重要な意味をもつものであったが、すでに上に見た如く、その三心もまた帰するところは、願心としての廻向発願心に統摂されるものであって、その意味では、善導は信に対して特別な注目評価はしていなかったようである。かくして善導における信とは、その行道の基盤として起行の前提条件の意味をもつものであり、それはまさしく行道における能入位、初門の地位をもつものにほかならなかったといいうるのである。

二、信心と三昧見仏

しかしながら、善導における信の理解には、またかかる意味とは相違して、「玄義分」に、

観と言うは照なり。常に浄信心の手を以って、以って智慧の輝きを持して彼の弥陀正依等の事を照らす。（真聖全一、四四五頁）

と説き、また「定善義」に、

是心作仏と言うは、自らの信心に依って相を縁ずること作の如し。是心是仏と言うは、心能く仏を想すれば、想に依って仏身現ず。即ち是の心仏なり。此の心を離れて外に更に異の仏無ければなり。（真聖全一、五一九頁）

と示す文などからすると、信心を「浄信心」とも呼び、しかもその信心のところにかかわって「智慧」を語り、また「観仏」ないしは「見仏」を明かす意趣がうかがわれるのであって、それは龍樹の信の思想において見られた「信心清浄なる者は華開けて則ち仏を見る」（『十住毘婆沙論』「易行品」大正二六、四三頁b）という思想に連なるものが推測されるのである。そしてその点からすると、そのような信にかかわるものとして、すでに上に見たところの三昧見仏の境地が想起されてくるわけである。

元来浄土教における行道とは、〈無量寿経〉についていうならば、基本的には、

帰命――善根――念仏・願生――（臨終来迎）――→往生

という構造をもっていて、その帰命のところに能入位の信の意味があり、またその念仏とは本質的には三昧見仏に重層する内容をもつものであって、それは本来澄浄なる心（citta-prasāda）として、まさしき信心の意味をもつものであり、それは信に即していうならば、その行道とは、ひとえに能入位の信心から究竟位の信心へという、信

心成就の道であったともいいうるものであったのである（本書第一章『無量寿経』における信の思想」参照）。そしてまたそのことは基本的には、龍樹浄土教および世親浄土教においても指摘できうることであって、龍樹浄土教においては、その行道とは、すでに見た如く、

聞名――三業奉行――信心清浄――→入初地

という内容をもつものであったが、その聞名はまた信受として、能入位の信の意味をもつものであり、またその信心清浄とはまさしく澄浄なる心（citta-prasāda）として、究竟位の信心を意味するものであって、この行道もまた信に即していえば、能入位の信心から究竟位の信心へという構造をもっていることが明らかである（本書第二章「龍樹浄土教における信の思想」参照）。また世親浄土教については、その行道とは、すでに考察した如くに、

一心帰命――五念門行――生信心――→往生

なる構造をもっているが、その一心帰命とは行道の初門として能入位の信の意味を含み、その生信心とはついには妙楽勝真心とも明かされ、見仏の境地として澄浄なる心（citta-prasāda）に重層するものであろうことも明瞭である。かくしてこの世親浄土教における行道もまた信に即していうならば、能入位の信心から究竟位の信心へという構造として捉えることができるのである（本書第三章「世親浄土教における信の思想」参照）。かくしてインド浄土教においては、その行道の構造は、きわめて概括的に把捉するならば、このように能入位の信心から究竟位の信心へという、ひたすらなる信心成就の道であったといいうるのである。その点、かかる浄土教における基本的な行道の構造に重層させて理解するならば、善導における行道が、

安心――起行――作業――見仏・滅罪――→往生

として、その安心の内容として信心が明かされ、またその見仏が三昧見仏の境地の成立を意味し、しかもまたその

ことが信心に重層するという理解があったとするならば、その行道をあえて信に即して捉えれば、また能入位の信心から、三昧見仏の境地、澄浄なる心（citta-prasāda）としての究竟位の信心への道として、信心成就の道と見ることも可能ではなかろうか。すなわち、善導における信については、安心の中の信心として、行道の能入位の地位を占め、その行業修習のための前提的な用心、心構えを意味するとともに、また他面さらに剋していえば、その行道における究竟位の意味をもつところの、三昧見仏の境地にも重ねて理解することができるように思われなくはない。しかしながら、厳密な意味においては、この善導の行道における安心、起行によってうるところの三昧見仏とは、また滅罪利益に対して語られる得益であって、それは明らかに曇鸞における行道思想、および道綽における行道思想を継承し、それを展開させたものであるとうかがわれるのであって、いまこの三昧見仏の境地をもって、ただちに究竟位の信心の意味に理解するのは、いささか詮索にすぎるようにも思われる。

かくてその点からすれば、善導における信とは、基本的にはなお能入位の信の地位にとどまるものであったといわねばならないが、またその行道において、かくの如く三昧見仏の境地を明かし、そこに仏道に基づく、新たなるまことの人間成長を説いて、浄土教における基本的な行道の構造である、究竟位の信心成就の意味を予想させる理解が見られることは、善導における行道にも、また本質的には、浄土教における基本的な行道の構造に重層するものが思われて、きわめて注意されるところである。

註

（1）結城令聞「観経疏に於ける善導釈義の思想史的意義」『塚本博士頌寿記念仏教史学論集』参照。
（2）望月信亨『中国浄土教理史』一八四頁参照。
（3）今岡達音「導師の観経疏」『浄土学』第八輯、藤原凌雪「善導撰述の成立前後について」『印度学仏教学研究』三の一。
(4) 善導『観経疏』「定善義」真聖全一、五〇四頁。『観経疏』「散善義」真聖全一、五四七頁、五五一頁、五五六頁。
(5) 野上俊静『中国浄土三祖伝』一七七頁参照。
(6) 岸覚勇「善導教学の思想背景に就いて」『大正学報』第一七輯参照。ここでは善導浄土教の地論学派との関係、および慧遠浄土教との共通性について詳細な考察が加えられている。
(7) 藤原幸章「善導の古今楷定と曇鸞の教学」『真宗研究』第一輯参照。
(8) 慧遠『観無量寿経義疏』大正三七、一七三頁a～一八六頁b。
(9) 横超慧日「浄土教の兼為聖人説」『印度学仏教学研究』三の二参照。
(10) 望月信亨『中国浄土教理史』一七八頁参照。
(11) 青木敬麿『善導和尚』九二頁参照。
(12) 『続高僧伝』などによると、道綽は十四才にして出家し、はじめ『涅槃経』を学び、また空理あるいは禅定を修めたが、後に曇鸞を景仰して浄土教に帰依したという。それは迦才の『浄土論』によれば四十八才の時であったと伝える。
(13) 『略論安楽浄土義』については、かつて日本偽作説もでてその真撰に疑いがもたれていたが、近年燉煌古写本が発見され、しかもそれが元来『讃阿弥陀仏偈』と一連のものであったことが知られるに及び、今日では一応曇鸞の撰述と考えられている。
(14) 本書、第四章「曇鸞浄土教における信の思想」参照。
(15) 『大方等大集経』巻第五五月蔵分（大正一三、三六三頁a～b）
(16) 『安楽集』巻上第三大門（真聖全一、四〇〇～四〇一頁）
(17) 『続高僧伝』巻第二〇
「恒に無量寿観を講じてまさに二百遍たり」（大正五〇、五九三頁c）
(18) 僧鎔『安楽集里鼓』、善譲『安楽集聴記』、円月『安楽集略解』などは『安楽集』をもって『観経』の要義を釈したものとする。山本佛骨『道綽教学の研究』二〇九頁以下参照。
(19) 念仏三昧の意味内容についての先輩の理解には大略次の如きものが見られる。
a、弘願の称名とする説

僧撲『安楽集講録』巻上（真叢五、三五七頁）、僧叡『安楽集義疏』巻上（真全一二、四三九頁）、山本佛骨『道綽教学の研究』四〇〇頁
b、弘願にして観称に通ずるとする説
善譲『真宗論要』（真叢二、一六〇頁）、鈴木法琛『安楽集概説』七五頁
c、要弘奄含にして観称に通ずるとする説
芳山『安楽集述聞』巻一（真全一二、二四三頁）
d、観仏憶念称名を該摂するとする説
花田凌雲「浄土門念仏本質の討究」（宗学院論輯第五輯）、大原性実『真宗教学史』第二巻六〇頁
(20)『惟無三昧経』
疑偽経で現存しない。出三蔵記集巻第五、開元釈教録巻第一八、貞元釈教目録巻二八などにその名が見える。但しそこでは惟務三昧経となっている。
(21)『安楽集』巻下第四大門（真聖全一、四一九頁）
(22)『安楽集』巻上第一大門（真聖全一、三八二頁）
(23)『大方広仏華厳経』（晋訳）巻第七（大正九、四三七頁b）巻第四六（大正九、六九〇頁a）
(24)『文殊師利所説摩訶般若波羅蜜経』巻下（大正八、七三一頁b）
(25)『阿弥陀鼓音声王陀羅尼経』（大正一二、三五二頁b～c）
(26)『大方広仏華厳経』巻第五九（大正九、七七八頁c）
(27)『安楽集』巻上第一大門（真聖全一、三八二頁）
(28)『大智度論』巻七（大正二五、一〇九頁a）
(29)『安楽集』巻下第四大門（真聖全一、四一九頁）
(30)『大方広仏華厳経』巻第二三―二八　十地品（大正九、五四二～五七八頁）
(31)『安楽集』巻下第四大門（真聖全一、四二〇頁）
(32)念仏三昧と観仏三昧の異同についての先輩の理解の主なるものは次の如くである。
a、念仏観仏を別義とする説
僧撲『安楽集講録』巻上（真叢五、三七〇頁）、僧叡『安楽集義疏』巻上（真全一二、四三九頁）

b、念仏観仏を同義とする説
芳山『安楽集述聞』巻一（真全一二、二四二頁）、善譲『真宗論要』（真叢二、一六〇頁）、鈴木法琛『安楽集概説』七八頁、花田凌雲「浄土門念仏本質の討究」（宗学院論輯第五輯）、大原性実『真宗教学史研究』第二巻五九頁

(33)『観無量寿経義疏』
「諸経に弁ずる所の宗趣は各異なる。涅槃経の如きは涅槃を宗となし、維摩経の如きは不思議解説を以って宗となし、大品経等は慧を以って宗となし、華厳法華無量義等は三昧を宗となし、大集経等は陀羅尼を宗となす。是の如く一にあらず。此の経は観仏三昧を宗となす」（大正三七、一七三頁a）

(34)『観仏三昧海経』巻七
「是の如きらを未来世観仏三昧と名づく、また分別仏身と名づく、また仏の色相を知ると名づく、また念仏三昧と名づく」（大正一五、六八二頁c）

(35)『安楽集』巻上第一大門（真聖全一、三八一〜三八二頁）

(36)『安楽集』巻上第三大門（真聖全一、四一一頁）

(37)『大智度論』巻九（大正二五、一二七頁a）

(38)『続高僧伝』巻第二〇
「六時に篤敬して初めより行を欠かず、接唱承拝して生来絶たず。わずかに余暇あれば口に仏名を誦し、日に七万を以って限と為し、声声相い注いで浄業を弘む」「人を勧めて弥陀仏の名を念ぜしむ。或いは麻豆等の物を用いて数量と為し、一たび名を称する毎にすなわち一粒を度す。是の如く之に率って乃ち数百万斛を積む者あり」（大正五〇、五九四頁a）

(39) 小笠原宣秀「道綽禅師伝に於ける二三の問題」（中国浄土教家の研究四四頁）参照。

(40) 善導『観経疏』「玄義分」真聖全一、四四七頁参照。

(41) 色井秀譲「善導の念仏三昧に就いての一考察」『宗教研究』第一二四号参照。

(42)『観仏三昧海経』巻第十、大正一五、六九六頁b。

(43)『文殊師利諸説摩訶般若波羅蜜経』巻下、大正八、七三一頁a〜b。ただし原文では「文殊師利言わく、世尊云何が一行三昧と名づく。若し善男子善女人一行三昧に入らんと欲せば、当に先ず般若波羅蜜を聞きて説の如く修学し、然る後に能く一行三昧に入るべし。法界の如く縁じて退せず壊せず、不思議無礙無相なり。善男子善女人一行

三昧に入らんと欲せば、応に空閑に処して諸の乱意を捨て、相貌を取らず心を一仏に繋けて専ら名字を称し、仏の方所に随い端身正向して、能く一仏に於て念念に相続すべし。即ち是の念の中に能く過去未来現在の諸仏を見る」と説いている。

(44) 藤原凌雪「一行三昧について」『龍谷大学論集』第三六〇号参照。

(45) 善導『往生礼讃偈』真聖全一、六四八頁。

(46) 義教『観経四帖疏講録』(散善義講録巻二)、真全一四、四一五頁。随慧『観経疏鑽仰記』(散善義鑽仰記巻一)、真全一三、四〇八頁。大江淳誠「善導の三心釈と高祖の稟受」『真宗学』第一七・一八合併号。

(47) 大原性実『善導教学の研究』一一一頁参照。

(48) 望月信亨『略述浄土教理史』一三二頁参照。

(49) 道端良秀「中国浄土教の念仏と呪術」『宗教研究』第三六巻の一七四号参照。

(50) 覚如『改邪鈔』「光明寺の和尚の御釈をうかがふに安心起行作業の三ありとみへたり。そのうち起行作業の篇をばなお方便のかたとさしおいて、往生浄土の正因は安心をもて定得とすべきよしを釈成せらるる条顕然なり。しかるにわが大師聖人このゆへをもて、他力の安心をさきとしまします。それについて三経の安心あり」(真聖全三、七四頁)その他。『六要鈔』巻三本「二に別序とは第一巻の最初の惣序に対して之を別序と号す。是れ安心の巻は要須たるが故に此の別序有り」(真聖全二、二七四頁)、『御文章』「これを当流の安心決定したる信心の行者とはまうすべきなり」(真聖全三、四〇五頁)その他。

(51) 望月信亨『略述浄土教理史』一一三頁参照。

(52) 僧朗『観経散善義記』巻一、三六頁。

(53) 随慧『観経散善義鑽仰記』巻一、真全一三、四〇九頁。

(54) 深励『観経散善義講義』巻二、一頁。大須賀秀道『散善義述義』一〇六頁。細川千巌『二種深信決択』五五頁参照。

(55) この就人立信の「人」の理解については従来諸説があって、①浄土の行人とする説(良忠『観経散善義伝通記』浄全二、三一三頁。証空『観経散善要義釈観門義鈔』西全三、三三九頁。義教『観経散善義講録』巻一、真全一四、三九一頁)、②四重の破人とする説(良忠『観経散善義伝通記』浄全二、三一三頁。存覚『六要鈔』巻三、真聖全二、二八一頁)、③釈迦諸仏とする説(良忠『観経散善義伝通記』浄全二、三一三頁。証空『観経散善義他筆鈔』

西全五、三三一頁。存覚『六要鈔』巻三、真聖全二、二八一頁。深励『観経散善義講義』巻二、五頁。足利義山『真宗百題啓蒙』真叢二、二六六頁）に分かれるが、いまはそれを釈尊として捉える説にしたがった。

（56）この就行立信の「行」の理解については従来諸説があって、①正雑二行とする説（良忠『観経散善義伝通記』浄全二、三一四頁。証空『観経散善要義釈観門義鈔』西全三、三三九頁。義教『観経散善義講録』巻一、真全一四、三九一頁）、②五正行とする説（良忠『観経散善義伝通記』浄全二、三一四頁）、③称名行とする説（良忠『観経散善義伝通記』浄全二、三一四頁。証空『観経散善義他筆鈔』西全五、三三〇頁。深励『観経散善義講義』巻二、一六頁。足利義山『真宗百題啓蒙』真叢二、二六六頁）に分かれるが、いまはそれを称名行と見る説にしたがうこととする。

（57）良忠『観経散善義伝通記』浄全二、三一三頁。証空『観経散善義他筆鈔』西全五、三三一頁。

（58）良忠『観経散善義伝通記』浄全二、三〇八頁。証空『観経散善義他筆鈔』西全五、三三一頁。

（59）僧朗『観経散善義記』巻一、三六頁。

（60）義教『観経散善義講録』巻一、真全一四、三八三頁。道隠『選択集要津録』巻六、真全一八、二二六頁。

（61）随慧『観経散善義鑽仰記』巻一、真全一三、四一六頁。利井鮮妙『宗要論題決択編』巻七、一〇頁。足利義山『真宗百題啓蒙』真叢二、二六五頁。

（62）証空『観経散善要義釈観門義鈔』西全三、三三九頁。東陽円月『宗要百論題』真叢二、二六四頁。

（63）良忠『観経散善義伝通記』浄全二、三〇八頁。証空『観経散善義他筆鈔』西全五、三三一頁。

（64）僧朗『観経散善義記』巻一、三六頁。

（65）随慧『観経散善義鑽仰記』巻一、真全一三、四一六頁。利井鮮妙『宗要論題決択編』巻七、一〇頁。足利義山『真宗百題啓蒙』真叢二、二六六頁。

第六章　法然における信の思想

第一節　法然の基本的立場

第一項　日本浄土教の系譜

日本における浄土教の源流が聖徳太子に発することは、つとに指摘されてきたところであるが、それについてはいまもなお疑義が提出されていて確定するに至ってはいない。(1)しかしながら、舒明天皇十一年（六三九）に唐より帰朝した恵隠（七世紀）が、その翌十二年と孝徳天皇の白雉三年（六五二）に、宮中において『無量寿経』を講じたという『日本書紀』の記録からすると、日本には仏教の流伝ほどなくして、すでに飛鳥時代に、浄土教が移植されていたことが知られるのである。そしてそれ以後は、仏教一般の受容とその展開にともなって、阿弥陀仏像の造像や浄土変相の図画などが行なわれ、また浄土教関係の諸典籍も数多く請来されることとなり、次第に浄土願生者もあらわれてくるようになった。かくして日本における浄土教は、奈良時代の後半に至ると一層の隆盛を見ることとなったのである。

このようにして次第に受容され定着していった日本の浄土教は、やがて平安時代になるとさらに展開していったが、それを宗派的な脈絡の中で捉えて区分するならば、三論系浄土教と真言系浄土教、および天台系浄土教の三流として見ることができるであろう。その三論系浄土教とは、奈良時代に出た智光（七〇九〜七八一頃）を継ぐもので、禅林寺の永観（一〇三三〜一一一一）、醍醐寺の珍海（一〇九二〜一一五二）などがある。真言系浄土教とは、平安時代中期に至って叡山の天台系浄土教の影響をうけて生成したもので、興福寺の定照（九〇六〜九八三）、延命院の元杲（九一一〜九九五）らをはじめとして、仁和寺の性信（一〇〇五〜一〇八五）とその弟子済暹（一〇二五〜一一一五）、中の川の実範（一〇八九頃〜一一四四）および高野山の覚鑁（一〇九五〜一一四三）などがあった。また天台系浄土教とは、開祖最澄（七六七〜八二二）が天台止観業として伝えた四種三昧の中の常行三昧が、阿弥陀仏の口称念仏行であったところから、叡山の天台宗ではその開創当初より浄土教思想とは深い関係をもち、それを内包しているものであったが、それはまた最澄の弟子円仁（七九四〜八六四）によってさらに継承発展されることとなった。そしてその後にこの叡山からは、良源（九一二〜九八五）、千観（九一九〜九八四）、禅愉（九〇九〜九九〇）、静照（〜一〇〇三）、源信（九四二〜一〇一七）、覚運（九五三〜一〇〇七）、良忍（一〇七二〜一一三二）など、数多くの熱烈な浄土願生者が輩出してきた。

そしてまたこれら日本における浄土教について、それを思想的、性格的に分類すると、一応は観念中心の浄土教と称名中心の浄土教とに区分することができると思われる。(2) そしてこのように浄土教思想が、観念中心のものと称名中心のものとに分流することは、すでに上において見た如く、インドの浄土教において、阿弥陀仏を主として姿形をもった色身として把捉する立場と、それを主として言語の上での名号として理解する立場との、二つの流れがあったことに基づくものであって、その行道については、それを色身として捉える立場から観仏の道が明かされ、それを名号として見る立場から聞名ないしは称名の道が説かれるわけである。以来中国浄土教を経て、この色身の立場と名号の立場、すなわち、観仏の道と聞名称名の道の二つの潮流が、さまざまに関連しつつ展開してきたのであって、日本の浄土教思想に大別して観念中心のものと称名中心のものとが見られることも、ひとえにかかる理由に基づくものであるといいうる。そしてその観念中心の浄土教とは、ことには真言系浄土教および天台系浄土教のそれぞれの主流をなすものであって、真言系浄土教においても、一面には称名思想が見られないこともないが、その真言密教の根本的立場が生仏不二即身成仏の主張であるところからすれば、それは多分に観念中心的に受容される傾向があって、実範、覚鑁らの浄土教思想には、そのことが明らかに指摘できるようである。そしてまた天台系浄土教については、はじめ最澄によって請来された浄土教とは、『般舟三昧経』に基づくところの称名系の浄土教思想であったが、それはひとえに天台止観の成就のための方便行であったところから、その浄土教もまた必然に観念中心の傾向をおびることとなり、良源、源信、覚運らはいずれも真摯な願生者であったが、その浄土教思想はともに天台宗の実相論的立場に立つところの観念中心のものであった。

それに対して称名中心の浄土教とは、直接的には、多分に中国の善導（六一三〜六八一）の浄土教思想を承けるものであるが、この系統の浄土教とは『正倉院文書』によると、善導の『観無量寿経疏』『往生礼讃』『法事讃』『般舟讃』などが、すでに奈良時代に移入されているものの、この時代にはまだ具体的な信仰にまでは発展しなかったようである。ただし三論系の智光の浄土教には、中国の曇鸞の浄土教思想を継承しているところ、観仏の思想を中心としながらも、他面に称名の思想を含んでいることは注意されるところであって、この三論系浄土教の潮流における永観の浄土教思想は、観想念仏の立場に立ちながらも、同時に善導系の称名念仏をきわめて高く評価してその称名行の実践を主張しており、それを継いだ珍海もまた同様に称名念仏強調の傾向が見られるわけである。そしてまたこの称名中心の浄土教は、叡山の最澄によって伝えられた天台系浄土教にも見られるものであって、この叡山では次いで円仁が唐より善導らの称名中心の浄土教典籍を請来するとともに、五台山の念仏三昧法をも伝えたが、その念仏三昧法の五会念仏は、善導を継ぐ法照（～八二二頃）の称名念仏思想を承けたものであるところからすれば、この天台系浄土教にも称名中心の浄土教が伝統されたといいうるわけである。かくしてそれ以来この天台浄土教には、観念中心の浄土教を主流としながらも、同時にまたこの称名思想を包含しており、良源、源信などの浄土教思想においても、それは観念を中心とするものでありながら、第二義的な性格としては、この称名思想を見ることができるのである。その点ことには、この天台系浄土教から出た市聖空也（九〇三～九七二）の口称念仏の主張とその実践は著名である。

このような背景をもって伝統継承されてきた日本の浄土教思想は、やがて平安時代の末期に至ると、歴史的社会的な諸条件の影響もともなって、澎湃として社会の上下に浸透し、阿弥陀仏信仰の盛行を見ることとなったのである。そしてこのように新しく興起してきた浄土教思想を、さらに明確に方向づけ、それを新しい教法として、日本の仏教界に独立せしめていったのが法然（一一三三～一二一二）であった。

法然は幼くして比叡山に学んだが、「智慧第一のほまれ」たかく、「広学多聞のきこえ」があったという。[3] ひたすらに天台の三諦円融の玄奥を学び、一心三観の実践に励んだ法然は、さらに出離の道を求めて黒谷に移り、叡空（～一一七九）に導かれて浄土教を学ぶこととなったという。そして後、承安五年（一一七五）四十三歳の年、善導の『観無量寿経疏』を通して本願の大悲にめざめ、専修念仏の道に帰入したのである。法然がこのように浄土教に接近していったのは、「往生要集を先達と為して浄土門に入るなり」（『法然上人伝記』醍醐本、法然伝全集、七七四頁）と伝える如く、ひとえに源信の『往生要集』を縁として、それに導かれたものであったと考えられる。そのことは黒谷の叡空が、源信の浄土教思想を承けた良忍（一〇七三～一一三二）の弟子であったことからも充分に考えあわせられることである。しかし、法然はこのように源信を通じて浄土教に入ったが、阿弥陀仏の本願に対する開

眼について、決定的な役割をはたしたものは善導であった。法然自ら、

是において貧道昔し茲の典を披閲して、ほぼ素意を識り、たちどころに余行をすててここに念仏に帰す。(『選択集』法然全集、三四九頁)

と記す如く、善導の『観無量寿経疏』を通してこそまさしく本願念仏に帰したわけである。源信の浄土教思想は基本的には天台の止観に基づくものとして観念中心の浄土教であり、善導の浄土教思想はそれに対して専ら称名正定業を主張するところの称名中心の浄土教であった。法然はこの源信に導かれつつも源信を超え、ひとえに善導に学んで専修称名念仏に徹していったのである。「偏に善導一師に依るなり」(『選択集』法然全集、三四八頁)とは、法然の生涯を貫くところの浄土教理解の基本の姿勢でもあったわけである。かくしてこの法然の出現により新しく浄土宗が独立するに及んで、いままでの日本における浄土教が、観念中心のものと称名中心のものとの二つの潮流をもっていたのに対して、やがてそれが称名中心の浄土教として統括されてゆくこととなったわけで、われわれはここに日本浄土教の歴史が大きく回転していった跡を見ることができるのである。

第二項　法然における浄土教思想の基本的性格

一、源信浄土教の継承

法然の著作については、その門弟長西の記録によれば、『無量寿経釈』一巻、『観無量寿経釈』一巻、『阿弥陀経釈』一巻、『阿弥陀経懺法』一巻、『往生要集料簡』一巻、『浄土初学抄』一巻、『選択念仏集』一巻、『浄土五祖伝』一巻という八部があったという。(4) そして法然の滅後四十五年の康元元年(一二五六)から二年にかけて親鸞が書写

した『西方指南抄』三巻には、[5] その遺文二十八篇が収められており、またその滅後六十二年の文永十一年（一二七四）に道光了恵が集録した『漢語灯録』十巻、『和語灯録』五巻、『拾遺語灯録』三巻には、著述、法語、消息などの五十五篇が収められている。そしてその『西方指南抄』と『語灯録』との間には、異同出没があり、文々句々にも相違があって一定ではない。その点、法然の思想を考察するについては、先ず厳密なテクスト・クリティークを必要とすることとなるが、それについては今後の研究解明をまたねばならない。いま大橋俊雄氏によれば、[6] 法然の思想展開の過程は、天台的浄土教思想受容期、浄土教思想確立期、選択本願念仏思想確立期の三期に区分され、その第一期時代の著作としては『往生要集釈』をはじめとする一連の『往生要集』に関する註解書と、『三部経大意』を推定し、第二期時代のものとしては『無量寿経釈』『観無量寿経釈』『阿弥陀経釈』などの三部経釈が考えられ、第三期時代には『選択本願念仏集』の成立を当てることができるという。[7]

そこで法然浄土教の基本的な性格については、すでに上にもふれた如く、浄土教帰入の先達となった、叡山における天台浄土教の流れの中にあった源信の浄土教の影響と、のちに法然がひとえに依拠していった善導の浄土教思想の継承とが考えられてくる。その源信浄土教の影響については、法然は叡山修学時代に西塔黒谷の叡空にしたがってことに戒律を学んだが、またこの黒谷はもと源信の流れを汲む不断念仏が盛んであって、法然はここにして、源信の浄土教思想を媒介として浄土教にかかわっていったと考えられている。源信の浄土教思想とは、ことにその『往生要集』三巻に詳細であるが、その冒頭の序文にも明らかな如く、仏道について利根の人々に相応する顕密の行道と鈍根の人々に相応する浄土の行道とを、区分して捉えるわけである。そしてその浄土の行道について、さらに念仏の道と諸行の道とがある中、ことに念仏の道こそが最勝であるとするのである。『往生要集』巻中本に明かす「往生の業は念仏を本と為す」（恵心全集一、一六〇頁）とは、源信浄土教の基本の理解であったのである。しか

し、またこの念仏の道については、源信によると観想念仏と称名念仏とがあって、

若し相好を観念するに堪えざれば、或いは帰命の想に依り、或いは引摂の想に依り、或いは往生の想に依って、まさに一心に称念すべし。（中略）行住坐臥語黙作作、常に此の念を以って胸中に在き、飢えて食を念うが如く、渇して水を追うが如くせよ。或いは低頭挙手、或いは挙声称名、外儀は異なりと雖も心念は常に存し、念念相続して寤寐にだも忘るることなかれ。（『往生要集』巻上末、恵心全集一、一〇九頁）

と明かす如く、観想念仏に堪えざるものはひとえに称名念仏して浄土往生を期せよというのである。また、

観経に言わく、極重悪人は他の方便無し、唯弥陀を称すれば極楽に生まることを得ん。（『往生要集』巻下本、恵心全集一、二〇九頁）

末代の行者は理観に堪えず、妄染転じ難し、即生の中にその行いずくんぞ成ぜん。（中略）如かじ、ただ弥陀の名号を唱えて聖聚の来迎を待たんには（『観心略要集』恵心全集一、三三三〜三三四頁）

などと示す文も、その意趣を明かすものにほかならない。そして源信は『往生要集』においては、ことに「予が如き頑魯のもの」（『往生要集』巻上本、恵心全集一、一頁）という深い自省のもと、この浄土の行道の中、念仏の道に帰依しているわけであるが、その念仏の道においても、称名念仏は観想念仏に対してはなお第二義的な地位にとどまるものであって、基本的には観想念仏を主流とするものであったのである。

法然にはこの『往生要集』に関する註釈書として、『往生要集釈』『往生要集詮要』『往生要集料簡』『往生要集略料簡』の四部が伝えられている。その『料簡』および『略料簡』は『釈』に重なり、『詮要』もまた思想的には『釈』に共通するものといいうるようである。いずれも法然における初期の浄土教思想を示す資料である。(8) それらによると法然は、この『往生要集』の結要を「念仏の一行」（『往生要集釈』法然全集、二四頁）と把捉し、また、

往生要集の意、称名念仏を以って往生の至要と為すなり。（『往生要集詮要』法然全集、九頁）

と示す如くに、そこには称名念仏が至要の道として明かされていると理解しているのである。しかしまた法然は、

然るに観念と称念と勝劣あり難易あり。即ち、観念は勝、称念は劣なり。（中略）然れば則ち勝劣に依って先ず観念を勧むと雖も、難易に約しては専ら唯称念を勧めるなり。而るに此の集の意、始めより終りに至るまで、難を勧めて（捨て）易を取る。（『往生要集詮要』法然全集、五～六頁）

と述べる如く、その称名念仏とは易行の道ではあるとしても、それはなお観念に対しては、劣位なるものであるとしているのである。この点は源信の『往生要集』の思想をそのまま継承しているといいうるであろう。しかしながら、法然はのちに『選択集』においては、往生の行道において難易、勝劣論を展開して、称名念仏の道こそが、仏道の中でもっとも「易行」にして、かつ「最勝」であると論定主張するに至るのであるが、かかる称名勝行論の主張の根拠は、またこの源信の浄土教の継承とその展開に基づくともうかがわれて興味のあるところである。すなわち、『選択集』によると、

初めに勝劣とは念仏は是れ勝なり、余行は是れ劣なり。所以はいかん。名号は是れ万徳の帰する所なり。然れば則ち弥陀一仏の所有の四智、三身、十力、四無畏等の一切の内証の功徳、相好、光明、説法、利生等の一切の外用の功徳、皆悉く阿弥陀仏の名号の中に摂在す。故に名号の功徳最も勝れたりと為すなり。余行は然らず、各々一隅を守る。是を以って劣れりと為すなり。譬えば世間の屋舎の名字の中には棟、梁、椽、柱等の一切の家具を摂するも、棟、梁等の一一の名字の中には一切を摂すること能わざるが如し。之を以ってまさに知るべし。然れば則ち仏の名号の功徳は一切の功徳に勝れたり。故に劣を捨て勝を取りて以って本願と為したもうか。（法然全集、三一九頁）

と明かし、また『逆修説法』にも、

初めに殊勝の功徳の故にとは、彼の仏は因果惣別の一切の万徳、皆悉く名号に顕わすが故に、一度も南無阿弥陀仏と唱れば大善根を得るなり。（法然全集、二五三頁）

と説く如く、法然は阿弥陀仏の名号とは、仏の上に成就された因果、総別、内証、外用にわたる一切の功徳を悉く内摂したものであるというのである。そしてかかる万徳所帰の名号なるが故に、その名号を唱称するところ、その功徳はすべて称名の上に顕現領納されて、万行に超勝した行業となるというのである。このような名号に功徳の摂在を認める思想は、すでに中国浄土教においても見られるところであって、上に指摘した如く、曇鸞はその『往生論註』巻下において、

諸法は万差なり一概すべからず。名の法に即するあり。名の法に即するとは、諸仏菩薩の名号、般若波羅蜜及び陀羅尼の章句、禁呪の音辞等是れなり。（真聖全一、三一四〜三一五頁）

と明かして、阿弥陀仏の名号が法体に即し、その法体に有する一切の功徳が、そのまま名号に具足されていることを語り、またその名号を、

阿弥陀如来の方便荘厳真実清浄無量功徳の名号（『往生論註』巻上、真聖全一、三一〇頁）

阿弥陀如来の至極無生の清浄宝珠の名号（『往生論註』巻下、真聖全一、三二八頁）

と明かしており、道綽もまたその『安楽集』巻上（真聖全一、四〇四〜四〇五頁）に、上に見た『往生論註』の「名即法」の文を承けて、その名号に神秘的なダラニ的性格を認めているのである。そしてそのような思想傾向は、また善導の浄土教思想にも指摘できるところである。(9) このことはまた法然が「善導の義を補助」（『無量寿経釈』法然全集、八六頁）するものとして仰いだ、永観および珍海の浄土教思想にも見られるものであって、永観の『往生拾

因』によれば、

故に知りぬ、弥陀の名号の中に、即ち彼の如来の初発心従り乃至仏果まであらゆる一切の万行万徳皆悉く具足して欠減あることなし。唯弥陀一仏の功徳のみに非らず。また十方諸仏の功徳を摂す。一切如来は阿字を離れず、故に此れに因って念仏の者は諸仏に護念せられる。今此の仏号は文字少しと雖も衆徳を具足す。如意珠の形体少さしと雖も無量の財を雨ふらすが如し。いかにいわんや四十二字の功徳円融無礙にして一字に各々諸字の功徳を摂す。阿弥陀の名も是の如し。無量不可思議の功徳を以って合成せり。一たび南無阿弥陀仏と称れば即ち広大無尽の善根を成ず。彼の丸香の僅かに一分を焼けば、衆香芬馥するが如し。また大網の少しき一目を牽くに諸目振動するが如し。(浄全一五、三七二頁)

と明かし、また、

実に知りぬ、弥陀の名号は殆んど大陀羅尼の徳にも過ぎ、また法華三昧の行にも勝れたり。故に但だ仏名を称れば直ちに道場に至る。況や浄土に往生せんに豈に留難あらんや。我等いかなる宿善あってか、幸いに今此の仏号に値えり。無上の功徳求めざるに自から得たり。浄土の業すなわち以って足りぬと為す。(浄全一五、三七三頁)

と説いている。いずれも阿弥陀仏の名号には万行万徳を具足し、広大無辺の善根を摂して、いかなる功徳、行業にも勝れていることを明かすものである。なおまた珍海にも同様な思想を見ることができる。(10) そしてまた、このような名号観はすでにそれ以前の源信の浄土教思想にも見られるところであって、源信はその『往生要集』巻下末には、曇鸞の『往生論註』を承けて明かした『安楽集』巻上の、仏の名号についての「名即法」なる功徳具足の文を引用して、名号に衆徳が摂在することを論じ、さらにはまたその『往生要集』巻中本には、二に名号の功徳とは維摩経に言うが如し。諸仏の色身の威相種性、戒定智慧、解脱知見、力無所畏、不共之法、大慈大悲、威儀所行及び其の寿命、説法教化、成就衆生、浄仏国土、諸の仏法を具す。悉く皆同等なり。是の故に名づけて三藐三仏陀と為し、名づけて多陀阿伽度と為し、名づけて仏陀と為す。阿難若し我れ広く此の三句の義を説かば、汝劫の寿を以ってすとも尽く受くること能わざらん。たとい三千大千世界の中に満つる衆生をして、皆阿難の如く多聞第一にして惣持を得しむとも、此の諸の人等、劫の寿を以ってせんも、また受くること能わず。（恵心全集一、一二三頁）[11]

と説いて、仏の名号はその色身に有するところの諸の仏法を悉く具足して、その功徳は無量であると明かしている。そしてまた源信は『正修観記』巻中にも、

弥陀の名字体用を観よ。阿字は無なり、故に諸法空寂なり。弥字は量なり、故に万像森然なり。陀字は寿なり、故に中道実相なり。此の三諦の中に一切の法を摂す。是の故に仏の音は三諦を以って一切法を摂するに三諦を出でず。已上。当に知るべし。弥陀名号の三字に具に二千三百九十五巻の大乗経、六百八十巻の小乗経、五千五巻の大乗律、四百四十一巻の小乗律、五百十五巻の大乗論、六百九十五巻の小乗論、五百九十三巻の賢聖集法門を備へり。また金剛界一千四百五尊、胎蔵界五百三尊、蘇悉地七十三尊を具せり。（恵心全集一、五一七頁）

と明かして、阿弥陀、無量寿の三字は空仮中の三諦に相応し、そこには大乗小乗の一切の経律論、一切の聖衆などを具足することを論じている。また『観心略要集』にも同様な理解が見られて、そこでは、

夫れ名号の功徳莫大なるを以っての故なり。所以は空仮中の三諦、法報応の三身、仏法僧の三宝、三徳、三般若、此の如きらの一切の法門、悉く阿弥陀の三字に摂す。故にその名号を唱れば即ち八万の法蔵を誦し、三世

の仏身を持つなり。纔に弥陀仏を称念するに冥に此の功徳を備ること、猶し丸香の一分を焼けば衆香悉く熏じ、大海の一渧に浴すれば衆河の水を用いるが如きのみ。(恵心全集一、三三〇頁)

と説いて、阿弥陀の三字の中に、三諦、三身、三宝、三徳、三般若等の一切の法門功徳を摂して、これを唱称すればその功徳を悉く領備することができると明かしているのである。

かくして上に見た如き法然における称名勝行論の根拠としての万徳所帰の名号観は、基本的にはこのような法然に先行するところの曇鸞、道綽、善導の浄土教、ことには源信や永観らの名号理解の思想的潮流を継承したものであろうことがうかがわれるのである。ことに法然はその『三部経大意』に、

然ば弥陀如来観音勢至普賢文殊地蔵龍樹よりはじめて、乃至彼の土の菩薩声聞等に至るまでそなへ給へる所の事理の法門、定恵功力、内証の実智、外用の功徳、惣じて万徳無漏の所証の法門、ことごとく三字の中に収まれり。惣じて極楽世界に何れの法門か漏れたる所あらむ。而を此三字の名号をば、諸宗各我宗に釈し入たり。真言では阿字本不生の義、八万四千の法門、四十二字の阿字より出生せり。一切の法は阿字をはなれたる事なし。故に功徳甚深の名号なりと云へり。天台では空仮中の三諦、性了縁の三の義、法報応の三身、如来所有の功徳、是のいでず、故に功徳甚深也と云。此の如き諸宗各我が存る所の法につひて、阿弥陀の三字を釈せり。今此宗の心は真言の阿字本不生の義も、天台の三諦一理の法も、三論の八不中道の旨も、法相の五重唯識の心も、惣て森羅の万法広く是に摂すと習ふ。極楽世界に漏たる法門なきが故なり。(法然全集、三八〜三九頁)

と明かしているが、この文は明らかに上に見た源信の『正修観記』および『観心略要集』の思想に連なり、それを継承するものであることがうかがわれるのである。その点からすると、法然の初期浄土教思想では、称名とは易修の道ではあるとしても、なお劣位なるものであるという理解であったものが、のちに『選択集』においては、それ

が易にしてかつまた勝でもあるという主張に展開していった論理的根拠、思想的母胎としては、この源信の浄土教思想の介在を想定することができるのである。そしてことに上に見た、『選択集』および『三部経大意』に見られる法然の名号観が、基本的には源信の名号理解を発展せしめたものであることは充分に注目されるべき点であろう。(12)

二、善導浄土教への偏依

次に法然における善導浄土教の影響については、法然は源信を先達として浄土教に帰入したが、後に善導の『観無量寿経疏』を披閲するに至り、源信を超えてひとえに善導に随順することになったのである。その主著『選択集』においては、全篇十六章の中、第一章を除く各章には、すべて善導の文を引用しているほどである。そしてその結勧の文には、

　大唐に相伝して云く、善導は是れ弥陀の化身なりと。爾らば謂うべし。また此の文は是れ弥陀の直説なりと。

（『選択集』法然全集、三四九頁）

と明かし、また、「偏に善導一師に依るなり」（『選択集』法然全集、三四八頁）とも説いているが、法然にとっては、善導とは化身としてこの世界に示現した阿弥陀仏にほかならなかったのであり、その著作もまた阿弥陀仏の直説であったわけである。そして法然はいちずにこの善導一師に偏依し、それに傾倒していったのである。善導の浄土教とは、すでに見た如くに曇鸞および道綽の浄土教を継承するものであって、その浄土への行道としては、阿弥陀仏の本願に準ずるところの安心、起行、作業の道として、三心に基づく五正行相続の道、さらにいうならば、願行具足なる道として、浄土への願生心に基づくひたすらなる称名念仏の道、すなわち、専修称名の道を明かすものであった。法然はこの善導浄土教を承けるのであって、法然における浄土の行道もまた、基本的には心行相応の道と

して、善導におけるこの安心、起行、作業の思想を伝統しているのである。その詳細については後に至って改めて考察することとするが、その安心としての三心については、法然はその『選択集』に「念仏の行者は必ず三心を具足すべきの文」(法然全集、三二八頁)と標して、善導の「散善義」における三心釈の全文および『往生礼讃』の三心釈の文を引用し、

明らかに知んぬ。一も少けぬれば更に是れ不可なることを。茲に因って極楽に生ぜんと欲せんの人は、全く三心を具足すべきなり。(法然全集、三三三頁)

と明かし、この三心は往生の行道としては一心も欠けてはならず、必ず具足すべき用心であることを主張しているのである。そしてまた法然においては、その三心の中核をなすところの深心については、ことに、

当に知るべし。生死の家には疑を以って所止と為し、涅槃の城には信を以って能入と為す。(法然全集、三三四頁)

と説いていることは注意されるところである。その点については、すでに善導浄土教において、この三心をもって浄土往生の「正因」(「散善義」真聖全一、五三二頁、その他)とするという理解があり、また、

此の三心を具して必ず生を得るなり。若し一心少けぬれば即ち生を得ず。(『往生礼讃』真聖全一、六四九頁)

という主張が見られるのであって、いまの法然の三心についての領解も、またこの善導の思想を継承したものであることが明らかである。そしてまたその起行については、法然は『選択集』の二行章に詳細に論じているが、そこでは善導の「散善義」および『往生礼讃』の文にしたがって、浄土の行業について正行と雑行の行相を明かし、さらには五番の比較を設けて二行の得失を示し、もって正行、ことには正定業としての称名の専修こそが、まさしき浄土の行業であることを論定し、

西方の行者すべからく雑行を捨てて正行を修すべし。(『選択集』法然全集、三一六頁)

と勧めているのである。ことに法然の浄土教思想の特色は、「専修念仏」と標される如くに、その行道における専修的、純一的な性格であるが、このような専修思想の形成については、歴史的社会的な種々なる要因が考えられ、それらからの思想史的影響としても生成したであろうことが考慮されるとしても、また他面、この専修思想が浄土教理史それ自身における教理の継承展開の中で醸成されてきたものであることも充分にうかがわれるのである。すなわち、源信の浄土教思想においては、その浄土往生の行道について明かすに、『往生要集』には、

往生の業は念仏を本と為す。(『往生要集』巻中本、恵心全集一、一六〇頁)

極重悪人は他の方便無し、唯弥陀を称すれば極楽に生まることを得ん。(『往生要集』巻下本、恵心全集一、二〇九頁)

と明かし、浄土往生の行道において、弥陀念仏を「本」および「唯」という姿勢をもって選びとっているのであって、ここには極重悪人の立場に立つ源信の浄土教における純一専修的な領解の態度がうかがわれ、法然における専修思想のさきがけが見られるようである。そしてまたそのような思想傾向は、法然が浄土教の先達として仰いだ永観および珍海の浄土教思想にも指摘できるところであって、永観はその『往生拾因』に、

行者余の一切の諸願諸行を廃して、念仏の一行を唯願、唯行すべし。散慢の者は千に一りも生ぜず、専修の人は万に一りも失すること無し。(浄全一五、三八四頁)

専念を成ぜんが為めに今三業相応の口業を勧む。設い一念なりと雖も専念若し発せば、引業即ち成じ必ず往生を得る。設い万遍と雖も専念発せざれば、引業未熟にして往生を得ず。(浄全一五、三八四頁)

と明かして、余行を廃捨して念仏一行を「唯願」「唯行」するところの「専念」の義を主張しているが、ここにも

また鮮明な専修思想が見られるのである。そしてまた珍海もその『菩提心集』に、

末世の衆生は唯念仏を専にすべし。謂く西方の阿弥陀を念じ奉れとのたまへり。(『菩提心集』巻上、浄全一五、五〇四頁)

問、浄土に生れんにはよろづの行ひを兼ぬべきか。答、本は爾るべけれ共、浅き人は唯一つをよくねんごろにしてもありなん。それぞよかるべき。野にかかり山にかかる。由なかるべし。(『菩提心集』巻下、浄全一五、五二九頁)

などと語っているが、ここにも念仏一行を「唯」および「専」の態度をもって捉えているのであって、法然に至る専修思想の先駆的潮流を見ることができるようである。そしてこのような源信、永観、珍海らの日本浄土教に見られる専修の思想は、さらに遡ればまた中国の善導の浄土教思想にも見出しうるのであって、善導によると、その行道の思想において、新たに浄土往生の行業として五正行を設定するが、その五正行とは、「散善義」に、

正行と言うは専ら往生経の行に依って行ずる者は是れを正行と名づく。何ものか是れなるや。一心に専ら此の観経、弥陀経、無量寿経等を読誦する。一心に専注して彼の国の二報荘厳を思想し観察し憶念する。若し礼するには即ち一心に専ら彼の仏を礼する。若し口に称するには即ち一心に専ら彼の仏を称する。若し讃嘆供養するには即ち一心に専ら讃嘆供養する。是れを名づけて正と為す。(真聖全一、五三七頁)

と明かす如く、読誦、観察、礼拝、称名、讃嘆供養の五種の行業をいうが、それにはいずれも「専」の語が付せられていて、それをただいちずに修習すべきことを語っているのである。そしてそのことはまた、この五正行創唱の根拠になったと推定される、『往生礼讃』における世親の五念門行の引用においても見られるものであって、善導はその五念門行の修習についても、それらのすべてに「専」の語を付しているのである。(13) しかもまた、善導はその

まさしき行業としての五正行についても、さらに正助二行に分かって、称名こそ、その中核にして正定業であるとするのであるが、そのことについても、

一心に専ら弥陀の名号を念じて、行住坐臥に時節の久近を問わず、念念に捨てざれば是れを正定の業と名づく。彼の仏願に順ずるが故に。（「散善義」真聖全一、五三八頁）

と明かして、その称名一行の専修を主張するところである。かくて善導においては、「念仏の一行を最も尊しと為す」（『般舟讃』真聖全一、七一三頁）と語る如く、この称名念仏の一行の専修こそが仏道のすべてであったわけである。そして善導がその生涯を貫いて、この称名の一行をいかにきびしく選びとり、行じていったかは、善導の伝記がよく物語るところである。その点からすれば、法然における専修の思想は、はるかに遡ればかかる善導浄土教を継承したものであるともいいうるのである。そしてまた法然浄土教の特色ある性格としての「選択」の思想も、根本的にはこのような「専」の思想を母胎として成立していったことがうかがわれるのであって、ここにも善導浄土教の法然への投影展開が明確に指摘できるようである。(14)

そしてまた法然における善導浄土教の継承として見逃しえないものに、阿弥陀仏の本願に対する注目がある。源信の浄土教思想においては称名思想も強調されているが、それがまことの浄土往生の行業として成立するための原理についての解明は充分ではなかった。何故にただ称名念仏を修することによって浄土に往生することが可能となるのか。念仏往生の根本原理は何か。善導浄土教の特色は、この念仏往生の原理として阿弥陀仏の本願に注目したことである。そのことはすでに見た如く、ことには曇鸞の浄土教思想に学んだものであるが（本書第五章「善導における信の思想」参照）、善導はこの称名が浄土往生の正しき行業となりうるのは、ひとえにそれが阿弥陀仏の衆生に対する悲願に基づくものであり、その「仏願に順ずる」（「散善義」真聖全一、五三八頁）行道であることによると

いうのである。そしてそこには本願文に対する善導自身の主体的独自な領解が加えられていて、善導浄土教の特性をなしているわけである。法然における浄土教も、またこのような善導の思想をそのまま継承しているのであって、『選択集』の本願章には、源信によって開眼された称名念仏の道が、十即十生、百即百生のまことの行道である所以を求めて、善導の指南に導かれつつ、それがひとえに阿弥陀仏の本願において「選択」されたところの道であることを論じ、さらにはまたその本願選択の論理的根拠について、称名念仏をめぐる勝易の二徳論を明かしているのである。かくしてここには称名念仏の行道の原理がきわめて明快に展開されている。法然におけるこのような本願への注目、その選択本願に関する深い領解は、源信や永観を超えて、善導浄土教に直接するものであって、ここにもまた法然浄土教における善導の影響が指摘されるところである。(15)

第二節　法然における行道思想

第一項　専修念仏の道

一、三選の論理

法然における浄土教とは、すでに見た如く源信および善導の浄土教を承けて、専ら称名念仏を修習するところの称名中心の道であったが、そのような主張の意趣は、端的には『選択集』の三選の文に明瞭である。すなわち、

計みれば、夫れ速かに生死を離れんと欲はば、二種の勝法の中には且らく聖道門を閣きて選んで浄土門に入れ。浄土門に入らんと欲はば、正雑二行の中には且らく諸の雑行を抛って選んでまさに正行に帰すべし。正行を修

せんと欲はば、正助二業の中には猶助業を傍にして選んでまさに正定を専らにすべし。正定の業とは即ち是れ仏の名を称するなり。名を称すれば必ず生ずることを得る。仏の本願に依るが故に。（法然全集、三四七頁）

と明かすものがそれである。はじめに「聖道門を閣きて選んで浄土門に入れ」とは、『選択集』の二門章に明かされるところの主張であって、仏道を求めるについては、先ず聖道教を棄ててひとえに浄土教に帰すべきであるというのである。次に「雑行を抛って選んでまさに正行に帰すべし」とは、その二行章に示される主張であって、浄土教に帰するについては、諸仏諸菩薩にかかわる行業や布施、持戒などの諸種の善根を修習することを廃して、ひとえに阿弥陀仏にかかわりのある読誦、観察、礼拝、称名、讃嘆供養の五正行を修めるべきことを明かすのである。そして次の「助業を傍にして選んでまさに正定を専らにすべし」とは、同じく二行章に明かされる主張であって、その五正行を修するについても、なおその中の読誦、観察、礼拝、讃嘆供養の前三後一の行を傍にして、専ら称名の一行を修めるべきであるというのである。そしてこの称名行こそは、阿弥陀仏の本願において衆生往生の唯一の行業として選択摂取されたものであって、それはまさしく仏の本願に順じ、仏の願力によって支持され進趣せしめられるところの正定の業であり、衆生はこの称名の行を修めることによってこそ、必ず浄土に往生をうることができるというのである。かくてここには法然における専修念仏の論理構造が明確に示されているのであって、法然における浄土往生の行道とは、ひとえに仏の本願に順ずる行道として、専修なる称名念仏の道であったわけである。そしてそのことが、基本的には善導浄土教を継承したものであることは、すでに上に見た如くである。

二、専修称名一行の道

そしてこの法然における専修念仏の行道とは、より詳細には、

浄土に生ぜんとおもはば心と行との相応すべきなり。(『往生大要鈔』法然全集、五一頁)

浄土に往生せんとおもはん人は安心起行と申て心と行との相応すべき也。(『御消息』法然全集、五七七頁)

という如く、それは善導浄土教を承けて安心、起行の道、さらには安心、起行、作業の道と領解しているのである。その安心とは「心つかひのありさま」(『浄土宗略抄』法然全集、五九三頁)のことであって、具体的には『観無量寿経』所説の至誠心、深心、廻向発願心の三心を指すが、それは『選択集』の三心章に、

三心は是れ行者の至要なり。所以はいかん。経には則ち三心を具するものは必ず彼の国に生ずという。明らかに知んぬ。三を具して必ずまさに生ずることを得べし。釈には則ち若し一心をもかけぬれば即ち生ずることを得ずという。明らかに知んぬ。一もかけぬれば更に是れ不可なることを。茲に因って極楽に生ぜんと欲せんの人は全く三心を具足すべきなり。(法然全集、三三三頁)

と説く如く、浄土の行道の必須条件でもあるわけである。この三心の内容は後に至って改めて考察するが、それは究極的には深心、すなわち信心に統摂されるものであって、行道における称名念仏の修習のための基本的な用心、心構えを意味するものであった。次の起行とは、善導によって創唱された読誦、観察、礼拝、称名、讃嘆供養の五正行を指すが、『選択集』の二行章によれば、この五正行はそれ以外の雑行に対すれば殊勝の価値をもつものであり、しかもまたそれはついには称名一行に帰結するのであって、この称名こそが仏願に順ずるところのまさしき浄土の行業であるというのである。かくて法然における行業とは、いちおうは五正行を明かすとしても、帰するところは称名一行の専修を語るのである。その点、

現世をすぐべき様は念仏の申されん様にすぐべし。念仏のさまたげになりぬべくば、なになりともよろづをいとひすててこれをとどむべし。いはく、ひじりで申されずばめをまうけて申すべし。妻をまうけて申されずば

ひじりにて申すべし。住所にて申されずば流行して申すべし。流行して申されずば家にゐて申すべし。自力の衣食にて申されずば他人にたすけられて申すべし。他人にたすけられて申されずば自力の衣食にて申すべし。一人して申されずば同朋とともに申すべし。共行して申されずば一人篭居して申すべし。衣食住の三は念仏の助業也。これすなはち自身安穏にして念仏往生をとげんがためには、何事もみな念仏の助業也。(「禅勝房伝説の詞」法然全集、四六二〜四六三頁)

という言葉は、まさしく法然の仏道に対する基本的な領解であったわけであろう。また作業については、善導が明かすところの長時修、慇重修、無余修、無間修の四修をさすが、『選択集』の四修章によれば、「念仏行者四修の法を行用すべき」(法然全集、三三四頁) ことを明かしている。法然における称名念仏の道とは、また生涯を貫くところの無間の行道でなければならなかったのである。

又人ごとに上人つねにの給しは、一丈のほりをこへんとおもはん人は一丈五尺をこへんとはげむべし。往生を期せん人は決定の信をとりてあひはげむべき也。ゆるくしてはかなふべからずと。(「聖光上人伝説の詞」法然全集、四五八頁)

という文は、法然の念仏生活の姿勢をよく物語るものであろうか。法然は日々六万遍ないしは七万遍の称名念仏を行じたとも伝えているほどである。(16)

かくして法然における浄土の行道とは、心行相応の道として、三心、五正行、四修の道であったが、すでに法然が『一枚起請文』の中で、

ただ往生極楽のためには南無阿弥陀仏と申して、うたがひなく往生するぞとおもひとりて、申すほかには別の子細候はず。ただし三心四修なんど申す事の候は、みな決定して南無阿弥陀仏にて往生するぞとおもふうちに

こもり候なり（法然全集、四一六頁）。

と明かす如くに、その三心、五正行、四修の道も、ついには称名念仏一行に摂まるものであって、そのかぎりにおいて、法然における行道とは、帰するところはただひたすらに称名念仏する道にほかならなかったわけである。

第二項　三昧発得と臨終来迎

一、法然における三昧発得の問題

法然における行道は上に見た如くであるが、それについて注目されるべきことは、法然はその行道において、平生の時に三昧の発得を語り、あるいはまた臨終に際して正念を成就し如来の来迎をうることを明かしている点である。その三昧発得については、法然はきわめて高い意義を認めている如くであって、『選択集』の結勧の文では、善導を「三昧発得の人」（法然全集、三四八頁）と讃えている。そしてまた法然自らも三昧を発得したと伝えられており、(17)『三昧発得記』なるものも残されている。それによると、法然は建久九年（一一九八）六十六歳の正月以来、元久三年（一二〇六）七十四歳の正月に到る間、称名念仏の相続によって、しばしば三昧発得という宗教的境地を体験し、浄土の依正二報の荘厳相を観見しており、またそのことを浄土往生の証として、

今においては経釈によて往生うたがひなし。（『三昧発得記』法然全集、八六七頁・『西方指南抄』巻中本、真聖全四、一二九頁）

と語っているのである。ただし、この『三昧発得記』については、その内容は法然の思想と矛盾するものであって、後に法然に仮託して作られたものであろうという見解もあり、(18)あるいはまた法然が三昧発得という宗教的体験をえ

たということは、事実として認められるべきであり、それは法然の生涯において、善導の『観無量寿経疏』にふれたことに並ぶほどの、重要な意味をもつものであるという主張もあって[19]、問題は残るところである。しかしながら、すでに見た如く善導の行道においても三昧見仏が語られ（本書第五章「善導における信の思想」参照）、また源信の浄土教思想においてもその念仏の利益について現身見仏が明かされ[20]、また永観の行道思想においても三昧発得が説かれているところである（『往生拾因』浄全一五、三八四頁）。その点いまの法然が、源信、永観の浄土教に学び、さらには「偏依善導一師」として善導の行道思想を継承するかぎり、その内容の理解についての展開はあるとしても、基本的にはその行道の構造における三昧発得は、肯定されていたであろうと考えられる。その意味からすれば、法然における行道とは、善導浄土教に共通して、安心―起行―作業―三昧見仏→往生という構造をもつものであったともいいうると思われるのである。

しかしながら、この『三昧発得記』には、「外見におよばざれ秘蔵すべし」（法然全集、八六五頁・『西方指南抄』巻中本、真聖全四、一二七頁）という註記が施され、また別本には、

此の三昧発得の記、年来の間勢観房秘蔵して被露せず、没後において面（筆者註・図か？）ずも之を伝得して書き畢る。（法然全集、八六五頁）

とも記されて、その外見をはばかっていること、また法然の著作には、その行道の構造において三昧発得のことがまったく明かされていないところからすると、このことを行道の構造における必須の条件として、すべての行人に期待したものではなかったことが知られるのである。

二、臨終来迎の思想

しかしながら、他面法然はその行道について、きわめてしばしば臨終来迎を語っている。

ただの時によくよく申しおきたる念仏によりて、かならずほとけは来迎し給ふ也。仏のきたりて現し給へるを見て正念には住すと申すべき也。(『浄土宗略抄』法然全集、五九六頁)

在生のあひだ往生の行成就せむひとは、臨終にかならず聖衆来迎をうべし。(「法然上人御説法事」法然全集、一六九頁・『西方指南抄』巻上本、真聖全四、五二頁)

弥陀化仏の来迎は、聞経の善を讃嘆せずして唯念仏の行を讃嘆したまう。(『選択集』法然全集、三三五頁)

などと説かれるものがそれである。まことの他力の念仏を修するものには、臨終に必ず阿弥陀仏とその聖衆が来迎し、行人はその仏の現前を見て正念に住して往生をうるというのである。このような臨終来迎の思想は、すでに『無量寿経』など浄土の三部経に説示されるところであって、(21) 浄土教理史上においても、ことには道綽の『安楽集』巻下(真聖全一、四三七頁、その他)に見られ、また善導の著作にはしばしば語られるところであり、また源信の『往生要集』巻中末(恵心全集一、一七七頁)や、永観の『往生拾因』(浄全一五、三九四頁)にも見られる思想である。また当時の浄土信仰においても、この臨終来迎が広く語られて、それに基づく臨終の行儀が行なわれていたことはよく周知されているところである。そして法然においては、この臨終来迎とは、

是れは衆生の命ち終る時に臨て、百苦来り逼て身心やすき事なく、悪縁外にひき妄念内にもよをして、境界、自体、当生の三種の愛心きをい起り、第六天の魔王此の時に当りて、威勢を起て妨げをなす。かくのごとき種々の礙を除かんが為に、しかし臨終の時にみづから菩薩聖衆囲繞して、その人の前に現ぜむという願を建て給へり。第十九の願是れ也。是によりて臨終の時にいたれば、仏来迎し給ふ。(『三部経大意』法然全集、三二

頁）

と明かす如くに、それは臨終に動乱を離れて専ら正念に住せしめるべく、諸の聖衆と共に来迎現前せんと誓われた阿弥陀仏の誓願、第十九の「臨終現前の願」（『三部経大意』法然全集、二九頁、四五頁）、「来迎引接の願」（『法然聖人御説法事』法然全集、一六八頁、二〇〇頁）に基づくものであったわけである。[22] 法然におけるかかる理解は、この臨終来迎が阿弥陀仏の衆生摂取の内容であること、すなわち、第十八願の念仏行者の得益として捉えられていることを意味するものであって、その点は、道綽、善導らを超える領解として注目されるところである。しかもまた法然はこの臨終来迎について、『三部経大意』には、

是によりて臨終の時にいたれば、仏来迎し給ふ。行者是を見て心に歓喜をなして、禅定に入が如くして、忽に観音の蓮台に乗りて安養の宝刹に至るなり。（法然全集、三三頁）

と説いているが、ここで臨終来迎を明かすに「禅定に入が如くして」というのは、明らかにそれを、上に見た宗教的境地としての、三昧見仏に共通するものとして理解していることを物語るものである。その意味からすれば、法然における行道とは、基本的には、安心―起行―作業―臨終来迎→往生という構造として捉えることができるのである。

三、念仏滅罪の思想

しかもまた法然は、この行道においてうるところの利益として滅罪を語っている。すなわち、『選択集』の讃嘆念仏章に、

下品下生は是れ五逆重罪の人なり。而るに能く逆罪を除滅すること余行の堪えざるところ、唯念仏の力のみあ

りて能く重罪を滅するに堪たり。故に極悪最下の人の為めに極善最上の法を説く。例せば彼の無明淵源の病は中道府蔵の薬に非ざれば、即ち治すること能わざるが如し。今此の五逆は重病の淵源なり。また此の念仏は霊薬府蔵なり。此の薬に非ざれば何ぞ此の病を治せん。(法然全集、三三七頁)

と明かし、またさらには、

無間地獄におちて、おほくの劫をおくりて苦をうくべからむものの、おわりの時に善知識のすすめによりて、南無阿弥陀仏と十声となふるに、一こえごとにおのおの八十億劫のあひだ生死にめぐるべきつみを滅して、往生すととかれて候めれ。さほどの罪人だにも十声一声の念仏にて往生はし候へば、まことに仏の本願のちからならでは、いかでかさること候べきとおぼへ候て、本願むなしからずといふことは、これにても信じつべくこそ候へ。(「正如房へつかはす御文」法然全集、五四二頁・『西方指南抄』巻下本、真聖全四、二〇一～二〇二頁)

浄摩尼珠といふたまを、にごれる水に投ぐれば、たまの用力にてその水きよくなるがごとし。衆生の心はつねに名利にそみて、にごれるかの水のごとくなれども、念仏の摩尼珠を投ぐれば、心のみづおのづからきよくなりて往生をうる事は念仏のちから也。わが心をしづめ、このさわりをのぞきてのち、念仏せよとにはあらず。ただつねに念仏してそのつみをば滅すべし。(「十二箇条の問答」法然全集、六七四～六七五頁)

などと説かれる如くである。このように称名念仏の功徳利益として滅罪が語られるのは、もと『観無量寿経』の所説に基づくものであるが、すでに上に見た如く、善導の浄土教においても主張され(本書第五章「善導における信の思想」参照)、また源信の『往生要集』巻下本(恵心全集一、一八三頁)や永観の『往生拾因』(浄全一五、三七七頁)にも見られる思想である。その点、法然もまたこれらの思想を継承して明かしたものにほかならないであろう。

かくして法然における浄土往生の行道とは、心行相応の道として、基本的には、安心としての三心と、起行とし

ての五正行、ことには称名念仏の修習により、臨終に来迎をえ滅罪して往生をうるという道であって、それは端的に表記すれば、

安心——起行——作業——臨終来迎（滅罪）——→往生

と示されるものであろう。その意味からすれば、それは善導浄土教を継承するものであるが、しかしまた法然においては、その安心、起行、作業が、心行相応として安心、起行に集約され、さらにまたそれが称名念仏に統摂されて、ひとえに称名念仏一行の専修に帰するということは、善導浄土教の展開を意味するわけであろう。そしてまた善導の行道において明かされていた三昧見仏の境地が、法然においてはむしろ臨終来迎として語られている点は、法然浄土教の行道思想の特色として注意されるべきところである。

第三節　法然における信の思想

第一項　三心に対する理解

一、三心の意味

法然はその浄土往生の行道において、安心としての三心は必須条件であると明かしているが、その三心、すなわち、至誠心、深心、廻向発願心については、いかに理解していたのであろうか。

先ずその至誠心については、『選択集』では、「至誠心とは是れ真実の心なり」（法然全集、三三三頁）と説き、『往生大要鈔』では、

至誠心といは真実の心なり。その真実といは内外相応の心なり。身にふるまひ口にいひ意におもはんこと、みな人めをかざる事なくまことをあらわす也。（法然全集、五二一頁）

と語り、また「大胡の太郎実秀へつかはす御返事」には、

至誠心といふは真実心なり。真実といふはうちにはむなしくして外にはかざるこころなきを申也。（中略）内はおろかにして外にはかしこき人とおもはれむとふるまひ、内には悪をつくりて外には善人のよしをしめし、内には懈怠にして外には精進の相を現ずるを、実ならぬこころとは申也。内にも外にもただあるままにて、かさなるこころなきを至誠心とはなづけたるにこそ候めれ。（法然全集、五一六頁・『西方指南抄』巻下本、真聖全四、一八八～一八九頁）

と明かす如く、それはまさしく真実の心のことであって、身口意の三業において人目を飾ることのない内外相応の心のことをいうのである。しかしながら、このような虚仮ならざる内外相応の真実心が、はたして我々の如き煩悩生死の凡夫の心中に成立しうるであろうか。法然はそのことについて、『三部経大意』には、

ただしこの至誠心はひろく定善散善弘願の三門にわたりて釈せり。これにつきて総別の義あるべし。総といふは自力をもて定散等を修して往生をねがふ至誠心なり。別といふは他力に乗じて往生をねがふ至誠心なり。(23)

（真聖全四、七八七頁）

などと説いて、この至誠心に総と別の二義があり、総の至誠心とは自力の至誠心のことでそれは煩悩をきらうけれども、別の至誠心とは他力の至誠心のことで煩悩の排除を意味しないと明かしている。かくしてここで法然がいうところの至誠心とは、真実の心、虚仮なき内外相応の心とはいうものの、それはただちに煩悩を厭離した心のことではないわけである。法然にとっては、

心をしづめ妄念をおこさずして念仏せんとおもはんは、むまれつきの目鼻をとりはなちて念仏せんとおもはんがごとし。(『法然上人行状絵図』第一六巻、法然伝全集、七八頁)

という如くに、煩悩妄念を離れて念仏することはまったく不可能なことであったわけであろう。かくしてこの至誠心とは、『七箇条の起請文』に、

喜足小欲の貪はくるしからず。瞋煩悩も敬上慈下の心をやぶらずして道理を心えほどく也。(中略)まづ生死をいとひ浄土をねがひて、往生を大事といとなみて、もろもろの家業を事とせざれば痴煩悩なき也。少々の痴は往生のさわりにはならず、これほど心えつれば、貪瞋等の虚仮の心はうせて、真実心はやすくおこる也。これを浄土の菩提心といふなり。詮ずるところ、生死の報をかろしめ、念仏の一行をはげむがゆへに真実心とはいふ也。(法然全集、八〇八～八〇九頁)

と明かす如く、なお煩悩を宿したままで、強弱浅深各々の分に応じて真実の心をおこし、世俗を軽んじて、専ら念仏一行を励む心のことを意味するものであったわけである。そしてまたここで法然が、このような真実心を「浄土の菩提心」と理解していることは注意されるべきであろう。しかもまた法然においては、この至誠心とは、そういう心が別に存在することを明かすものではなかった。『往生大要鈔』に、

至誠心は深心と廻向発願心とを体とす。この二をはなれてはなにによりてか至誠心をあらはすべき、ひろくほかをたづぬべきにあらず。深心も廻向発願心もまことなるを至誠心とはなづくる也。(法然全集、五二～五三頁)

と示す如くに、それはまったく次の深心と廻向発願心を体とし、それについて語るものであって、その深心と廻向発願心とが、それぞれ虚仮をはなれて真実であることを指して至誠心というにすぎないのである。かくして法然に

における至誠心とは、『念仏大意』に、

至誠心といふは、念仏を礼せず弥陀を礼し、余行を修せず弥陀を念じて、もはらにしてもはらならしむる也。

（法然全集、四〇九頁）

といい、またさらには、「一向に帰すれば至誠心也」（『東大寺十問答』法然全集、六四四頁）、「至誠心と云は阿弥陀仏を憑奉る心なり」（『十二問答』法然全集、六四一頁）、「真実心といふは行者願往生の心なり」（『十七条御法話』法然全集、四七〇頁・『西方指南抄』巻中本、真聖全四、一三三頁）と語られる如くに、それはただひたすらに阿弥陀仏に帰し、その本願力をたのんで浄土を願生する心を意味するものであった。したがって、それは同じく至誠心といいながらも、善導の理解とはいささかの相違があったようである。

次に深心とは、『選択集』の三心章に、「深心とは謂く深く信ずる心なり」（法然全集、三三四頁）と述べる如くに、それはまさしく深く信じる心を意味するものであった。この信の意味については後に改めて考察を加えることとする。

そして次の廻向発願心とは、『選択集』の三心章に、「廻向発願心の義、別の釈を俟つべからず」（法然全集、三三四頁）といって、善導の「散善義」および『往生礼讃』の釈をそのまま踏襲しているのである。すなわち、法然における廻向発願心とは、基本的には『三心義』に、

廻向発願心といふは、過去および今生の身口意業に修するところの一切の善根を、真実の心をもて極楽に廻向して往生を欣求する也。これを廻向発願心となづく。（法然全集、四五七頁）

という如くに、自己自身の修める過去と現在の一切の善根を廻して、浄土往生を欣求する心のことであったと考えられる。しかしながら、法然においては一切の善根を浄土に廻すということは、『三心料簡』に、

過去今生の諸善とは、三心已前の功徳を取り返して極楽に廻向せよと云う也。全く三心の後に諸善を行ぜよと云うには非らざる也。（法然全集、四四九頁）

と語り、また『御消息』に、

一切の善根をみな極楽に廻向すべしと申せばとて、念仏に帰して一向に念仏申さん人の、ことさらに余の功徳をつくりあつめて廻向せよとには候はず。ただすぎぬるかたにつくりをきたらん功徳をも、もし又こののちなりとも、おのづから便宜にしたがひて、念仏のほかの善を修する事のあらんをも、しかしながら往生の業に廻向すべしと申す事にて候也。（法然全集、五八四頁）

と明かす如くに、それはことさらに念仏以外の余行を策励修習して廻向せよということではなく、念仏の道に帰入する以前に修めたところの善根や、またもしこの後に縁に従って行なう善根があれば、それらを浄土に廻向せよというほどのことを意味するものであったのである。しかしまた、法然はその『七箇条の起請文』において、

廻向発願心といふは、無始よりこのかたの所作のもろもろの善根をひとへに往生極楽といのる也。又つねに退する事なく念仏するを廻向発願心といふなり。（中略）もし念仏退転せば廻向発願心かけたるもの也。（法然全集、八〇九頁）

と示して、この廻向発願心ということは、またひたすらに退転なく念仏することでもあるといっているのである。しかもまた法然はその念仏について、『選択集』の二行章においては、

第四に不廻向廻向対とは、正助二行を修する者は縦令ひ別して廻向を用ひざれども自然に往生の業と成る。（中略）雑行を修する者は必ず廻向を用ふるの時往生の因と成る。若し廻向を用ひざるの時は往生の因と成らず。（法然全集、三一五〜三一六頁）

と語って、念仏はすでに仏願に順ずるところの往生の正定業である以上、それは不廻向の行であって、この念仏には改めて廻向の心を用いることは不要であると領解しているのである。このことからすると、法然における廻向発願心とは、不廻向の行業としての念仏を退転なく相続することであって、それは廻向という意味よりも、むしろ発願にこそ重点がおかれて捉えられねばならないこととなるのである。たしかに法然は、『十二問答』にこの廻向発願心を釈して、「往生をねがふは廻向発願心也」（法然全集、六四三頁）と示し、また『東大寺十問答』にも、「往生せんとおもふは廻向心也」（法然全集、六四四頁）という如くに、この廻向発願心とは浄土往生を願求する心のことであると、理解していることがうかがわれるのであって、それは帰するところ願往生心を意味するものであったといいうるようである。この点はすでに上に見た如く（本書第五章「善導における信の思想」参照）、善導がその廻向発願心について「願心」（『観念法門』真聖全一、六三四頁）とも明かして、それを浄土への願生心と理解していることと共通するものであって注意されるところである。

二、『観経』の三心と本願の三心と『小経』の一心

以上、法然における三心の理解について、ことに至誠心と廻向発願心について概観したわけであるが、法然はまたこの『観無量寿経』の三心を、『無量寿経』の本願文の三心に対配して、両者が同一であると理解しているのである。すなわち、法然によれば『観無量寿経釈』に、

今此の経の三心は即ち本願の三心を開く。爾る故は至心とは至誠心也。信楽とは深心也。欲生我国とは廻向発願心也。（法然全集、一二六頁）

と明かし、また『要義問答』に、

阿弥陀仏の本願の文に、設我得仏十方衆生至心信楽欲生我国乃至十念若不生者不取正覚といふ。この文に至心といふは観経にあかすところの三心の中の至誠心にあたれり。信楽といふは深心にあたれり。これをふさねていのちのおはるを期として、みだれぬものを一心とは申なり。（法然全集、六二六頁・『西方指南抄』巻下末、真聖全四、二四八頁）

と述べ、また『十二問答』に、

此三心は本願の至心信楽欲生我国の文を成就する文也。（法然全集、六四一頁）

などと示す如く、至誠心とは至心、深心とは信楽、廻向発願心とは欲生心のことであると領解しているのである。このことは浄土教理史上初めて明らかにされた理解として注目すべきことであるが、法然はまた『十七条御法語』に、

観経の三心、小経の一心不乱、大経の願成就の文の信心歓喜と、同流通の歓喜踊躍と、みなこれ至心信楽の心也。（法然全集、四六九頁・『西方指南抄』巻中本、真聖全四、一三二頁）

と明かすところによると、この三心とは、本願の三心に相当するとともに、『阿弥陀経』の「一心不乱」に、また『無量寿経』の本願成就文の「信心歓喜」と、流通分の「歓喜踊躍」の心に相当するとも理解しているのである。

またその『阿弥陀経釈』によると、

一心不乱とは念仏の時の心散乱せず、至誠信心にして専ら仏名を念ずる也。（法然全集、一三六頁）

といっているが、これも『観無量寿経』の三心が『阿弥陀経』の一心に相当すると理解していることを示すものであろうか。そしてまたその『往生要集釈』によると、

問う。上の諸門の中に陳る所既に多し。未だ知らず何の業をか往生の業と為る。答ふ。大菩提心、護三業、深

信、至誠、常に念仏すれば、願に随て、決定して極楽に生ず。（中略）深信とは上の修行の相皃の中に四修三心有り、三心の中に深心を取る也。至誠とは至誠心を取る也。（中略）随願とは上の三心の中の廻向発願心を取る也。（法然全集、二〇～二一頁）

といって、『往生要集』の助念方法門総決要行の文における七法の中、至誠と深信と随願とを、次第の如くに、至誠心と深心と廻向発願心に対配して理解しているのである。これらのことによっても、また法然における三心の意味がうかがわれるところであろう。

そしてまた法然におけるこの三心の理解には、『東大寺十問答』に、

三心に智具の三心あり、行具の三心あり。智具の三心といふは、諸宗修学の人、本宗の智をもて信をとりがたきを、経論の明文を出し、解釈のおもむきを談じて、念仏の信をとらしめんとてとき給へる也。行具の三心といふは、一向に帰すれば至誠心也。疑心なきは深心也。往生せんとおもふは廻向心也。かるがゆへに一向念仏して、うたがふおもひなく往生せんとおもふは行具の三心也。（法然全集、六四四頁）

と明かす如く、智具の三心と行具の三心とに区分して捉える領解もあったようである。その智具の三心とは、経論の文に基づき、それに導かれて具するところの三心をいい、行具の三心とは、一向に念仏して浄土往生を期するところに、おのづから具する三心をいうわけである。法然が「ただ名号をとなふる、三心おのづから具足する也」（『十七条御法語』法然全集、四六八頁・『西方指南抄』巻中本、真聖全四、一三二～一三三頁）といい、また「念仏だにも申せば三心は具足するなり」[24]（『西方指南抄』巻下本、真聖全四、二一八頁）と明かすものは、いずれもその行具の三心について説いたものであろう。

三、三心の相互関係

次にその三心の相互の関係について見ると、『選択集』の三心章には、

明らかに知んぬ、一も少けぬれば更に是れ不可なることを。茲に因って極楽に生ぜんと欲せんの人は、全く三心を具足すべき也。（法然全集、三三三頁）

と明かし、また『七箇条の起請文』には、

浄土宗の人は三心のやうをよくよく心えて念仏すべき也。三心のなかにひとつもかけなば往生はかなふまじき也。三心具足しぬれば往生は無下にやすくなるなり。（法然全集、八〇九頁）

と示し、また『念仏大意』に、「この三心ひとつもかけぬれば往生とげがたし」（法然全集、四〇九頁・『西方指南抄』巻下末、真聖全四、二二六頁）と語って、その三心の中のいずれの一心でも欠けるならば、往生は成就しないといっているのである。このことは善導が『往生礼讃』に「若し一心少けぬれば即ち生を得ず」（真聖全一、六四九頁）と主張する文を承けていることは容易に知られることであろう。しかしながら、法然はまた『要義問答』に、

ひとたび三心を具足してのち、みだれやぶれざる事、金剛のごときにて、いのちのおはるを期とするを、なづけて一心といふと候。（法然全集、六二六頁・『西方指南抄』巻下末、真聖全四、二四八頁）

といって、三心というも、それは究竟的には一心であると明かし、さらにそれについて『三部経大意』には、

三心は区に分れたりと云へども、要を取り詮を撰て是をいへば、深心ひとつにをさまれり。（法然全集、三二～三三頁）

と語り、また『十七条御法語』には、

導和尚深心を釈せむがために余の二心を釈したまふ也。（法然全集、四六九頁・『西方指南抄』巻中本、真聖全四、

一三二頁）

と示して、その三心は中間の深心に帰一するというのである。かくして法然においては、三心とは究極的には「深心」すなわち、深く信じる心としての信心に帰一するものであったのである。法然がこのように三心を深心の一心に帰一して理解したのは、すでに上に見た如く、法然においては、至誠心とは「深心と廻向発願心とを体とす」（『往生大要鈔』法然全集、五二頁）るものであって、本来それ自身の体はなく、深心と廻向発願心が真実、至誠であることをいうにほかならないものであり、また廻向発願心とは、それは三心の中の一つとして称名念仏の前提、用心をなすものであるといいながらも、すでに念仏とは不廻向の行であると領解するところ、それはたんなる廻向の心のことではなくて、ひたすらに浄土を欣求し、浄土を願生する心のことであったが、その願生の心とは、本願に対して信順帰依してゆくところ必然に成立してゆくものである以上、それは深心に基づき、それを体として生まれる心といわねばならないわけである。かくして法然においては、三心の中至誠心と廻向発願心とは、本質的にはともに深心、すなわち、信心に帰結するものであったのである。しかしながら、法然はまた「法性寺左京大夫の伯母なりける女房に遣はす御返事」には、

三心と申候も、ふさねて申ときはただ一の願心にて候なり。そのねがふ心のいつはらずかざらぬかたおば至誠心と申候。このこころまことにて念仏すれば、臨終にらいかうすといふことを、一念もうたがはぬかたを深心とは申候。このうへわが身もかの土へむまれむとおもひ、行業おも往生のためとむくるを廻向心とは申候なり。このゆへにねがふ心いつはらずして、げに往生せんとおもひ候へば、おのづから三心はぐそくすることにて候なり。（法然全集、五八九〜五九〇頁）

と明かして、この三心もついには「願心」のひとつに摂まると語っているのである。しかし、ここでいう願心とは、

三心の中の廻向発願心を指すというよりも、それらの三心をより高次に「ふさね」て統一するところで名づけられたもののようにうかがわれ、それは上引の文意からすれば、深心、すなわち、信心に重なる心とも理解されるのである。

ともあれ、法然がこの三心をことに本願の三心に重層して把捉し、さらにまたそれを中間の深心に統一して領解したということは、善導が願行具足の行道を主張して、その三心を廻向発願心に帰一して理解したことに比し、きわめて特色ある点であろう。そしてまたこのことは、後に親鸞が本願の三心を三心即一心として、中間の信楽に統一して領解した思想的根拠をなすものともうかがわれるところであって、充分に注目されるべきところである。

第二項　法然における信の性格

一、法然における信の基本的理解

そこでさらに法然における信の意味について考察することとするが、法然における信とは、『往生大要鈔』に、

信とはうたがひに対する心にて、うたがひをのぞくを信とは申すべき也。みる事につけても、きく事につけても、その事一定さぞとおもひとりつる事は、人いかに申せども不定におもひなす事はなきぞかし。これをこそ物を信ずるとは申せ、その信のうゐに歓喜なんどもおこらんは、すぐれたるにてこそあるべけれ。（法然全集、六五〜六六頁）

と明かす如く、それは何らかの対象に対して、そのこと一定と思いとってゆるがぬ心のことであって、決定の心、無疑の心を意味するものであったといいうるようである。『十七条御法語』に、「深心といふは疑慮なき心也」（法

然全集、四七〇頁・『西方指南抄』巻中本、真聖全四、一三三頁）と説いているものは、まさしくそのことを物語るものであろう。しかしながら、法然はまたこの信の無疑決定性について、『阿弥陀経釈』には、「信受」の語を解説するに当って、

深信勝解して敢えて以って一念の疑謗を生ぜざる也。（法然全集、一四三頁）

と明かしているが、このことからすれば、法然は信の性格を仏教における伝統的な信の解釈としての勝解と捉え、忍許としての知解的な意味をもつものとして理解していたとうかがわれるようである。そのことはまた『選択集』の本願章に源信の『往生要集』巻下本（恵心全集一、二一六頁）の文を引用して、「般若 信二第一義一等是也」（法然全集、三二九頁）と明かし(25)、またその三心章に善導の『往生礼讃』深心釈の文（真聖全一、六四九頁）を引用して、「信知」というところに見られる信の意味内容にも通じる理解であろうか(26)。そしてまた法然における信の性格をうかがうについて、その『阿弥陀経釈』に、源信の『阿弥陀経略記』の文（恵心全集一、四二六頁）を引用して、

処々に人有りて罪垢結縛するも、一心に念仏して信浄にして疑はずば、必ず仏を見ることを得て終に虚からざる也(27)。（法然全集、一四一頁）

と明かしているものは、『十住毘婆沙論』「易行品」の、

若し人善根を種えて疑えば則ち華開けず、信心清浄なる者は華開けて則ち仏を見る。（大正二六、四三頁b）

という文に共通する思想ともうかがわれるようである。とするならば、それは信を、仏教における信の究竟的な意味としての心の澄浄（citta-prasāda）として理解していることを物語るものともいいうるであろうが、それが法然自身の文ではなくて、引用文であるところ、それをもってただちに法然の信にかかわる思想として見ることはいささか無理と思われる。

かくして法然における信とは、基本的には対象に対するところの無疑決定、勝解忍許の態度を意味するものであったといいうるが、それが何を対象とするものであるかについては、「大胡の太郎実秀へつかはす御返事」に、

なに事をふかく信ずるぞといふに、もろもろの煩悩を具足して、おほくのつみをつくりて余の善根なからむ凡夫、阿弥陀仏の大悲の願をあふぎて、そのほとけの名号をとなえて、もしは百年にても、もしは四、五十年にても、もしは十、二十年、乃至一、二年、すべておもひはじめたらむより、臨終の時にいたるまで退せざらむ。もしは七日一日、十声一声にても、おほくもすくなくも、称名念仏の人は決定して往生すと信じて、乃至一念もうたがふ事なきを深心と也。（法然全集、五一六頁・『西方指南抄』巻下本、真聖全四、一八九頁）

と明かす如くに、煩悩を具足して日々多くの罪業をかさねる凡夫も、ひとえに阿弥陀仏の大悲本願をたのんで称名念仏すれば、決定して往生をうるということを、たしかに勝解信知することであったのである。

二、法然における二種深信の思想

そしてまた法然はこの信について、『三心義』には、

深心といふは、ふかく信ずる心なり。これについて二あり。一にはわれはこれ罪悪不善の身、無始よりこのかた六道に輪廻して往生の縁なしと信じ、二には罪人なりといへども、ほとけの願力をもて強縁として、かならず往生をえん事うたがひなくうらおもひなしと信ず。（法然全集、四五五頁）

と語って、それがこの自己は罪悪不善にして往生の縁なき存在であるということと、阿弥陀仏はその本願力を強縁としていかなる罪人であろうとも、必ず浄土に迎いたもうということを信ずることであるといっている。このような信に対する理解は法然の語録にしばしば見られるところであるが、それが善導の「散善義」および『往生礼讃』

に説かれるところの、いわゆる二種深信の思想を継承するものであることは明らかである。しかしまた、法然におけるこの二種深信についての理解は、『往生大要鈔』には、

まづ二種の信心をたつる事はそのおもむきこれひとつなり。すなはち二の信心といふは、はじめにわが身は煩悩罪悪の凡夫也。火宅をいでず出離の縁なしと信ぜよといひ、つぎには決定往生すべき身なりと信じて一念もうたがふべからず、人にもいひさまたげらるべからずなんどいへる、前後のことば相違して心えがたきににたれども、心をとどめてこれを案ずるに、はじめにはわが身のほどを信じ、のちにはほとけの願を信ずる也。ただしのちの信心を決定せしめんがために、はじめの信心をばあぐる也。そのゆへはもしはじめのわが身を信ずる様をあげずして、ただちにのちのほとけのちかひばかりを信ずべきむねをいだしたらましかば、もろもろの往生をねがはん人、雑行を修して本願をたのまざらんをばしばらくおく。まさしく弥陀の本願の念仏を修しながらも、なお心にもし貪欲瞋恚の煩悩をもおこし、身におのづから十悪破戒等の罪業をもおかす事あらば、みだりに自身を怯弱して、返りて本願を疑惑しなまし。まことに此の弥陀の本願に、十声一声にいたるまで往生すといふ事は、おぼろげの人にてはあらじ。妄念をもおこさず、つみをもつくらぬ人の、甚深のさとりをおこし、強盛の心をもちて申したる念仏にてぞあるらん。われらごときのえせものども、一念十声にてはよもあらじとこそおぼえんもにくからぬ事也。これは善導和尚は未来の衆生のこのうたがひをおこさん事をかへりみて、この二種の信心をあげて、われらごときき煩悩をも断ぜず、罪悪をもつくれる凡夫なりとも、ふかく弥陀の本願を信じて念仏すれば、十声一声にいたるまで決定して往生するむねをば釈し給へる也。（法然全集、五八～五九頁）

と明かしている。すなわち、この二種深信としての機と法とに対する信は、「はじめ」と「のち」の前後関係をも

つものであって、その両者は論理的に矛盾している如くであるが、その意趣はひとつである。はじめの機の深信とは、のちの法の深信を決定成立せしめるために明かしたものであって、本願の念仏を申しながら、なお自己の罪悪性をかえりみて、本願に対する帰依に逡巡を覚えるものがあることについての配慮から語られたものであり、善導はこの釈を通して、われらの如き、いかなる煩悩悪業の凡夫であろうとも、本願をたのめば十声一声にいたるまでひとしく往生する旨を示されたというわけである。かくして、法然においてはこの二種深信とは、機の深信とは「はじめ」であり、法の深信とは「のち」であって、その「はじめ」の機の深信は、「のち」の法の深信を成立させるための前段階的意味をもつものにほかならなかったのである。したがって法然における信とは、もっぱら法の深信、すなわち、阿弥陀仏の本願に対する決定無疑、信認勝解のことであって、それはまさしく、「深心といふは仏の本願を信じる心也」（『十二箇条の問答』法然全集、六七六頁）と明かす言葉につきるものであったのであろう。

しかもまた、法然はこの本願に対する信について、『往生大要鈔』には、

のちの信心について二つの心あり。すなはちほとけについてふかく信じ、経についてふかく信ずべきむねを釈し給へるにやと心えらるる也。（法然全集、六二二頁）

などと明かしているが、これは善導が「散善義」において深心を釈するについて、それを七種に分けて明かす中、第二深信より第七深信までの釈を承けるものである。その仏について信じるとは、弥陀の本願、釈迦の所説、諸仏の護勧を信じることであり、また経について信じるとは、『無量寿経』『観無量寿経』『阿弥陀経』の浄土三部の経典を疑いなく信受することをいうのである。そしてまた法然は、この法の深信について、さらにまた、

すなはち、人につきて信をたて、行につきて信をたつ。（『往生大要鈔』法然全集、六三三頁）

とも示しているが、このこともまた善導の「散善義」における深心釈の中の、就人立信と就行立信の釈を伝統した

ものであって、はじめに人について信を立てるとは、いかなる妨難にもたじろがないで、いちずに釈尊の教説を自己にとっての真実として信じることであり、また行について信を立てるとは、浄土往生の行道としてはさまざまな行業が説かれているが、五正行、ことにはその中の称名念仏一行こそが、まさしく浄土往生の正定業であると信じることをいうわけである（本書第五章「善導における信の思想」参照）。

三、法然における信の性格

かくして法然において信じるということは、対象に向かう無疑決定、忍許勝解の態度を意味するものであって、それはより具体的には、ひとえに阿弥陀仏の本願に随順し、それに帰して、いかなる煩悩罪業の深重なるものも、この本願に乗ずれば必ず往生をうると決定して無疑なることであり、それはさらにいうならば、称名念仏の一行こそが、まさしき浄土往生の行業であると信認決定することにほかならなかったのである。したがって法然における信とは、仏教における信の基本的な性格が、帰するところは三宝、四諦などに対する忍許決定としての信認、勝解の意味と、そのことを根拠とし、その徹底深化として、次第に成立してゆくところの心の澄浄の意味の二義があり、その心の澄浄こそ、真実の智慧を開覚してゆくこと、まことの人間成長をとげてゆくことを意味するものであって、ここにまさしき信心の意味があり、そしてそのことは、また浄土教における信の思想においても、基本的にいいうることであるのに対して、法然のそれは、基本的には、その中の第二義的な意味でしかない忍許決定としての信認の性格をもつものであったといわねばならないようである。このことは法然における信の思想としてことに注意されるべきところであろう。

第三項　法然における信の地位

一、能入位としての信

そこで法然におけるかかる信とは、その浄土往生の行道の構造の中で、いかなる地位を占めるものであったろうか。すでに見た如く、法然における浄土往生の行道とは、心行相応の道として、基本的には、

安心――起行――作業――臨終来迎（滅罪）――→往生

という構造をもつものであって、それは根本的には善導浄土教における行道思想を継承するものであった。そしてまた法然においては、その安心としての三心とは、ついには深心としての信心に帰一するものであるところ、その行道における信心の地位とは、すなわち、その行道の前提であり、行業修習のための用心であって、それはひとえに仏道における能入位、初門の意味をもつものであったといわねばならないのである。『選択集』の三心章に、信心を説明するについて、

当に知るべし。生死の家には疑を以って所止を為し、涅槃の城には信を以って能入と為す。（法然全集、三三四頁）

と明かされるものは、まさしくそのことを意味するものと理解されるべきであろう。

しかしながら、法然の行道思想においては、上において指摘した如くに、安心――起行――作業――臨終来迎――→往生という構造が見られるのであるが、その臨終来迎とは、専修念仏の功徳として、臨終に必ず阿弥陀仏とその聖衆の来迎を受け、行人はその仏の来迎の現前を見て、正念に住して往生をうることをいい、またその臨終来迎による正念とは、上に見た如く「禅定に入るが如く」とも明かされて、それは本質的には三昧見仏の宗教的境地に

共通するものであったと理解されるのである。その点からすると、法然における行道とは、また善導浄土教における行道が、信知に基づく願生心にはじまり、その信の究竟としての心の澄浄なる三昧見仏をめざすものでもあったということに重ねていえば、臨終正念が三昧見仏に共通するものとも捉えられるところ、その行道とは畢竟ずるに、仏道の初門としての能入位の信にはじまり、その徹底深化による智慧の開覚を意味する究竟位の信をめざす行道であったともいいうるであろう。かくして、法然における浄土の行道も、それが信心を能入初門とし、臨終時における来迎正念をめざす道として明かされるところ、それをあえて浄土教における行道の基本構造に重ねていえば、能入位の信から究竟位の信への道、ひたすらな信心成就の道としても把捉することができなくもない。しかしながら、法然における信の思想にあっては、もっぱら能入位の信について語るのみであって、そのような究竟位の信についてては、まったくふれることがないのはすでに見た如くである。

二、三心と九品の関係

そしてまた法然は、この行道における安心、三心の意味について、『逆修説法』には、

是三心の浅深に由って、また九品の階位有る也。九品の差有ると雖も、三心を具足すれば必ず往生を得る。（法然全集、二八四頁）

と明かし、またその『往生大要鈔』では、

三心すでに九品に通ずべしと心えてのうゑには、その差別のあるやうをこころうるに、三心の浅深強弱によるべき也。（中略）三心につきてこわきもよわきもあるべしとこそこころえられたれ。よわき三心具足したらん人は、くらゐこそさがらんずれ、なお往生はうたがふべからざる也。（法然全集、五三三頁）

と説いて、この三心の浅深強弱の差により、浄土往生の得果について九品の差別が生じるといっているが、このことはまた、その三心が帰するところ深心としての信心であることからすれば、信心の浅深に基づいて、九品の差別が理解されていることを意味するものであろう。この点もまた法然の信に対する特色ある領解として、見逃しえない点である。

三、信心と称名の関係

しかしながら、法然はまたこの行道の理解において、『十七条御法語』には、

ただ名号をとなふる、三心おのづから具足する也と云へり。(法然全集、四六八頁・『西方指南抄』巻中本、真聖全四、一三一〜一三二頁)

と説き、『十二問答』には、

念仏をだにも申せば三心は具足するなり。(法然全集、六四〇頁・『西方指南抄』巻下末、真聖全四、二一八頁)

と明かし、また『七箇条の起請文』には、

ただひらに信じてだにも念仏すれば、すずろに三心はあるなり。(法然全集、八一二頁)

と語って、称名念仏によってこそ、この三心、すなわち、信心は自然に具足することとなるともいうのである。三心、すなわち、信心は、称名念仏の前提用心であるといいながらも、またそれは称名念仏の実践において具足するともいうのである。このように法然が心行相応の行道を明かしながら、またその称名念仏そのものに心行具足を説くことは、善導がその浄土教思想において、願と行との具足の行道を明かしつつも、その称名一行にまた願行具足を語ったことと共通する思考でもあって、きわめて興味のあるところである。

ともあれ、法然の行道における信の地位は、その行道全体の構造においては、安心として行業修習のための「心づかひ」（『浄土宗略抄』法然全集、五九三頁）のほどの意味をもつものでしかなかったようである。しかしながら、また法然においては、その三心に対する理解において、それを深心、すなわち、信心に帰一して捉えているのであるが、そのことは善導における三心観が、願生心としての廻向発願心に統摂されて理解されているのに比較すれば、明確に信に対する評価の展開を指摘することができるのであって、そのことはまた、「信を以って能入と為す」（『選択集』法然全集、三三四頁）といって、行道における信心の必具性を強調する文および三心、すなわち、信心の浅深と九品の差別を対配する解釈とともに、法然における浄土教思想の中では充分に注意されるべきところである。そしてまたそのことは、やがて後に聖覚、さらには親鸞において、信の意味が一層重視されてゆくに至る方向を指示したものともいうことができるであろう。

第四項　一念多念の問題

一、一念無上の思想

法然における浄土往生の行道とは、心行相応の道として、信心に基づく専修称名の道であり、それはさらにいえば、ひたすらに称名念仏して生きる道であったが、その称名念仏とは、『無量寿経釈』に、

善導の意は惣じて念仏往生の願と云う。員数を限らず、称念すれば皆生ず。諸師の別して十念往生の願と云うは其の意周ねからざるなり。然る所以は、上は一形を捨て下は一念を捨るの故なり。善導は惣じて念仏往生の願と言うは其の意広く周きなり。然る所以は、上は一形を取り下一念を取るが故なり。（法然全集、七四頁）

と明かす如く、まったくその数量を限ることなく、一声でもよく、また一形を尽すもよかったのである。この称名念仏の数量についての、法然の基本的な領解は、『十二問答』に、

十声一声の釈は念仏を信ずるやうなり。かるがゆへに信おば一念に生るととり、行おば一形にはげむべしと、すすめたまへる釈也。（法然全集、六三六頁・『西方指南抄』巻下本、真聖全四、二一六頁）

と説き、「禅勝房にしめす御詞」に、

一念十念にて往生すといへばとて、念仏を疎相に申せば信が行をさまたぐる也。念々不捨といへばとて、一念十念を不定におもへば、行が信をさまたぐる也。かるがゆへに信をば一念にむまるととりて、行をば一形はげむべし。（法然全集、四六四頁）

と明かし、また『浄土宗略抄』には、

惣じてこれをいへば、上は念仏申さんと思ひはじめたらんより、いのちのおはるまでも申也。中は七日一日も申し、下は十声一声までも弥陀の願力なれば、かならず往生すべしと信じて、いくら程こそ本願なれとさだめず、一念までも定めて往生すと思ひて、退転なくいのちおはらんまで申すべき也。（法然全集、五九六頁）

と語る如くである。すなわち、一声にて往生を成ずと信じて、生命のかぎり退転なく称名念仏すべきもの、ここに法然の称名念仏の数量についての基本の領解があったわけである。法然にとっては称名念仏とは、阿弥陀仏の内証外用の一切の功徳を摂めた「万徳之所帰」（『選択集』法然全集、三一九頁）なる名号を唱称することであり、それはすなわち、「声々念々しかしながら他力の念仏」（『七箇条の起請文』法然全集、八一一頁）にして、

既に一念を以って一無上と為す。当に十念を以って十の無上と為し、また百念を以って百の無上と為し、また千念を以って千無上と為す。（『選択集』法然全集、三二五頁）

と明かす如くに、一声一声に無上の功徳を具するものであって、それはまた、

一念となふるに一度の往生をあてがひておこし給へる本願也。かるがゆへに十念は十度むまるる功徳也。(「禅勝房にしめす御詞」法然全集、四六三頁)

と説かれるが如くに、その一声にすでに往生の業事は成弁するものであったのである。かくしてその点からすれば、法然における称名念仏とは一念往生の立場に立つものであったともいいえよう。(28)

二、多念相続の主張

しかしながら、また法然はこのように一声の念仏に業事成弁の功徳を語りつつも、なお「行おば一形にはげむべし」とも説いたわけである。そして自らもまた生涯をかけて日々六万遍ないしは七万遍にいたる念仏を行じたとも伝えているほどである。その点、法然の主張はまた他面においては、多念の念仏相続でもあったわけである。とするならば、すでに一声において業事が成就するという立場からすれば、何故になお多念の称名念仏を相続しなければならないのか。その多念の称名念仏がもつ意味とはいかなるものであったのだろうか。そのことは、このような称名念仏に対する一念多念の理解のところに、必然に起きてくる素朴な疑問でもある。事実すでに法然の在世中に、

ただ一念信をなしてのちは念仏のかず無益なり。(「基親取信本願之様」法然全集、五五三頁・『西方指南抄』巻下本、真聖全四、二一一頁)

という疑問も発せられているほどであって、そこには一念と多念との関係についての明確な説明がなされなければならなかったのである。

三、尋常の機と臨終の機

そのことについての法然の領解は、『十二問答』によれば、

問、本願の一念は尋常の機、臨終の機に通ずべく候歟。答、一念の願は二念におよばざらむ機のためなり。尋常の機に通ずべくば上尽一形の釈あるべからず。この釈をもてこころうべし。かならず一念を仏の本願といふべからず、一念十念の本願なれば、強にはげまずとも有なんと云人のあるは大なるあやまり也。設我得仏十方衆生至心信楽欲生我国乃至十念若不生者不取正覚といえる本願の文の中には、平生の機あり、臨終の機あり。乃至は平生の機、十念は臨終の機なり。平生の機は乃至十年申て生れ、乃至一年申て生れ、乃至一月申て生れ、乃至一日申て生れ、乃至一時申てむまる。是みな寿命の長短、発心の遅速による也。此等はみな一たび発心して後、浄土まで申べき尋常の機なり。臨終の機といへるは、病せまり命一念十念につづまりて後、知識の教によりて、初て本願にあへる機也。臨終のために発し給へる一念十念を平生に引上て、一念十念にも生れば、念仏はゆるけれども、往生不定には思べからずと申人は、ゆゆしきあやまり也。念々不捨者是名正定之業順彼仏願故の釈は、数返つもらむおも本願とはきこえたるは、ただ本願にあふ機の遅速不同なれば、上尽一形下至一念とおこしたまへる本願なりとこころうべきなり。（法然全集、六三六～六三七頁・『西方指南抄』巻下本、真聖全四、二二六～二二七頁）

と明かしている。一声に往生の業事が成就するというのは、余命いくばくもなく多念に及びえない臨終の機について説くものであって、一般の尋常の機については、すべからく生涯を尽して日々多念の称名念仏を励むべきであるというのである。そして本願文の「乃至十念」を釈して、「乃至」とは尋常の機についていい、「十念」とは臨終の機について明かしたものであるとして、両者を明確に区別して理解すべきことを語っているのである。

四、法然門下に残された課題

しかしながら、何故に称名念仏について、このように臨終の機の念仏と尋常の機の念仏を区別しなければならないのか。念仏が、

平生の念仏、臨終の念仏とて、なんのかはりめかあらん。平生の念仏の死ぬれば臨終の念仏となり、臨終の念仏のぶれば平生の念仏となる。(『念仏往生要義抄』法然全集、六八六頁)

といわれるほどのものならば、何故に臨終の機においては一声の称名に業事の成就を語り、尋常の機については多念の相続を策励するのか。尋常の機になお多念の念仏相続を語るとすれば、その称名念仏とはいったいいかなる意味をもつものであろうか。この称名念仏をめぐる一念多念の問題は、いぜんとして未解決のまま残っているといわねばならないようである。(29)

やがて法然の没後の念仏教団は、この残された問題を、自らの教学的な中心課題として担わねばならなかったわけであり、やがてその門下は、この問題をめぐって一念義系と多念義系とに分流してゆくこととなったのである。

註

(1) 重松明久『日本浄土教成立過程の研究』一七頁参照。
(2) 重松明久『日本浄土教成立過程の研究』(二一〇頁)では、日本浄土教の性格を、観念中心、称名中心、信心中心の三種に区分する。しかしながら、それを家永三郎『中世仏教思想史研究』(一三三頁)の如く、源信の観念念仏、法然の口称念仏、親鸞の信心念仏として理解するについては認めうるとしても、日本浄土教全体の潮流をこのように三種に区分して理解するについては賛同しがたい。
(3) 『法然上人行状絵図』第五巻、法然伝全集、二〇頁。
(4) 長西『浄土依憑経論章疏目録』日仏全九六、一四五～一四九頁。

(5) 宮崎円遵『真宗書誌学の研究』(一六九頁)、生桑完明『親鸞聖人撰述の研究』(二四二頁)では、それは親鸞自らの編集によるものとする。ただし、赤松俊秀「西方指南抄について」(『続鎌倉仏教の研究』)では、別人の編集にかかるものとする。
(6) 大橋俊雄「法然における専修念仏の形成」『日本思想大系』法然一遍解説。
(7) ただし石井教導「元祖教学の思想史的研究」(『浄土学』第二五輯)によると、第一期を万行随一念仏期、または往生要集念仏期として『往生要集』の註疏の成立を推定し、第二期を本願念仏期としてここに『三部経大意』の述作を当て、第三期を選択念仏期としてこの時代に『選択集』の成立を当てている。
(8) 大橋俊雄『法然―その行動と思想―』(三一頁)によると、これらの著作は法然の在叡時代に成立したものであろうと推定されている。
(9) 拙稿「善導念仏義に関する一考察」『真宗学』第一七・一八合併号参照。
(10) 珍海『菩提心集』巻上にも「此名に無量無辺の功徳を摂めたり。これをいへばすなはち無量の功徳よばれてわが身に来り集る。その時無始よりこのかたの煩悩悪業逃去りぬ。たとへば善き薬ある処には悪鬼のにげさるがごとし」(浄全一五、五〇七頁)という如き文が見られる。
(11) 原文は「諸法」とあるが『真宗聖教全書』(本願寺蔵版本)では「仏法」となる。いまはそれにしたがって訂正した。
(12) 法然と源信との思想交渉については、井上光貞『日本浄土教成立史の研究』「法然教と天台教団」、香月乗光「法然教学に於ける称名勝行説の成立」『仏教文化研究』第四号に詳細に論究されてある。
(13) 善導『往生礼讃』真聖全一、六四九頁。
(14) 拙稿「法然にいたる専修思想の系譜」『印度学仏教学研究』二二の一参照。
(15) 坪井俊映「法然の善導教学受容とその批判」『恵谷先生古稀記念浄土教の思想と文化』参照。
(16) 「聖光上人伝説の詞」法然全集、四六一頁参照。
(17) 『法然上人行状絵図』第七巻、「上人専修正行としかさね、一心専念こうつもり給しかば、つねに口称三昧を発し給き」(法然伝全集、三三頁)。
(18) 田村円澄「法然伝の諸問題」『仏教文化研究』第一号参照。
(19) 菊地勇次郎「法然と三昧発得」『南都仏教』第一一号、戸松啓真「法然上人の三昧発得記について」『智山学報』

第一九輯参照。
(20) 源信『往生要集』巻下本、恵心全集一、一八七頁以下。
(21) この臨終来迎思想の成立とその構造については、藤田宏達『原始浄土思想の研究』五六六頁以下に詳細に論考されている。
(22) ただし『十七条御法語』には「第十九の願は諸行の人を引入して念仏の願に帰せしめむと也」(法然全集、四七〇頁)と示して、それが第十八願に対する方便誘引の願として理解されている。
(23) 『法然上人全集』(金沢文庫本)では「別といふは」以下が欠けている。いまは専修寺本(真宗聖教全書、巻四)によった。
(24) この文に相当する「禅勝房に示されける御詞」(法然全集、六九九頁)では「常念仏する輩は自然に三心を具す」となっている。
(25) この文は『無量寿経釈』(法然全集、八〇頁)にも引用されている。
(26) この文はまた『往生大要鈔』(法然全集、五七頁)、『浄土宗略要文』(法然全集、四〇二頁)、「基親取信本願之様」(法然全集、五五二頁)などにも引用されている。
(27) 原文では「証(終)不虚也」とあるが、『阿弥陀経略記』の本文では「終不虚也」となっている。いまはそれにしたがった。
(28) 松野純孝『親鸞』(一二〇頁以下)では、法然は一念往生義の唱道者であったとする。
(29) なお『西方指南抄』巻中末(真聖全四、一六三~一六八頁・法然全集、八九一~八九四頁)に、念仏の機について三機を分別し、念仏に三種の意味があって、いまだ信心弱くして決定しえないものは、ひとえに信心をうるための念仏を、またいちおうは信心決定しながらも、なお信心のさしゆるぐものは、いよいよ信心を決定するための念仏を、またすでに信心をまことに決定したものは、もっぱら仏恩報謝の念仏をこそ励むべきであると明かしている。これは一見法然の法語の如くにも思えるが、すでに重松明久『日本浄土教成立過程の研究』(四二三頁)によって指摘された如く、それを法然のものと解するには疑問がある。よっていまはこの文についてはふれないこととする。

第七章　隆寛における信の思想

第一節　隆寛の基本的立場

第一項　法然門下における隆寛の立場

法然門下の長老の一人に隆寛がある。隆寛は久安四年（一一四八）に藤原氏一門の藤原資隆の息として生誕し、のち出家して叡山に登り、伯父の皇円に師事し、また範源にも学んだ。皇円、範源は共に皇覚の門弟として天台恵心流を伝える学匠であった。隆寛はその学系が恵心流であったことからして、天台の学解と行業を修めつつも、また他面浄土教にも深いかかわりがあり、早い頃より熱心な浄土願生者としての道を歩んでいたことが考えられる。(1) 後に隆寛は山を下りて法然の門下に連なったが、それがいつの頃であったか明確には知りがたい。信瑞の『明義進行集』（古典叢書、一八頁）によると、元久元年（一二〇四）五十七歳の三月に、法然より『選択本願念仏集』を付属されたと伝えているが、もちろんそれ以前に、法然との交渉があっただろうことは充分に想像されるのである。(2) ともあれ、このように『選択集』の付属を受けたということや、また『明義進行集』巻三に、

上人つねにのたまひけるは、吾が後に念仏往生の義すぐにいはむずる人は聖覚と隆寛なりと云々。（古典叢書、五七頁）

と伝えられること、あるいはまた法然の滅後五七日の中陰仏事に導師をつとめていることなどからすると、(3)隆寛と法然のかかわりの深さがうかがわれ、また法然門下における隆寛の占める地位もおよそ推察されることである。山を下りた後の隆寛は、多く東山の長楽寺に住し、妻帯もして三人の息をもうけたが、なお自分が天台宗の僧侶であるという意識はもっていたようである。(4)このことは一面には当時の天台教学の組織の解体化を物語るものであろうが、また隆寛の浄土教思想のもつ性格としても注意されるべき点であろう。

隆寛は後に嘉禄三年（一二二七）六月、法然の浄土教を顕揚するために著わした『顕選択』に起因して起きたという、いわゆる嘉禄の法難のために、陸奥に流罪となり、同年十二月に相模の飯山で寂した。時に八十歳であったという。

隆寛の著作として伝えられるものはかなりの数にのぼるが、すでに散逸しているものや、真偽疑わしいものもある。現存の中の主なるものとしては、『弥陀本願義』四巻、『滅罪劫数義』一巻、『具三心義』二巻、『散善義問答』若干巻、『極楽浄土宗義』中下二巻、『一念多念分別事』一巻、『自力他力事』一巻、『後世物語聞書』一巻などがある。

ことに親鸞は、この隆寛を「よき人」と讃仰追慕し（『末燈鈔』真聖全二、六八六頁）、またその著『一念多念分別事』『自力他力事』『後世物語聞書』などは、自ら書写し門弟に送ってそれに学ぶことを訓したり、(5)また『一念多念分別事』については、その中の経釈要文を註釈して『一念多念文意』を著わしているほどである。

第二項　隆寛における浄土教思想の特色

一、源信浄土教の影響

隆寛の浄土教思想の基盤をなしているものの一つには、かつて学んだ天台宗恵心流の教学がある。その著作を検する時、天台教学の文献がそのまま引用されるものは決して多くはないが、その晩年の著である『極楽浄土宗義』巻下の末尾に自ら註して、[6]

隆寛昔楞厳院に住して忝く彼の遺流を酌む、今浄土の一門に入ると雖も仰ぐ所は専ら恵心の古風に在り。然るに恵心は慈恵に稟けたまへり、師資の義趣定んで以って違うこと無からんか。而して今忽かに此の釈を拝す、且つは往縁を悦び、且つは感涙に溺るるのみ。（隆寛全集一、一二七頁）[7]

と明かしているところからすれば、隆寛の浄土教思想の根底には、この天台恵心流の教学が確固として位置していることが知られるのである。この天台恵心流とは、中世天台教学の特色として成立してきた口伝法門であって、覚運（九四三〜一〇〇七）の檀那流に対する源信（九四二〜一〇一七）を祖とする流派である。その教学の基本は天台教学が志向する一心三観に弥陀念仏を相即融和せしめるものであって、後にはいわゆる三重七箇の法門として体系化されたが、その中でことに注意をひく点は、本覚思想を根幹とするところの観心中心主義の教判であって、一切万法は本来清浄であると見て、迷悟不二と観ずる観心の絶対性を主張することであり、いま一つは一念信解といわれる思想であって、それは伝統的な理解からすれば仏道の出発点であるべき一念を重視し、ここに行業実践のすべてを凝集させて、万法平等、迷悟体一と了達信解することを説き、ただちにここにして、即身成仏を語るものである。[8]隆寛が後に至って考察するように、往生の行道として称名念仏の道以外に観仏の道を許容したことや、尋常の一念の称名に深い意味を認めて、ここに臨終迎摂に等しい益を語っていることは、これらの思想と無関係とはいいえないようである。

二、善導・法然浄土教の継承

そしてまた隆寛の浄土教思想の底辺をなしているものに、善導、法然系の浄土教思想があることも当然である。彼の称名中心の浄土教思想は、その『具三心義』『散善義問答』などの著作にも見られるように、善導および法然の思想を継承していることは明白である。しかしながら、このように善導、法然の浄土教を継承しているとしても、その内容については、善導、法然をそのまま承けている面と、それと全く異なっている面と、いま一つはそれを超えている面とを、指摘することができるのである。例えば、その往生の行道についていうならば、称名念仏を為本とし、三心の必具を唱えた点は善導、法然を承けた面であり、称名念仏の道を語りつつも同時に定善観仏の道を許容している点は、明らかにそれと異なり、それに逆行した面であり、またその著述の中にしばしば強調される他力思想は、善導、法然浄土教のそれを超えている面ということができるであろう。ことに隆寛は念仏の行道について明かすに、

此の一宗は一向に他力往生を談ず。偏に自力修行の道理を立つるは全く宗義を忘れたり。(『散善義問答』隆寛全集二、一五八〜一五九頁)

といい、また、

ひとあゆみもわがちからにて極楽へまいることなしとおもひて、余行をまじへずして、一向に念仏するを他力の行とはまうすなり。(『自力他力事』真聖全二、七七一頁)

などと明かして、他力思想を強調するのであるが、それは善導および法然における他力思想をより一層深化せしめたものであろう。

三、曇鸞浄土教への傾倒

そしてこのような隆寛浄土教における他力思想の開顕は、その著作にきわめてしばしば『往生論註』の文を引用していることからして、それはことに曇鸞の他力思想の影響を受けたものであろうと考えられるが、このように隆寛が『往生論註』に接近したのはいかなる縁由によるものか。やはり法然を媒介としたものであろうか。(9)ともかくも、このように曇鸞の他力思想に多くを学んでいることは、また隆寛の浄土教思想の特異な性格として注目すべき点である。

第二節　隆寛における行道思想

第一項　念仏の道

一、専心念仏往生の道

隆寛において領解された浄土往生の行道には、念仏の道と観仏の道との二種の行道があった。その念仏の道とは、善導、法然における念仏往生の思想を承けたものであるが、それについては、また『具三心義』巻下に、

一には専心念仏往生、二には廻向余善往生（隆寛全集一、五一～五二頁）

と明かす如くに、専心念仏往生と廻向余善往生との二類の道があるとするのである。はじめの専心念仏往生の道とは、「三心具足念仏往生」（『具三心義』巻下、隆寛全集一、七二頁）なる第十八願の道として、至誠心、深心、廻向発願心の三心を具足して、もっぱら称名念仏することにより、臨終に至って来迎見仏をえて順次に往生を期する道である。ことに隆寛はこの第十八願の念仏の道について、

本願真実の故に、他力不思議の故に、決定して煩悩を断じ、必定して報土に生ずるなり。（『散善義問答』隆寛全集二、二三四頁）

と明かす如くに、それは衆生の側における称名の功徳によるものではなく、願力に乗ずるところ、その本願真実の故に、また他力不思議によってこそ、往生をうるというのであって、隆寛にとってはこの念仏往生の道とは、まさしく他力往生の道にほかならなかったのである。

二、廻向余善往生の道

また後の廻向余善往生の道とは、「大経の三輩の中の諸行、今経の九品の中の三福三心を具する者」（『具三心義』巻下、隆寛全集一、七二頁）なる第十九願、第二十願の道である。すなわちその第十九願の道とは、発菩提心修諸功徳なる聖道の行を修していたものが、廻心転向し三心具足の他力念仏に帰入して往生する道をいい、第二十願の道とは、念仏と余行とを兼修して信心不決定なる雑行雑修のものが、廻心して三心具足の念仏に転入して往生をうる道をいうのである。すなわち、隆寛においては、念仏往生の道について、始めから三心具足して他力念仏を修める直入の道と、以前に聖道の諸行や浄土の雑行を修めたものが後に廻心転向して、他力念仏を修める廻入の道とを区別し、前者が第十八願の道、後者が第十九願および第二十願の道であるというのである。この点、隆寛における

第十九願、第二十願の理解には特色があって、法然の理解とはいささか相違しているといわねばならないが、またこの第十九願、第二十願の道を、基本的には第十八願の道と同格に捉えながらも、それらをともに第十八願の道に対しては廻入の道と解するところ、それは親鸞がこの両願をともに第十八願に対する方便の願と領解したことに、深い近似性が見られるのである。そして隆寛はこの三願、二種の道の中では、『極楽浄土宗義』巻中に、

問う、本土往生の機は第十八願に限るか。答う、弥陀の願意を思ひ浄土の宗意を案ずれば、第十八願を以って正しくその機となすなり。（隆寛全集一、八三頁）

と明かす如くに、第十八願の直入の道こそが、まさしき浄土往生の行道であるというのである。

しかしながら、隆寛自身については、『広疑瑞決集』巻二に、

先師律師つねにの玉はく、隆寛こそ第十九願の機よ、其故は本と円宗の菩提心を発して聖道の出離を期せしほどに、末法に生をうけたる身、涯分をしる故に、聖道の出離の叶ふまじきいはれを心得て浄土門に入れるなり云々。（三師講説発刊所、八頁）

と伝えている如くに、自らは第十九願の廻入の道を歩んだものであって、末法の時代と罪悪深重の自己を知ることを通して、聖道の行業を棄てて他力念仏に廻入したと告白しているのである。

第二項　観仏の道

一、定善観仏の道

次に第二の観仏の道とは、『極楽浄土宗義』巻中に、

問う、観経の中の十三定善の人は報土往生の機と為すや、辺地往生の機と為すや。答う、既に報土の依正を観じて三昧正受の後に豈に報土に往かざるや、是を以って観経の玄義分に云わく、韋提の得忍は第七の観の初に在り、已上。無生忍を得るに報土に往くこと何の疑か有る可きや（中略）当に知るべし、定善の行人は皆報土の機なり。（隆寛全集一、九三～九四頁）

と明かしている如くに、それは『観無量寿経』に説くところの定善観仏の道であって、その観仏の成ずるところ、三昧を発得して、順次に往生をうるという行道である。このことは前引の文からもうかがわれるように、直接には『観無量寿経』に説く韋提得忍の文に基づく理解であろうが、隆寛がこのように観仏往生を許容した理由としては、『具三心義』巻下に、

定善とは思惟して極楽の依正二報を観察する。其の一々の二報の荘厳は即ち是れ弥陀願力の所成なり、名号の功徳の所成なり。彼の荘厳に帰して此の思惟を凝らす、豈に至誠心に非ずや。彼の荘厳を観じて疑心を生せず、豈に深心に非ずや。彼の荘厳を憶うて欣慕懈らず、豈に廻向発願心に非ずや。三心定善を摂するの義其の理是れ明らかなり、応に知るべし。（隆寛全集一、七一～七二頁）

と明かす如くに、定善観仏とは、帰するところ阿弥陀仏の願力を観じ、その名号を観ずることであって、しかもまたその観仏には、必然に至誠心、深心、廻向発願心の三心を具足することになると領解したところに、その論理的根拠を見ることができるのであって、隆寛にとっては、観仏の道もまた結局は前に見た第十八願の念仏の道と同様に、他力に帰し、願力に乗じて往生をうる、他力往生の道にほかならなかったわけである。なおここでいう観仏往生の道とは、上に見た廻向余善往生の道としての、第十九願の諸行を修めたものが後に廻心転向し、念仏して往生するという行道のことではない。まさしく念仏往生に対する観仏往生の道を意味するものである。この点について

は、隆寛が『極楽浄土宗義』巻中に、

十九の願に就いて二種の義有り。一には他力に帰して余行を捨つる、まさにこの人を以って十八願の機に同ず。二には三心を発して後に猶余善を論ず、既に三心を発すが故に余行を論ずと雖も辺地の機に異なる。（隆寛全集一、八四〜八五頁）

と示して、第十九願について二種の意味があり、第十八願の念仏の道に廻入することによって往生をうる廻向余善往生の道と、第十九願それ自身の行道としての三心具足の余行往生の道があることを明かしているが、ここでいう観仏往生の道とは、まさしくかかる第十九願の中の第二の道を意味するものである。

二、観仏往生の許容の問題

以上見てきた如くに、隆寛における浄土往生の行道としては、略示すれば、

三心――称名念仏――臨終来迎→往生

三心――定善観仏――三昧発得→往生

とも明かされるべき、三心具足して専ら称名し、臨終に来迎見仏をえて往生をうるという念仏の道と、三心具足し定善観仏の行を修めて、ここに三昧発得して順次に往生をうるという観仏の道との、二種の行道を語るのであるが、その両者の勝劣については、『極楽浄土宗義』巻中によると、

問う、称名往生と十三定善の機と勝劣有るべきや。答う、若し本願に約さば称名を以って勝と為し、若し行人に約さば観想を以って勝と為す。問う、彼此共に報土に生る何ぞ異有るべきや。答う、念仏は有智無智同じく之を修め、有罪無罪共に之を行う。観想は有智に限り、善人に限る。無智と隔て悪人と隔つ、勝劣是れ分明な

るものをや。問う、定善は廻して生を得る、念仏は真往の業なり、如何。答う、称名は本願の行たるが故に直因と名づく、定善は本願を観ずるが故に廻というのみ、然れども此において三昧を発こす、之を以って勝と為すのみ。（隆寛全集一、九四〜九五頁）

と明かす如くに、称名念仏とはまさしく本願によって選ばれた往生の直因であって、この本願を立場とすれば、当然に念仏の道こそが勝れた道というべきであるとし、また行人の機根の立場に立てば、定善観仏の道こそが有智、善人のみが修めることの可能な、しかもこの現実においてすでに三昧をえて見仏することのできる行業として、より勝れた道というべきであるとするのである。このように隆寛は本願他力の念仏の道に帰しつつも、また他面には観仏の道を許容し、それを極めて高く評価するのであるが、善導、法然によって一度否定廃捨された観仏の行が、こうして再び往生の行業として復活させられてくるということには、隆寛の浄土教における思想的基盤でもあった天台教学の開会思想の影響がうかがえるのであるが、それはまた浄土教思想展開史の立場から見れば、明らかに逆流を意味するというべきであって、この点、隆寛における浄土教思想の特色として注意されるべきことであろう。

第三節　隆寛における信の思想

第一項　三心に対する理解

一、三心の意味

隆寛はその念仏往生の行道について、必ず三心を具足すべきことを明かし、また観仏往生の行道においても、必然に三心を具足しているのであって、この道もまた三心に基づく行道であると理解していることは、すでに見た如くである。ここでいう三心とは、もちろん『観無量寿経』に説くところの、至誠心、深心、廻向発願心を意味するわけであるが、隆寛においては、この三心の性格内容をどのように領解していたのであろうか。

そこで隆寛における三心のそれぞれについての理解であるが、先ず至誠心とは、『極楽浄土宗義』巻中に、

問う、至誠心の相如何。答う、至とは真なり、誠とは実なり。（隆寛全集一、八〇頁）

といい、『具三心義』巻上に、「真実と至誠とその体是れ一」（隆寛全集一、二六頁）と明かす如くに、それは真実なる心のことを意味するものである。しかし隆寛がここで真実心というも、それはただちに自己の心が真実の心でなければならないというのではない。隆寛にとっては、自己の内に真実心を求めることは、あたかも「火の中に水を求め、水の中に火を求」（『散善義問答』隆寛全集二、一五一頁）める如きものであって、まったく不可能なことであった。したがって、いまここで真実心というのは、『散善義問答』に、

本願真実なるが故に之に帰する心を名づけて真実と為す、本願所成の真実の土を望む心なるが故に名づけて真実と為す、然れば則ち所帰の願に約し、所求の土に約して真実心と名づく。能帰の心を以って真実心と為すには非ず、三業悉く真実の他力に帰するが故に、三業の解行皆真実心中に之れを作すなり、真実心に非ずして真実心と為す、尤も是れを密意と為すなり。（隆寛全集二、一五二頁）

と述べる如くに、それは専ら仏の側について語られるものであって、仏に帰する心を、その「所帰の願に約し、所求の土に約して」真実というわけであり、それはまさしく如来の真実に基づくものであって、それがまた、

他力に約して真実心を立つるなり。（『散善義問答』隆寛全集二、一五四頁）

と明かされる所以である。しかもまたこの点について、隆寛は『往生礼讃』の至誠心釈の文を引用するに、「凡そ

三業を起すに真実を須いるが故に至誠心と名づく」（『散善義問答』隆寛全集二、一五二頁）と、「須」を「もちいる」と訓じているが、[10]もしこの訓が隆寛自身のものとして疑いないとすれば、[11]親鸞における同様な転訓読みかえに通じるものが見られてことに注意されるべき点であろう。このことは、すでに衆生の側に一分の真実性も認めないで、ただ如来の側に約してのみ真実を語った隆寛の立場からすれば、まことに当然の転読でもあるわけで、まさしく隆寛自身の読みかえであったろうことが充分に想像されるのである。そしてまたその点について、隆寛は「至誠心も他力に乗じて施す所なり」[12]（『散善義問答』、『隆寛律師の浄土教附遺文集』四八頁）と明かし、また「所発の願已に真実なるが故に所施の他力また真実なり」（『具三心義』巻上、隆寛全集一、二八頁）と述べているのであるが、このように至誠心、真実心が他力所施のものであるという理解は、明らかにそれが如来より廻施されたものであること、すなわち他力廻向であるということを意味するものであろう。先学の論考では隆寛にはいまだ他力廻向の思想はないとされるが、[13]上来指摘した点からすれば、たとえ「他力廻向」という語は見えないとしても、隆寛にはすでにその思想が充分にうかがわれるといいうるようである。この点は、さきの「真実を須いる」という理解とともに、親鸞に先行する他力廻向の思想として注目すべきことである。かくして隆寛においては、この至誠心とは自己自身の心についていうものではなく、ひとえに真実なる「他力に約し」て語られるものであり、それはまったく真実なる「本願に帰するの心」（『具三心義』巻上、隆寛全集一、四四頁）にほかならなかったのであるが、また隆寛は、この至誠心について、『後世物語聞書』には、

まづ一心一向なるこれ至誠心の大意なり。わが身の分をはからひて自力をすてて他力につくこころのただひとすぢなるを真実心といふなり。他力をたのまぬこころを虚仮のこころといふなり。（真聖全二、七六四頁）

と明かしている。このことは『具三心義』巻上に、この至誠心が『小経』の「一心不乱」に相当することを明かし

て、「明らかに知りぬ一心と至心と其の義是れ同じ」（隆寛全集一、二二頁）と述べ、『弥陀本願義』巻二[14]（『遺文集』一〇四頁）に『論註』の三心を挙げて、この至誠心をその淳心（隆寛は深心と理解する）に合して理解していることなどからもうかがわれることであって、隆寛における至誠心とは、また仏に対する「一心一向なる」心、「ただひとすぢなる」心であるともいうことができるのである。

したがって隆寛における至誠心、真実心とは、「真実心に非ずして真実心と為す」と示される如くに、自己自身に真実なしと知ってゆくことを通して、真実なる仏の本願他力に向かって、「ただひとすぢ」に、「一心一向」に、「帰す」心、「たのむ」心であったといいうるわけである。

次に深心については、善導の釈の如くに、基本的には「深心とは即ち是れ深信の心なり」（『具三心義』巻上、隆寛全集一、一九頁）と理解するのであるが、その深の意味については、『具三心義』巻下に、

心本願に帰して、疑い無く慮り無く、信心の深きに由る、信心の深きことは願の真実なるに由る。弥陀の願海深くして底無し、此の願を信じる故に、所信の願に約して名づけて深心と為す。（隆寛全集一、四九頁）

と示す如くに、如来の本願が深い故に、衆生の信心が深い故に、という二種の理由を指摘しているのである。ことにこのような所信の願に約す理解は、上に見た至誠心を本願と浄土に約して至誠真実というと明かすものとともに、約仏の解釈を行なうものであって、これはもと、隆寛が深く学んだ曇鸞の『往生論註』巻下に、五念門行の中の観察門を釈すについて、

此に在りて想を作して彼の三種の荘厳功徳を観ずれば、此の功徳如実なるが故に、修行する者はまた如実の功徳を得る。（真聖全一、三一六頁）

といって、所観の境の功徳がそのまま能観者の上に附与されるという論理に重なるものであって、隆寛におけるかかる解釈は、ここに学んだものとも推察できるようである。そしてさらにそのことは、後に親鸞が「信文類」の三心釈において、本願の三心をともに如来の三心と領解したことに相似するものとして注意をひく点である。そしてこの深心の性格とは、『極楽浄土宗義』巻中に、

問う、深心の相は如何。答う、深く真実の願を信じて永く疑心を生ぜず、之を名づけて深心と為すなり。(隆寛全集一、八〇頁)

という如くに、それは本願を信じて永く疑いなき心のことであり、また『弥陀本願義』巻二に、

決定心は即ち信心深き故なり、信心深ければその心相続せざることなきなり。(『遺文集』一〇四頁)

と示す如くに、決定の心のことであり、またそれは『後世物語聞書』に、

他力をたのみたるこころのふかくなりて、うたがひなきを信心の本意とす。[15](真聖全二、七六四頁)

と明かす如くに、他力をたのむ心のことでもあるというのである。かくしてこの深心とは、無疑決定にして、ひとえに本願他力をたのむ心のことであるといいうるのである。しかしながら、また隆寛は、

当に知るべし、誠心深心唯一体にして二の名を仮立するなり。(『具三心義』巻下、隆寛全集一、四九頁)

といって、この深心は帰するところ至誠心と一体にして、それを仮に分立して深心と名づけたに過ぎないとするのであって、隆寛においては至誠心すなわち深心であったわけである。このような理解は、証空が深心と至誠心を同列に見て、深心とは至誠心の深くなった心のことであるとするものと共通する点として注意されるべきであろう。[16]そしてまた隆寛はこの深心に関して、善導の釈をうけて二種深信について釈すのであるが、この点については後に改めて考察することとする。ともあれ隆寛においては、この深心の釈は極めて簡略である。このことは、深心が帰

するところは決定の心、たのむ心として、至誠心と同一であると理解したことによるものであろう。

次の廻向発願心に対する隆寛の理解は、すでに上にも若干ふれた如くに、独特なものが見られるのである。すなわち、その『散善義問答』に、

> 問う、廻向発願心に就いて三種の義有り。其の中の第一の相は如何。答う、疏に言わく、廻向発願心と言うは過去及び今生の身口意業に修するところの世出世の善根、及び他の一切凡聖の身口意業に修するところの世出世の善根を随喜して、此の自他所修の善根を以って、悉く皆真実の深信中に廻向して、彼の国に生ぜんと願ず、故に廻向発願心と名づくるなり。是れ其の第一の廻向発願心の釈なり。
>
> 問う、第二の廻向発願心の義は如何。答う、疏に言わく、また廻向発願して生ずるものは、必ず決定して真実心中に廻向し、願じて得生の想を作すべし。此の心深信せること金剛の如くなるに由って、一切の異見異学別解別行の人等の為めに動乱破壊せられず、唯是れ決定して一心に捉りて正直に進んで彼の人の語を得ざれ、即ち進退の心有りて怯弱を生じて回顧すれば、道を落ちて即ち往生の大益を失うなり。
>
> 問う、第三の廻向発願心の義は如何。答う、疏に言わく、また廻向と言うは彼の国に生じ已って、還って大悲を起して生死に廻入し、衆生を教化するもまた廻向なり。（隆寛全集二、一六七～一六九頁）

と示す如くに、善導の「散善義」の文を三段に分けて解し、その廻向発願心について三種の意味があるというのである。第一義の廻向発願心とは、その文の当面からすれば、「過現並《?》びに世出世及び自他等の一切の善根を以って、至誠心深心の中に廻向して彼の土に生れんと願ずる」（『具三心義』巻下、隆寛全集一、六〇頁）ことであるが、ここでいう廻向とは、かかる当面の意味とは異なって、上引の『疏』の文に続いてさらに釈を加えて、

> 今の経の心、上品上生の中に於て三心を説くことは、三福業の人をして本願に廻入せしめん為めなり。（隆寛

全集二、一六八頁）

といい、また、

自他の諸善を以って他力の願海に廻入する。（隆寛全集二、一六八頁）

などという如くに、いままで修めたところの自他一切の自力の善根を悉く捨棄して本願念仏の道に転入し、ひたすらに念仏往生を願うところの、廻心転向の心を意味するものである。すなわち、ここでいう廻向発願心とは、すでに上に見たところの第十九願、第二十願の「廻向余善往生」の廻入の道において語られる心であって、それは自己の修めた善根功徳をただちに浄土に向かって廻向するということではなく、それらの行業のことごとくを捨てて、ひとえに本願他力の念仏の道に廻入する心のことなのである。次に第二義の廻向発願心とは、その『疏』の文を受けて、

此の第二番の廻向は正しく是れ本願の中の第三の心なり。（隆寛全集二、一六九頁）

などと示し、また『具三心義』巻下に、

真実の願に帰して無疑無慮なる、之を指して深心と名づく、此の深信の中に於て決定得生の想を起す、之を称して廻向発願心と曰うなり。（隆寛全集一、六〇頁）

と明かす如くに、それはまさしく本願三心の中の「欲生我国」の心に相当するものであって、真実なる本願に帰順し、決定して無疑無慮なる時、その心に基づいて生まれるところの、必ず往生を得るという「決定得生の想」をいうのである。『極楽浄土宗義』巻中に、

問う、廻向発願心の相は如何。答う、真実の願を信じて疑心生ぜざるの故に、聖衆の来迎を待ち、順次の往生を期す、此れ其の第三の心なり。（隆寛全集一、八〇頁）

と明かし、また『後世物語聞書』に、

本願他力の真実なるにいりぬる身なれば、往生決定なりとおもひさだめて、ねがひるたるこころを廻向発願心といふなり。（真聖全二、七六四頁）

と示すものは、同じ意味をあらわすものである。かくしてこの第二義としての廻向発願心とは、信心に基づき、その展開として生まれてくるところの決定得生の想、往生決定の願生心のことであって、それは第一義のそれが廻向の語を主として解するのに対して、ここではむしろ発願の語にアクセントをおく理解というべく、また第一義のそれが第十九願、第二十願の余行の人、廻入の道において語られる心であるのに対して、この第二義はまさしく第十八願の念仏の人、直入の道において語られるものである。次に第三義の廻向発願心とは、すでにその『疏』の文に明らかな如く、往生以後における還来穢国教化衆生なる還相廻向の心をいうものであって、『具三心義』巻下に、

極楽界に生れて後に娑婆に還って衆生を化すことを明かす。（隆寛全集一、七〇頁）

というものがそれである。

以上隆寛においては、廻向発願心とは三種の意味をもつものであったが、その中でも『散善義問答』[17]において、

問う、三種の廻向の中に何を以ってか正と為し本とするや。答う、難じて言わく、第一第三両種の廻向は其の義分明なり、第二の廻向の義は未だ分明ならず、之を以って本と為す如何。会して言わく、第二の廻向とは即ち是れ本願の三心の中の廻向なるが故に尤も本と為す可く、正と為す可きなり。第一の廻向の義は、今の経の三福の釈旨に約し、大経の十九、二十の両願に約して論ず可きなり。（隆寛全集二、七〇頁）

という如くに、第二義の決定得生の想としての願生心こそが、廻向発願心のまさしき意味をあらわすものであると理解しているのである。下に至って指摘する如く、隆寛がこの廻向発願心を、本願の「欲生我国」、『小経』の「応

当発願生彼国土」「已今当発願」の文に相当せしめ、また『論註』の三心中の相続心に相当すると見るのも、すべてこの第二義についての理解であることは明らかである。

二、『観経』の三心・本願の三心・『小経』の三心・『論註』の三心

次に隆寛はこの三心と本願の三心などの関係については、その『具三心義』巻上に、

問う、本願の三心と今経の三心と同と為すや、異と為すや。答う、其の言は異なると雖も其の意是同じ。（隆寛全集一、一九頁）

などと明かして、『観無量寿経』の三心は、そのまま本願の至心、信楽、欲生我国の三心に同一すると見ているのである。しかもまた隆寛は、さらにこの三心を『阿弥陀経』の文中にも求めて、『具三心義』巻上に、

問う、大経観経共に三心を明かす、何故ぞ阿弥陀経の中に三心を挙げずや。答う、誰ぞ謂う小経に三心を明かさずと、或いは一心不乱と言い、或いは難信之法と言い、或いは六方恒沙如来同じく当信是称讃と言い、或いは応当発願生彼国土と言い、或いは已今当発願等と言う。此れ其の三心の文なり。（隆寛全集一、二〇頁）

と述べている。この文およびその前後の文意によると、その中の「一心不乱」とは至誠心に、「難信之法」および「六方恒沙如来当信是称讃」とは深心に、「応当発願生彼国土」および「已今当発願」は廻向発願心に、相当すると解していたとうかがわれるのである。そしてまた隆寛は、『弥陀本願義』巻第二に、

問う、称名念仏は三心を具すや否や。答う、必ず如実修行相応の三心を具すべきなり。問う、其の三心の相は如何。答う、深心、決定心、相続心が其の三心なり。曇鸞言く三種の不相応有り、一には信心淳からず、若しくは存し若しくは亡ぜる故に、二には信心一ならず決定無き故に、三には信心相続せず余念間わる故に（中

略）便ち是の如実修行相応の三心なり。極楽を欣求する、百千万人に得る者一二も無し、偏に此の三心を具せざる故なり。（『遺文集』一〇四頁）

と述べて、曇鸞の『論註』に明かされる如実修行相応の淳、一、相続の三心を、[18]深心、決定心、相続心と理解して、念仏に具足すべき三心とは、またこの『論註』の三心でもあると明かしているのである。かくして隆寛においては、『観経』の三心とは、本願の三心のほか、『小経』の三心、『論註』の三心にそれぞれ同ずるというわけである。隆寛がこの『観経』の三心を本願の三心に相応させたのは、法然の三心観を承けたものであることは明らかであるが、『小経』に三心を指摘し、またことに『論註』の三心に重ねた理解は、隆寛の三心観として特色あるものであろう。[19]

しかしながら、隆寛はまた、この『弥陀本願義』巻二の、『論註』の三心について明かした文に続いて、

問う、何ぞ観経の三心を指さずや、善導の意は観経の三心に就いて若し一心少けなば即ち生を得ずと判ず。答う、観経の三心は散善門に就いての所明なり、弘願の称名の行者は関わるべからず、古今の諸師は其の心存するに似たり、但し必ず観経の三心を具すの義必然なり。学ぶ者思うて知るべし。（『遺文集』一〇四頁）

と述べているのであるが、このことからすると、この『論註』の三心、本願の三心、『小経』の三心と、『観経』の三心とは、相違する面もあるというわけである。このことは『観経』の三心とは、

今の経の心は、上品上生の中に於て三心を説くことは、三福業の人をして本願に廻入せしめる為めなり。（『散善義問答』隆寛全集二、一六八頁）

という如くに、本来は散善門の諸行について説かれた三心であって、それは実は本願念仏の道に廻入せしめるための意味をもち、ことにその廻向発願心とは、本願念仏への廻心転向の心をあらわすものであるというのである。それに対してこの『論註』等の三心は、まさしく本願の称名念仏に具足すべき三心であって、それは直入の道におけ

る心としての、浄土に対するひたすらな帰依願生の心を明かすものであり、そこには明らかに、廻入の道における三心と、直入の道における三心との相違があるわけである。したがって隆寛においては、本願念仏に具足すべき三心とは、ひとえにこの直入の道の三心として、本願、『小経』および『論註』の三心こそ語られるべきであるというのである。

かくして隆寛は、『観経』の三心と、本願の三心、『小経』の三心、『論註』の三心、の同一を明かしながらも、他面『観経』の三心と本願等の三心との相違を語るのである。その問題については、すでに上に見た如くに、隆寛はこの三心の中の廻向発願心のもつ性格を、所修の行を捨てて他力念仏の道に転向する心としての廻心、無疑の深信に基づく得生の想としての願生心、浄土往生の後にうるところの還相廻向の心の三種の意味に理解するものにかかわるのであって、いま『観経』の三心がそのまま本願等の三心と同一であるというのは、その廻向発願心を第二の願生心として解する立場においてであり、それが相違するとは、それを第一の廻心の意味に解する立場からいうものである。かかる点は隆寛の三心観における極めて特徴ある理解であるが、それはまた親鸞における本願の三心と『観経』の三心についての、隠顕一異の解釈とも思いあわされて興味ある問題である。

三、三心の相互関係

次いでこの三心の相互関係については、隆寛はいかに理解していたのであろうか。すでに上の、第五章「善導における信の思想」、第六章「法然における信の思想」において考察した如く、善導の三心観においては、それを廻向発願心に統一する理解があったことがうかがわれ、また法然においては、それを中間の深心に統一して理解したことが明瞭であるが、隆寛においては、『具三心義』巻下に、問う、此れは第三の心を釈するの文段なり、真実心に約し、深信の心に約して、廻向発願の義を判ずること、豈に三心混乱の失無からんや。答う、名は三、体は一なり、此れ其の三心の密意なり、所以は何んぞ、真実の願に帰して無疑無慮なる、之を指して深心と名づく、此の深信の中に於て決定得生の想を起すを廻向発願心と曰うなり、応に知るべし。（隆寛全集一、六〇頁）

と明かし、また『散善義問答』に、

行者の心真実の願に廻向しぬれば疑心生ずること無し、疑心生ぜざるが故に、永く異見異学の為めに妨げられずして往生の大益を成ずるなり。之を以って之を謂わば三心即ち一心なり、一心即ち三心なり、只是れ知り易きことを得しめん為めに三の名を立つるなり。（隆寛全集二、一六九頁）

といって、その三心はもと体は一つであって、三心は即ち一心にほかならないとするのであり、ことにそれを三心に分立することは「只是れ知り易きことを得しめん為め」のものであるというのである。そしてこの三心がどの心に統一されるかについては、すでに上の深心の考察において見た如くに、隆寛においては「誠心深心唯於一体」（『具三心義』巻下、隆寛全集一、四九頁）として、至誠心と深心とは同一の心を意味するものであったが、また上引の二文からすると、およそ至誠心は深心に、そしてその深心はさらに廻向発願心に統一されるという関係にあることがうかがわれるようであるが、ことに『散善義問答』に、

重ねて難じて言う、廻向発願許りにて三種の心の発せる人に同ぜしむる事如何。余の二心を具したる事見えざるや。会して言わく、廻向発願する事は至誠心の起るが故なり、是を以って疏に言わく、自他所修の善根を以って悉く皆真実の深信の心の中に廻向して、彼の国に生れんと願ずる故に、廻向発願心と名づくるなり。明らかに知りぬ、経の廻向発願願生彼国の文の中に、誠心深心は必ず相い具する也。是を以って三心即ち一心の

義は前に述べ了ぬ。（隆寛全集二、一八八〜一八九頁）

と示すことからすると、そのことは一層明瞭である。かくして隆寛における三心相互の関係は、それが本願の三心等と同一であるという立場からいえば、至誠心と深心とは本来同体異名であって至誠心すなわち深心であり、しかもこの至誠心、深心に基づきそれが展開するところ、廻向発願心となるというのであって、三心とはすなわちこの廻向発願心の一心に帰一して理解されているわけである。したがって隆寛における三心に対する領解は、法然が三心を釈するについて、中間の深心に統一して解したことと相違するといわねばならないが、隆寛においても、またその廻向発願心とは、ひとえに深心に基づき、その中において生まれるものであるとするところ、隆寛における三心もまたより本質的には、深心に統一されるべきものであったともいいうるようである。

四、他力所施の三心

以上、隆寛における三心に関する理解を考察してきたが、そこには隆寛自身の特色ある思想が種々に指摘されるのである。その点、いま一つ隆寛の三心の理解について注意されるべきことは、それを「他力の三心」として捉えている点である。すなわち、隆寛は『具三心義』巻上に、

当に知るべし、他力の願に依って三心を発す故に、一々の心は他力の願に依らざるは無し、是の故に所依の願に約して、能依の心を以って他力の三心と名づく。（隆寛全集一、二五頁）

と明かすものがそれである。ここで他力の三心というのは、所依の願、所帰の願としての本願が、「弥陀の本願業力を以って増上縁と為して皆往生することを得」（『具三心義』巻上、隆寛全集一、一八頁）しめんとするところの、他力往生の願であるが故に、その願に帰し、その願をたのんで往生を願う三心を、その所依の願に約して他力の三

心というのである。このように隆寛が、三心をことに他力の三心として理解するのは、基本的には、

浄土門の発心と聖道門の発心との同異如何。答う、其の差別を論ずるに天と地との如く、火と水《?》の如し。聖道門は自ら心を発して自ら果を得る、濁水を澄さざるには行業成ぜず、行業成ぜざるには能く道を得ること能わざるなり。浄土門は信仏因縁を以って、弥陀の願に乗じて彼の国に生ずることを得る。唯し是れ他力の往生なり。他力門に入るの人何ぞ自力門の心を発さんや。(『具三心義』巻上、隆寛全集一、二三〜二四頁)

という如く、自力道と他力道とを明確に判別し、廃立することに基づくものと考えられる。そしてここでいう「他力の三心」の語の意味するものは、その三心がただちに他力廻向のものであるというよりも、それがひとえに他力に帰し、他力をたのむところの三心であるということであろうが、その三心とは、至誠心、深心に基づいて生ずる廻向発願心に帰一するものであって、しかもまたすでに見た如くに、その至誠心が、「他力に乗じて施す所なり」(『散善義問答』)といわれる如くに、如来より廻施されたものであるとすれば、必然にその深心、廻向発願心もまたともに本願他力によって廻施されたものともいうることとなるであろう。このように三心を「他力の三心」さらには「他力所施の心」として理解したところに、隆寛における他力思想の深化を見ることができるのであるが、かかる思想は、また親鸞が「他力の三信心」(『唯信鈔文意』真聖全二、六三四頁)と明かし、またそれを「本願力廻向之信心」(「信巻」真聖全二、七二頁)として領解した思想と、さほどの距離はなかったように思われる。

第二項　隆寛における信の性格

一、隆寛における信の基本的理解

以上隆寛における三心について概観してきたのであるが、さらに改めて、ことにその信の性格について考察をすすめることとする。隆寛における信の性格については、すでにその深心の理解において見た如くに、ただいちずに本願他力をたのんで無疑にして決定なる心のことであったが、それはさらに正確には、『極楽浄土宗義』巻下に、

今此の願意を聞かん者、誰か趣向せず、誰か帰信せざらんや。（隆寛全集一、一〇七頁）

といい、また『弥陀本願義』巻二に、

無人とは此の易往の道を聴くと雖も信順する心無し。（『遺文集』一〇二頁）

などと明かす「帰信」とか「信順」という語が示すように、如来の本願に対する対象的志向的な、帰順帰向の心的態度を意味するものであったといいうるのである。

二、二種深信に対する理解

しかしながら、また隆寛は、この信に関して、善導の釈を承けて二種深信について明かすのであるが、『後世物語聞書』には、「散善義」と『往生礼讃』の文を合糅することによって、

信心にふたつの釈あり、ひとつにはふかく自身は現にこれ罪悪生死の凡夫、煩悩具足し善根薄少にして、つねに三界に流転して、曠劫よりこのかた出離の縁なしと信知すべしとすすめて、つぎに弥陀の誓願の深重なるをもて、かかる衆生をみちびきたまふと信知して、一念うたがふこころなかれとすすめたまへり。（真聖全二、

七六二頁）

と明かし、また『具三心義』巻下には、先ず機の深信について、

初めには自身の罪悪に就いて信を立つことを明かす、いわゆる一者決定深心已下是なり。問う、自身の常に没することを信ずるは往生の為めに何の要かあるや。答う、至誠心の中に精進の相を現じて内に虚仮を懐く人をば、嫌いて雑毒の善と名づけ、嫌いて虚仮の行と名づく、此の人昼夜十二時身心を苦励して往生を願求するも此れ必ず不可なり云々。今此の意を取るに、若し他力を疑って自力を励む者は、自力軽微にして罪悪重大なるが故に常に生死に没して出離の縁無し、他力の願を信ずるにしくはなし。是の故に先ず自力修行の失を挙ぐのみ、此れその往生の要なり。（隆寛全集一、四九～五〇頁）

と示して、はじめの機の深信について明かすに、善導の当面では至誠心について明かした文を引用しつつ、自力の策励をもっては、往生を成ずることが不可能であることを示すものと理解しているのであって、それはまさしく現実の自己が出離の縁なきものと知るべきことを明かしたものとするのである。次に法の深信については、

次に種々の義を以って決定の信を勧めることを明かす、いわゆる二者決定深心已下是れなり。（隆寛全集一、五〇頁）

などと示して、法の深信については、就教立信、就人立信、就行立信の三種に分け、その就教立信とは、浄土三部経の教法について信じることであって、善導の釈では第二より第六の深信を指し、次の就人立信とは、第七深信とその就人立信の釈をいい、凡夫、二乗、菩薩、仏からの難を払って信を建立することであり、次の就行立信とは、その就行立信の釈に相当するものであって、往生の行業としての正行と雑行について示し、正行について立信すべきことを明かすのである。すなわちこの法の深信とは、教と人と行とについて、念仏往生の道こそまことと決定す

べきことを明かしたものとするのである。そしてこの機法二種の相互関係は明確には知りがたいが、上引の文に、「他力の願を信ずるにしくはなし、是の故に先ず自力修行の失を挙ぐのみ」ということからすると、その機の深信とは、専ら法の深信成立のための前提の意味をもつもののようであって、それは法然における二種深信の関係が、「はじめ」と「のち」の関係として理解されていたのと共通するようである（本書第六章「法然における信の思想」参照）。

かくして隆寛における信とは、自己はまったく自力軽微、罪悪深重にして、出離の縁なきものと知ることを前提とし、その深い内省に基づいて成立するところの、念仏往生の本願に対して、ひたすらに帰順し帰向して無疑決定なる心的態度のことであって、隆寛がこの深心と同体異名とする至誠心を釈するのに、

わが身の分をはからひて、自力をすてて他力につくこころ、ひとすぢなるを真実心といふなり。（『後世物語聞書』真聖全二、七六四頁）

といって、それが「自力をすてて他力につくこころ」であると示すものは、かかる信の性格をよく明かしているものであろう。その点、隆寛における信とは、上にも引用した如く、『後世物語聞書』には、善導の二種深信の釈を承けて明かすに、「信知」（真聖全二、七六二頁）という語も用いて、信について知解的な理解のあったこともうかがわれるが、基本的にはいちずなる帰順、帰向の心的態度を意味するものであって、仏教における信の基本的性格としての心の澄浄という思想が、まったく見られないのは充分に注意されるべきことである。

第三項　隆寛における信の地位

一、能入位としての信

そこで隆寛における浄土往生の行道におけるこの信の地位についてであるが、隆寛においては、すでに上に見てきた如く、念仏の道においても、観仏の道においても、ともにその行業の前提として三心を語るのであるが、その意味においては、信心はまたつねに廻向発願心に展開してゆくという態において、その行道の前提をなすものとして能入位に位置するものであることが明瞭である。その点、隆寛における信がその行道において占める地位は明確であるが、なおまた隆寛における行道が、すでに見た如く、

三心──称名念仏──臨終来迎──→往生
三心──定善観仏──三昧発得──→往生

という構造をもっているところ、上の第五章「善導における信の思想」および第六章「法然における信の思想」の論考において、その行道の構造の中の三昧発得や臨終来迎を、心の澄浄としての究竟位の信を意味するものとも捉えたことに重ねていえば、この隆寛における行道もまた、能入信にはじまる臨終来迎見仏、および三昧発得見仏の道として見ることができ、それは信に即していえば、能入位の信から究竟位の信への、信心の成就をめざす行道であったといいえなくもなかろう。しかしながら、隆寛における信の思想においては、かかる理解を示すものは明確には見当らず、基本的にはやはり能入位の信を超えるものではなかったようである。

二、信心と称名の関係

そしてまたこの行道の構造における信心と称名の関係については、その第十八願の念仏の道においては「三心具足念仏往生」(『具三心義』巻下、隆寛全集一、七二頁)といわれる如くに、称名念仏に対する三心の地位は明確に示されているものの、隆寛はまた『後世物語聞書』に、

三心をしれりとも念仏せずばその詮なし、たとひ三心しらずとも念仏だにまふさば、そらに三心は具足して極楽に生ずべし。(真聖全二、七五九頁)

無智のものも念仏だにすれば三心具足して往生するなり。(真聖全二、七六五頁)

と明かす如くに、三心も究極には称名念仏することにほかならぬとして、ひたすらに念仏すれば自ずから三心が具足して、信心も生まれてくるというのである。そのことはまた観仏の道についても同様にいいうることであって、隆寛は『具三心義』巻下に、

彼の荘厳に帰して此の思惟を凝らす、豈に至誠心に非ずや、彼の荘厳を観じて疑心を生せず豈に深心に非ずや、彼の荘厳を憶うて欣慕懈らず豈に廻向発願心に非らずや、三心定善を摂するの義其の理是れ明らかなり。(隆寛全集一、七一~七二頁)

という如くに、定善観仏もまた必然に三心を具足することになると明かしているのである。そしてこのように三心に基づく念仏と、念仏によって生まれる三心、すなわち信心に基づく称名と、称名によって生まれる信心とを語っているのであるが、この矛盾に見える表現はいかに解すべきであろうか。それについて隆寛は、『極楽浄土宗義』巻中に、

問う、本土往生の機の中に三心を具せざる者の有るべきや。答う、有るべからざるなり、所以は何ぞ、本土は

本願の所成なり、当に知るべし、本土と本願と一にして二に非ず、本願は称名なり、称名は即ち三心なり、当に知るべし、称名と三心と同にして異に非ず。然れば則ち十念を指して十声と為すことは願に随うなり、称名に帰する三種の心なるが故に。十声を指して十念と為すことは心に随るなり、三心より出ずる称名の行なるが故に。是を以って三心を発せざるものは本願の念仏に非ず、本願の念仏に非ざるものは本願の土に生ずべからず。（隆寛全集一、八五～八六頁）

と明かして、三心と称名の関係は、「称名に帰する三種の心」「三心より出ずる称名の行」であって、帰するところは、三心は称名におさまり、称名は三心より出るものであり、三心といい称名というも、ついには「称名と三心と同にして異に非ず」と理解しているのである。かくして隆寛においては、時には三心を主として語り、時には称名を主として明かしているが、それは決して矛盾するものではなく、如実の三心のところには称名が必ずしたがい、称名のところにはまた必ず三心が含まれているのであって、両者はついには相即するものであったわけである。

第四項　一念多念の問題

一、一念と多念

そしてこの三心を称名念仏におさめて、称名を主として明かす場合には、必然に多念相続臨終業成的な色彩が濃厚となるのであって、『散善義問答』に、

念仏の行は一発心の後、往生の期に至るまで退転すべからずと勧進するなり、何を以っての故となれば、正しく本願に乗ずる事は最後の一念なり、正しく蓮台に乗ずる事は臨終の一念なり。尋常の一念を以って本願に乗

ずること有り、善導懐感等の人是れなり。其の余の行人は、尋常の念仏の力を以って最後の正念を成就して、本願に乗ずるなり。（隆寛全集二、一九三〜一九四頁）

と説かれる如くに、最後臨終の一念を期して、日々退転なく念仏を励むべきことが勧められるものはそれである。しかもまたこの称名を三心におさめて、三心を主として語る立場からは、必然に平生の一念業成的な理解が生まれてくることになるのである。すなわち、『弥陀本願義』巻二に、

問う、本願文の中には乃至十念と言い、願成就文には乃至一念と言う、不審なり、弥陀超世の願意は十念とやせん、一念とやせん。答う、諸師は十念往生の願と名づけて、上の一形を除き下の一念を除けり、また願成就の文を顧みざるなり。善導の意は念仏往生の願と名づく、上は一形を摂し下は一念を摂す、詮ずる所は、信ずれば称名の功力、若しくは多若しくは少必ず往生を得る。是れ其の本願の意なり、但し超世の願とは正しく一念を指す。（『遺文集』一〇二〜一〇三頁）

と示して、信ずれば唯一声の念仏においてよく往生を成就しうると明かし、ことに弥陀の本願の正意は、まさしくここにあるとまで語っているのであるが、これはその文に明らかな如く、三心をことに信を主として示したものである。したがって隆寛においては、称名念仏について、時には多念相続臨終業成を語り、時には平生における一念業成を明かしているのであるが、それは称名を主とする立場に立つか、三心を主とする立場に立つかの相違によるものであって、この多念相続と一念業成の一見矛盾する明かし方も、実は本質的には何ら矛盾対立するものではなかったのであり、それは『一念多念分別事』に、

一念多念なかあしかるべからず。（真聖全二、七六八頁）

一念をはなれたる多念もなく多念をはなれたる一念もなき（真聖全二、七六七頁）

多念すなはち一念なり一念すなはち多念なり（真聖全二、七六九頁）

などと明かす如くに、一念と多念は、たんに初めと後、部分と全体というような関係ではなくて、まさしく一念即多念、多念即一念として、決していずれかの一方に偏執すべきものではなかったのである。

二、一念業成の思想

すなわち隆寛において領解された一念業成の意味は、法然が「一念の願は二念におよばざらむ機のためなり」（法然全集、六三六頁・『西方指南抄』巻下末、真聖全四、二一六頁）という如くに、それを臨終の機について明かしたものであると理解していたのに対して、隆寛はかかる領解をもっとも主体的に受けとめて、

人のいのちは日々にけふやかぎりとおもひ、時々にただいまやをはりとおもふべし。無常のさかひは、むまれてあだなるかりのすみかなれば、かぜのまへのともし火をみても、草のうへのつゆによそへても、いきのとどまり命のたえんことは、かしこきもをろかなるひとりとしてのがるべきかたなし。このゆへにただいまにても、まなことぢはつるものならば、弥陀の本願にすくはれて、極楽浄土へむかへられたてまつらむとおもひて、南無阿弥陀仏ととなふることは、一念無上の功徳をたのみ一念広大の利益をあふぐゆへなり。（『一念多念分別事』真聖全二、七六六頁）

とて、自己自身の現実存在の相を、時々刻々に死と対決しつつ生きている存在として捉えることにより、平生尋常の一念とは、まさしく、「ただいまやこのよのをはりにてもあらむとおもふべきことはりが一定したるみのありさまなるによりて」（『一念多念分別事』真聖全二、七六七頁）、「ただいまにてもまなことぢはつるものならば、弥陀の本願にすくはれて極楽浄土へむかへられたてまつらむとおもひて」（『一念多念分別事』真聖全二、七六六頁）、「一念

無上の功徳をたのみ、一念広大の利益をあふぎ」（『一念多念分別事』真聖全二、七六六頁）て、南無阿弥陀仏と称えること、すなわち、時々刻々の只今を最後臨終と心得て念仏する、その一声を平生の一念というのであって、それはまたそのままに臨終の一念でもあったわけである。かくしてこのような平生即臨終の一念が、日々相続されてゆくところ、

いのちのびゆくままには、この一念が、二念、三念となりゆく、この一念かやうにかさなりつもれば、一時にもなり二時にもなり、一日にも二日にも、一月にもなり、一年にも二年にもなり、十年二十年にも、八十年にもなりゆく。（『一念多念分別事』真聖全二、七六六〜七六七頁）

と明かす如くに、必然に多念の相続となるわけである。したがって隆寛においては、多念とはつねに只今を臨終と思い取って、刻々におのれの死と対決しつつ、本願をたのんで念仏うるところの一念が、そのまま多念となるのであって、それはたんなる一念の集積としての多念ではなく、その一念一念がそのまま多念であって、只今の一念のほかに多念はなく、かかる絶対現在只今の一念即ち上尽一形の多念であり、上尽一形の多念即ち絶対現在只今の一念にほかならなかったのである。

従来この隆寛の念仏思想における一念多念については、多念義を主張したものであるとする理解と、[20] 一念多念の両義にわたるものであるとする理解があるが、[21] いずれも疑わしい。すでに隆寛自ら『一念多念分別事』を著わして、

一念をたてて多念をきらひ、多念をたてて一念をそしる、ともに本願のむねにそむき、善導のをしへをわすれたり。（真聖全二、七六六頁）

といい、また、

かへすがへすも多念すなわち一念なり、一念すなわち多念なりといふことはりを、みだるまじきなり。（真聖

全二、七六九頁）

などと語ることからすれば、隆寛の本意は、一念多念に偏執すべきでなかったことが明らかである。しかしながら、ここで一念多念に偏執しないということは、一念義と多念義の両義が同時に混在しているということではない。隆寛においてはすでに見た如くに、一念多念相即といいながらも、それはまさしくは絶対現在の只今の一念において語られるものであって、この只今の一念のほかに多念はなかったわけである。かくして隆寛においては、いうなればこの平生の一念こそがすべてであり、この一念にもっとも重要な意味を見るものであったといわねばならないのである。(22)

三、平生の一念を重視する思想

そして隆寛はこの一念について、『一念多念分別事』に、

一念無上の功徳をたのみ、一念広大の利益をあふぐ（真聖全二、七六六頁）

といい、また『滅罪劫数義』には、

一念八十億劫の罪を滅する。（隆寛全集一、五頁）

一声称名の功力長く三界の生死を別る。（隆寛全集一、五頁）

十念の願の中に決定して一念の往生を成就する。（隆寛全集一、六頁）

などと説いて、その一念の称名の功徳の広大なることを明かしているのであるが、もとよりここでいう罪を滅し、三界の生死と別れて、往生を成就する一念とは、

すべてつみ滅すといふは、最後の一念にこそ身をすててかの土に往生するをいふなり。さればこそ浄土宗とは

なづけたれ。(『後世物語聞書』真聖全二、七六二頁)

と示し、また、

正しく本願に乗ずる事は最後の一念なり、正しく蓮台に乗ずる事は臨終の一念なり。尋常の一念を以って本願に乗ずること有り、善導懐感等の人是なり。其の余の行人は、尋常の念仏の力を以って最後の正念を成就して、本願に乗ずるなり。(『散善義問答』隆寛全集二、一九三～一九四頁)

と明かす如くに、それは臨終最後の一念を指すものであった。このように善導、懐感等の高僧は別として、一般の行人が本願に乗托し、罪障を滅して往生をうることは、最後臨終の一念によるというのは、伝統の臨終迎摂の思想を継承するところ当然の理解でもあったが、隆寛はまた、上引の『散善義問答』の文の直後に、さらに平生の一念について、

本願に乗ぜずと雖も尚を乗ずるに等し、真実心を発して他力に帰入するが故に。未だ罪障を滅せずと雖も既に滅せるが如し、他力滅罪の名号を称えて無疑無慮なるが故に。(隆寛全集二、一九四頁)

と注目すべき言葉を加えて、すでに尋常の一念のところ、まだ本願には乗じないけれども、すでに乗じたと等しくなり、いまだ罪障は滅していないけれども、すでに滅した如くであると明かしているのである。すなわち、隆寛は基本的には一般の行人は臨終捨命の一念の時に本願に乗じて往生をうるとしながらも、この現在只今の一念に、より深い意義を見出して、それが「真実心を発して他力に帰入するが故に」、また「他力滅罪の名号を称えて無疑無慮なるが故に」、元来は臨終の一念において語られるべき来迎摂取の利益をここに引き上げて、あたかも善導、懐感の三昧発得の益に同じる如くに、すでにこの平生只今の一念において、本願に「乗ずるに等し」く、罪障を「滅せるが如し」と語っているのである。このことは隆寛が、多念を一念に、臨命終時の一念を平生只今の一念におい

て受けとめていることを如実に物語っているものであって、このように平生只今の一念を高く評価し、ここに深い意義を見出して、その利益を明かしていることは、すでに上にも指摘した如く、天台恵心流の一念信解の思想に連なるものと考えられるが、隆寛の念仏思想の特色としてことに注意すべき点である。そしてまた私はここに、後に親鸞が信の一念において、ただちに成仏は語りえないとしても、すでにその信心の人を「如来と等し」といい、(23)「仏になるべきみとなる」(『弥陀如来名号徳』・その他)と明かしたことと、深い共通性を見出すのである。(24)

しかもまた隆寛においては、この平生只今の一念において、本願に乗じるに等しく、罪を滅する如しというも、それはもとより、決してたんなる一声の称功について語るものではなく、すでに、

詮ずる所は、信ずれば称名の功力若しくは多、若しくは少、必ず往生を得る。(『弥陀本願義』巻二、『遺文集』一〇三頁)

竊かに道理を案ずるに、一念の信に依って速やかに往生を得る。(『滅罪劫数義』隆寛全集一、七頁)

という如くに、その称名の根底としての三心、ことにその信により深い根拠を見ているとうかがわれるのであるが、このことからすれば、隆寛における行道においては、信はまたきわめて重要な意味をもっているのであって、その点はことに注意されるべきである。

このような隆寛における平生の一念の意義についての高い評価、さらにはその根底としての信心に注目する思想は、法然が念仏往生を明かして、専修相続の称名を勧励し、それを継承し発展せしめた親鸞が、信心往生を主張して、ことに平生の信の一念に業成を語ったのに対して、平生只今の一声の称名、さらにはその根底としての信心への注目として、法然から親鸞への思想史的展開の中間に位するものと見ることができるのではあるまいか。以上の論考を結ぶにあたってひそかに思うことである。

註

（1）そのことは信瑞の『明義進行集』からも想像されるが、そこでは「善根純熟してはやくもて発心し、なかく穢土のけ望をたちてた浄土の快楽をねかう」（古典叢書、一六～一七頁）と語っている。

（2）『法然上人行状絵図』第四巻（法然伝全集、二七八頁）によると、隆寛が建久三年（四十五歳）の頃に根本中堂で安居の唱導をつとめた時、法然房の弟子であるという理由で叡山の衆徒が異議をとなえたと伝えているが、とすればその頃にはすでに法然の門下に連なっていたことが考えられる。

（3）『法然上人行状絵図』第三九巻（法然伝全集、二五一頁）参照。『尊号真像銘文』（広本）にのせる「日本源空聖人真影四明山権律師劉官讃」（真聖全二、五九三頁）は、この時の表白文と考えられている。

（4）隆寛六十九歳の著作である『具三心義』巻下の奥書には「浄土宗後塵権律師隆寛敬白」と記しているが、またその七十三歳の著作である『極楽浄土宗義』の巻中および巻下の奥書には「日本天台山首楞厳院戒心谷権律師隆寛」といっている。

（5）『末燈鈔』（真聖全二、六八六頁）、『御消息集』（真聖全二、六九五頁、七〇六頁、七〇九頁）、『血脈文集』（真聖全二、七一九頁）参照。

（6）その巻末の奥書によると、承久二年（一二二〇）隆寛七十三歳の著作であることが知られる。

（7）以下、隆寛の著作の引用については特別の註記のほかは、すべてこの『隆寛律師全集』二巻（昭和一四年一一月・昭和一五年九月刊、真宗典籍刊行会）による。

（8）島地大等『天台教学史』参照。

（9）法然は『選択集』二門章に浄土教伝統の系譜を示して曇鸞を掲げ、また『往生論註』冒頭のいわゆる自力他力判の文を引いている。しかしそれ以前の日本浄土教において、『往生論註』に注目しそれを承けた先蹤としては、智光の『無量寿経論釈』、永観の『往生拾因』、源隆国の『安養集』などがあることも無視できないであろう。

（10）ただしその他のところ『具三心義』巻上（隆寛全集一、四四頁）などでは「べし」と読んでいる。

（11）この『散善義問答』の今日に現存する最も古いものは金沢文庫に所蔵される写本である。それは首尾を欠きまた中間にも散逸の箇所があるが、その註記によると「貞応元年四月二十五日賜長楽寺律師御房御真本於六波羅蜜寺内念仏行人生願房房中未時為興隆仏法利益衆生如形写之了　執筆智慶」（隆寛全集二、一七七頁）とあって、貞応元年隆寛七十五歳の年に、智慶がその真本によって、形の如くに書写したものであることが知られる。この智慶とは

『清水分流記』『浄土法門源流章』にも見られる代表的な門弟である。

(12) ただし隆寛全集本では「至誠心も実て他力に乗じて論ずる所なり」となっているが意味が通じがたい。いまは『隆寛遺文集』によった。

(13) 神子上恵龍『真宗学の根本問題』一四三頁、二七一頁参照。

(14) 以下『弥陀本願義』を引用するについては、すべて平井正戒『隆寛律師の浄土教附遺文集』によることとする。なおその場合には書名はたんに『遺文集』と略記する。

(15) 異本の堺真宗寺蔵室町時代写本によると「深心の大本とす」となっている。

(16) 証空『観経散善義他筆鈔』巻上、西山全書五、一二五頁。

(17) 原文には「第一第二」となっているが、後の文と考えあわすと「第一第三」の誤りであることが明らかであるから、いまはそのように訂正する。

(18)『論註』におけるこの所明を明確に三心と規定するのは、道綽の『安楽集』巻上（真聖全一、四〇五頁）においてである。

(19) この『論註』の三心はまたその本文によると世親の『浄土論』の一心に統摂されるのであるが、このように本願の三心と『論註』の三心とを同一視する理解は、親鸞がその「信巻」の三心釈において、本願の三心をこの『浄土論』の一心に帰一して領解した、思想的先駆をなすものともうかがわれて注意される点である。

(20) 凝然『浄土法門源流章』「長楽寺隆寛律師は多念義を立つ」（大正八四、一九七頁c）、平井正戒『隆寛律師の浄土教』「隆寛は多念主義者にして臨終業成論者であったと見るべきである」（二一五頁）。

(21) 望月信亨『略述浄土教理史』（二七七頁以下）では、隆寛には一念多念の両義が見られるとする。石田充之『日本浄土教の研究』「それは平生一念業成説を内にもつ多念臨終業成説を立てる如き念仏観を主張する」（一六八頁）。

(22) 松野純孝「隆寛の立場」（『浄土学』第二八輯）では、隆寛は一念往生説の立場に立つと理解される。

(23) 拙稿「親鸞における如来と等しの思想」『真宗学』第四一・四二合併号参照。

(24) 松野純孝「隆寛の立場」『浄土学』第二八輯参照。

第八章　聖覚における信の思想

第一節　聖覚の基本的立場

第一項　法然門下における聖覚の立場

親鸞が深く敬慕した浄土教の先達者の中に、隆寛とともに聖覚がある。聖覚は仁安二年（一一六七）に、藤原通憲（信西入道）の子にして天台檀那流の学匠であった安居院の澄憲の息として誕生した。のちに出家して叡山に登学し、檀那流を汲む東塔竹林院の静厳に師事して天台教学を学んだ。またその他、慧心院の顕真や宝地房証真にも学び、さらには父の澄憲の弟子であったとも伝えている。聖覚は若くして天台の学僧として名を成したといわれるが、他面において浄土教にも深く帰依して真摯な浄土願生者でもあった。しかもまた、彼は父の澄憲を承けて唱導弁説にも秀でてその名声が高く、藤原定家は『明月記』に、そのことを讃えて「濁世の富楼那」と述べているほどである。(1) 釈尊の十大弟子にして説法第一といわれた富楼那（Pūrṇamaitrāyaṇīputra）の再誕、それにも匹敵するほどの偉才という讃辞である。(2) 彼はまた父と同じく妻帯生活を営んで、多くは洛北の安居院に居住していたようである。法然との関係については、『明義進行集』巻第三によると、元久二年（一二〇五）法然が病臥した時、九条兼実の請いにより招かれてその治癒を祈ったという。(3) また『明義進行集』巻第三によると、又源空上人に日頃の妙戒をうけ、浄土の法門をつたふ、上人つねにのたまひけるは、吾が後に念仏往生の義すぐにいはむずる人は聖覚と隆寛なりと云々。(古典叢書、五七頁)

と明かして、その正統教義の継承を主張している。また専修寺所蔵の親鸞自筆にかかるもので、かつて法然の御前で報謝の法筵を営んだ時、その導師をつとめた聖覚の表白文であるところの『聖覚法印表白文』によると、聖覚は法然について、

我が大師聖人、釈尊の使者として念仏の一門を弘め、善導の再誕として称名の一行を勧めたまへり。(親鸞全集写伝篇二、二一八頁)

と表し、法然を「我が大師」と呼んでいる。これらの文からすると、そこに師弟の関係も推察されなくはないが、また他面においては、承元元年(一二〇七)の念仏停止を中心とする法然教団に対する権力の弾圧については、つねにその圏外に立っていたことなどからすると、そこに師資関係を見ることには疑問が生まれてくる。かくして両者のかかわりは、師弟というよりも、むしろ法友としての交わりであったと理解するのが穏当のようである。(4) 親鸞はこの聖覚を隆寛とともに「よきひとびと」(『末燈鈔』真聖全二、六八六頁)と讃仰し、また、その著である『唯信抄』を「めでたき御ふみ」(『御消息集』真聖全二、七〇九頁)と呼び、念仏の証権としてしばしば書写して門弟におくり、(5) かつまたそれに学ぶことを勧めている。(6) そしてまたその『唯信抄』については、その中の要文を抜き出してそれに註釈を施した『唯信鈔文意』を著わしている。そのほか『尊号真像銘文』(専修寺本)には、上にふれた『聖覚法印表白文』を集録註解していることも注意されるし、また親鸞には別に聖覚にかかわるもので、上の『聖覚法印表白文』のほかに、但馬親王に送った聖覚の書簡である『御念仏之間用意聖覚返事』や、後鳥羽上皇と聖覚についての夢物語を記した『或人夢』などの書写があって、いま現にその真蹟が専修寺に所蔵されている。もって

聖覚に対する親鸞の傾倒の情況がよくうかがわれるところである。聖覚は文暦二年（一二三五）六十九歳で入寂したという。

その著作としては『例講問答書合』十二巻、『四十八願釈』五巻、『大原談義聞書鈔』一巻、『弥陀本願義疏』一巻、『宗要了因鈔』一巻、『黒谷源空上人伝』（『十六門記』）一巻、『浄土略名目図』一巻などが挙げられるが、今日ではそのいずれも聖覚の撰述としては疑われており、正確には『唯信抄』一巻のみがその撰述として認められている(7)。しかしながら、また法語録としては、上においてふれた『聖覚法印表白文』と『御念仏之間用意聖覚返事』があって、聖覚の思想を伝えるものとして貴重である。そのほかに『閑亭後世物語』(8)に引用される四篇の法語が見られるが(9)、これは『唯信抄』および『聖覚返事』に見られる思想とよく共通している。また『法然上人行状絵図』第三十六巻には「勝尾寺経論開題供養表白文」（法然伝全集、二三八頁）が引用されているが、これにはいささか疑問が残るようである。

第二項　天台教学の教養

聖覚の浄土教思想については、彼はもともと天台教団に属し、檀那流の竹林院静厳に師事したことからすると、その基底には天台教学、ことには中古天台の檀那流口伝法門の教養があり、その影響があったことが推察されるが、『唯信抄』以外にまとまった著作が現存しない以上、それについての詳細はすべて不明である。そしてまたその浄土教が法然浄土教を継承することは充分に明白であって、その『唯信抄』は庶民を対象とする談義本的色彩をもっているとしても、内容的には明らかに法然の『選択本願念仏集』の意趣を伝統しているものである。松野純孝氏はその著『親鸞』の中で『唯信抄』における引用文とその思想表現について、法然の『選択集』の本文および『西方指南抄』の文との対照表を作成されている(『親鸞』二三〇~二三二頁)が、それによると『唯信抄』が『選択集』の組織に準拠し、その引用文や思想表現においても共通する点が多く、また『選択集』に見当たらないものでも『西方指南抄』に多く見られるものがあり、『唯信抄』が基本的には法然の浄土教思想を継承していて、ことにそれは『選択集』に対する、啓蒙的な註釈書の意味をもっていることが明らかに知られるのである。そしてまたそこには、対外的には法然の専修念仏の主張に対する貞慶や高弁らを中核とする旧仏教界からの批判と、対内的には法然門下における一念と多念、信心と称名に関する問題などの教義理解の相違による混乱に対して、法然を伝統して内外の邪義を破斥し、正義を主張せんとする意図が見られることも注意される点である。またことにそれが一般の庶民を対象とする啓蒙的な性格をもったものとして、談義本風なものであるということは、唱導家でもあった聖覚の立場をよく物語っているところである。

第三項　聖覚における浄土教思想の特色

一、第十七願に対する注目

そしてこの聖覚の浄土教思想の特色としては、新しく第十七の諸仏称名の願に注目しているということである。この第十七願に対する理解については、すでに法然においても、その『三部経大意』には、

其の名号を往生の因とし給へる事を一切衆生に遍く聞かしめんが為に諸仏称揚の願を立給へり、第十七の願是也。第十七願に十方世界の無量の諸仏、悉く咨嗟して我が名を称せずと云はば正覚を不取云願を立給へり。次

第十八願に乃至十念若不生者不取正覚と立給へる。此の故によりて釈迦如来の此土にして説給がごとく、十方に各恒河沙の仏ましまして同是をしめし給へるなり。（法然全集、三一頁）

と説いて、この第十七願を諸仏称揚の願と呼び、それが往生の因としての名号を、あまねく衆生に聞かしめるために建立された誓願であることを語っている。しかしながら、その『選択集』の本願章においては、第四の無有好醜の願を明かした後、ただちに第十八の念仏往生の願を挙げているのであって、第十七願は乃至してそれについては何らふれられていない。そのことからすると、この和文の法語においては関説するとしても、それは法然浄土教の全体的綱格においては、あまり重視されていたものとも思われない。それに対して、この『唯信抄』においては、法照の『浄土五会念仏略法事儀讃』の、

如来の尊号は甚だ分明にして、十方世界に普く流行せり。但名を称する有らば皆往を得て、観音勢至自ら来迎したまう。（大正四七、四七七頁c）

という文に基づき、それを引用することを通して第十七願の願意に注目しているのである。すなわち、そこでは、ただ阿弥陀の三字の名号をとなえむを往生極楽の別因とせむと、五劫のあいだふかくこのことを思惟しおはりて、まず第十七に諸仏にわが名字を称揚せられむといふ願をおこしたまへり。この願ふかくこれをこころふべし。名号をもてあまねく衆生をみちびかむとおぼしめすゆへに、かつかつ名号をほめられむとちかひたまへるなり。しからずば仏の御こころに名誉をねがふべからず、諸仏にほめられてなにの要かあらむ。（真聖全二、七四二頁）

と明かす如く、阿弥陀仏はすべての衆生をひとしく救済するために、称名念仏をこそ往生浄土の正因にせんとして、まずその名号を諸仏に称揚讃嘆されて十方の世界に流布せしめようと誓願された、それがこの第十七願建立の意趣

であるというのである。この『五会法事讃』の文の引用は、『選択集』にも『西方指南抄』にも見られないところ、(10)このような第十七願への注目という領解は、法然を継承してそれを展開した聖覚自身の、深い己証に基づくものであったと考えられる。そしてまたかかる理解は、『唯信抄』に、

名号はわづかに三字なれば盤特がともがらなりともたもちやすく、これをとなふるに行住座臥をえらばず時処諸縁をきらはず、在家出家若男若女老小善悪の人おもわかず、なに人かこれにもれむ。(真聖全二、七四三頁)

と明かす如くに、この念仏往生の道とは、出家在家を問わず、いかなる凡愚悪人であろうとも、すべてのものにとって、ひとしく可能な易行の道であると領解する基盤をなすものであって、第十七願にあらわれた「名号をもてあまねく衆生をみちびかむとおぼしめす」ところの如来の悲願に基づいてこそ、はじめてこの念仏往生の道が成立するというのである。その点については法然における念仏の行道が、基本的にはなお私から如来への方向における修善の思想の範疇において捉えられているのに対して、聖覚における念仏の行道とはむしろきわめて顕著に、如来から私への方向において領解されていることがうかがわれるのである。それについては聖覚自身が市井の中に妻帯生活を営みつつ、世俗のただ中にあって仏道を求めていったということ、そしてまたさらに唱導家としてつねに庶民に接近し、そのただ中から仏教を把捉し語りつづけていったという、彼の生きた現実情況からの必然的な理解ということも充分に考えられることである。ともあれ、このような、

ただ阿弥陀の三字の名号をとなえむを往生極楽の別因とせむと、五劫のあひだふかくこのことを思惟しおはりて、まづ第十七に諸仏にわが名字を称揚せられむといふ願をおこしたまへり。

さてつぎに第十八に念仏往生の願をおこして、十念のものおもみちびかむとのたまへり。(『唯信抄』真聖全二、七四二～七四三頁)

という如くに、阿弥陀仏の本願に対する二願開示の領解は、法然の『選択集』における一願建立の把捉から、親鸞の『教行証文類』における五願開示の理解にいたる、思想史的展開の中間的過程の意味を示すものであって、ことに注目すべく、また興味ある点であろう。

二、唯信の道の主張

聖覚の浄土教思想においていま一つ注意されるべき特色としては、その浄土往生の行道が、基本的には唯信の道として把捉領解されているという点である。そのことは法然の『選択集』を継承し、その啓蒙的な註釈書の意味をもつものとして著述された書が、書名を『唯信抄』と題されているところに端的に示されている。鎌倉仏教の特色はその思想における純一性、専修性にあるといいうる。すなわち、法然における「専修念仏」親鸞における「唯以信心」道元における「祇管打坐」などの主張がそれである。このような鎌倉仏教における専修思想の先駆的役割をはたしたものは法然であった。もとよりその思想成立の素因としては、法然に先立つ源信、永観、珍海などの仏教領解の中にも発見できるが、(11)法然の浄土教における行道思想の理解は明快であって、その専修念仏の道とは心行相応の道として、至誠心、深心、廻向発願心の三心、ことには中間の深心（信心）に基づいて、ひたすらに称名念仏することであって、ここに平生に三昧見仏が開け、ないしは臨終に来迎をえて往生をうるというのである。それに対して聖覚の領解は、基本的には法然のそれを継承するとしても、ことに信心の意味を繰返して強調しており、そこには明確に『念仏集』から信心集としての『唯信抄』への展開を見ることができるのである。そして聖覚におけるこのような信心の重視は、彼が学んだ天台教学の教養にかかわるものであろうことが推察される。ことに彼はその檀那流の系統に属して修学したと伝えるが、この檀那流とはもと覚運（九五三～一〇〇七）にはじまるもので、それは『法華経』の奉持とともに阿弥陀仏に対する帰依をも主張して、ことに本覚法門の立場から天台止観と浄土念仏を統一した理観念仏を強調する教学であって、それは源信にはじまる恵心流とともに、叡山浄土教の大きな潮流をなすものであった。その口伝文献の多くは煙滅して詳細は不明であるとしても、それが本覚思想を基底とする理観念仏を主唱するところ、その必然として信を重視する傾向が生成していったであろうことは充分に想像されうるところでもある。いま聖覚における唯信の主張の背景にかかる天台教学の影響が推察されるのである。そしてまたこの聖覚における信心の重視は、法然の没後に『選択集』が開版印行されてより、高弁の『摧邪輪』三巻、『摧邪輪荘厳記』一巻など、一般仏教界から法然の念仏義に対する熾烈な反駁書が出されたが、法然を継承するものにとっては、当然その批判に対して、自らの立場を明確化してゆかねばならなかったことにも深いかかわりがあったと思われる。すなわち、その批判に対する態度については大別すると二つの立場を見ることができるようである。弁長（一一六二〜一二三八）、証空（一一七七〜一二四七）、長西（一一八四〜一二六八）および隆寛（一一四八〜一二二七）における如き、聖道教への妥協の姿勢をもって、それを同じく成仏道として許容する聖浄並列的な立場と、幸西（一一六三〜一二四七）、聖覚（一一六七〜一二三五）、および親鸞（一一七三〜一二六二）における如き、聖道教を否定ないしは方便視して、あくまでも浄土教のみの建立を主張する立場である。前者はことに対外的に聖道教と浄土教との関係の調節に意を配して、その聖道教からのきびしい批判に対しては妥協的な立場をとったものであり、それは法然が自ら『選択集』において、「聖道を捨てて正しく浄土に帰」（「二門章」法然全集、三一一頁）し、さらにはまた「聖道門を閣て選て浄土門に入れ」（「三選の文」法然全集、三四七頁）と選択した立場からすれば、明らかに後退を意味しているといわねばなるまい。それに対して後者は、ことに対内的に浄土教の行道における安心と起行、信心と称名との関係に中心をおくものであって、それは法然における捨聖帰浄の立場をふまえつつ、さらにはその浄土の行道における純化徹底をめざし、他力思想を鮮明化しようとして、安心、信心を重視する立場に立つものであった。法然の意趣からすれば、後者の立場こそが必然であるといいうると思考されるが、聖覚における信心への注目も、またこのような思想的な展開の潮流の中で成立していったものであると理解されるのである。そしてまた聖覚におけるかかる唯信の主張は、そのほか彼自らの在家生活に基づく仏道の志求実践と、唱導家として庶民教化に心をかけたということと、深く関係があっただろうことも充分に想像されるところである。

第二節　聖覚における行道思想

第一項　諸行往生の道

聖覚によって領解された浄土往生の行道とは、諸行往生の道と念仏往生の道の二種の行道であった。

その諸行往生の行道とは、『唯信抄』に、

諸行往生といふは、あるいは父母に孝養し、あるいは師長に奉事し、あるいは五戒八戒をたもち、あるいは布施忍辱を行じ、乃至三蜜一乗の行をめぐらして浄土に往生せんとねがふなり。これみな往生をとげざるにあらず、一切の行はみなこれ浄土の行なるがゆへに。ただこれはみづから行をはげみて往生をねがふゆへに自力の往生となづく、行業もしおろそかならば往生とげがたし、かの阿弥陀仏の本願にあらず、摂取の光明のてらさざるところなり。（真聖全二、七四〇頁）

と明かす如くである。すなわち、父母孝養、奉事師長から五戒八戒の持戒、布施、忍辱の行、ないしは真言秘密の観法、法華一乗の止観の行業など、定散二善の自力諸行を奉行し、それを浄土に廻向して願生する仏道であって、それは浄土への仏道とはいいながらも、阿弥陀仏の光明の照らすことなき非本願の道であって、それはまたきわめて至難な行道であるというのである。

第二項　念仏往生の道

一、専修の道と雑修の道

それに対して念仏往生の行道とは、

念仏往生といふは阿弥陀の名号をとなえて往生をねがふなり。これはかの仏の本願に順ずるがゆへに正定の業となづく。ひとえに弥陀の願力にひかるるがゆへに他力の往生となづく。（『唯信抄』真聖全二、七四〇頁）

と語る如くに、それはひとえに阿弥陀仏の名号を唱称して往生を願求するところの、本願に基づく専修称名の道であって、この行道こそ、いかなる愚人悪人でさえも成仏しうる仏道であるというのである。しかも聖覚はこの念仏往生の道について、さらに専修の道と雑修の道とがあるとして、

つぎにこの念仏往生の門につきて専修雑修の二行わかれたり。専修といふは極楽をねがふこころをおこし、本願をたのむ信をおこすより、ただ念仏の一行をつとめてまたく余行をまじえざるなり。他の経呪おもたもたず、余の仏菩薩おも念ぜず、ただ弥陀の名号をとなえ、ひとへに弥陀一仏を念ずる、これを専修となづく。雑修といふは念仏をむねとすといえども、また余の行おもならべ他の善おもかねたるなり。このふたつの中には専修をすぐれたりとす。（『唯信抄』真聖全二、七四三〜七四四頁）

と明かしている。すなわち、ひとえに弥陀一仏を念じて称仏名号の一行を修習し、その他の余行をまじえない専修の道と、称名念仏をむねとしながらも、なおも余の行業を並べ、他の善根をも兼ねて修める如き雑修の道があるというのである。この専修の理解について、法然はその『選択集』においては、善導を継いで「専修正行」「雑修雑行」(「二行章」法然全集、三一七頁)とて、ひとえに正行、すなわち、五正行を修習することを専修といい、またその五正行を合して称名一行を修めることをも専修といって、この五正行以外の余行諸善の雑行を修習することを雑修と呼んでいるのである。それに対して聖覚においては、専修とはひとえに称名一行のみを修習することをいい、この称名以外の余行を修するはすべて雑修であるというわけである。その点、聖覚においては、五正行における正助兼行の実践でさえもすでに雑修に属するものであって、称名一行以外の修習はすべて雑であり不純であるというのである。ここには法然の思想に対する明確な展開が指摘できるのであって、このような称名念仏一行の主張と助業否定の思想は、すでに法然においてもその萌芽は見えていたとしても⑿、それは浄土教における行道思想の徹底化として、聖覚の行道思想における特色ある領解といいうるであろう。このように聖覚が往生の行業を峻別して称名一行の専修を主張したのは、また、

念仏の門にいりながら、なお余行をかねたる人はそのこころをたづねるに、おのおの本業を執じてすてがたくおもふなり。(『唯信抄』真聖全二、七四四頁)

などと明かす如く、当時の念仏者において、念仏の道に趣入しながらも、なおそれ以前に修習していた過去の行業に執着するものが多かったことに対する批判として生まれたとも思われる⒀。その点については隆寛が念仏の行道について、直入の道と廻入の道を分別し、直入の道とは、第十八願の道として初めから三心具足して他力念仏を修めるものの道であり、廻入の道とは、第十九願の道としての発菩提心修諸功徳なる聖道の行業を修していたものが、

廻心転向して第十八願なる他力念仏に帰入して往生する道と、第二十願の道としての念仏と余行を兼修する浄土門内の雑行雑修のものが、廻心転入して第十八願の他力念仏に帰依して往生をうる道をいうと理解して（本書第七章「隆寛における信の思想」参照）、念仏往生の道に入る以前において修習していたところの「本業」を問題にしていることと、共通する意識があったものとうかがわれるのである。しかしまたそのことは、より徹底していえば、法然の念仏思想を継承するものの中で、弁長、長西らの如き、聖道教や諸行往生の行道をそのまま肯定する思想に対する、きわめて尖鋭的な批判の意味を含み、さらにはまた法然における念仏選択の意趣を、より深化せしめたものであろうことは充分に想像されるのである。しかしまた、聖覚におけるこの専修の道の主張については、

たとへばみやづかえをせむに、主君にちかづきこれをたのみてひとすぢに忠節をつくすべきに、まさしき主君にしたしみながら、かねてまたうとくとおきひとにこころざしをつくして、この人主君にあひてよきさまにいはむことをもとめむがごとし。ただちにつかへたらむと勝劣あらはにしりぬべし。二心あると一心なると天地はるかにことなるべし。（『唯信抄』真聖全二、七四五頁）

と明かす如くに、それが世俗的な宮仕えの倫理、臣下の主君に対する二心なき忠節の心情にしたがって語られているということは、充分に注意されるべきところであろう。この『唯信抄』には、そのほか譬喩をもって示すものが多く、浄土の荘厳相を表わすについて、

たとへばやなぎのえだにさくらのはなをさかせ、ふたみのうらにきよみがせきをならべたらんがごとし。（真聖全二、七四一頁）

と語り、またその行道を明かすについて、浄土門に入りながらなお諸行往生の道を歩むものを指して、

海路にふねにのりながら順風をえず、ろをおしちからをいれて、しおぢをさかのぼり、なみまをわくるにたと

ふべきか。（真聖全二、七四三頁）

と説き、また信心の相状について明かすに、

たとへばわがためにいかにもはらくろかるまじく、ふかくたのみたる人の、まのあたりよくよくみたらむところをおしえむに、そのところにはやまあり、かしこにはかわありといひたらむを、ふかくたのみてそのことばを信じてむのち、また人ありてそれはひがごとなり、やまなし、かわなしといふとも、いかにもそらごとすまじき人のいひてしことなれば、のちに百千人のいはむことおばもちゐず、もとききしことをふかくたのむ、これを信心といふなり。（真聖全二、七四八頁）

と示し、あるいはまた、

たとへば人ありて、たかききしのしもにありてのぼることあたはざらむに、ちからつよき人きしのうえにありて、つなをおろして、このつなにとりつかせてわれきしのうえにひきのぼせむといはむに、ひく人のちからをうたがひ、つなのよはからむことをあやぶみて、てをおさめてこれをとらずば、さらにきしのうえにのぼることうべからず。ひとへにそのことばにしたがふてたなごころをのべてこれをとらむには、すなわちのぼることをうべし。仏力をうたがひ願力をたのまざる人は菩提のきしにのぼることかたし。ただ信心のてをのべて誓願のつなをとるべし。（真聖全二、七四九〜七五〇頁）

と述べている。そしてまた臨終の念仏の功徳を明かすについては、

これをおもふに、やまひおもくいのちせまりて、みにあやぶみあるときには、信心おのづからおこりやすきなり。まのあたりよの人のならひをみるに、そのみおだしきときは医師おも陰陽師おも信ずることなけれども、やまひおもくなりぬれば、これを信じてこの治方をせばやまひいえなむといえば、まことにいえなむずるやう

におもひて、くちににがきあぢわいおもなめ、みにいたはしき療治おもくわう。もしこのまつりしたらばいのちはのびなむといえば、たからおもおしまず、ちからをつくしてこれをまつりこれをいのる。これすなわち、いのちをおしむこころふかきによりて、これをのべむといえばふかく信ずるこころあり、臨終の念仏これになずらえてこころえつべし。（真聖全二、七五一～七五二頁）

とも語っているのである。聖覚においてはこのように浄土の荘厳、浄土の行道、信心の相状、さらにはまた念仏の功徳などについて、日常的な譬喩を用い、世俗的な論理をもって明かすことが多い。そのことはひとえに彼が唱導家としてつねに庶民の間にあって、念仏の教法を平易に理解し、またそれを心えやすく説き伝えようとしたことの必然でもあったと考えられるが、しかしまた、浄土の教法をそのような世俗的な次元において捉え、その世俗性を否定するところの出世の論理をもたない表現には、出世に属すべき信の、世俗への短絡埋没として、深い疑問が感じられるところである。ことにその専修の道が、世俗の次元での主君に対する臣下の忠節の心情と重層して理解されているという点については、はたして浄土教における信の性格とは、このような世俗的な主君に対する忠節の心情、その倫理と共通して捉えられうるものであろうか、大きな問題が残ると思われる。その点、聖覚の浄土教思想としては充分に注意されるべきところである。(14)しかしまた、このように聖覚における称名一行の主張に基づく助正兼行否定の領解は、親鸞における助正兼行を雑修として排斥する思想に連なるものとして注目すべき点であろう。(15)

二、専修称名一行の道

かくして聖覚におけるまさしき念仏往生の道とは、ひとえに専修称名一行の行道であって、この道こそ「本願に順ぜる」（『唯信抄』真聖全二、七四四頁）ところの「すぐれた」（『唯信抄』真聖全二、七四四頁）る行道であるという

のである。そしてその行道の内容については、『唯信抄』に、

念仏をまふさむには三心を具すべし。ただ名号をとなふることはたれの人か一念十念の功をそなえざる。しかはあれども往生するものはきわめてまれなり、（中略）よの中に弥陀の名号をとなふる人おほけれども往生する人のかたきは、この三心を具せざるゆへなりとこころうべし。（真聖全二、七四六〜七四七頁）

と明かし、また、

専修といふは極楽をねがふこころをおこし、本願をたのむ信をおこすより、ただ念仏の一行をつとめて、また く余行をまじえざるなり。（真聖全二、七四三〜七四四頁）

と説く如くに、『観無量寿経』の三心に基づく称名念仏の修習の道であって、ここに臨終において弥陀の来迎をえて往生をうるというのである。このことは善導浄土教における安心、起行、作業の行道思想[16]、法然浄土教における心行相応の行道思想[17]を継承するものにほかならないが、その善導が行道における作業を論じて厳格な浄業の実践法を規定し、法然がその行道において、自ら日課六万遍ないし七万遍の称名念仏を修習したと伝えられるに比して、聖覚における専修なる称名念仏とは、その『唯信抄』に、

もとより濁世の凡夫なり、ことにふれてさわりおほし、弥陀これをかがみて易行の道をおしえたまへり。ひめもすにあそびたはぶるるは散乱増のものなり、よもすがらねぶるは睡眠増のものなり。これみな煩悩の所為なり。たちがたく伏しがたし。あそびやまば念仏をとなへ、ねぶりさめば本願をおもひいづべし。専修の行にそむかず。（真聖全二、七四五〜七四六頁）

と語る如くに、「あそびやまば念仏をとなへ」「ねぶりさめば本願をおもひいづ」という道であって、そこには専修の道とはいいながらも、善導、法然に見られる行業よりも、一層徹底した易行易修なる凡愚相応の行道として理解

されているのである。[18]その点については、また但馬親王宛の聖覚の書簡である『御念仏之間用意聖覚返事』に、

御念仏の事日々の御所作は更に不浄の障りを被むるとは作さず候。念仏の本意は只常に念ずるを要と為し候。行住坐臥、時処諸縁を簡ばず候なり。但毎月一日に殊に御精進潔斎にて御念仏す可き事なり。其の外の日々の御所作は御手水計りにて候べきなり。此の旨を以って披露せしめ給うべく候。恐々謹言。十二月十九日　法印聖覚[19]（親鸞全集写伝篇二、二二一頁）

と明かすところにも見られる理解であって、そこでは称名念仏行の実践についての若干の用心が明かされているとしても、それは毎月一日だけの精進潔斎と日々の御手水の程度であって、その他については、いかなる行住坐臥、時処諸縁をもえらばず、障りとはならないというのである。ここにもまた聖覚において把捉された専修称名の行道の徹底した易行易修性がうかがわれるわけである。かくて聖覚における浄土往生の行道とは、基本的には、

三心――専修称名――臨終来迎――→往生

なる庶民大衆に相応する易行易修の仏道であったといいうるのである。

第三節　聖覚における信の思想

第一項　三心に対する理解

一、三心の意味

聖覚における浄土往生の行道における三心とは、『観無量寿経』に説くところの至誠心、深心、廻向発願心の三

心を意味している。その至誠心とは、『唯信抄』に、

至誠心これすなわち真実のこころなり。おほよそ仏道にいるにはまづまことのこころをおこすべし。そのこころまことならずばそのみちすすみがたし。阿弥陀仏のむかし菩薩の行をたて浄土をまうけたまひしも、ひとへにまことのこころをおこしたまひき。これによりてかのくににむまれむとおもはむもまたまことのこころをおこすべし。その真実心といふは不真実のこころをすて真実のこころをあらわすべし。まことにふかく浄土をねがうこころなき人にあふてはふかくねがふよしをいひ、内心にはふかく今生の名利に著しながら外相にはよをいとふよしをもてなし、ほかには善心ありたうときよしをあらはして、うちには不善のこころもあり放逸のこころもあるなり。これを虚仮のこころとなづけて真実心にたがえる相とす。これをひるがへして真実心おばこころえつべし。このこころをあしくこころえる人は、よろづのことありのままならずば虚仮になりなむずとて、みにとりてはばかるべく、はぢがましきこともも人にあらはししらせて、かへりて放逸無慚のとがをまねかむとす。いま真実心といふは浄土をもとめ穢土をいとひ、仏の願を信ずること真実のこころにてあるべしとなり。

（真聖全二、七四七〜七四八頁）

と明かす如くである。すなわち、この至誠心とは、仏道に趣入するについて先ず要求されるところの心として、「不真実のこころをすてて真実のこころをあらわす」ことであって、実際には深く浄土を願求する心もないのに、他人に向かっては浄土を願うべきことを語り、内心には今生の名利に執着しながら、外相には出世をめざす相をよそおい、外には善心あって尊き姿を見せながらも、内には不善放逸の心を宿しているという如き、虚仮の心、不真実の心を離れ、それと相違した心を真実心というのである。しかしながら、そのことはまただからといって、自己の本性が本来不善放逸なるところ、すべてが内外相応するありのままなる姿でなければならぬといって、憚るべく、

慚ずべきおのれの不善放逸をも、ことさらに外相にあらわして無慚無愧の相を示せというわけでもない。それは「ことによりおりにしたがひてふかく斟酌」(『唯信抄』真聖全二、七四八頁)すべきであり、ひとえに浄土を求め穢土を厭うて仏願に向かうについて、内心と外相の相応するただひとすじの心をいうわけである。

次の深心とは、『唯信抄』に、

深心といふは信心なり。まづ信心の相をしるべし。信心といふはふかく人のことばをたのみてうたがはざるなり。たとへばわがためにいかにもはらくろかるまじく、ふかくたのみたる人のまのあたりよくよくみたらむところをおしえむに、そのところにはやまあり、かしこにはかわありといひたらむを、ふかくたのみてそのことばを信じてむのち、また人ありてそれはひがごとなり、やまなしかわなしといふとも、いかにもそらごとすまじき人のいひてしことなれば、のちに百千人のいはむことおばもちゐず、もとききしことをふかくたのむ、これを信心といふなり。いま釈迦の所説を信じ、弥陀の誓願を信じてふたごころなきこと、またかくのごとくなるべし。(真聖全二、七四八頁)

と説く如くである。すなわち、その深心というは信心のことであって、それは「ふかく人のことばをたのみてうたがはざる」ことであり、ひとたびたのんだ後に、たとえそのことが虚妄であり不実であるといいまどわされても、「もとききしことをふかくたのむ」ことをいい、かかるいちずなる心をもって、釈迦の所説、弥陀の誓願を深くたのむことを、深心といい、信心というのである。聖覚はこの信心について、さらに善導の二種深信の釈を継承して明かすが、この信心の理解についての詳細は後に改めて考察することとする。

次にまた廻向発願心とは、『唯信抄』に、

廻向発願心といふは名のなかにその義きこえたり、くわしくこれをのぶべからず。過現三業の善根をめぐらし

て極楽にむまれむと願ずるなり。（真聖全二、七五〇頁）

と語る如くである。すなわち、廻向発願心とは、自己が過去および現在において修習せるところの三業にわたる善根功徳を、浄土に廻して往生を願求する心をいうわけである。しかしながら、またその三心を明かすについて、『唯信抄』に、

浄土をまつことうたがひなければ廻向のおもひあり。（真聖全二、七五〇頁）

と明かす文からすると、この廻向発願心とは、ひとえに信心の確立に基づくところの、浄土に対する決定要期の心、作得生想の念を意味するものであるとも理解されるのである。以上が聖覚における三心についての基本的な理解であるが、『唯信抄』においては、この『観経』の三心について明かすのみであって、本願文の三心については何らふれることがなく、『観経』の三心と本願の三心との関係は不明である。

二、三心の相互関係

そしてこれら至誠心、深心、廻向発願心の三心の相互関係については、

信心決定しぬれば三心おのづからそなわる。本願を信ずることまことなれば虚仮のこころなし。浄土をまつことうたがひなければ廻向のおもひあり。このゆへに三心ことなるににたれども、みな信心にそなわれるなり。（『唯信抄』真聖全二、七五〇頁）

と明かす如く、三心の各相は相違すると見えても、それらは本質的には本願を信ずる心としての深心に具するものであって、三心は深心、すなわち、信心の一心に統摂されるというのである。

以上、聖覚における三心の理解について見たわけであるが、それは基本的には法然の思想を継承しているといい

うるが（本書第六章「法然における信の思想」参照）、親鸞によって聖覚とともに敬仰された隆寛の三心の理解に比較すると、かなりの相違を見ることができるのである。すなわち、隆寛においては、至誠心とは、一心一向に阿弥陀仏の本願に帰するところの真実なる心のことであるが、その真実とは衆生の側において語られるものではなくて、帰するところの本願が真実なる故にその心を真実の心というと理解している。また深心とは、その仏の本願に対する無疑決定の心のことであるが、それが深いといわれるについても、帰するところの願海が深い故に、それをたのむ心を深心というと明かしている。またその廻向発願心とは、三義があって、一には余善余行をすてて本願の他力念仏に廻心転向する心、二には本願をたのんで無疑無慮なる時、その心に基づいて生まれてくるところの決定得生の心、三には浄土に往生をとげることにおいて成立するところの、還来穢国教化衆生の還相廻向の心をいうのである。隆寛におけるこの三心の理解において、至誠心、深心についての所帰の本願にかえして捉える約仏的な解釈は、きわめて特色のある点であり、またその廻向発願心に対する三義の理解も興味あるところであるが、それに対比すると、聖覚における三心の理解は、どこまでも伝統的な約生の立場に立つものである。そしてまた隆寛がその三心を捉えるについて、深心のほかに、一面においては廻向発願心に帰一して理解する点についても相違が見られるところである（本書第七章「隆寛における信の思想」参照）。

第二項　聖覚における信の性格

一、二種深信に対する理解

かくして聖覚においては至誠心、深心、廻向発願心の三心は、深心、すなわち信心に統一されるというわけであ

るが、聖覚における信心とは、すでに上にも見た如くに、

信心といふはふかく人のことばをたのみてうたがはざるなり。たとへばわがためにいかにもはらくろかるまじく、ふかくたのみたる人の、まのあたりよくよくみたらむところをおしえむに、そのところにはやまありかしこにはかわありといひたらむをふかくたのみて、そのことばを信じてむのち、また人ありてそれはひがごとなり、やまなしかわなしといふとも、いかにもそらごとすまじき人のいひてしことなれば、のちに百千人のいはむことおばもちゐず、もとききしことをふかくたのむ、これを信心といふなり。（『唯信抄』真聖全二、七四八頁）

と明かすところの、「ふかく人のことばをたのみてうたがはざる」こと、「もとききしことをふかくたのむ」ことをいうものであった。そしてまた聖覚はこの信心の内容について、『唯信抄』に、

いまこの信心につきてふたつあり、ひとつにはわがみは罪悪生死の凡夫、曠劫よりこのかたつねにしづみつねに流転して出離の縁あることなしと信ず。ふたつには決定してふかく阿弥陀仏の四十八願、衆生を摂取したまふことをうたがはざれば、かの願力にのりてさだめて往生することをうと信ずるなり。（真聖全二、七四八頁）

などと述べる如く、この信心について二種の信を語っている。このことは善導の「散善義」（真聖全一、五三四頁）および『往生礼讃偈』（真聖全一、六四九頁）に明かされる二種深信の釈に基づくことは明瞭である。聖覚はここではそれについて、機に対する深信とは、我が身のほどを計ろうて、罪障のつもれること多く、善心の起ること少なき自己は、永劫に出離することなし、いかにしてか仏に救われうるであろうかと、むなしく自己を卑下し仏智を疑惑することを誡めるものであり、法に対する深信とは、いかに罪障深重なりとも、また散乱放逸のものであろうとも、阿弥陀仏は願力無窮、仏智無辺にして、必ず我れを救いたもうと信ずべきことを明かすものであると理解して

いる。その意味においては、聖覚における二種深信の理解は、親鸞において捉えられたところの、自己の現実存在の相に対する信知と如来の本願大悲に対する信知の、緊張する両極の矛盾的な対応とその統一という如き領解とは相違して、それは前後の関係において、しかもまた、その機の深信とは法の深信に対する前提的な誡めの意味をもつものといいうるようである。その点については、法然がこの二種深信を釈すについて、『往生大要鈔』に、

はじめはわが身のほどを信じ、のちには仏の願を信ずる也。ただしのちの信心を決定せしめんがために、はじめの信心をばあぐる也。(法然全集、五八頁)

と明かして、それを「はじめ」と「のち」の前後の関係において把捉する理解に連なるものと考えられる。

二、聖覚における信の基本的理解

かくして聖覚における信とは、まさしく「ふかく人のことばをたのみてうたがはざる」ことであり、「もとききしことをふかくたのむ」ことであって、それはすなわち、上にも引いた如く、『唯信抄』に、

たとへば人ありてたかききしのしもにありてのぼることあたはざらむに、ちからつよき人きしのうへにありて、つなをおろして、このつなにとりつかせてわれきしのうへにひきのぼせむといはむに、ひく人のちからをうたがひ、つなのよはからむことをあやぶみて、てをおさめてこれをとらずば、さらにきしのうへにのぼることうべからず。ひとへにそのことばにしたがふてたなごころをのべてこれをとらむには、すなわちのぼることをうべし。仏力をうたがひ願力をたのまざる人は菩提のきしにのぼることかたし。ただ信心のてをのべて誓願のつなをとるべし。(真聖全二、七四九〜七五〇頁)

と明かし、また、

やまひおもくいのちせまりて、みにあやぶみあるときには、信心おのづからおこりやすきなり。まのあたりよの人のならひをみるに、そのみおだしきときは医師おも陰陽師おも信ずることなけれども、やまひおもくなりぬれば、これを信じてこの治方をせばやまひいえなむといえば、まことにいえなむずるやうにおもひて、くちににがきあぢわいおもなめ、みにいたはしき療治おもくわう。もしこのまつりしたらばいのちはのびなむといえば、たからおもおしまず、ちからをつくしてこれをまつりこれをいのる。これすなわち、いのちをおしむこころふかきによりて、これをのべむといえばふかく信ずるこころあり。（中略）これすなわち、くるしみをいとふこころふかく、たのしみをねがふこころ切なるがゆへに、極楽に往生すべしときくに信心たちまちに発するなり。いのちのぶべしといふをききて、医師、陰陽師を信ずるがごとし。（真聖全二、七五一～七五二頁）

と示す如くである。すなわち、聖覚における信とは、あたかも水に溺れるものが岸より下ろされた救助の綱を、何んの猶予疑惑もなくて、その言語の通りに手をのべて取るように、「ただ信心のてをのべて誓願のつなをとる」ことであり、あるいはまた「やまひおもくいのちせまりて、みにあやぶみあるときには、信心おのづからおこりやすきなり」とも語られる如く、重病のものが延命を願ってよく治方にしたがい、苦い薬も服し、厳しい療治にも耐え、さらにはその回癒のためには莫大な財宝をも投じて祈禱するように、ただひとすじに阿弥陀仏の本願をたのみ、それに対して帰向依憑する心をいうのである。しかもまた、そのような一向なる依憑の心は、すでに上においても指摘した如くに、

たとへばみやづかえをせむに、主君にちかづきこれをたのみてひとすぢに忠節をつくす（『唯信抄』真聖全二、七四五頁）

と明かされる如き、世俗的な倫理、忠節の心情に重層して理解される点が見られることは、聖覚における信の思想

においては充分に注意されるべきところであろう。

かくて聖覚における信の性格は、他面においては「深く弥陀の本願を信知し」(『閑亭後世物語』巻下、続浄全四、五〇頁)と明かし、「信知」という表現も見られて信についての知解的な理解もうかがわれるが、全体的には対象に向かうところのいちずなる帰向依憑の心情を意味するものであって、それは仏教における信の基本的な性格としての、知解的な信認決定、ことには心の澄浄性という如きもの(本書第一章「『無量寿経』における信の思想」参照)、さらにはまた、親鸞における「信心の智慧」(『正像末和讃』真聖全二、五二〇頁)と明かされる如き、まったく主体的な自己自身の存在そのものの変革にかかわり、まことの人間成長を意味するという如き信とは[20]、かなりの距離があるといわねばならないようである。

第三項　聖覚における信の地位

一、能入位としての信

そこで聖覚における浄土往生の行道におけるこの信心の地位については、すでに上に見た如くに、その行道の構造とは、三心、専修称名の道であって、その行道においても、ことに『唯信抄』には、

つぎに念仏をまふさむには三心を具すべし。ただ名号をとなふることは、たれの人か一念十念の功をそなえざる、しかはあれども往生するものはきわめてまれなり、これすなわち三心を具せざるによりてなり。(真聖全二、七四六頁)

と明かし、また、

よの中に弥陀の名号をとなふる人おほけれども、往生する人のかたきは、この三心を具せざるゆへなりとこころうべし。（真聖全二、七四七頁）

と示して、その行道における三心の必具性を強調しているのである。そしてまたこの三心とは、上に見た如くに中間の深心、すなわち信心に帰一するものであって、その行道における三心の必具性とは、さらには信心の必具性を意味するものにほかならず、聖覚は『唯信抄』に、

ただ信心を要とす、そのほかおばかへりみざるなり。（真聖全二、七五〇頁）

と説いて、行道における信心の地位のもつ意義を明確化しているが、その信はこの行道においては能入位の地位を占めるものであることも明らかである。しかしながら、また聖覚における信の地位については、その行道が信心と称名に基づく臨終来迎を語るところ、それは上に見た法然および隆寛における行道に対する解釈に重ねていえば、その臨終来迎とは、本質的には正念見仏として心の澄浄なる究竟位の信に相当するとも捉えられるわけである。もしかかる視点に立つとすれば、この聖覚の行道もまた、能入位の信から究竟位の信へという信心成就の道であったともいいうるでもあろうか。しかし、聖覚の信の理解については、その著作の文面によるかぎり、なお能入位の信を超えるものではなかった。

二、信心と称名の関係

そしてまた聖覚においては、その行道における信心と称名の関係とはいかなるものであったろうか。法然の専修念仏の行道においては、基本的には心と行との相応の道として三心具足の称名念仏行を明かし、さらには、その三心を深心すなわち信心に帰一して、信心必具の称名の道を主張しているわけである。しかし、また法然は、その

『一枚起請文』に、

ただ往生極楽のためには、南無阿弥陀仏と申してうたがひなく往生するぞとおもひとりて申すほかには別の子細候はず。ただし三心四修なんど申す事の候は、みな決定して南無阿弥陀仏にして往生するぞとおもふうちにこもり候なり。（法然全集、四一六頁）

と明かし、また「聖光聖人伝説の詞」には、

又上人のの給はく、源空の目には三心も南無阿弥陀仏、五念も南無阿弥陀仏、四修も南無阿弥陀仏なりと。（法然全集、四五九頁）

と示す如くに、究極的にはその信心をも称名一行に帰納して理解するものであった。そのことはまた隆寛にも共通するものであって、隆寛はその『後世物語聞書』に、

三心をしれりとも念仏せずばその詮なし。たとひ三心しらずとも念仏だにまふさば、そらに三心は具足して極楽に生ずべし。（真聖全二、七五九頁）

無智のものも念仏だにすれば三心具足して往生するなり。（真聖全二、七六五頁）

などと明かす如く、三心を称名念仏に帰結して理解しているのである。

それに対して聖覚における三心すなわち、信心の必具性の強調は、すでに上に見た如くに、きわめて明確であり、その「唯信」という主張はまことに鮮活である。しかしながら、なお注意すべきことは、この聖覚における行道の体系としては、やはり法然を継承するところの専修称名の思想を超え出るものではなく、「ただ信心を要とす」といい、「唯信」を主張するといっても、それはなお称名第一主義なる念仏一行の行道における、本願に対するいちずなる帰向依憑なる態度を強調するものにほかならず、それは親鸞における唯信の思想の如くに、称名念仏と相即

し、ないしはその範疇を超えて明かされるものではなかったのである。

第四項　一念多念の問題

一、一念と多念

そしてまた聖覚における一念多念の問題については、聖覚においては、念とは、

十念といえるはただ称名の十返なり。本願の文これになずらえてしりぬべし。(『唯信抄』真聖全二、七五一頁)

などと述べる如くに、それは称念仏名を意味することが明らかである。そしてその一念の主張については、『唯信抄』に、

往生の業一念にたれりといふは、その理まことにしかるべし。(真聖全二、七五五頁)

一念をすくなしとおもひて徧数をかさねずば往生しがたしとおもはば、まことに不信なりといふべし。(真聖全二、七五五頁)

一念といえるはすでに経の文なり。これを信せずば仏語を信ぜざるなり。(真聖全二、七五五頁)

と明かし、またその多念の主張については、『唯信抄』に、

一念の義をたててみづから念仏の行をやめつ、まことにこれ魔界たよりをえて末世の衆生をたぶろかすなり。(真聖全二、七五四～七五五頁)

いよいよ功をかさねむこと要にあらずやとおもふて、これをとなえばひねもすにとなへ、よもすがらとなふとも、いよいよ功徳をそへ、ますます業因決定すべし。(真聖全二、七五五頁)

と述べている。それは一念の立場を肯定し、また多念の立場をも肯定した文言である。かくして聖覚においては、この一念多念の問題については、いずれの主張にも執ずることを不可とすることが明らかであって、

一念決定しぬと信じて、しかも一生おこたりなくまふすべきなり。これを正義とすべし。(『唯信抄』真聖全二、七五五頁)

と語る如く、一念決定と信じてしかもなお多念をはげむべきことこそが、その本意であったことが知られるのである。その点については、また『閑亭後世物語』巻下に引用する聖覚の法語に、

聖覚法印の云く、或人の云く一念往生の本願を知らずして、多念の数遍をかさねるも迷へる心也。一念の功力を信じては何の料にか多念をはげまんと云々。此義は其信心の程は深目出度けれども其詞最も過分也。一念の功力実に往生に不足無と知らば弥こそ喜こんでなほ多く申さんと思ふべけれ、一念を疑ひて多念を申さんと思ふも多念皆不定の業なるべし。多念を謗て一念を執するもひが事也。一念に決定往生すべしとしりぬる名号ならば、夜も昼も徒に明し徒に暮さず申て功徳を弥副とこそ思べき事なれと云々。(続浄全四、四六〜四七頁)

と示すものにも共通し、また『古今著聞集』巻第二によると、聖覚は後鳥羽院の質問に対して、

行をば多念にとり信をば一念にとるべきなり。(日本古典文学大系八四、一〇二頁)

と答えたというが、それもまた聖覚のかかる立場を伝えるものである。

このような聖覚における理解については、法然における、

信おば一念に生ととりて行おば一形をはげむべし。(『西方指南抄』巻下本、『十一箇条問答』真聖全四、二一六頁)

と明かし、また、

惣じてこれをいへば、上は念仏申さんと思ひはじめたらんより、いのちおはるまでも申也。中は七日一日も申

し、下は十声一声までも弥陀の願力なればかならず往生すべしと信じて、いくら程こそ本願なれとさだめず、一念までも定めて往生すと思ひて退転なくいのちおはらんまで申すべき也。（『浄土宗略抄』法然全集、五九六頁）

と語るところの思想を、よく継承していることがうかがわれるところである。そしてまた隆寛がその『一念多念分別事』を著わして、

一念多念なかあしかるべからず。（真聖全二、七六八頁）

一念をたてて多念をきらひ、多念をたてて一念をそしる、ともに本願のむねにそむき、善導のをしへをわすれたり。（真聖全二、七六六頁）

と明かすことも共通して想起されるところである（本書第七章「隆寛における信の思想」参照）。

二、一念業成の思想

しかしながら聖覚は、『唯信抄』において、尋常の念仏と臨終の念仏を対比して明かすに、

これすなわち、くるしみをいとふこころふかく、たのしみをねがふこころ切なるがゆへに、極楽に往生すべしときくに信心たちまちに発するなり。いのちのぶべしといふをききて、医師、陰陽師を信ずるがごとし。もしこのこころならば最後の刹那にいたらずとも信心決定しなば、一称一念の功徳みな臨終の念仏にひとしかるべし。（真聖全二、七五二頁）

と示しているが、ここには尋常平生において信心決定をうれば、一称一念の功徳は、すなわち臨終の念仏に「ひとしい」という理解が見られるのである。そしてそのことはまた『閑亭後世物語』巻下に引用されるところの、

聖覚法印の云く、平生の念仏は信心なき故に劣れりと云ふ。臨終の念仏の信心と云は、若人病を受て決定死ぬべきになりぬれば、此の世の事今は叶ふまじと思ひ切りて、又苦痛堪へがたき故に、地獄の苦をおそれて此苦を免が為に、善友の教を信じて仏を念ずれば往生する也。平生の時には念仏申せといへども、病いまだ来らざれば死なん事を思はず、死なん事を思はざれば地獄の苦を厭ふ事なし。何となく人なみ人なみに申す念仏なればおとして云ふ也。さるにては若し此義ならば平生にも極楽を願心おこり、病なけれ共無常の理を知、兼て悪道の苦を厭、深く弥陀の本願を信知して申す念仏は、又臨終に始て苦を厭、楽を欣て申す念仏には勝れたりと云々。（続浄全四、五〇頁）

という聖覚の法語にも関連して見られる思想であるが、これらの文からすると聖覚においては、平生の信心決定による一称一念のところに、すでに業事成弁を認めるという領解があったことが知られるのである。そのことはまた隆寛が、本願に乗托し罪障を滅して業事を成弁することは、最後臨終の一念によるという伝統の教学理解を継承しながらも、さらにまた平生の一念を釈するについて、

本願に乗ぜずと雖も尚乗ずるに等し、真実心を発して他力に帰入するが故に。未だ罪障を滅せずと雖も既に滅せるが如し、他力滅罪の名号を称えて無疑無慮なるが故に。（『散善義問答』隆寛全集二、一九四頁）

と明かして、すでに尋常平生の一念のところに、本願に乗ずるに等しく、罪業を滅する如しといって、そこに来迎摂取、罪業消滅の益を語ろうとする思想とも共通する理解であると思われる（本書第七章「隆寛における信の思想」参照）。

かくして聖覚における一念多念の問題は、聖覚はいちおうは、一念の立場、多念の立場のいずれにも執ずることを否定して、「一念決定しぬと信じて、しかも一生おこたりなくまふすべきなり」と主張しているとしても、上に

見た理解からすれば、明らかに一念義系の立場に立っていることがうかがわれるようである。そして聖覚が法然の『選択本願念仏集』を継承し、それを解説するに、『唯信抄』を著わして、ことに「唯信」の道を主唱した所以も、またひとえにかかる立場からの必然の展開にほかならなかったことが知られるのである。その意味からすると、この聖覚の浄土教思想は、法然の門下における幸西が、

唯乃至一念のみ真実の生因なる事を又隠に知らしむ。然れば則ち現身得不退の益、捨身他世往生、唯此の一念の大乗に乗じて無二無三也。（『玄義分鈔』、安井広度著『法然門下の教学』附録、七四頁）

と明かして、仏心と相応契会する信心の一念のところに、すなわち業事が成弁すると主張する思想や、また証空が『観経定善要義釈観門義鈔』巻四に、

観門弘願に帰すれば、往生の業因成就すること、掌を反すが如し、更に時を経ず、一念に成就す。（西全三、二五五頁）

などと述べて、一念帰命の念仏のところ、すなわち業因成就をえて即便往生をうるとする思想の如き、一念義系統に属するものであったといいうるであろう。(21)

三、法然から親鸞への道

かくして聖覚における浄土往生の行道とは、三心と称名の道、さらにいうならば、信心に基づく専修称名の行道であったが、それはまた、

信心決定しなば一称一念の功徳みな臨終の念仏にひとしかるべし。（『唯信抄』真聖全二、七五二頁）

と明かす如くに、信心決定に基づく一称の功徳を強調するところの一念義系の立場に立つものであり、そのことは

またより徹底していえば、ことに信心の重要性を主唱するものであったのである。したがって聖覚におけるこの信心に基づく称名一行の行道とは、法然における専修念仏の行道において、その専修とは基本的には善導の明かす五正行を一向に修習することであり、さらにはまた、その中の称名の一行を専らに修習することであったのに対して、聖覚においては、専修とは、

専修といふは極楽をねがふこころをおこし、本願をたのむ信をおこすより、ただ念仏の一行をつとめてまたく余行をまじえざるなり。他の経呪おもたもたず、余の仏菩薩おも念ぜず、ただ弥陀の名号をとなえ、ひとへに弥陀一仏を念ずる、これを専修となづく、雑修といふは念仏をむねとすといえども、また余の行おもならべ、他の善おもかねたるなり。このふたつの中には専修をすぐれたりとす。(『唯信抄』真聖全二、七四三〜七四四頁)

と語る如く、それは助正二業の兼行をも否定して、まったく称名一行のみをひとえに修することであった。そしてまた聖覚における専修の理解においては、上の文に明らかな如く、ことに「本願をたのむ信をおこすより」という信心の意味が重視されているのであって、聖覚における専修の領解には、称名一行の主張とともに、信心への注目重視が含まれていたことが知られるのである。そしてその点については、親鸞は法然から伝統した専修の意味を領解するについて、『一念多念文意』には、

専修は本願のみなをふたごころなく、もはら修するなり。(真聖全二、六一三頁)

と明かして、それがひとえに阿弥陀仏の名号を選びとって専称することであると明かしながら、しかもまたその専修について、『末燈鈔』には、

この念仏往生の願を一向に信じてふたごころなきを一向専修とはまふすなり。(真聖全二、六九三頁)

とも示して、それは阿弥陀仏の本願を一向に信知することであるとも領解していること、すなわち、その専修について、一向称名の意味と一向信心の意味の二様に解して、法然における「専修念仏」の思想を継承しつつ、しかもまた、それをさらには「唯以信心」にまで展開せしめているのである。その点、聖覚における専修に対する理解は、まさしくこの法然から親鸞への潮流の中間に位置して、その思想史的展開の過程の意味を担っているともうかがわれることである。その意味においては、ここに聖覚における浄土教思想、ことにはその信の思想の特色が指摘されてまことに趣き深いところである。

註

（1）藤原定家『明月記』、嘉禎元年二月二十一日「濁世富楼那遂為遷化之期者実是道之滅亡歟悲而有余」（『明月記』巻三、四四八頁、図書刊行会刊）。
（2）関山和夫『説教の歴史的研究』（五一頁以下）には、澄憲、聖覚父子の唱導に関する詳細な考察がある。
（3）信瑞『明義進行集』巻第三、仏教古典叢書、五七〜五八頁。なおこのことについては同意のものが『法然上人伝記』（法然伝全集、四一三頁）にも見られる。
（4）藤枝昌道『聖覚法印の研究』一八頁参照。
（5）親鸞真蹟の『唯信抄』写本にして現存するものは、専修寺本、専修寺平仮名本、西本願寺本、東本願寺本（断簡）の四本がある。その書写の年紀の明らかなものは、専修寺本（寛喜二年五月）、専修寺平仮名本（文暦二年六月）、真宗法要本（仁治二年十月）、顕智写伝本（寛元四年三月）、恵空写伝本（建長六年二月）、渋谷宝鑑本（弘長二年十月）の六本がある（親鸞全集和文篇、解説参照）。
（6）親鸞がこの『唯信抄』を推奨する文は『尊号真像銘文』に一文（真聖全二、五七八頁）、『末燈鈔』に一通（真聖全二、六八六頁）、『御消息集』に四通（真聖全二、六九五頁、六九八頁、七〇〇頁、七〇六頁、七〇九頁）、『血脈文集』に一通（真聖全二、七一九頁）が見られる。
（7）望月信亨『浄土教之研究』（六八一頁以下「法然上人の著作法語並に其の真偽」）、島地大等『天台教学史』（現代仏教名著全集九、四三五頁）、恵谷隆戒『然阿良忠上人伝の新研究』附録（三九頁以下）、大屋徳城『日本仏教史の

研究』巻三（二四五頁以下）、藤枝昌道『聖覚法印の研究』、山口光円「叡山の聖覚法印について」（『龍谷学報』第三一二号）、松野純孝「唯信抄について」（『日本仏教』二八号）参照。

(8) 『閑亭後世物語』二巻は隆寛の著と伝えるも、その『後世物語』『自力他力事』『一念多念分別事』を骨子として、末流の徒が新たに作成したものと考えられる。

(9) 『閑亭後世物語』続浄全四、三六頁、三七頁、四六頁、五〇頁。

(10) 親鸞はこの『浄土五会念仏略法事儀讃』の文を「行文類」に引用している（真聖全二、二三頁）。

(11) 拙稿「法然にいたる専修思想の系譜」『印度学仏教学研究』二一の一参照。

(12) 法然「禅勝房伝説の詞」「本願の念仏にはひとりだちをさせて助をささぬ也。助さす程の人は極楽の辺地にむまる。すけと申すは智慧をも助にさし、持戒をもすけにさし、道心をも助にさし、慈悲をもすけにさす也」（法然全集、四六二頁）。

(13) 松野純孝『親鸞』二三七頁参照。

(14) 家永三郎『日本道徳思想史』（六二頁）によると、法然に見られる専修の道が世俗的な主従関係の倫理と内面的には一致し、それに基づいて成立したとする如き見解に対しては、世俗の道と出世の道とはまったく次元を異にするものであって、両者を簡単に短絡して理解することは誤謬であるとする。

(15) 「化身土文類」「雑修とは助正兼行するが故に雑修と曰ふ」（真聖全二、一五六頁）

(16) 善導『往生礼讃偈』「安心起行作業して定んで彼の国土に往生することを得るなり」（真聖全一、六四八頁）

(17) 法然『往生大要鈔』「浄土に生ぜんとおもはば心と行との相応すべきなり」（法然全集、五一頁）

(18) ただし法然は「念仏の時、睡におかされて行を怠り侍る事、いかがしてこの障りを止め侍らん」という問いに対して、「目の醒めたらんほど、念仏し給へ」と答えたとも伝えられて（『徒然草』日本古典文学大系三〇、一二一頁）、聖覚と共通する理解があったともうかがわれる。

(19) 信瑞『明義進行集』巻第三に掲載する文とは若干の出没がある。『明義進行集』のものは次の如くである。

十二月十九日　　法印聖覚御文　　追言上。御念仏事日々御所作、更不可彼憚不浄候。念仏本意只常念為要候。不簡行住坐臥時処諸縁候也。但毎月一日夜殊御精進潔斎　御念事可候也。其外日々御所作只御手水計　可候也。以此旨可全披露給重恐惶謹言。

ただし本文の「御手水許可候也」は『明義進行集』によって「御手水計可候也」と読んだ。

（20）　拙稿「親鸞における信の構造」（『大原先生古稀記念浄土教思想研究』）、「親鸞における如来と等しの思想」（『真宗学』第四一・四二合併号）参照。

（21）　ただし重松明久『日本浄土教成立過程の研究』（四一一頁）では、聖覚は一念義の同調者ではなかったとする。

結　章―浄土教理史上における信の思想の展開と親鸞における「唯信」の主張―

親鸞における信の思想の究明を目標とし、その前作業として、以上、〈無量寿経〉における信の思想から、聖覚における信の思想に至るまでの、浄土教における信の思想の展開の跡を展望してきたわけである。

浄土教思想とは、釈尊滅後はるかにして、新しく大乗仏教が生成してゆく初頭に位しつつ、釈尊の人格の永遠化としての阿弥陀仏思想を中核とし、特に在家者のための仏道を建立せんとして開説されたものであるが、またこの浄土教とは、その在家者の中でも、ことには不善作悪者なる、社会の底辺にあって、経済的にも、したがってまた精神的にも、貧苦なる庶民のための仏道として開説されたものであり、ここに仏教における浄土教の占める基本的な地位があると理解されるのである。

そしてこの浄土教が開示するところの行道には、それがインド伝来の民俗信仰としての生天福楽思想などの、仏教以外の思想と深く関連し、それを自らの土壌として生成してきたところ、そこには阿弥陀仏に対する帰依渇仰と、それに基づく行業の修習策励によって、わが身にさまざまな福楽利益が附与されるということも明かされており、多分に呪術的な性格の介在も見られるのである。しかしながら、またこの浄土教とは、本来的には仏教の根本原理に基づき、その思想的展開として成立したものであるところ、そこに明かされている行道の本質的な性格としては、原始経典が繰返して語るところの仏道の構造としての、信―行―慧という基本的な綱格に準じ、その展開において開説されていることは明瞭であって、それはすなわち、教法への帰依信認を前提としつつ、諸種の行業の実践奉行を通して、ひとえに自己の旧殻を脱皮し、新しい知見を開覚してゆくという成仏道を意味するものであった。そし的に問われつつ、その世俗的存在性を越えて、普遍にして永遠なる、まことの人間成長をめざす行道を開顕しているともいいうるもてまたそのことはさらにいうならば、世俗に埋没して生きている、ありのままなる私の現実存在の在り方が、根源的に問われつつ、その世俗的存在性を越えて、普遍にして永遠なる、あるべき私の理想的な生き方を志向し、願求して生きるところの、私自身のまことの自己実現、まことの人間成長をめざす行道を開顕しているともいいうるものであった。しかもまた、その知見の開覚、まことの人間成長をめざすところの行道において、〈無量寿経〉にあっては、その阿弥陀仏思想について、それを色身として把捉する立場からの見仏の道を明かすものと、それを名号として把捉する立場からの聞名の道として語るものとの、二側面が見られるが、その中心は名号としての把捉、すなわち、聞名の道の思想であって、その傾向はことに〈後期無量寿経〉においていっそう顕著になっているが、その点はこの〈無量寿経〉がもっているところの特色として、とくに注目されるべき点である。

かくしてこの〈無量寿経〉において明かされる行道とは、〈初期無量寿経〉および〈後期無量寿経〉をふくめて、その内容はきわめて多様複雑であって、いちがいには尽しえないとしても、それをあえて概括的に要約していうならば、基本的には、聞名および発菩提心に基づいて、その教法を忍許信認し、阿弥陀仏を思念し、その浄土を願求する心をおこして、在家者および出家者のそれぞれの立場にしたがった行業を実践修習することにより、その念仏と願生の心を不断に相続し、かつまた、それを徹底深化してゆくことにより、命終の後に阿弥陀仏の浄土に往生をうるということをめざすものであったといいうるようである。ところで、仏教において語られるところの信とは、仏、法、僧の三宝などに対する確固たる信認決定の態度を意味するとともに、そのより本質的な意味としては、このような信認に基づき、その徹底深化において成立してゆくところの、雑染昏濁を捨離した澄浄なる心の境地を意味するものであって、それはまた仏道がめざすところの、三昧見仏としての新しい知見の開覚、さらにいうならば、まことの人間成長を表象するものであったのである。いまこの〈無量寿経〉において明かされる念仏と願生の心の徹底とは、すなわち、このような心の澄浄としての信心の成立を意味するものにほかならなかったわけである。かくしてこの〈無量寿経〉に明かされるところの行道とは、命終後における他界なる浄土への往生の道として説かれ、また現生におけるさまざまな福徳利益の獲得の道として示されながらも、それはより本質的には、あたかも、かつて釈尊がその根本教説において明かしたという八正道なる仏道が、「正見の道」としてひとえに正見にはじまり、しかもまたその正見の徹底と成就をめざす道であった如くに、この行道もまた、まさしくは教法に対する決定信認の信を能入初門としつつも、行業の不断の実践に基づき、その徹底深化において成立してゆくところの、心の澄浄としての信心成就の道、すなわち、新たなる知見の開覚、まことの意味での人間成長をめざす道であったと理解されるのである。かくして〈無量寿経〉に明かされる行道とは、ことに信に即していうならば、まさしく信に出発し、その信を徹底し究竟してゆくところの、ひたすらなる「信心の道」であったともいいうるわけである。

そしてこのような〈無量寿経〉において明かされた仏道としての「信心の道」は、基本的には、インド浄土教における龍樹および世親の浄土教思想にも見られるものである。すなわち、龍樹の浄土教思想を示すものと推定される『十住毘婆沙論』によると、龍樹はそこで在家菩薩の行道としての不退転地に至るための道を明かして、それを「信方便易行」と呼んでいるが、その行道の内容は、仏名を聞いて信受することに基づくところの、憶念と称名と礼敬の三業にわたる行業の実践による、心の清浄をめざすものであった。龍樹の浄土教思想とは、この信方便易行の道について見られるものである。その点、ここでは〈無量寿経〉の聞名思想は明確に伝統されているわけである。そしてここでいう心の清浄とは、「信心清浄なる者は華開けて則ち仏を見る」とも明かされる如くに、仏道がめざすところの知見の開覚、見仏の境地を意味するものであって、それはまた上に指摘した如くに、仏教が語る心の澄浄としての究竟の信心を意味するものにほかならないと思われる。かくしてこの龍樹の浄土教思想もまた、帰するところは〈無量寿経〉が明かすところの「信心の道」を継承するものであったといいうるようである。また世親の浄土教思想については、その『浄土論』に見られるが、そこでも在家の凡夫菩薩の行道として、阿弥陀仏の浄土に往生する道が示されており、その行道とは五念門の道とも呼ばれて、釈尊への至純な帰依に基づくところの、阿弥陀仏に対する礼拝、讃嘆、作願、観察、廻向の五種の行業の実践をいうものであった。そしてこの五種の行業の中でも、ことには作願と観察を中核とするもので、それは心を定めることによって、阿弥陀仏とその浄土の荘厳功徳相を観察してゆくことを意味するものであった。その点、この世親における浄土教思想とは、ことに〈無量寿経〉についていえば見仏の思想にかかわるものであって、その意味からすれば世親の浄土教思想については、〈無量寿経〉以外にもその思想背景が問題となるところである。ともあれ、世親はそのような止観中心の五念門行を実践することを通して、次第に柔軟心、清浄心、妙楽勝真心などと呼ばれる心が成就されてゆくと明かしているが、また世親においては、「云何が観じ云何が信心を生ずる」とも示す如くに、これらの心とは、帰するところ、澄浄なる心としての、仏教における究竟なる信心を意味するものであることが知られるのである。その点からすれば、世親における浄土教思想においても、その行道とは、ひとえに行業の実践奉行に基づいて信心を成就してゆくところの、「信心の道」であったと捉えることができ、ここにもまた基本的には龍樹の浄土教思想と同様に、〈無量寿経〉における行道思想の継承展開を指摘しうるのである。

　次に中国浄土教における曇鸞の浄土教思想については、その著作『往生論註』などによると、曇鸞は龍樹浄土教思想を継承するということにおいて、阿弥陀仏を名号として捉えるという立場に立つものであって、そこで領解した行道とは、もっぱら称名を中心とするものであった。すなわち、具体的には聞法信受に基づいて阿弥陀仏に対する憶念の心をもち、阿弥陀仏の名号を唱称することによって、十念相続を成じて浄土に往生をうるという道であったのである。ただし、曇鸞はまた他面には世親の浄土教にも学んで、その称名に対するに仏身と仏土の観想の行業をも明かしているのである。かくして、ここでいう十念相続とは、その阿弥陀仏に対する憶念の心が、称名ないしは観想という行業の実践において、次第に他想間雑することなく、相続され深化されてゆくことによって成立するところの、臨終の時における宗教的境地を意味するものであった。そしてこの十念相続とは、上の龍樹および世親の浄土教思想における行道の構造からすれば、究竟的な信心に相当するともいうべきものであるが、曇鸞はこの十念相続について、かかる信心の意味、さらにいうならば、新しい知見の開覚、まことの人間成長の意味を見るというよりも、むしろ、来世の浄土往生のための滅罪生善、業事成弁という功徳性を強調しているわけである。その点、曇鸞における信の思想については、その行道の初門位においては信が注目され、またその行道の全体を「信仏因縁」の道としても捉えているものの、龍樹および世親の浄土教思想に比較すると、いささか不明瞭となり、かつまた屈折しているといわねばならないようである。そしてこの曇鸞の浄土教を継承する善導の浄土教思想においては、その著作『観無量寿経疏』などによると、その浄土の行道とは、安心、起行、作業の道であって、ひたすらに阿弥陀仏に帰依し、その浄土を願求する心に基づき、読誦、観察、礼拝、称名、讃嘆供養なる五種の行業、ことにはその中の称名の正行をもっぱらに実践奉行することにより、やがて三昧見仏をえ、また無量の罪業を消滅して、来世には浄土に往生をうるという道であった。善導浄土教における信とは、このような浄土の行道において、その初門位における阿弥陀仏に対する帰依として、さらにはその浄土願生の心の基底として語られるものであったわけである。その意味においては、善導における行道の構造は、信にはじまり信に究竟するという如き、「信心の道」としての理解は充分ではなかったといわねばならないようである。しかしながら、またその信の性格については、たんなる帰投的な依憑というものではなく、まさしき信認決定として、私の現実の存在相に対する信知と仏の大悲誓願についての信知の、いわゆる二種深信として理解されている点は充分に注目されるべきところである。そしてまた、善導がその行道の究竟として明かす三昧見仏とは、基本的には〈無量寿経〉に見られるところの、心の澄浄としての究竟の意味での信心に相当するものであるともいいうるわけであって、そういう視点から解釈を試みるならば、この信知に基づく願心にはじまり、称名の専修奉行によって、ついには三昧見仏の境地を目標とするという善導における行道は、また本質的には、信にはじまり、その信の深化究竟による、信心の成就をめざす仏道とも理解されるのであり、その意味においては、ここにおいてもまた、〈無量寿経〉に明かされる浄土の行道としての、「信心の道」の伝統継承を指摘することもできるようである。

そして日本浄土教における法然の浄土教思想は、ひとえにこの善導浄土教を伝統するものであって、そこに明かされる行道とは、信心に基づいて、ひたすらに称名を専修策励し、臨終に来迎をえて正念に住し、罪障を消滅して、浄土に往生をうるという道であった。その点、この法然浄土教においても、信は仏道における初門位の意味をもつものでしかなく、心の澄浄としての究竟位の信という理解はほとんど見られないことは注意されるべきである。しかしながら、法然がことにこの信について、それが行道の初門として、仏道進趣については欠くことのできない絶対必須の意味をもつものであり、またその信の浅深によって浄土往生の得果についての差別が生ずるとも明かして、その行道の構造における信の地位を重視し強調していることは、後の浄土教思想における信の意味への注目評価について、多大な影響を及ぼすこととなったものとして特記されるべきことであろう。そしてまた、この法然における行道については、専修称名の功徳による臨終の来迎正念を語っているが、この来迎正念とは、基本的には三昧見仏に通じるものであるとも理解されるところ、その行道とは、善導の行道に対する解釈に重ねていうならば、それはまた本質的には、善導浄土教と同様に、信にはじまりその信の究竟としての、信心の成就をめざす仏道であるともいいうるであろうか。またこの法然の門下であった隆寛の浄土教思想は、その浄土往生の行道については、一面では観仏の行業を許容するという点もあったが、基本的には、信心さらには浄土に対する願生の思念に基づきつつ、称名一行を専修することによって、臨終に来迎をえて浄土に往生するという道であった。そしてその信の思想については、その行道の初門に位するところの帰順帰向の態度を意味するものと理解しているが、そこに臨終来迎を語るところからすれば、その行道とは善導、法然浄土教のそれに準じ、あえていえば、能入位の信から究竟位の信への、「信心の道」であったともいいえなくもなかろう。そしてまた隆寛はその行道の構造において、信心と称名念仏とは深くかかわって相即するものであると捉え、さらにはまた平生現在の一念に即して多念を捉えるという領解が見られ、ただいまの一声一声の称名念仏に深い意味を認めて、たとえ下根のものであろうとも、臨終をまたずして、この平生のただいまの称名念仏において、あたかも罪を滅するが如く、また救いが成立するに等しい利益が附与されると明かしているのである。その意味においては、隆寛の浄土教思想では、ことに平生ただいまの一念の称名が重視され、したがってまた平生における救いの成立が深く考慮されているのであるが、このような称名念仏に対する注目と、それに基づく現生における救済についての領解とは、また必然に信心の重視を意味するものであって、そのことはやがて親鸞における信の思想へ継承展開されていったであろうことがうかがわれるのである。また同じく法然の門下にして、親鸞の浄土教思想に多大な影響を及ぼしたものに聖覚があげられる。聖覚の浄土教における行道思想とは、一面では諸種の行業の実践による浄土往生の道を明かしながらも、その至難性を指摘して、ひとえに信心に基づく称名念仏を専修するところ、臨終に来迎をえて浄土に往生をうるという、念仏往生の道を主張しているのである。そして聖覚における信の理解については、隆寛と同じく、行道の初門位に位置するところの、いちずなる帰依信認を意味するものと把捉しているのであって、仏教における究竟の意味をもつところの心の澄浄性という点についてふれるところはなく、あえていうならば、すでに善導、法然および隆寛の浄土教思想における行道について指摘した如き、臨終における来迎正念との関係が想起されるわけである。しかしながら、また聖覚においては、その行道の構造について「唯信」という概念を語って、仏道の能入位における信心の重要性を特に強調していることは注意されるべきである。その点、聖覚にあっては、称名念仏の不断相続がもつところの意味はいちおう肯定するとしても、その平生の一声一声の称名に、すでに完結的な意味を認めるという一念義系の立場に立つことによって、念仏の行業に対する信心の価値をことに高く評価しているわけである。そしてこのような多念より一念、称名より信心に対する注目という如き領解は、隆寛の浄土教思想とともに、法然の「専修念仏」の主張と、それを継承発展せしめた親鸞の「唯以信心」の主張の、中間に位置するという意味をもつものであって、きわめて興味のひかれるところである。

親鸞における浄土教に対する領解は、基本的にはこの法然の浄土教を継承し、さらにはまたことに聖覚および隆寛の浄土教思想に学んだものである。親鸞はつねに浄土の行道が、ひとえに信心にはじまり、信心にきわまることを主張しているが、親鸞における信の理解については、その信の語の用例を検すると、ひとつには仏道の能入初門位における教法や仏道および人師に対するところの、対象的な帰依信認を意味するものと、いまひとつは、その信認の徹底究竟としての如来および自己についての、まったく主体的な信知の体験、それによる人生の基本的な姿勢態度の確立を意味するものとが見られるのである。(1) そしてこの主体的な信知の体験、基本的姿勢の確立こそ、親鸞においてはまさしき信を意味するものであって、それは〈無量寿経〉に還元していうならば、心の澄浄（citta-prasāda）に相当し、またさらには、新しい知見の開覚を意味して、まことの自己実現、人間成長を表象するものであった。親鸞がそのような信心を明かすについて、「智慧の信心」（『唯信鈔文意』真聖全二、六二四頁）、「信心の智慧」（『正像末和讃』真聖全二、五二〇頁）と語り、また「しんするこころのいてくるはちえのおこるとしるへし」（『正像末和讃』左訓、親鸞全集和讃篇、一四五頁）と示し、またそれを「真実心」（「信文類」真聖全二、六一頁）とも「真心」（「信文類」真聖全二、四七頁その他）ともいい、「仏性」（『浄土和讃』真聖全二、四九七頁）とも「如来」（『浄土和讃』真聖全二、四九七頁）とも明かしていること、さらにはまたそのような信心に生きる人を「如来とひとしき人」（『末燈鈔』真聖全二、六八一頁）、「仏になるべき身とな」った人（『弥陀如来名号徳』真聖全二、七三五頁）と讃え、そこで得るところの利益について、すでにこの現実のただ中で平生の来迎を語って「来迎といふは来は浄土へきたらしむといふ（中略）迎といふはむかへたまふといふ、まつといふこころなり」（『唯信鈔文意』真聖全二、六四一〜六四二頁）などと明かし、またすでにこの現実においてうる利益をめぐって、「必得往生」（『唯信鈔文意』真聖全二、六三四頁）、「摂得往生」（『尊号真像銘文』真聖全二、五九〇頁）といい、「即得往生」（『一念多念文意』真聖全二、六〇五頁）とも語っているが、これらのことは、その信心がすでに仏道における究竟の意味を担っていることを明示するものにほかならない。(2) かくして親鸞においては、その信の理解において、大別すれば、教法仏道などに対する帰依信認としての能入初門位の信と、如来と自己とについての主体的な信知の体験としての能度究竟位の信との二態を見ることができるのである。そして親鸞においては、この両者の信の関係は、その能入初門位なる帰依信認から、その深化徹底としての能度究竟位の信知へということであって、その浄土の行道とは、ひとえにこの信から信への深化徹底の道を意味するものであり、それはすなわち、基本的には〈無量寿経〉が説示するところの、信心の成就をめざす「信心の道」にほかならなかったわけである。

親鸞が法然から学んだ浄土の行道とは、

親鸞におきては、ただ念仏して弥陀にたすけられまひらすべしと、よきひとのおほせをかふりて信ずるほかに、

別の子細なきなり。（『歎異抄』真聖全二、七七四頁）

往生の要には如来のみなをとなふるにすぎたることなし。（『尊号真像銘文』真聖全二、五六六頁）

と明かす如くに、それはひとえに専修称名念仏の道であった。親鸞が「行文類」の冒頭に、浄土願生者の行を規定して、

大行とは則ち無碍光如来の名を称するなり。（真聖全二、五頁）

と明示することも、またそのことを意味するものにほかならない。この称名念仏とは、龍樹の浄土教思想から曇鸞浄土教へと展開し、さらには善導、法然へと継承されてきた浄土の行道における基本の行業であったわけである。しかしながら、親鸞はまたこの専修念仏の行業について、それがもっぱら自己を荘厳するための善根に堕して、新たなる知見の開覚、まことの人間成長をもたらすことのない、形骸化し、呪術化した称名になることを極度に誡めている。

悲しき哉、垢障の凡愚、無際より已来助正間雑し、定散心雑するが故に出離その期無し。自ら流転輪廻を度かるに微塵劫を超過すれども、仏願力に帰しがたく、大信海に入りがたし。良に傷嗟すべし。深く悲嘆すべし。凡そ大小聖人一切善人本願の嘉号を以て己れが善根とするが故に、信を生ずること能わず。仏智を了らず、彼の因を建立せることを了知すること能わざる故に、報土に入ることなきなり。（「化身土文類」真聖全二、一六五〜一六六頁）

と明かす文は、仏名を唱称することをもって、自己を飾るための善根となし、そこに何らかの称功を期待するところの、称名念仏のあり方をきびしく批判したものである。親鸞においては、称名とは、私から仏への方向における志願であり、出世志向の日々、念々の行業でありながらも、それはまたつねに聞名として、仏から私への方向にお

ける大悲廻向の不断の領納でこそなければならないものであった。すなわち、まことの称名念仏とは私自身を荘厳するものではなくて、逆に私自身の世俗的な在りようが、その根底から徹底して照破され、厳しく批判されてゆくものでなければならず、それは私から仏への方向において成り立つとともに、またつねに仏から私への方向において成り立つものであって、念々の称名は、また同時にそのまま念々の聞名にほかならず、念々の浄土への志向は、また念々の自己照破でなければならないものであったのである。いま親鸞が明かしている浄土の行道としての「信心の道」とは、まさしくこのような称名即聞名としての行道を意味するものであって、称名がそのまま聞名であるところ、そしてまた親鸞においては、その聞とは、教法に対する帰依信認を意味するとともに、またその不断の深化徹底としての、如来と自己についての主体的な信知の体験、知見の開覚を意味するものであるところ、この称名の道とは、またついには信心の道でもあったわけである。親鸞が法然から学んだ「専修」の語を解釈するについて、

専修は本願のみなをふたごころなく、もはら修するなり。(『一念多念文意』真聖全二、六一三頁)

と明かして、それが一向なる称名を意味すると捉えながら、しかもまた、

この念仏往生の願を一向に信じてふたごころなきを、一向専修とはまふすなり。(『末燈鈔』真聖全二、六九三頁)

とも述べて、それがまったく一向なる信心を意味するものであるとも明かしていることは、そのことをよく物語るものであろう。

かくして親鸞における浄土の行道とは、専修の道として、ひたすらなる称名の道であり、また聞名の道であって、それはすなわち、ひとえに教法に指示されつつ、私から仏への志向としての仏名の称呼であるとともに、また同時に、そのことが仏から私への廻向としての大悲の領受であるということ、さらにいうならば、それは私が成仏を志

向し、出世を願求しつつ、その道を選びとって生きつづける不断の営為であるとともに、逆にまた、その願い求むべき仏から、つねに私自身の日常的な在り方が照破され、批判され、脱皮し成長せしめられてゆくという実践でもあったのである。そしてそのことはまた、教法、仏道への帰依信認としての能入初門位の信から、その徹底深化としての、如来と自己とについての、まったく主体的な信知の体験を成立せしめ、自己の人生に対する基本的姿勢を確立してゆくという、まことの自己実現、まことの人間成長としての、「如来とひとしき人」、「仏に成るべき身と成った」人といわれる新しい主体を建立してゆくことでもあったわけである。かくしてその意味においては、親鸞における浄土の行道とは、ひたすらなる「称名の道」であり、「聞名の道」であるとともに、またさらには「信心の道」であるともいいうるわけであって、親鸞が法然の「専修念仏」の主張を継承しつつも、その思想的展開として、新しく「唯以信心」を主唱した所以がここにあるのである。(3)その意味においては、親鸞が明かしたところの、この「唯以信心」の行道、「唯信」の道とは、まさしく〈無量寿経〉の原意趣である、能入初門位の信から能度究竟位の信へという「信心の道」を継承し、さらにはまた、インド、中国、日本にわたる長い浄土教思想の伝統展開において、さまざまな屈折と変容をともないながらも、なおその底流において継承されてきたかかる信の思想の本意を、もっとも鮮明に開顕し、より一層発露せしめたものであるというべきであろう。

この親鸞における信の思想については、また改めて別の論考において詳細に研究解明することとし、以上をもって、浄土教における信の思想の展開に関する研究のいちおうの結論とすることとする。

註

(1) 拙稿「親鸞における信の二態」(『印度学仏教学研究』一九の一)参照。

(2) 拙稿「親鸞における信の構造」(『大原先生古稀記念浄土教思想研究』)、「親鸞聖人における現生正定聚の意義」

（『龍谷大学論集』第三六五・三六六合併号）、「親鸞における如来と等しの思想」（『真宗学』第四一・四二合併号）参照。

（3）拙稿「親鸞における唯信の思想」（『龍谷大学論集』第四〇〇・四〇一合併号）参照。

索　　引

一　般　索　引

あ

い

う

え

し――――

す――――

せ――――

ね――――

の――――

へ――――

ほ――――

人 名 索 引

書　名　索　引

索　引

ち・つ・て・と――――

に――――

ね――――

は・ひ――――

ほ――――

ま・み――――

む――――

欧文索引

信楽峻麿（しがらき　たかまろ）

1926年広島県に生まれる。1955年龍谷大学研究科（旧制）を卒業。1958年龍谷大学文学部に奉職。助手、講師、助教授を経て1970年に教授。1989年より龍谷大学長に就任。

現在　龍谷大学名誉教授、文学博士。
　　　仏教伝道協会理事長。

著書　『教行証文類講義』全9巻『真宗教団論』『親鸞の道』『宗教と現代社会』“The Buddhist world of Awakening” その他。

信楽峻麿著作集第一巻
改訂 浄土教における信の研究

二〇〇七年九月三〇日　初版第一刷発行

著　者　信楽峻麿
発行者　西村七兵衛
発行所　株式会社　法藏館
京都市下京区正面通烏丸東入
郵便番号　六〇〇-八一五三
電話　〇七五-三四三-〇〇三〇（編集）
　　　〇七五-三四三-五六五六（営業）

印刷・製本　亜細亜印刷株式会社

ISBN978-4-8318-3381-5 C3315